凤凰文库
PHOENIX LIBRARY

凤凰出版传媒集团
PHOENIX PUBLISHING & MEDIA GROUP

凤凰文库·智库系列

项目总监　徐　海
项目执行　卞清波

学术支持：
南京大学中国南海研究协同创新中心
江苏紫金传媒智库
江苏省社会舆情分析与决策支持基地

全球智库指南

杜骏飞　主编

江苏人民出版社

图书在版编目(CIP)数据

全球智库指南/杜骏飞主编. —南京:江苏人民出版社,2018.8
(凤凰文库. 凤凰智库)
ISBN 978-7-214-19996-6

Ⅰ.①全… Ⅱ.①杜… Ⅲ.①咨询机构-世界-指南
Ⅳ.①C932.81-62

中国版本图书馆 CIP 数据核字(2016)第 313851 号

书　　　名	全球智库指南
主　　　编	杜骏飞
责 任 编 辑	陈　颖
责 任 校 对	黄　山
责 任 监 制	王列丹
装 帧 设 计	刘葶葶
出 版 发 行	江苏人民出版社
出版社地址	南京市湖南路1号A楼,邮编:210009
出版社网址	http://www.jspph.com
照　　　排	江苏凤凰制版有限公司
印　　　刷	江苏凤凰新华印务有限公司
开　　　本	718毫米×1000毫米　1/16
印　　　张	24.25　插页4
字　　　数	390千字
版　　　次	2018年9月第1版　2018年9月第1次印刷
标 准 书 号	ISBN 978-7-214-19996-6
定　　　价	78.00元

(江苏人民出版社图书凡印装错误可向承印厂调换)

《全球智库指南》

主　编　杜骏飞
副主编　张书溥　张弘莉

出版说明

要支撑起一个强大的现代化国家,除了经济、政治、社会、制度等力量之外,还需要先进的、强有力的文化力量。凤凰文库的出版宗旨是:忠实记载当代国内外尤其是中国改革开放以来的学术、思想和理论成果,促进中外文化的交流,为推动我国先进文化建设和中国特色社会主义建设,提供丰富的实践总结、珍贵的价值理念、有益的学术参考和创新的思想理论资源。

凤凰文库将致力于人类文化的高端和前沿,放眼世界,具有全球胸怀和国际视野。经济全球化的背后是不同文化的冲撞与交融,是不同思想的激荡与扬弃,是不同文明的竞争和共存。从历史进化的角度来看,交融、扬弃、共存是大趋势,一个民族、一个国家总是在坚持自我特质的同时,向其他民族、其他国家吸取异质文化的养分,从而与时俱进,发展壮大。文库将积极采撷当今世界优秀文化成果,成为中外文化交流的桥梁。

凤凰文库将致力于中国特色社会主义和现代化的建设,面向全国,具有时代精神和中国气派。中国工业化、城市化、市场化、国际化的背后是国民素质的现代化,是现代文明的培育,是先进文化的发展。在建设中国特色社会主义的伟大进程中,中华民族必将展示新的实践,产生新的经验,形成新的学术、思想和理论成果。文库将展现中国现代化的新实践和新总结,成为中国学术界、思想界和理论界创新平台。

凤凰文库的基本特征是:围绕建设中国特色社会主义,实现社会主义现代化这个中心,立足传播新知识,介绍新思潮,树立新观念,建设新学科,着力出版当代国内外社会科学、人文学科的最新成果,同时也注重推出以新的形式、新的观念呈现我国传统思想文化和历史的优秀作品,从而把引进吸收和自主创新结合起来,并促进传统优秀文化的现代转型。

凤凰文库努力实现知识学术传播和思想理论创新的融合,以若干主题系列的形式呈现,并且是一个开放式的结构。它将围绕马克思主义研究及其中国化、政治学、哲学、宗教、人文与社会、海外中国研究、当代思想前沿、教育理论、艺术理论等领域设计规划主题系列,并不断在内容上加以充实;同时,文库还将围绕社会科学、人文学科、科学文化领域的新问题、新动向,分批设计规划出新的主题系列,增强文库思想的活力和学术的丰富性。

从中国由农业文明向工业文明转型、由传统社会走向现代社会这样一个大视角出发,从中国现代化在世界现代化浪潮中的独特性出发,中国已经并将更加鲜明地表现自己特有的实践、经验和路径,形成独特的学术和创新的思想、理论,这是我们出版凤凰文库的信心之所在。因此,我们相信,在全国学术界、思想界、理论界的支持和参与下,在广大读者的帮助和关心下,凤凰文库一定会成为深为社会各界欢迎的大型丛书,在中国经济建设、政治建设、文化建设、社会建设中,实现凤凰出版人的历史责任和使命。

编者的话

本书名为《全球智库指南》，顾名思义，是要在当下的智库热中，致力于给读者提供一部清晰的工具书，对形形色色的智库定义、分类、发展历史等作详尽的梳理和评价。

同时，编委会希望，通过本书，带给读者一个全局性的世界智库版图：依据五大洲的地理范围，对全球的智库发展现状进行全貌分析，而不是如此前同类图书那样，仅局限于欧美国家。之所以选择这个切入点，是考虑到：虽然欧美发达国家的智库机构历史悠久、发展良好，但综合国家与社会现状来说，亚太地区及非洲、欧洲的智库发展，其历史轨迹与国家社会现状，与我国的智库发展也有着异曲同工之妙。而从目前市场的已出版的相关书籍内容来看，对这些国家的智库的介绍和评析，是本领域中相对空缺的部分。

本书由南京大学杜骏飞教授牵头组织，张书溥、张弘莉任副主编。两年来，编写组对上千份国内外资料作考察、整理，并妥善利用了美国宾夕法尼亚大学2014—2017年四年来的《全球智库报告》[①]等全球智库领域权威

[①] 截至2018年1月底，《全球智库报告》是由麦甘（James G. McGann）博士领导的美国宾夕法尼亚大学"智库与公民社会"项目（The Think Tank and Civil Societies Program，TTCSP）连续十一年为全球打造的最具权威性全球智库研究发展报告。该智库研究报告旨在研究全球各国智库在政府与社会发展中的作用，建立了一套客观公正的智库研究体系，每年对全球智库进行跟踪研究和综合排名，以加强全球智库的能力建设并提高智库的表现。在中国北京的发布活动是《2017年全球智库报告》全球系列发布活动之一。《2017年全球智库报告》在全球100多个城市的170个组织中同时发布。本书中所提及的《全球智库报告》均指美国宾夕法尼亚大学"智库与公民社会"项目发布的《全球智库报告》，后文不再赘述。

资料。

　　编写组希望借助此次努力，让广大读者能够更直观和明晰地意识到，软实力在时间和空间维度上，对于一个国家发展与建设的重要作用，并因之更多地关注智库的科学管理，积极探索和改进中国智库的发展之路。

目 录
contents

001〉导言

总述篇

003〉第一章　全球智库发展历程

　003〉　第一节　概念与界定

　011〉　第二节　历史起源

　015〉　第三节　《全球智库报告》分析

　022〉　第四节　智库"先驱者"介绍

031〉第二章　全球智库纵览

　031〉　第一节　智库的分类方法

　042〉　第二节　智库发展的历史阶段

　048〉　第三节　智库发展的"差异化"走向

　051〉　第四节　全球智库的生存现况

美洲篇:"质""量"皆优　领军全球

057〉　第一章　美国智库

　058〉　第一节　追本溯源:美国智库的发展历程

　070〉　第二节　世界一流:美国智库的现状及其影响

　082〉　第三节　深入探秘:美国智库的运行机制与特点

　088〉　第四节　美国智库名片

　103〉　第五节　总结与评议

105〉　第二章　美洲其他国家智库

　106〉　第一节　加拿大智库

　117〉　第二节　巴西智库

欧洲篇:历久弥新　寻求突破

131〉　第一章　中欧与西欧智库

　131〉　第一节　党性鲜明:历史悠久的英国智库

　148〉　第二节　积累雄厚:追求创新的德国智库

　165〉　第三节　独辟蹊径:"少而精"的法国智库

　178〉　第四节　立足本土:中、西欧其他国家智库解析

190〉　第二章　欧洲其他智库

　190〉　第一节　全球视野:以欧洲利益为出发点的欧盟智库

　200〉　第二节　独树一帜:不同意识形态交织的俄罗斯智库

　210〉　第三节　领军南欧:风格独特的意大利智库

亚洲篇:迅猛发展　寻求合作

219〉　第一章　中国智库

219〉 第一节 迅猛发展:中国智库成长迅速

227〉 第二节 厚积薄发:传统与现代交织

230〉 第三节 中国智库名片

236〉 第四节 正视差距:发展中的中国智库

239〉 第二章 日本智库

239〉 第一节 沉浮一世纪:日本智库的发展脉络

243〉 第二节 企业助力:日本智库的立足之本

246〉 第三节 日本智库名片

252〉 第四节 总结与评议

254〉 第三章 韩国智库

254〉 第一节 政府主导:管理严谨的韩国智库

256〉 第二节 争夺话语权:大企业支撑韩国智库

259〉 第三节 韩国智库名片

265〉 第四节 总结和评议

267〉 第四章 印度智库

267〉 第一节 全面迅速:印度智库的发展历程

268〉 第二节 立足本土:印度智库的生存现状

269〉 第三节 术业有专攻:印度智库的运行特征

272〉 第四节 印度智库名片

274〉 第五节 总结与评议

277〉 第五章 东南亚智库

277〉 第一节 "地区"为先:东南亚智库概况

278〉 第二节 联合与离散:东南亚智库的运行机制

279〉　第三节　东南亚智库名片

287〉　第四节　总结与评议

大洋洲篇：后起之秀　精于专业

291〉　第一章　大洋洲智库概述

291〉　　第一节　大洋洲智库的发展历程

292〉　　第二节　大洋洲智库的发展现况

292〉　　第三节　澳大利亚智库

295〉　第二章　大洋洲智库名片

306〉　第三章　总结与评议

非洲及中东篇：异军突起　潜力巨大

309〉　第一章　撒哈拉以南的非洲智库

309〉　　第一节　撒哈拉以南非洲智库的发展概况

315〉　　第二节　运行机制和特点

318〉　　第三节　撒哈拉以南非洲智库名片

330〉　　第四节　总结与评议

331〉　第二章　中东和北非智库

331〉　　第一节　中东和北非地区智库发展现状

338〉　　第二节　智库类型

340〉　　第三节　中东和北非智库名片

348〉 参考文献

　348〉 专著

　349〉 中文期刊

　355〉 外文文献

　358〉 报刊、网络

362〉 附:全球知名智库网址

368〉 后记

导　言

　　如果需要沿着历史长河拎出一条关于"智库"（Think Tank）的线索，也许在中国能对此回溯得更远一些。很早之前，在中国古代就已经存在这样一群人：他们或身怀谋略，长于运筹帷幄；或通晓百家，熟知民情民事；或独具慧眼，擅长识人识势。尽管这些人大多不入朝堂，但他们却被君王将相所倚重。遍阅史书，无论在群雄逐鹿还是盛世太平的年代，总少不了这些人的影子，他们化名为"谋士""幕僚""先生""谏议大夫""军师"等，成为以浓墨重彩书写中国历史的一群人。

　　不过，"君子受言以达聪明"这个道理，并不仅仅被中国通晓。在世界近代史上，智库的出现和发展，其实也是"兼听"和"纳言"变得组织化、正规化和科学化的具体体现。19世纪末20世纪初，美国开始创设智库。早期智库推进了美国在经济政治方面的高速发展；二战前后，西方国家的智库在国际战争、国家治理、外交关系等方面做出了突出贡献，进一步得到了执政者的倚重。从20世纪70年代开始，智库在全球范围内的发展已经可以用"一日千里"来形容，截至2016年，全球智库数量已达7815家，并且深入到了更为专业和具体的研究领域中，全方位、即时性地向决策者提供有关公共政策的智力支持。

　　虽然智库的主要功能仍然是"建言献策"，但是在今时今日，"建什么言""献什么策"的范围和程度却已经大大拓展：专业知识的系统性、科学性让政策的制定过程变得更为审慎；全球化浪潮、区域间合作的日渐紧密，让国际关系的分析工作变得更为精细；互联网环境下海量信息的即时流动，让舆论分析与应对、意见搜集与吸纳都变得更为必要。要推进我国智库的进一步发展,应对复杂多变的国际国内形势,那么,熟悉"智库"本身,就是最为基础和首要的任务。这是编写本书的初衷之所在。

我们对全球智库的介绍,采用了区域分类法,即将世界主要智库分为美洲篇、欧洲篇、亚洲篇、大洋洲篇、非洲及中东篇五部分进行说明及阐释。对各洲智库发展历程的了解,可以发现智库在不同区域的发展状况,大致上也可以反映目前全球智库发展的"基本梯队":以美国为首的美洲智库有着最为成熟的科研和运营水准;欧洲智库历史悠久,有着各具特色、立足本国的实际经验;亚洲各国智库有着无限潜力,也折射出智库发展的困境;大洋洲和非洲智库数量相对较少,却有着突破的可能。这种"梯队"现状,不仅仅代表着不同国家和地区的智库水准,也在某种程度上代表着它们掌控"话语权"的能力。了解不同"梯级"的智库表现,可供读者以历史的和比较的视野作出清晰的研判。

美国智库的发展状况,代表了全球范围内智库发展水平的顶峰。这种绝对的领军位置,可作三层解读:首先,2018年发布的《全球智库报告》统计显示,美国仍然是世界上拥有智库数量最多的国家(1872家),比数量居次的中国(512家)多出三倍有余。其次,除了数量上的绝对优势,美国智库的"质量"也让世界同行望其项背。据统计,2016年,全球排名前十位的智库中有五家来自美国,前50名的智库中美国智库的数量超过1/5,其成果在世界范围内颇具话语权。最后,美国智库发展起步较早,具有最为成熟和多样化的运营经验,是诸国效仿和学习的主要对象。

美国智库与执政者互动之频繁密切,很少有国家能与之比肩。有学者曾经将美国智库称为"影子政府",以此来形容美国执政者对智库的依赖。美国智库往往乐于通过与政党选举的合作,或在国会作证的方式将他们的观点传递给政府,进而影响政策。"旋转门"是美国智库与执政者合作密切的一个重要体现,这项特殊的人才交流机制是指:智库专家可以因某一具体问题进入决策者队伍或者政府机构,而在政府机构担任要职的人员也有可能走出政府,成为智库成员。这种人员流动让智库与执政者的联系更为紧密,而对于公共政策的建议也能够更为实际和具有可行性。

美国智库的另一个主要特点在于尽管其拥有多样化的运营方式,但同时也设立了智库发展的基本准绳。美国智库在不同层面上,通过不同形式的努力,聚集到了最为庞大的智力支持群体:在规模上有中小型的、有大型的;在资金来源上有政府拨款支持的、有社会募集捐助的;在人才招募上有依托高校的、有依托商业公司的。但无论筹建运营的形式如何,大多数智库都能采取各种措施来尽力做到研究的相对独立性、不以盈利为主要目的,以及:尽量客观科学。

欧洲的智库发展起步很早,从近代历史上看,英、法、德、意、俄等国在智库建设方面均有其独到经验:英国智库党性鲜明,法国的独立型智库独树一帜,德国智库的科研评价体系非常严格,意大利智库重视向民众推广和传播研究成果,俄罗斯智库层次复杂,欧盟智库在区域协同发展方面贡献巨大。因为这"百家争鸣"的局面,欧洲各国智库在区域合作、国家关系方面有着更为丰富的研究经验。欧洲智库在国家间的竞争程度和交流频度都相对较高,保证了智库运作的活力。

相比发展较为成熟的美国智库和欧洲智库群,亚洲智库的发展现状更能够折射出动态的、阶段性的经验和问题。从日本智库的发展历程中,可以看到大型企业与智库合作的显在优势和不足:在运营上,日本智库数次沉浮,可以说是与日本经济发展状况同命运;"研究员派出制"让智库人员流动性变得更强,使智库变得更有活力。韩国智库运营中存在明显的"效率与公正间的协调问题",缺乏政策竞争体系,人员习惯于"吃大锅饭",这些问题严重制约了韩国智库的发展,我们需要引以为戒。印度智库最为值得一提的特点是"术业有专攻",许多智库都是以研究某一领域的问题见长,而不试图成为"万金油";此外,许多印度智库更重视两个方面:一是所在区域和邻近国家状况(如中国),二是本国国情和现状,如环境、人口、资源等可持续发展领域中的实际问题。

大洋洲与非洲智库在数量上均不占优势,但两者质量并不在同一水平。据统计,澳大利亚和新西兰两国的智库总量中均有一半左右进入了近年的《全球智库报告》排名。但即使如此,澳大利亚智库的活跃程度仍是难以与欧美亚相提并论的,所依托的支持力量也十分有限,仅在南亚和太平洋区域问题的研究方面保持着一贯的全球领先位置。非洲大部分地区尤其是撒哈拉以南的非洲，也许应该是全球最需要智库的区域之一，军事争端、政治动荡、经济滞后、医疗匮乏、环境恶劣等问题长期阻碍这片土地走向繁荣。因此，许多扎根在此的智库，往往将努力的重点集中于解决该地区教育、环境、医疗、妇女等社会问题，协助处理区域争端。但同时，在这种环境下运营的智库缺点也十分明显：不稳定的社会环境不利于智库长线发展；智库往往集中在经济相对发达的非洲国家，分布严重不均衡；智库的主力——非营利、非政府组织往往依托的是来自西方的援助，因而缺乏足够的区域自主性。

在介绍和分析了全球范围内智库发展的经验及主要问题之后，我们无法不设问：中国智库应该在国家治理和公共政策发布的过程中扮演什么角色？又应该通过何种方式、朝着什么方向发展？

据《2017年全球智库报告》统计，中国智库已经从2008年的74家增长到了2016年的512家，在数量排名上仅次于美国（1872家），位居世界第二。而在中国，被归为"智库"的研究机构实际多达2500多家，其中包括国家级官方智库（如中央政策研究室、中央编译局、中央党校、国务院发展研究中心、国务院研究室、中国社会科学院和国家行政学院等）、省级和地市级官方智库（如省市委研究室、省市政府研究室、省市社科联和省市委党校等）、高校智库以及民间智库。

从中国智库的发展历程来看，发挥作用的主要途径有以下几条：参与重要纲领文件的讨论起草、制作内参、参与学术会议和论坛、新媒体和自媒体的内容发布以及专家本人与决策者的接触。

如果我们将以上"智库类型"与"建言途径"织成经纬，就会发现，"不均衡"是中国智库发展过程中值得重视的首要问题。且不论官方智库在数量上的层层铺设（从中央到地方），即使高校智库和民间智库，也有着明显的地域分布侧重。高校智库依托中国重点高校设立，它们往往分布在北京、长三角地区和珠三角地区；民间智库所关注的多元问题和所依托的稳定财力也往往集中在以上区域。在中国经济欠发达地区，除去官方设立的智库（省市级政策研究室等）之外，高校智库和民间智库力量异常薄弱。长此以往，便形成了马太效应，并直接牵拉出另外两个潜在的问题：在智库云集和活跃的地区，如果当地研究问题趋于饱和，智库可能更容易将视野投向国际而非国内；在经济欠发达地区运行的智库即使关注本地区问题，也可能因为发声的平台欠佳而不一定获得足够的重视和关注。

中国的智库运营也有值得改进和探索的地方。长期以来，中国智库体系中有相当一部分是由官方设立的，并通过官方拨款支持来维持运作，因此，如何让身处"安全屋"的官方智库保持活跃度和研究水准，成为一个难题。与此同时，民间智库力量薄弱，缺少机制、政策、资金和人力资源的支持，它们的发展并不算顺利，对于这类智库的发展应该如何引导和支持，将决定中国智库繁荣发展的高度和广度。

本书的主题在于描绘和评述全球智库，但更期待通过介绍全球智库的发展历程，让读者思考中国智库在新时代、新环境下的发展之路。也许，不同国家和地区的智库具有不同的立场，会关注不同的问题，采用截然不同的运营方式，维系目的不一的合作伙伴。但是，智库的作用、价值和意义却是永恒趋同的，即通过科学而专业的研究为公共政策建言献策，发展社会、国家和区域文明，造福人类，促进和平。因此，所有以此为旨归、因之而存在的智库，都有其独特价值，值得尊重。中国智库应学习它们成功的经验，吸取它们衰落的教训，规避它们曾经遇到的风险。在不远的将来，中国智库或能以更为科学理性、更有责任担当、更具生命力和创造性的姿态屹立于世界智库之林。

杜骏飞
2018年3月1日
于南京大学

总述篇

智库作为一种相对稳定的、独立于政府决策体制的"外脑",已经成为现代政府公共决策链的重要环节。一般来说,智库起步于20世纪初期,在"二战"后智库数量呈现爆炸性增长,一批国际著名智库成长起来,在国家政治、经济、社会发展和军事竞争中发挥着巨大的影响力。虽然目前对于世界上第一家智库的说法仍有争议,但就笔者对世界智库起源的梳理来看,成立于1724年的俄罗斯科学院应是当之无愧的第一家智库。

　　随着国际竞争日趋激烈,各国在军事、政治、经济等领域展开了全方位比拼,对智库的需求越发紧迫,这也恰好促进了世界智库的蓬勃发展。总体来说,世界智库发展迅速,但也存在发展不平衡等状况,呈现以下几项显著特点:其一,世界范围内智库之间交流增多;其二,区域性智库的出现及区域合作增多;其三,研究领域全方位、跨学科,研究选题越来越具有综合性的特征;其四,发展中国家智库质量与发达国家差距较大。

　　要深刻地了解全球智库的现状,就要先追本溯源,理清智库的起源与发展脉络,对全球智库有一个整体的把握。因此,在介绍各个国家智库之前,本篇先对智库的历史与发展作一个总述,以便读者对全球智库有一个概括性的了解。

第一章　全球智库发展历程

当今世界,智库已成为影响政府决策、推动社会发展的重要力量,是国家软实力的重要组成部分。随着各个国家对智库建设的重视,相关研究队伍不断扩大,各国学者对智库的研究也越来越多。然而,目前学界、业界对智库的定义和认识存在一些分歧。在对各国智库进行阐述之前,有必要对智库定义、起源与发展作一个简单的梳理和分析。

■ 第一节　概念与界定

智库(Think Tank),从其字面意思我们可以将之理解为——储存和提供思想的"仓库",也有人称之为智囊机构、智囊集团、头脑企业、顾问班子等。"智库"的称谓最早来自美国兰德公司,19世纪60年代后,智库被广泛认为是从事研究重要政策问题的机构。世界最著名的智库之一——兰德公司创始人弗兰克·科尔博莫(Frank Collbohm)认为,智库就是一个"思想工厂",一个没有学生的大学,一个有着明确目标和坚定追求却同时无拘无束、"异想天开"的"头脑风暴中心",一个敢于超越一切现有智慧、敢于挑战和蔑视现有权威的"战略思想中心"[①]。

弗兰克的定义比较模糊和宽泛,事实上,世界上的智库由于其产生背景、研究方向、组织构成等不同,因此对于"智库"的定义也就有差异。虽然

---

① McGann, J. G., 2011 Global Go to Think Tanks Report and Policy Advice, Philadelphia: Think Tanks and Civil Societies Program, University of Pennsylvania, 2012.

至今人们对智库的概念仍然没有标准的说法,但世界各地的学者们见仁见智,提出了多种观点,为我们从不同角度审视智库提供了帮助。纵观各家之言,大体上是从以下几个侧重点来定义"智库":机构研究目的、功能;机构性质以及运作特点;机构服务对象以及机构规模和资金来源。

一、智库的功能:提供思想 VS 施加影响

美国学者詹姆斯·G.麦甘(James G. McGann)将智库定义为:"开展与公共政策相关的研究与分析,为国内和国际问题提供建议,让政策决策者和公众获得有关公共政策决策的充分信息。"[1] 早期智库研究者保罗·迪克逊(Paul Dickson)认为:"智库是一种稳定的、相对独立的政策研究机构,其研究人员运用科学的研究方法对广泛的政策问题进行跨学科的研究,在与政府、企业及大众密切相关的政策问题上提出咨询。"中国学者于今则认为智库是"由多学科的专家组成的,为决策者在处理社会、经济、科技、军事、外交等领域的发展出谋划策,提供最佳理论、策略、方法、思想等的公共研究机构"[2]。这些学者道出了智库的功能是为政策提供思想和提出咨询,智库相当于一个思想生产库,这也是其本质和终极目的,但并不是所有能够提供思想的机构都可以被称作智库,正如徐晓虎、陈圻提出"智库的本质并不在于非营利性和独立性,而在于提供高质量的思想产品"[3]。那么何为高质量的思想产品呢?英国学者 Blackstone 和 Plowden 认为,真正意义上的"智库"是指那些具有超前意识,能提出从长远来看切实可行的政策建议的机构。[4] 因此,例如像中央政策评论部(Central Policy Review Staff)这类智库由于受到政府支持,所提出的思想可能并不是"自由智力成果",而那些独立于政府之外的机构可能更会提出长远而切实可行的政策建议。那么,中央政策评论部就不是一个"真正的智库"。

有的学者认为智库不应该仅仅提供思想,而更强调智库作为一种组织的社会职能,其首要目标是影响政策研究机构。英国学者詹姆士(James)认

---

[1] McGann, J. G., *Think Tanks and Policy Advice in the US*, Foreign Policy Research Institution, 2005.
[2] 于今:《中国智库发展报告》,红旗出版社2012年版。
[3] 徐晓虎、陈圻:《智库发展历程及前景展望》,载《中国科技论坛》2012年第7期。
[4] 参见 Denham, A., *British Think-tanks and the Climate of Opinion*, Routledge, 2005.

为:"智库是从事于力图影响公共政策的多学科研究的独立组织。"德国汉堡大学教授帕瑞克·克勒纳(Patric Koellner)将智库界定为:以政策研究和政策分析为基础,以影响公共政策(有时也包括公司事务)为目标的研究机构。① 王辉耀在《大国智库》一书中认为,智库是专门影响政府公共政策决策和制定的思想工厂和研究型机构。② 这些界定侧重强调智库的目的在于对公共政策施加影响。

也有学者提出智库主要是指为政府、企业或社会集团的决策和行动进行调查研究、出谋划策,为之解决具体问题,并为之培养、储备和输送人才的一种社会组织形式。③ 即认为智库也是人才培育基地,有利于各种人才之间的沟通交流。John C. Goodman 也有类似观点,他认为智库是对特定公共政策进行研究,并形成解决方案,促进科学家和知识分子之间相互合作的组织。④ 从这个意义上说,智库包括了大学等学术组织。事实上,政治变革最重要的来源正是那些大学校园和其他知识机构。

联合国开发计划署认为智库"是定期进行调查研究任何与公共政策相关的问题的组织,它们是现代民主国家中连接知识和权力的桥梁"⑤。"智库连接了调查者和决策者"的观点引起了很多组织的共鸣,并成为其组织宣言。例如新加坡主席理事会政策研究所认为,"IPS(新加坡物理协会,Institute of Physics Singapore——引者注)必须作为一座接近政府的桥梁,但并不是政府的一部分。"⑥而类似的,东京国立研究发展会(National Institute for Research Advancement)做了一个世界性调查,调查结果认为智库的主要功能是"连接政策理念和其他知识机构,或者一些有不同背景和意识形态的人"⑦。加拿大博士伯尔尼哈德·梅(Bernhard May)也明确定义:智库是连

---

① 参见帕瑞克·克勒纳《智库概念界定和评价排名:亟待探求的命题》,载《中国行政管理》2014 年第 5 期。
② 参见王耀辉、苗绿《大国智库》,人民出版社 2014 年版,第 20 页。
③ 参见曹益民《世界主要国家公共决策咨询的做法和经验》,载《中国软科学》2000 年第 10 期。
④ 参见 Goodman, J. C., *What is a think Tank?*. National Centre for Policy Analysis, 2005。
⑤ Tai, N. D, "Public Policy Training in Vietnam", *Public Policy Research and Training in Vietnam*, 2005, p. 40.
⑥ Owyang, H., (n. d.), Retrieved 1 24, 2015, from http://www.istana.gov.sg/sp-030719.html.
⑦ *NIRA's Directory of Think Tanks*. (n. d.). Retrieved 1 24, 2015, from http://www.nira.go.jp/ice/nwdtt/index.html.

接学术团体和政策决策者的桥梁。① 因此，智库的目的在于为政府、社会，或从更广泛的意义来说为广大民众研究分析其所面临的相关问题。

二、智库的性质：独立性 VS 非营利性

在政治科学百科全书中，拉迪（Stella Ladi）将智库描述为"有别于政府机构的，致力于运用专业知识和网络活动为政策议题提供建议的研究机构"②。麦甘也提到，"智库是指独立于政府、社会利益集团如公司、利益团体以及政党等力量的具有相对自治性的政策研究组织。"③戴安·斯通（Diane Stone）认为，智库是指"那些独立于政府、政党和利益集团，并从事公共政策问题分析的非营利组织"。政治学教授、智库研究专家 Donald E. Abelson 提出智库是"由关心广泛公共政策问题的人组成的独立的、非营利性的组织"④。美国耶鲁大学政治学博士 Andrew Rich 对智库的定义是"独立的、没有利益倾向的非营利性组织，它们提供专业知识或建议，并以此获得支持，影响决策过程"⑤。中国学者承婧也给出释义，"智库相对稳定并独立于政治体制之外，是政策决策过程的重要参与者，是一种以政策研究为中心，以直接或间接方式服务于社会为目的的非营利性独立研究机构。"⑥

上述定义存在这样的共通点：一是智库的"独立性"，二是智库的"非营利性"。但就"独立性"来说，其本身就有多种解释：可以是财务上、机构运作上，甚至是思想上的独立。财务是否独立意味着智库的自主与否，机构运作是否独立意味着存在隶属关系与否，思想是否独立意味着其政策思想存在特定意识形态与否。而且，不同国家对于独立性的标准与认识也不同。⑦ 上述定义中并未给出明确解释，很显然，这些定义也不能回避智库潜在的政治属性。

---

① 参见王军、李双进《英国的思想库及其政治功能》，载《当代世界社会主义问题》2003 年第 1 期。
② Stella Ladi, "Think Tanks", in Bertrand Badie, Dirk Berg-schlosser and leonardo Morlino eds., *International Encyclopedia of Political Science*, Thousand Oasks: Sage, 2011, pp. 2608 - 2611.
③ McGann, J. G., "Globalization and the Growth of Think Tanks", Unpublished paper, 2001, p. 4.
④ Abelson, D. E., *American think-tanks and their role in US foreign policy*. Macmillan Press, 1996, p. 21.
⑤ Rich, A., *Think tanks, public policy, and the politics of expertise*, Cambridge University Press, 2005, p. 11.
⑥ 承婧：《政府的外脑：美国思想库取得成功的制度性分析》，载《社科纵横》2007 年第 22 期。
⑦ 参见帕瑞克·克勒纳《智库概念界定和评价排名：亟待探求的命题》，载《中国行政管理》2014 年第 5 期。

智库，从严格意义上说，是独立于政府机构的民间组织，但事实上，许多发展中国家的智库在没有政府的支持下，其生存举步维艰。中国学者李建军在《世界各国智库研究》一书中结合中国绝大多数政策研究机构属于体制内的实际，对西方智库所强调的"非政府性"和"独立性"作了弱化处理。① 而脱胎于政府部门的研究机构，甚至直接在总统领导下的俄罗斯智库，恰恰是俄罗斯智库中一支不可忽视的力量。② 20世纪五六十年代，苏联最有实力的三大研究机构：苏联科学院、苏共中央马克思列宁主义研究院、苏共中央社会科学院，其宗旨就是为政府决策提供理论依据，让专家学者为政府行为提供咨询服务，它的建立就注定其带有政治属性。因此，不能一概而论智库的政治属性，在这点上，世界智库研究网的定义更为全面，智库是"参与公共政策分析、研究并经常提出解决方案的非营利性研究机构。其中一些具有非党派特征，它们研究政策问题，不在乎政治影响。另一些则主要为政治家或政党提供智力支持"③。

三、智库的服务对象：社会公众 VS 精英群体

引用较多的智库定义是世界知识大辞典的定义："智库是一种为政府机关、企业、公司、社团提供研究咨询的智力劳动集团，一般由多学科、多专业的专家组成。"④智库研究学者 Dian Stone 这样定义智库："智库收集、消化和创造出一系列思想产品，主要是为政治和政府机构决策服务，有时也为媒体、利益团体、企业、国际机构和公共社会大众服务的组织。"⑤Donald E. Abelson 认为智库就是"专门创造、重组和推广思想给公共政策制定者和公共大众"。⑥ 从这些定义中可以看出，智库的服务对象比较广泛，基本涵盖了政府、企业、公众等。

也有一些人从精英多元化的角度定义智库，如美国智库研究专家约

---

① 参见李建军、崔树义《世界各国智库研究》，人民出版社2010年版，第5页。
② 参见欧阳向英《俄罗斯主要智库及其发展情况》，载《对外传播》2010年第5期。
③ 检索日期：2015年2月1日，来源：$http://www.nira.go.jp/thinktank.html$。
④ 安国政：《世界知识大辞典》，世界知识出版社1990年版，第1356页。
⑤ Stone, D. & Denham, A. (eds.), *Think tank traditions: policy research and the politics of ideas*, Manchester University Press, 2004, p.3.
⑥ 参见Stone, D. & Denham, A. (eds.), *Think tank traditions: policy research and the politics of ideas*, Manchester University Press, 2004, p.215。

翰·索拉马（John Solama）、威廉·多姆霍夫（William Domhoff）、托马斯·戴伊（Thomas Dye）等认为，智库是专为大企业、大公司精英人物的经济、政治利益服务的组织。他们给出的解释是，美国智库的资金大多来自百万富翁的捐赠，董事会成员多是大公司老板，重要职位也基本由离任高官担任，因此其研究成果必然反映这些精英人物的意见。① 与此相反，也有人认为智库发挥着"第四权力"的作用，它体现了普通民众的利益，是民主制度中不可缺少的部分，它是代替公共大众行使权力的一种手段，通过对统治集团当权者的政策施加影响，而为社会服务。

四、智库的规模：大型机构 VS 小型机构

美国传统词典和韦氏词典将智库的定义为对社会政策、政治、策略、经济或科技问题、工业或商业政策以及军事建议等进行研究或鼓吹的某个组织、机构、公司、团体或个人。② 这里的智库可以是大到拥有大量资金和大批高层次学者，从事政治、社会、经济等各个领域重大问题研究的组织，如布鲁金斯学会等。也可以不是布鲁金斯学会、兰德公司这样的大型研究机构，而是那些有十来个研究人员和职员、几十万美元年度预算的小型研究机构，这更符合普遍意义上的智库，并且就美国而言，这类机构占了美国政策研究机构的80%。③ 同时，也可以是某个小团体或个人，类似中国古代"谋士"的存在。有人对智库的定义表示不屑，认为根本没有典型意义上的智库，甚至说："什么是智库？只有等我看到以后才知道。"④ 这种说法偏向于"不可知论"，但也有其道理。各个智库的规模、年度预算、研究领域、研究成果、思想倾向以及隶属关系都不一样，对这些不一而足的研究机构用同样一个概念来概括，的确有以偏概全之嫌。

许多中国学者在总结了国外学者的研究后，也给出了自己的定义。薛澜、朱旭峰提出需要从智库的本体——政策研究机构、目标——影响政策制

---

① 参见 Domhoff, G. W., *The power elite and the state*: *How policy is made in America*, Transaction Publishers, 1990.
② 参见 Retrieved 2 5, 2015, from Dictionary and Thesaurus - Merrian - Webster Online: *http://www.merriam-webster.com/dictionary/think%20tanks*.
③ 参见 Abelson, D. E., *Do think tanks matter? Assessing the impact of public policy institutes*, McGill - Queen's Press - MQUP, McGill - Queen's Press - MQUP, 2009.
④ 参见中国现代国际关系研究院《美国思想库及其对华倾向》，时事出版社2003年版，第5—6页。

定、地位——独立性、状态——稳定性等四方面进行界定，才能将智库的内涵表述清楚。他们将智库定义为一种相对稳定且独立运作的政策研究和咨询机构。[1] 按照这样的界定思路，陈卓武等人认为，智库主要是指那些以政策研究为核心，以影响政府公共政策选择为目的，非营利的、独立的研究机构。[2] 张新霞定义智库，是以从事多学科研究为依托，以对公共政策施加影响为目的，以提供思想支持为基本方式的非营利性组织、团体和机构。[3] 王莉丽认为，智库是"指从事公共政策研究的非营利组织，其目标客户是政策制定者和社会大众，智库力图通过各种传播渠道影响公共政策的制定和社会舆论"[4]。

实际上，在不同国家、不同政治环境下，对智库的理解有很大不同。在欧美多数国家，智库一般指独立于政府和企业（甚至大学）之外、从事公共政策研究的非营利性学术机构，隶属政府的研究机构和大学院系是被排除在智库范畴之外的。智库需要独立的观念以便其"思想自由"，但是这只是英美的一个标准，在其他政治文化中并不适应。即便是英美的智库，彼此都有极大不同。有学者在对比美英两国智库的产生背景及功能后认为，"由于英国政党力量强大，缺乏充足的私人资金资助，文官体制相对稳定等原因，因而英国体制外的、独立的、以研究为导向的研究机构数量极少，而美国恰好相反。虽然英国与美国都有被称智库的机构，但它们在内涵、功能等方面是有相当大的差异。"[5] 而包括中国在内的发展中国家，对智库的定义较之英美更具弹性，大体上只要是从事政策性研究、为政府决策提供参考的研究机构都可称智库。[6] 因此，目前"智库"更多的是指对政策研究或为政策实践提供咨询的组织，而不是无政府、无党派的或独立的公民社会实体。[7]

---

[1] 参见薛澜、朱旭峰《"中国思想库"：涵义、分类与研究展望》，载《科学学研究》2006年第24期。
[2] 参见陈卓武、韩云金、林逢春《华南农业大学学报（社会科学版）》2007年第6期，第54—58页。
[3] 参见张新霞《英国思想库在公共政策形成过程中的作用》，载《石家庄学院学报》2009年第11期。
[4] 王莉丽：《美国思想库发展历程及面临挑战》，载《红旗文稿》2009年第14期。
[5] Denham, A. & Garnett, M. (n.d.), *Rethinking "Think Tank": A British Perspective*, Retrieved 2 13, 2015, from *http://www.psa.ac.uk/cps/1995/garn.pdf*.
[6] 参见中国现代国际关系研究院《美国思想库及其对华倾向》，时事出版社2003年版，第4—5页。
[7] 参见Tai, N. D., *Public Policy Training in Vietnam*, Public Policy Research and Training in Vietnam, 2005, p. 42。

日本智库研究专家Takahiro Suzuki对智库作过一个非常精炼的界定:"智库是从事公共政策研究的机构。"①Tom Medvetz建议将智库界定为"介于学术界、政界、商界和传媒界之间的混合型组织"。学术界和政界分别为智库提供学术权威和政治权威,商界为智库提供经费资助,传媒界为智库提供政策观点与政策制定者之间的通道,智库旨在拉近或者填补这些领域之间的缝隙,同时也需要与其保持适当距离。② 很大程度上,学者的界定是有意进行特别的选择和概念化的限定,关键在于一个特定的概念将会放大或缩小判定智库的范围。例如在Suzuki和拉迪的界定下,一个隶属于政党的政策机构会被认为是智库,而在斯通和里奇的界定下,就不会这么认为。③更为广泛的是,我们注意到,概念界定中智库属性的数量和该概念涵盖的机构数量之间成反比关系。比如:在一个智库概念界定中,出现的属性越多,符合这一概念的智库就越少;同时也可以发现:概念界定中的一些属性本身存在问题,他们看起来并非不证自明。④ 因此,智库概念界定既要尽可能简化又要尽力涵盖智库必需的属性,同时也需要足够的精准以便能够划清智库和非智库组织机构的界限。

相比之下,王军和李双进教授对智库的定义更为合理和全面,他们认为应该将"智库"作广义与狭义之区分。广义的智库是指,以从事多学科研究为依托,以对公共政策施加影响为目的,以提供思想支持为基本方式的非营利性组织、团体和机构。鉴于智库在各国社会政治生活中所起的作用不同,各国不同种类的智库发挥的作用也不尽相同,加之在实践中各种智库的功能存在着重叠的情况,根据这一标准,狭义的智库是在广义智库的基础上,指那些能够对决策施加较大影响的、由政府组织成立的或带有党派倾向或干脆隶属于某个政党的智库。⑤

我们认为,现代智库,理应是通过提供公共知识影响公共政策,最终服务于公共利益的公共组织。它拥有以下几个特点:

---

① 克勒纳·帕瑞克:《智库概念界定和评价排名:亟待探求的命题》,载《中国行政管理》2014年第5期。
② 参见Medvetz, T., *Think tanks as an emergent field*, New York: Social Science Research Council, 2008。
③ 参见克勒纳·帕瑞克《智库概念界定和评价排名:亟待探求的命题》,载《中国行政管理》2014年第5期。
④ 参见克勒纳·帕瑞克《智库概念界定和评价排名:亟待探求的命题》,载《中国行政管理》2014年第5期。
⑤ 参见王军、李双进《英国的思想库及其政治功能》,载《当代世界社会主义问题》2003年第1期。

1. 智库的目的，是为国家和社会提供思想产品，并对公共政策施加影响。
2. 典范的智库应该具有学术独立性与非营利性，虽然并非一概如此。
3. 智库为精英群体提供知识和策略，但终极目标却应是服务于人类福祉和公共利益。

第二节 历史起源

学者于今认为智库在中国古代早有萌芽，可称为"古代智库"。那时候"智库"以不同形式、不同称呼出现在历史各个阶段，如门客、谋士、幕僚、幕宾以及翰林院等，均以其丰富的知识经验和智慧，运筹帷幄，辅佐领导者决策。但目前学界却认为，将智库起源视为此类古代"智库"的说法并不科学，因为这些早期形态的智库与现代智库的基本特征相去甚远。如今我们所称的智库是"近代智库"，它作为现代社会的产物，是为了适应现代社会的快速发展和满足现代国家日益复杂的决策需要而产生和发展起来的。古代的谋士、幕僚等虽然具有一些智库的功能，但无论从形式还是规模来看，都无法与现代智库相提并论。

一般认为，智库于20世纪初诞生于美国，第二次世界大战结束后崭露头角，20世纪70年代后智库数量迅速增长，并在世界范围内扩散。在第二次世界大战时期，为了战争的需要，美国军方征集了本土及欧洲大量的军事科技、政治和战略等方面的专家，组成多个军事科技、战略、战术、智囊服务等研究机构。[①] 但在当时，"智库"只是个纯军事术语，用以指称战争期间美军讨论战略和作战计划的保密室（类似所谓的作战参谋部）。"二战"结束后，"智库"一词被用于称呼军工企业中的研究与发展部（Research and Development Section）。[②] 当中最有名的是道格拉斯飞机公司的研究发展部。20世纪50年代，该部成为独立实体，并将两个英文单词的首字母"R"和"D"复合而为"RAND"，众所周知的兰德公司诞生了。笔者认为，从某种意义上讲，兰德公司可被称为世界上第一个真正意义上的"智库"。不过，目前学术界对

---

① 参见于今《中国智库发展报告（2012）智库产业的体系构建》，红旗出版社2013年版，第20页。
② 参见中国现代国际关系研究院《美国思想库及其对华倾向》，时事出版社2003年版，第3页。

此智库仍有一些不同观点。

仅美国而言,比较有代表性的观点就有四种①:(1)19世纪初期说。美国著名智库研究专家保罗·迪克森(Paul Dickson)在其专著《智库》中认为,现代智库诞生的标志是1832年美国财政部与费城弗兰克林研究所委托研究合同的签订。②(2)19世纪中后期说。美国学者詹姆斯·史密斯(James Smith)认为,1865年由美国社会科学促进会推动,在马萨诸塞州召开的关于经济、社会秩序重建的各界联席会议才是智库的起点。③(3)20世纪初说。持该说法的学者观点又各不相同。威廉·多姆霍夫(G. William Domhoff)认为,1990年成立的全国市民联盟是最早的智库;詹姆斯·G.麦甘则认为,1916年成立的政府研究所(布鲁金斯学会前身)才是现代智库的起源,因为它是第一个专门从事公共政策研究的独立组织。④(4)20世纪40年代说。该观点认为智库最初是指第二次世界大战期间美军军官进行作战计划讨论的研讨室,后来泛指以工业政策研究为中心,以影响公共政策和舆论为目的的政策研究机构。⑤

英国关于第一个智库的说法也有不同。"智库"一词在英国的首次使用,是用来指称在1970年由当时的首相爱德华·希思在内阁建立的"中央政策评论部"(CPRS)。在1995年以前的大部分时间里,"智库"一词在英国一直是中央政府内一个特殊的"政策规划和研究部门"的同义语。撒切尔夫人执政后期,"智库"这一术语才开始用来指称那些政府之外的、充满意识形态色彩的、主张自由市场的机构,这些机构的主要职能是为政府决策提供思想支持。⑥学者Goodman认为智库起源于英国人Thomas Clarkson,他在1782年号召废除非洲奴隶贸易,建立新社会。通过精心描绘奴隶贸易环境,提供奴隶船图,并结合实际调查和道德理论支持,Clarkson为

---

① 参见袁鹏、傅梦孜《美国思想库及其对华倾向》,时事出版社2003年版。
② 参见Dickson, P., *Think Tank*, New York: Atheneum, 1970, p.9。
③ 参见Smith, J. A., *Idea brokers: Think tanks and the rise of the new policy elite*, Simon and Schuster, 1993, p.24。
④ 参见McGann, J. G., "Academics to ideologues: A brief history of the public policy research industry", *PS: Political Science & Politics*, 1992, 25(04), pp.733-740。
⑤ 参见王莉丽《希望智库成中国软实力象征》,检索日期:2014年12月28日,来源: *http://cul.sohu.com/20100121/n269746624.shtml*。
⑥ 参见王军、李双进《英国的思想库及其政治功能》,载《当代世界社会主义问题》2005年版第1期。

这场战争提供了巨大帮助。① "有福音派教会的支持,克拉克森委员会将会成为世界上'第一个智库'",劳伦斯·里德(Lawrence Reed)写道,"高尚的思想和不容置疑的事实将成为它的武器。"②而在 1831 年由威灵顿公爵建立的防护和安全研究所(The Royal United Services Institute),1884 年成立的以推进社会渐进式改革为目标的费边社等也被视作智库的起源。③

日本最具代表性的机构是成立于 1907 年隶属于"南满铁路公司"的"满铁调查部",它主要是为日本军国主义对外侵略服务的,其任务是对中国东北及其他地区、苏联远东地区的政治、经济、社会等情况进行专门调研。"满铁调查部"在 40 年间向总部提交了一万多份专题报告,从某种意义上讲是日本智库的"雏形"。"二战"结束后,日本高速增长的外向型经济与国内尖锐矛盾形成对抗,迫切需要新策略的应对,智库应运而生。1959年 12 月,前首相吉田茂创建了日本国际问题研究所,这是日本在外交领域的第一个智库,之后在 1965 年和 1970 年,野村综合研究所、三菱综合研究所也相继问世。④

作为东欧的代表国家俄罗斯非常注重思想的集结,在历史上很早就设立研究院等相关机构,并网罗各领域的人才,为国家社会的发展提供动力。早在 1718 年,彼得一世就在一份文书上批示:"一定要成立科学院,现在就从俄国人中物色一些有学问的又有志于此的人,还应着手翻译一些法学和与法学有关的书籍。今天就着手办这些事。"1924 年 2 月 8 日俄罗斯科学院在彼得堡应运而生,这成为当时俄国乃至整个东欧最早的智库,如若依照成立时间先后来定义智库起源,我们也可以将其视为世界上的"第一个智库"。

其他国家的智库大多数都是在 20 世纪中后期兴起的,特别是"二战"以来,新技术革命空前提高了社会化大生产。⑤ 各国政府行政决策所涉及的内

---

① 参见 Goodman, J. C., "What is a think Tank?", *National Centre for Policy Analysis*, 2005。
② Reed, L., "A Student's Essay That Changed the World", *Mackinac Center for Public Policy*, 2005。
③ 参见李建军、崔树义《世界各国智库研究》,人民出版社 2010 年版,第 2 页。
④ 参见吴寄南《浅析智库在日本外交决策中的作用》,载《日本学刊》2008 年第 3 期。
⑤ 参见李冠瑶《智囊团——企业家的左膀右臂》,载《山西财经学院学报》1995 年第 1 期。

容越来越多,越来越复杂,涉及的范围也越来越广,社会信息量更是不断增多。政府部门迫切需要依靠外界的"智力资源"来支持公共政策,因此便转向学术界,甚至向全社会寻求"智囊团"。与此同时,由于科技的突飞猛进,企业的管理越来越呈现专业化趋势,面对过度爆炸的信息,企业领导也开始建立一些专业化组织,为企业提供切实可用的经营策略。这样,在政府行政决策需求和企业经营决策需求的双重推动下,独立于政府和企业的公共智囊机构——智库——就应运而生了。①

一些学者认为,第一批现代意义上的智库出现于20世纪初的美国、英国等发达资本主义国家。美国的罗素·赛奇基金会、市政研究局和布鲁金斯学会为其中代表,其任务是改善美国的社会和生活状况,以及提高政府的效率,其资金来源为一些大型工业企业,包括洛克菲勒、卡内基和J. P. 摩根。② 国内学者对于智库的起源也各有说法。刘宁认为,英国一般被认为是最早的智库发祥地,其最早具有智库研究特点的组织,是成立于1884年的费边社。但第一次世界大战之后,西方国家社会问题加剧,越来越寻求系统、专业的智库,至此就形成了现代智库的起源。其中最突出的有1916年于美国成立的政府研究所,1920年于英国成立的英国皇家国际事务研究所。③

综上所述,目前学界比较认可的观点是将1916年成立的政治研究所(The Institute for Government Research,布鲁金斯学会的前身)视为美国最早智库;将成立于1884年的英国费边社(Fabian Society)视为英国最早智库;将成立于1908年的德国汉堡经济研究所(Hamburg Institute for Economy Research)视为德国最早智库;将成立于1724年的俄罗斯科学院视为俄罗斯最早智库;将发源于1906年的野村综合研究所(Russian Academy of Sciences)认定是日本民间最早的智库,也是日本目前最大的咨询公司。我们在讨论智库起源时,并不能一概而论地依据建立时间来判断,而要根据其

---

① 参见侯经川、赵蓉英、邱均平《全球思想库发展综述》,载《预测》2004年第22期。
② 参见徐晓虎、陈圻:《地方智库运行机制研究——基于地市级智库的实证研究》,载《南京大学学报(哲学、人文科学、社会科学)》2012年第49期。
③ 参见刘宁《智库的历史演进、基本特征及走向》,载《重庆社会科学》2012年第3期。

机构特点、功能、运行机制,以及在当时社会环境下所产生的作用和意义进行综合分析。但就笔者对世界智库起源的梳理来看,成立于1724年的俄罗斯科学院应是当之无愧的世界第一家智库。

第三节 《全球智库报告》分析

目前全球智库统计的资料较少,已有的文献如日本综合研究开发机构(National Institute for Research Advancement,NIRA)编著的《世界智库指南》、赫尔伯斯特(Hellebust)编制的《智库名录》等,都存在一定不足,如收录的智库数量少、范围小,无法反映全球智库整体面貌等。相比之下,美国宾夕法尼亚大学詹姆斯·G.麦甘领衔发布的《全球智库报告》(*Global Go to Think Tank Index Report*,GGTTI),是当下国际上最具权威的智库研究文献。

美国宾夕法尼亚大学智库和公民社会研究项目于2007年发表了首份全球智库排名报告。现在每年发布一份全球智库排名报告。目前该报告已经成为衡量各国智库水平的一个重要参考指标。项目研究人员将调查问卷发放给全球数千位学者、专家、智库主要负责人、公共或私人捐款者、政府决策者等,根据调查结果,形成排名报告[1]。排名共分为四种类型:一是全球综合能力TOP智库排名;二是按地区分类的TOP智库排名;三是按研究领域分类的TOP智库排名;四是按特殊成就分类的TOP智库排名。评价排名是保持组织有效产出的必需工具,至少评价具有如此功效。詹姆斯·G.麦甘及其团队成员将全球智库的数量锁定为来自七大洲的182个国家的智库,展示出了其为"打造全球智库评价排名领先地位"所做的努力,有助于将公众的目光吸引至"智库"——这类以学术研究为基础的、以提供政策建议主业的组织[2]。

---

[1] 参见王德生《2011年美国排名前30强智库》,2012,检索日期:2015年2月20日,来源:*http://www.istis.sh.cn/list/list.aspx? id*=7450。
[2] 参见克勒纳·帕瑞克《智库概念界定和评价排名:亟待探求的命题》,载《中国行政管理》2014年第5期。

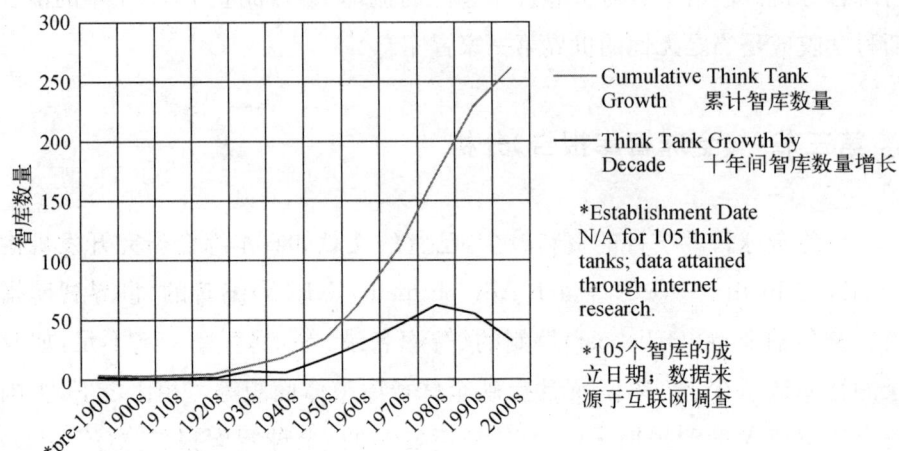

图总.1.1　20世纪全球智库数量增长情况

图表来源：2009年《全球智库报告》

根据上图中信息，并结合《全球智库报告》相关内容，我们可以清晰地看出20世纪以来全球智库的发展趋势。一是速度快，在过去的百余年里，智库的增长可以用爆炸式来形容。如图中所示，智库增长速度最快的是在20世纪七八十年代，据估计，当前世界智库中约有2/3产生于20世纪70年代以后，半数成立于20世纪80年代以后。以美国为例，美国现有智库中有90.5%是在1951年后成立的，1980年以来智库数量翻了一番。二是内容广，全球智库不仅数量庞大，而且其研究的范围、规模和影响也都急剧扩大。有的以对外政策为研究对象，有的以国内政策为工作目标，涉及的领域日益扩大，已从传统的内政、外交、军事扩展到经济、科技、教育、文化、人口、资源、生态环境等多方面。①

进入21世纪以来，世界范围内每年新成立的智库数量大幅减少，智库发展进入内部整合阶段。由于智库之间的激烈竞争，最近几十年来新成立的

---

① 参见刘助仁《国际智库的现状及发展趋势》，载《组织人事学研究》2007年第7期。

智库很少有综合性智库,多数智库使用专业化策略定位扩大核心竞争优势,围绕某一专业领域,提供针对性的政策建议①。

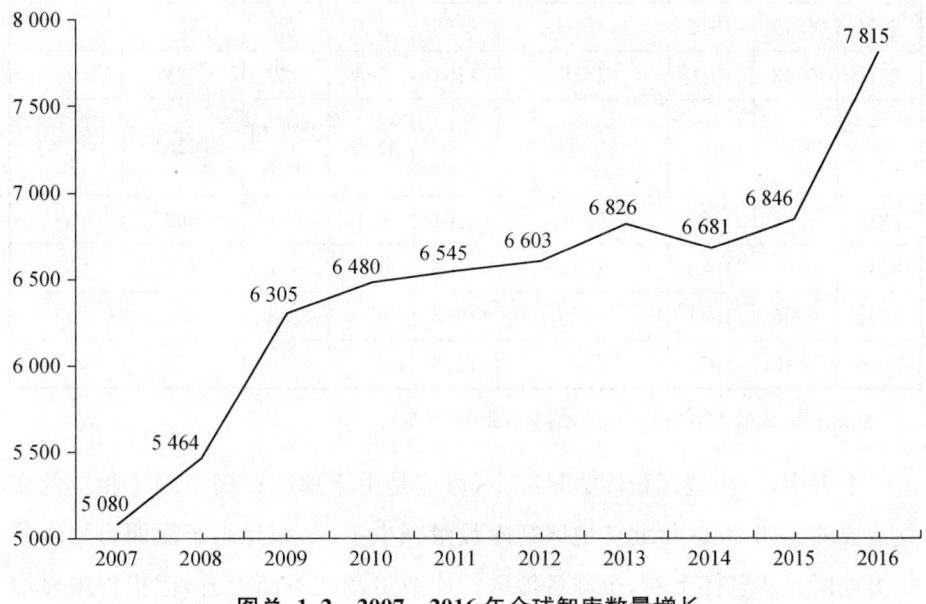

图总.1.2　2007—2016年全球智库数量增长

数据来源:2007—2017年《全球智库报告》

2009年以后,全球智库数量呈现低增长趋势,特别值得注意的是,2013年达到6826的值后,2014年首次出现了下滑(图表2)。2018年公布的《2017年全球智库报告》显示,全球智库数量有所增长,达到7815家。总体来看,全球智库数量从2014年的首次下滑逐步进入了稳定增长的阶段。

表总.1.1　全球智库发展数量变化表

年度	全球	北美	东欧	西欧	亚洲	非洲	中东	拉丁美洲	大洋洲
2007	5080	1924	483	1198	601	274	192	408	
2008	5465	1872	514	1208	653	424	218	538	38
2009	6305	1912	517	1233	1183	503	273	645	39
2010	6480	1913	535	1222	1200	548	333	690	39

① 参见王耀辉、苗绿《大国智库》,人民出版社2014年版,第9页。

续表

年度	全球	北美	东欧	西欧	亚洲	非洲	中东	拉丁美洲	大洋洲
2011	6545	1912		1795	1198	550	329	722	39
2012	6603	1919		1836	1194	554	339	721	40
						南非	北非和中东	中南美	
2013	6826	1984		1818	1201	612	511	662	38
2014	6681	1989		1822	1106	467	521	674	39
2015	6846	1931		1770	1262	615	398	774	96
2016	7815	1972		2045	1676	664	479	979	56①

数据来源：根据 2007—2017 年《全球智库报告》整理

上表中，一些地区智库数量减少，可能是由于地区归属出现了相应的变化造成的。如 2008 年北美地区智库数量减少了 52 家是由于墨西哥划入了拉美地区。从总体上看，全球各地区智库数量都在不断上升，但报告中显示的数量的增长不仅仅是因为新建立智库数量的增加，有一些大幅度数字的变化也可能是由于报告中收录地区智库发生变化。如 2009 年因多收录了中国 254 家智库，印度 140 家智库，使得整个亚洲的智库数量大幅度增加。2014 年由于南非和亚洲智库的大幅度减少，导致全球智库数量总体下滑。2015 年整体智库数量出现了回升，主要因为亚洲、拉丁美洲与大洋洲智库的增加，而北非和中东智库却有大幅度下滑的趋势。但总体来说，亚洲智库正处在蒸蒸日上的大发展阶段。

与此同时，全球智库数量分布不平衡（图总.1.3）。单就北美地区而言，其智库数量平均每年占了 30% 左右，欧洲地区紧随其后。其次是亚洲、非洲和中东、南美，大洋洲在九年间智库数量一直未突破 100 个，2016 年更是出现回落。图中，非洲和中东地区与亚洲在 2008 年智库数量相当，随后 2009 年亚洲突飞猛进，直至 2013 年非洲和中东地区急剧增长，再一次缩小了与亚

---

① 2018 年公布的《全球智库报告》中未单列出大洋洲的智库数量，笔者根据各国智库的全球分布情况，测算大洋洲有 56 家智库。

洲之间的差距。整体上看,智库发展的主导地区还是以欧美等发达国家为主,发达国家依靠雄厚的经济基础和资源支持,在智库需求量和供应量上都占据很大优势。而各地区所处不同政治经济发展阶段,以及执政者对智库的重视程度不同也会影响各地区智库的建立。值得一提的是,全球智库发展在不平衡中也呈现出均衡化的趋势。2007年北美和欧洲地区以近70%的比例独占鳌头,之后每年比重持续下降,到2015年只有54%,在2017年继续下降到51.4%。同时,亚洲、非洲和中东、南美地区却在奋起直追,到2016年四个地区智库数量占了全球总量的47.8%左右。

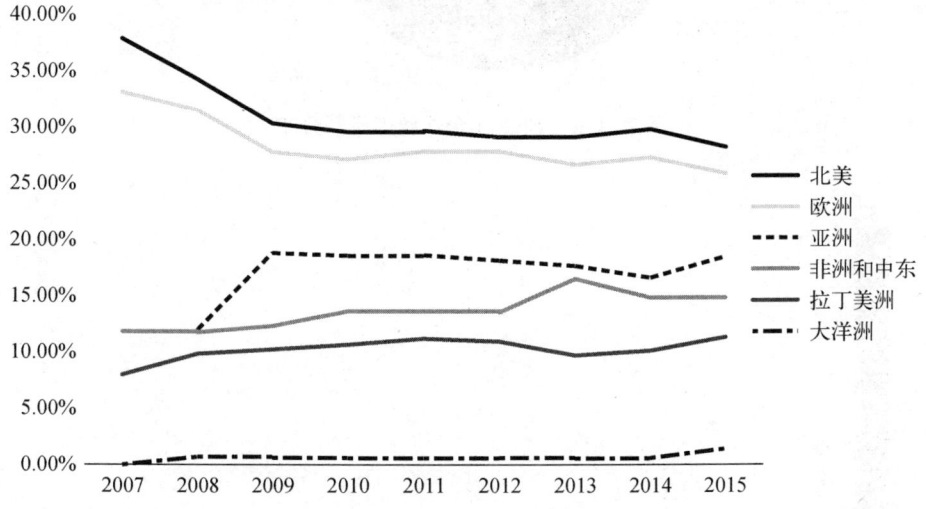

图总.1.3 全球智库数量分布百分比变化

数据来源:2007—2016年《全球智库报告》

根据宾夕法尼亚大学在2018年1月发布的《2017年全球智库报告》,仅北美地区智库数量就有1972家,占据了全球的25.2%(图总.1.4),其中有1872家(约95%)智库都是来自美国。而占据26.2%份额的欧洲智库主要来自英国、德国、法国、阿根廷、俄罗斯;占据20.7%份额的亚洲主要来自中国、印度和日本(图总.1.4)。在2008年各国智库数量排名中,印度位居第6位,而中国未能上前十,退居第12位。2009年,詹姆斯·G.麦甘扩大对中国和印度智库数量的收录后,全球智库数量最多的前十位国家以及排名相对稳定,只是德国和印度每年不相上下。美国自身的智库就超过了后面9个国家数量的总和,以压倒性优势当之无愧夺得第一。

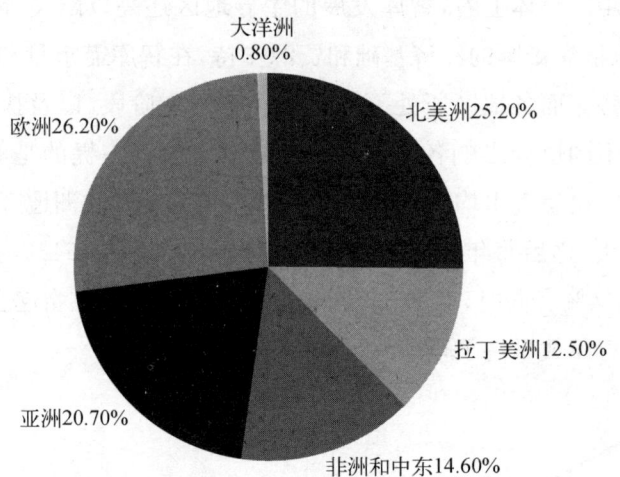

图总.1.4　2016年全球智库份额分布①

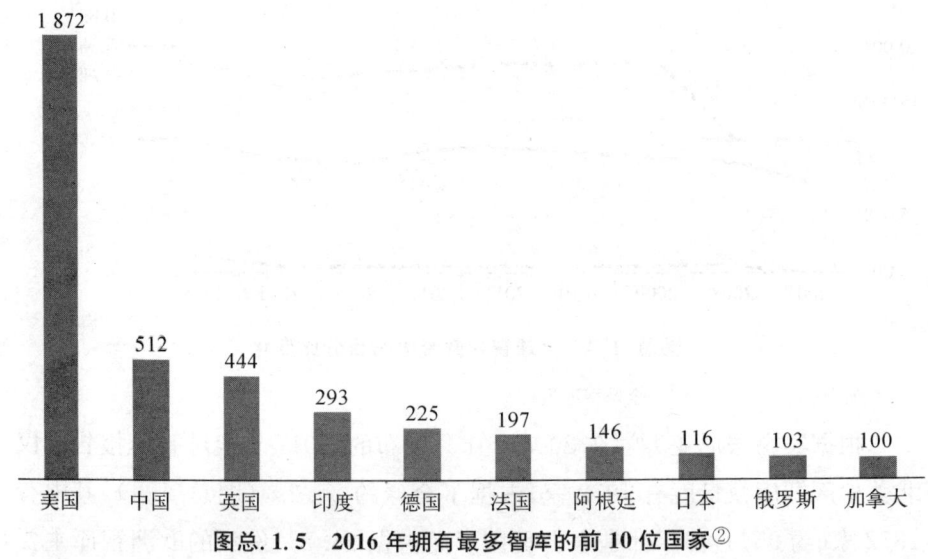

图总.1.5　2016年拥有最多智库的前10位国家②

美国智库不仅在数量上拔得头筹,在国际影响力和话语权方面也是绝对的领导者。全球十大顶级智库中,美国占有6个席位,尤其是布鲁金斯

---

① 数据来源:McGann, J. G., 2017 *Global Go to Think Tanks Report and Policy Advice*. Philadelphia: Think Tanks and Civil Societies Program, University of Pennsylvania, 2018。

② 数据来源:McGann, J. G., 2017 *Global Go to Think Tanks Report and Policy Advice*. Philadelphia: Think Tanks and Civil Societies Program, University of Pennsylvania, 2018。

学会更是连年稳坐"全球第一智库"的宝座。而英国的智库实力紧随美国之后,有皇家国际事务研究所、国际战略研究所两家智库进入全球十大智库排行榜(表总.1.2)。值得注意的是,全球智库50强以北美和欧洲智库为主,鲜有亚洲智库的影子,其中中国大陆地区则仅有中国社会科学院等三家智库入围,日本和韩国均有两家智库进入排名。在全球智库100强中,美国以15个席位居第一,其次是英国(14家)、德国(9家),中国以6家位列第四。随着新兴国家的崛起,中国、印度、巴西、俄罗斯、南非等"金砖五国"的实力整体上升,初步显示其影响力和发展潜力。智库数量上,"金砖五国"均在前12名内,顶级智库100强中,占有13个席位。虽然与美国、西欧智库相比差距甚大,但发展潜力也是不可估量的。

表总.1.2 全球顶级智库前10位[①]

排名	国家	机构名称
1	美国	布鲁金斯学会
2	法国	法国国际关系研究所
3	美国	卡内基国际和平基金会
4	比利时	布鲁塞尔国际经济研究所
5	美国	战略与国际研究中心
6	英国	皇家国际事务研究所
7	巴西	瓦加斯基金会
8	美国	传统基金会
9	美国	兰德公司
10	英国	国际战略研究所

数据来源:《2017年全球智库报告》

在全球治理和全球议题设置方面,发展中国家的智库大多时间在话语

[①] 数据来源:McGann, J. G., 2017 *Global Go to Think Tanks Report and Policy Advice*. Philadelphia: Think Tanks and Civil Societies Program, University of Pennsylvania, 2018.

权上受制于西方发达国家,处于一种集体"失语"的状态①。发展中国家的智库多是研究国内公共政策,为本国的政治经济提出建设性意见,但很少参与国际性会议或事务的讨论,很难在全球影响中占据一席之地。据近年《全球智库报告》综合分析,目前,全球化、民主化、对独立信息和分析的需求、大数据、超级计算器、信息技术和政府决策的开放度等因素,都影响着全球智库的发展趋势。与此同时,智库也面临着资金方式的重大调整、专业性增强、竞争加剧、如何保持影响力与独立性等挑战。

第四节 智库"先驱者"介绍

一般来说,真正意义上的现代智库是从 20 世纪初开始的,1948 年兰德公司建立,标志着一种新型智库的出现,被最早冠以"智库"的称谓,但其实早期的智库在 19 世纪末,甚至更早就已经开始孕育了。此处所讲的初期智库主要是指早期成立的智库雏形,在此,笔者罗列了世界上最早兴起的十大智库(表总.1.3)。

表总.1.3 全球最早兴起的十大智库②

成立时间	名称	国家
1724	俄罗斯科学院	俄罗斯
1831	国防和安全研究所	英国
1884	费边社	英国
1898	特许废弃物管理协会	英国
1900	全国市民联盟	美国
1907	满铁调查部	日本
1907	罗素·赛奇基金会	美国
1908	汉堡经济研究所	德国
1910	卡内基和平基金会	美国
1914	基尔世界经济研究所	德国

① 参见王耀辉、苗绿《大国智库》,人民出版社 2014 年版,第 11 页。
② 此处是指从时间上最早成立的智库雏形。

初期智库大都从事长期性的政策研究,研究重心是将科学知识运用到研究和解决广泛的公共政策上面来,研究的主要范围涉及国家安全和军事,或者对殖民地进行调查研究,为本国扩张殖民提供资料,这种情况一直持续到第二次世界大战。初期智库存在三个方面的问题:一是缺乏综合性深度研究。比如工业革命中出现的英国早期智库,就多以工程咨询和技术服务与咨询等为主。二是智库的服务对象主要是本国政府,虽然也有为其他国家或组织提供政策支持的,但其还是以本国利益为主。三是智库的主要工作是收集文献,很多智库甚至建立起自己的图书馆,留存了很多稀有文献资料。同时,它们还会有自己的固定刊物,通过发表文章、出版书籍、研究报告等方式为国家、公众等提供重要信息。下面笔者将详细介绍几个初期智库的概况。

一、英国:费边社(Fabian Institution)

费边社成立于1884年,是一个赞成对社会进行渐进式的而非革命性改革的社会主义者团体,它的名字来源于罗马将军昆斯特·费毕阿斯(Quintus Fabius),此人因其延迟战役策略而闻名。费边社建立的初衷是为了实现社会主义,强调对当时英国的社会状况进行审慎的思考并提出相应的看法,并形成了费边社会主义。

费边社的出版物覆盖所有的公共政策问题,从其宣传手册及研究成果报告中可以看出,它的工作重点是其面临的新政治挑战。[①] 当时类似的组织一般是由来自各个领域的专家组织而成,因此有明显的产业化特点,它以专业化知识和经验为依托,以论证报告、研究方案和咨询建议为产品,为各类社会机构服务。[②] 费边社的策略就是在内部"对英国政治体系进行渗透",与此同时,在外部对英国政治体制施加影响。试图建立社会主义国家和智库之间的联系。[③] 用约翰·柯兰汉的话说,在过去50年的大部分时间里,费边社在工党内部"只是起辅助作用的"[④]。从本质上来说,费边社并不是一个

---

① 参见 Fabian Society. (n. d.)., Retrieved 2 17, 2015, from http://www.fabian-society.org.uk/.
② 参见刘宁《智库的历史演进、基本特征及走向》,载《重庆社会科学》2012年第3期。
③ 参见张新霞、梁瑞英《英国思想库的传统、特点和类型》,载《前沿》2010年第4期。
④ Katwala Sunder, Democratic Dilemmas, 2002, 检索日期:2015年2月15日,来源:http://politics.guardian.co.uk/thinktanks/page/0,10538,736582,00.html。

生产思想的"智库",而是一个为工党服务的集会场所,其主要目的就在于激励政治家进行演讲,但即便如此,费边社在英国历史上仍然具有无可匹敌的地位。费边社为那些想对政府政策和公众舆论施加影响的个人提供了一种模式和动力。①

费边社有以下三个特点:其一,与政治谱系上特定的政治主张相认同。费边社隶属于工党,是一个重要的"中左翼"智库,其下属部门青年费边社被《泰晤士报》描述为"新工党的未来知识分子之星",《卫报》则称之为"工党议员的未来"②,毫无疑问,他们的政策主张必定体现着工党的价值观。其二,立足于提出政策建议或政治纲领。其三,并不公然进行"选举"活动。③

将近一个多世纪的时期,费边社都扮演了非常关键的角色,也正是因为它,中左派政治思想和公共政策才得以形成。费边社探析英国社会的变化趋势和在全球化中的挑战与机遇,为英国的发展指明航向,进而寻求各种政治思想和政治改革,为英国政治学打下革命性的基石。费边社相对于其他早期智库来说,最大的特点就是其民主的成员组成。虽然隶属于工党,但在编辑和组织上是独立的,凭借其出版物、专题讨论会和大会,费边社为开明的公共政策辩论提供了一个竞技场。④

费边社是工党的智囊团,也是英国历史最悠久的政治智囊团,与工党休戚与共。它作为一个已有130余年历史的社会主义团体,之所以一直活跃在英国的政治思想舞台,不仅因为其背后有强大的政治力量,这与其不断与时俱进也有很大关联。自2010年保守党和自民党联合执政以来,费边社在理论上也出现了一些新变化,理论核心就是变革,包括国家工党、环境、经济问题等。费边社目前拥有近7000名会员以及超过200名议会议员,由民主选举产生的执行委员来管理,日常运作受秘书长监管。⑤ 且目前拥有70个地方分社,费边妇女网络、青年费边会、苏格兰和威尔士费边会等,此外,其在海外还有完全独立的兄弟组织,分别是澳大利亚费边社和新西兰费边社。

---

① 参见张新霞《英国思想库及其功能分析》,河北师范大学2004年硕士论文。
② 参见张新霞、梁瑞英《英国思想库的传统、特点和类型》,载《前沿》2010年第4期。
③ 参见张新霞、梁瑞英《英国思想库的传统、特点和类型》,载《前沿》2010年第4期。
④ 参见 Fabian Society. (n. d.)., Retrieved 2 17, 2015, from http://www.fabian-society.org.uk/。
⑤ 参见刘健《近年来费边社的发展状况探析》,载《社会主义研究》2014年第3期,第150页。

除了会员数、分社以外,费边社近几年的财务也基本做到了收支平衡。其最稳定的收入来源是每个会员每年近42镑的会费(无收入者年会费为21镑)。费边社本质上仍是一个非营利机构,因此它也会面临着所有非营利机构共同的难题,其学术研究、出版和活动举办经常会受到财政状况的限制。如何在有限的资源下做最好的研究,也是其一直要寻求答案的问题。

今天的费边社虽然已比不上历史上最辉煌时期的费边社,但仍然活跃于英国政坛,并有一定的影响力。即使是今天,其举办的一系列活动也会吸引各工党领袖、影子内阁成员、议会议员与专家学者的参与。作为一个非营利机构,它不仅拥有大范围的影响力,还能独立地做到收支平衡,在有限的资金里做出高水平的研究成果,这一点非常值得学习与借鉴。与20世纪90年代费边社最大的不同在于,如今的费边社更关注社会实际问题,通过报告、评论等表达观点,对社会主义的讨论相比以往少得多。

二、英国:特许废弃物管理协会(Chartered Institution for Wastes Management)

英国特许废弃物管理协会成立于1898年,其前身是英国清洁监督协会。2002年,该协会获得了皇家特许资格,认定协会成就突出,财务管理健康有序,能够成为该领域杰出代表。因此,该协会具有授予会员"特许废弃物管理者奖"的资格,至2009年,协会已经拥有2450个特许废弃物管理者。

英国特许废弃物管理协会是代表着在全球可持续废弃物与资源管理领域工作的7000名专业人士的会员制机构,协会通过其协会商业贸易子公司为行业提供会议、展览、培训以及出版服务,同时它也是一家公益性非营利组织①。英国特许废弃物管理协会的目标是不断提升资源与废弃物的可持续性管理,致力于建立一个资源有效利用、废弃物循环回收、残渣被谨慎废弃的世界。也可以说,英国特许废弃物管理协会是比较早的环境类智库组织,其组织架构、资金运筹等诸多方面值得当今环境类智库学习和借鉴。

该协会是一家以会员为基础的专业机构,其行政办公室设在北安普顿,组织架构主要由主席团队、总理事会、执行委员会、财务委员会、科学与技术

---

① 参见王佩亨、李国强《海外智库——世界主要国家智库考察报告》,中国财政经济出版社2014年版,第79—84页。

委员会、教育与培训委员会和其他委员会(如审计委员会、沟通委员会、认识委员会)等组成,公司组织架构非常庞大。每个委员会职责分工明确,在遇到一些具体项目或事项时,还会成立专门的委员会和子委员会,但一般这类委员会运行时间比较有限。

英国特许废弃物管理协会主要从事保护环境卫生、科学管理废物、促进关于废物管理方面的知识推广等工作,也有自己的相关刊物,如月刊《废弃物管理》、季刊《市政车辆运营》等,对所有公众开放。同时,还有一些由特别技术与兴趣小组编著的读物。《废弃物管理》主要反映行业发展的最新趋势与有关话题,内容涵盖介绍新技术发展和新设备以及重要立法和最新实践等,是为该行业专业人士提供的杂志,能够为协会会员提供及时的最新信息,保证其持续的专业性跟踪。《市政车辆运营》是为满足车辆与工厂方面的需求而创办的,它不仅报道最新产品,也帮助制造商发展和制造新产品,能够帮助英国特许废弃物管理协会成员了解新产品、新试验、新进展[1]。

该协会主要资金来源于筹资收益、会员上缴会费等,因其良好的质量与精细的管理,年度资金运营状况相对良好。协会为公众福利而在全球范围内推广废弃物管理,吸引了许多领域内的专业人士和行业精英。丰富的培训活动与研讨会也在帮助人们增强废弃物处理意识等方面起到了很好的作用。

三、日本:满铁调查部(South Manchuria Railways Co.)

日本满铁调查部是20世纪初日本侵华机关——南满洲铁道株式会社(简称"满铁")专门收集情报的调查机关,"满铁"于1906年11月在大连创办,分公司设在东京。它是由日本政府设立,经营铁路和矿山等企业,是帝国主义资本输出的基本形式,在中国东北地区获得了高额利润。表面上看,满铁调查部是以营利公司为名义,实质却是实行"大陆政策"的重要工具,在日本整个侵华过程中起了重要的"参谋部"作用[2],也是"满铁"最主要的情报调查机关。

在调查部设立初期,它的主要目的是对当时的"满蒙"进行经济和民事

---

[1] 参见王佩亨、李国强《海外智库——世界主要国家智库考察报告》,中国财政经济出版社2014年版,第79—84页。
[2] 参见贲忠《关于满铁调查部》,载《历史教学》1984年第7期。

调查，涉及经济情况、民间司法和习惯等方面，到后来逐步扩展到产业、商业和交通等部门。从1907年建立到1945年伴随着抗日战争胜利而覆灭，近40年间该机构提出调研报告、资料6200件，其中的《中国抗战实力调查》《日满华通货膨胀研究》《论战时经济》被称为其"三大调研成果"①。

满铁调查部有以下特点：其一，调查部是日本的侵华机关，是为军事和政治机关提供情报依据的。它只能在一般的全面调查的基础上，重点完成"国家机关的委嘱事项"，专门负责汇报对紧急问题的预测。其二，采用实地调查的方法。调查部凭借日本在华签订的一系列不平等条约取得特权，能够进行实地一线调查，把握中国一切见闻的真相和全貌，为侵华机关提供可靠资料。其三，综合性调查。调查部虽然有专业分工和地域分工，但都是按照综合调查的原则进行的，从社会经济、法制、风俗习惯到生产部门、商业、政治、军事等，无孔不入，非常全面。

40年间，满铁调查部在名称、规模、调查内容方面皆发生多次变化，过程主要如下：其一，调查部（1907—1908）。它是"满铁"成立后最初设立的机构，成员只有14人，除了总社外，下设旧惯、经济、俄国三个调查版。其二，调查课（1908—1932）。初期，由于财政困难，调查部人员逐渐减少到只有8名，并改名为"调查课"，但职能却有所扩大，包括公司业务调查、雇员培养等。1918年机构预算增加，职员扩大到51人，配合日本侵华的进程，其规模、活动、范围也不断增加。其三，经济调查会（1932—1936）。九一八事变后，满铁以调查课为基础成立经济调查会，为伪满洲国制定各种经济方针和政策。其四，产业部（1936—1938）。为跟进日本帝国主义经济和军事的侵略，满铁又成立了新的调查机构——产业部，主要负责制定伪满洲国的产业开发计划。其五，大调查部（1938—1943）。大调查部几乎是合并了当时满铁全部调查及研究机关，工作人员在两年后达到了2125人，财政预算高达800万日元。但随着日本帝国主义的战败，大调查部也逐渐走向萧条。

满铁调查部虽早已土崩瓦解，但其遗留下来的卷帙浩繁的机密资料，对于今天我们的社会科学研究来说，有很大的考察价值。同时，调查部的搜集

---

① 杨子竞：《从满铁调查部到野村综合研究所——日本脑库的演变》，载《情报资料工作》1995年第4期。

与整理情报的方法在战后日本也有所继承。

四、德国：汉堡经济研究所（Institut for Wirtsehaftsforse-hung Hamburg）

德国汉堡经济研究所是联邦德国五大经济研究所之首，也是世界上最大的经济研究所之一。它的前身是1908年成立的"汉堡殖民研究所总部"，专门研究殖民地经济。"一战"后改名为"汉堡世界经济档案馆"[1]，主要是建立剪报室和图书馆，收集整理报刊上有关经济问题的剪报资料，向德国有关部门提供情报[2]。"二战"之后，档案馆设立自己的研究机构，转向对德国和世界经济的研究，并于1970年4月1日正式改称为"汉堡经济研究所"。

该研究所的工作重点是分析德国经济的发展以及同世界经济相关的问题，下设六个研究室，分别研究国内外经济形势、联邦德国地区经济结构、工业国家间的经济关系、社会主义国家和东西方经济、发展中国家和南北经济关系等[3]。研究课题由本所研究人员自选，并与所外学者合作，或者接受联邦政府和某些国际组织的任务。资金来源主要由联邦政府和汉堡市政府提供，部分费用则靠对外咨询和服务所得。研究所组织架构由所长、副所长牵头，设行政、科研、资料信息三大部门。

汉堡经济研究所的主要任务一是做科研课题，除了自身研究规划选题外，还接受外界包括各级政府部门和其他民间部门提交的科研任务。其次是咨询服务，包括向公众提供信息和科学性政策顾问工作，这实际上也是根据用户需求，将科研成果转化。研究所每年都会召开"经济形势和结构评议会"，对当前国内外经济形势产生的影响向商会、银行、工会等提供咨询与看法。

德国汉堡经济研究所有以下特点：一方面，科研咨询活动联系实际。各课题组选题都是当前经济实践中人们关心的问题，研究所还要求向公众提供信息和科学性政策顾问工作，根据用户需求，使研究所的科研成果实用化。另一方面，与其他研究部门紧密合作。汉堡经济研究所常年与德国其

---

[1] 也有文献称其当时名称为"德国经济文献研究所"。
[2] 参见沈惠珠《HWWA——汉堡经济研究所简介》，载《国际问题研究》1995年第4期。
[3] 参见吕耀坤《联邦德国汉堡经济研究所简介》，载《欧洲研究》1985年第3期。

他五大经济研究所保持密切合作关系①,在欧洲范围内还和布鲁塞尔欧洲经济形势研究联盟(AIECE)共同承担分析和预测任务,同时,也和德国各地高等院校共同承担科研项目。这些特点也使得汉堡经济研究所能够在规模和范围上都保持世界前茅。

该研究所还有自己的定期出版物,如《经济服务》《国际经济》《投资与发展》《明日景气》《经济报刊目录》《汉堡经济和社会政策年报》《汉堡经济研究所通报》等,可以看出,出版物除了为一个机构(特别是非营利性机构)提供一定资金支持外,也扩大了其知名度与美誉度。

五、德国:基尔世界经济研究所(Institut for Weltwirt－Vniversitat Kiel)

德国基尔世界经济研究所设立于德国海港城市基尔。基尔世界经济研究所素来以其高质量的学术成果、一流专业图书馆和优秀学者久负盛名。其前身是成立于1899年的一个国家科学研究班,起初并无多大起色,直至1908年第4任领导伯恩哈德·哈尔姆斯(Harms, Bern-hard)进行了募款活动,取得了一些基金会和政府的资助,开始逐渐兴起。到1914年,在原研究班的基础上成立了皇家海上交通和世界经济研究所,至此,基尔世界经济研究所正式成立。

最初,该研究所研究领域仅限于国际经济关系,并在单个国家和地域进行基础考察,旨在为国际经济合同行为提供客观依据。哈尔姆斯在建所初期就明确提出要系统考察国际经济活动方式的任务,并要求大量收集实时经济文献信息,因而该所非常重视图书馆建设和情报搜集工作。联邦德国成立后,该所实际上成为联邦政府的经济咨询机构。该所图书馆是联邦德国最大的经济专业图书馆,完好地保存了20世纪初以来收集的各种经济文献,并且得到联邦政府特别资助,最终成为联邦德国经济科学图书馆中心,并具有双重从属关系②。由于其对联邦德国和世界经济周期预测较为准确,而备受西方各国政府重视。该所下设五大研究室,包括结构与世界经济研究室、资源与世界经济研究室、基础设施与世界经济研究室、发展中国家与

---

① 德国其他"五大经济研究所"分别是:德国经济研究所、慕尼黑经济研究所、基尔世界经济研究所、埃森经济研究所和哈雷经济研究所。
② 参见朱玲《闻名遐迩的基尔世界经济研究所》,载《欧洲研究》1985年第1期。

世界经济研究室、经济周期与世界经济研究室。

基尔世界经济研究所有以下特点：首先，从联邦德国经济与世界的联系中研究世界经济，为本国经济发展战略服务。其次，研究面广，且将现实与历史结合。他们不仅从横向研究五大洲不同国家经济对德国影响，更将现实重大经济问题和新的经济现象辅以对历史的考察。最后，直接为联邦政府制订经济政策，提供咨询服务。虽然从形式上看，该所是不受政府管辖的独立研究机构，但其财政支持将近一半来自联邦政府，另一半来自地方州政府，这显然不可回避其为政府服务的本质。

基尔经济研究所的经济来源主要是财政拨款和课题收入。政府首先支付工资，但每隔几年会有一次评估，合格后政府才会继续给予经费。在课题的申请上，德国有招标法，德国政府的课题招标是匿名评审，由专家委员会决定，尽量创造了一个公平竞争的课题申请环境。

基尔经济研究所还建立了全球化的研究合作网络，中国社会科学院也是其合作机构之一，其国际化程度非常高，专职的研究人员中有来自美国、英国、德国、澳大利亚、中国等国家的人员，在其举办的专题研讨会上也经常是多个国家研究机构一起讨论，碰撞出思想的火花。同时，基尔经济研究所还非常注重基础研究，把基础研究作为其主要思想来源之一，但这并不与科研成果应用相冲突，而是以基础研究为铺垫，才能建好上层建筑。

虽然研究所的财政来源有政府拨款，但其仍然保持着课题研究的独立性，政府通常不会干预研究内容，反而是希望听到更多的声音，这为基尔经济研究所的独立客观的研究创造了良好的环境氛围。而在科研人员的配备上，基尔经济研究所的成员大部分是大学教授，可以在大学教课、招研究生，但同时也是研究所正式专职科研人员，有自己的办公室，这保证了其科研的质量。在每年暑假举办的国际经济政策高级研修班上，研究所都会邀请世界经济领域知名教授前来授课，吸引全球各地的科研人员前来培训和学习[①]，其美誉遍布全球。

---

① 参见李国学《从基尔世界经济研究所观察德智库：坚持基础研究》，载《中国社会科学报》2016年1月22日。

第二章 全球智库纵览

随着国际竞争日趋激烈,世界各国在军事、政治、经济等领域展开了全方位比拼,对智库的需求越发紧迫,纷纷采取不同手段和措施,支持本国范围内智库的发展与勃兴,力争在新形势下"不落人后",为本国综合国力的建设与持续提升提供智力上的最大支持。本章将就全球智库蓬勃发展的现状,进行具体阐述和分析。

■ 第一节 智库的分类方法

目前,全球智库发展各异,不同学者根据不同的标准对智库进行了纷繁复杂的分类,学界也尚未形成统一的划分标准。本书根据目前已有的智库分类研究,在此基础上进一步梳理与分析。

一、依据智库的性质进行分类

依据不同的资金来源与支持力量,全球智库所属性质有所差别,大体分为四类:官方智库、半官方智库、民间智库、大学依附型智库。

(一)官方智库

官方智库是指"政府的内生机构,经费由政府统包,领导层由政府任命和配备,主要工作是为政府决策出谋划策,为政策落实诠释解读"[①]。此类智库又包括两种,一种是直接隶属于某一国家机关或行政部门,并为其所属部门提供咨询服务的机构,另一种是由政府出资,但独立注册的智库组织。官

[①] 韩未名:《全球背景的官方智库特点、效用与发展前瞻》,载《重庆社会科学》2013年第9期。

方智库拥有与政府直接接触的便利条件,研究成果可以迅速快捷地传递到决策者手中,因此对政府决策有着更高的影响力。不过由于其官方背景,这种类型的智库有时会为政治信仰、现实压力所左右,导致其研究成果缺乏客观性,或者对时效性过于关切,从而缺乏必要的科学性以及对长远问题的研究,这也是官方智库难以摆脱的桎梏。为了便于研究,我们将官方智库分为以下几类:

1. 直接对国家元首负责的智库

随着全球形势日益复杂与国际社会迅速发展,各国国家元首所面临的国内外问题的复杂程度都大为增强。作为最高行政长官,国家元首必须拥有负责政策建议、项目评估的专属咨询机构,直接对国家元首负责的智库便应运而生。这些机构中比较著名的有:国家安全委员会、白宫办公室、政策规划办公室、科学咨询委员会、经济顾问委员会、行政管理和预算局等。

2. 隶属于各职能部门的智库

部分国家的某些政府职能部门也成立了专门的咨询委员会,比如美国的亚太安全研究中心(Asia-Pacific Center for Security Studies)隶属于国防部,直接对美军太平洋司令部负责;又如印度科学与工业研究理事会、印度社科理事会、印度农业研究理事会也是隶属于印度中央下属的政府部门。

3. 隶属于国会的智库

隶属于国会的智库是指为国会决策或者对国会做出相应重大决定而提供咨询服务的官方智库。它可以接受、修改或否决其他行政部门甚至是总统提出的政策与方案。为了便于研究行政部门提出的政策与方案。国会内参众两院均拥有自己的决策咨询机构。①

(二)半官方智库

半官方智库是指:"在机构设置上不直接属于政府系统,但也会挂靠在官方机构名下,而且其经费支持、人员任命、业务内容也依赖于政府系统的各类智库,是介于政府与民间之间的组织类型,多为学术机构、社团组织身份。"②半官方智库有三个主要特征,第一,这些智库很大一部分接受过政府

---

① 参见兰杰《论美国民间智库的运行机制及对我国的借鉴意义》,湖南师范大学硕士论文,2013。
② 邓岩:《中国智库的类型研究》,载《天水行政学院学报》2011年第5期,第62—65页。

的资助,政府在委托这些智库进行政策研究与咨询的同时会付给相应的费用;第二,他们往往与政府通过签订各种长期或者短期合同进行合作;第三,他们经常与政府部门进行沟通协调或者交换信息。[①] 半官方智库主要分为两类:

1. 政府资助型智库

这种智库的"主要顾客和主要的资金来源是政府,也就是说这种类型的智库主要依靠政府部门提供的资金维持运作,同时为政府提供研究服务"[②]。他们虽然在某种程度上接受来自政府或政党的资助,但并不隶属于中央政府或者某个政府部门。比如美国的赫德森研究院(The Hudson Institute)、东方—西方中心(East-West Center)、斯坦福国际咨询研究所(Stanford Research Institute International)等智库,均与美国政府有着密不可分的联系,同时也接受来自政府方面的资助,但它们依然是独立的智库形式。不过伴随社会发展和进步,此类智库中的相当一部分已经开始向综合性智库的方向转型,他们在接受来自政府的资金支持、配合政府完成研究任务的同时,也开始接受一些大企业的订单。由于这类智库的先天优势和良好声名,往往同时受政府以及一些大型企业的青睐,这也反向促进此类智库的长远发展。有"美国的大脑"之称的著名智库兰德公司(Rand Corporation)就是此方面的典型代表。通过关注国际热点问题,如朝鲜战争、越南战争,20世纪八九十年代的苏联解体、两德合并、后冷战时代战略,以及最近的中东问题、台湾问题等,兰德公司的研究成果对美国政府政策产生了一定影响,在无形中扩大了自己的知名度,不仅受到美国军方和政府部门的重视,而且得到美国各大银行和基金会的资金支持,吸引到源源不断的投资。

2. 政府部门职能对口型智库

这类智库通常"因其研究领域与一些政府部门的职能相似或一致,往往与相应的政府部门有直接的合作关系"[③]。虽然其主要资金来源并非来自政府,而是依靠各大基金会和相关企业的赞助,但他们仍然与官方有密切关

[①] 参见兰杰《论美国民间智库的运行机制及对我国的借鉴意义》,湖南师范大学硕士论文,2013。
[②] 杨尊伟、刘宝存:《美国智库的类型、运行机制和基本特征》,载《中国高校科技》2014年第7期。
[③] 兰杰:《论美国民间智库的运行机制及对我国的借鉴意义》,湖南师范大学硕士论文,2013。

系,对具体政府部门的决策也有较大影响。比如英国规模最大的智库查塔姆学会(Chatham House),虽然隶属于英国外交部,却不接收来自英国政府的津贴,收入主要来源于慈善捐款、研究委托收入以及会员费用,对英国政府的外交政策发挥着一定的影响。

(三)民间智库

民间智库,亦称"体制外智库",它是相对于体制内的官方智库或政府智库而言的,指"处于政府系统(党政系统)之外的专门从事政策研究和提供决策咨询服务的组织机构,其运作经费不是直接来自财政拨款,而是来自项目和课题研究以及社会捐赠、企业资助、境外基金资助等"[①]。伦敦的国际战略研究所(International Institute for Strategic Studies)就是一家无党派慈善组织,独立于政府以及其他任何机构,其宗旨是通过出版和其他活动为会员及公众提供军事冲突过程、后果及前景相关的军事政治信息。类似性质的智库还有:南非国际事务研究所(South African Institute of International Affairs)、日本亚洲经济研究所(Institute of Developing Economies Japan External Trade Organization)、加拿大公共政策研究所(Institute for Research on Public Policy)、中国的北京天则经济研究所(Unirule Institute of Economics)、零点研究咨询集团(Horizon Research Consultancy Group)、安邦咨询公司(Anbound)等。

(四)大学依附型智库

这类智库通常是由大学在其他机构、团体的协助下创建的,其经费主要来自校方的拨款和一些基金会、企业公司的资助或私人捐助,研究人员大多是校内各学科的学者和从其他大学、研究机构聘用的研究员,其服务对象和研究课题相当广泛。[②] 这种智库最大的优势在于依托高校,高学历人才集中,学术研究氛围浓厚,学科之间联系密切,理论研究基础深厚,便于及时沟通、共同谋划,开展广度和深度的研究。这类智库包括中国的清华大学国情研究院、北京大学国家发展研究院、南京大学长三角经济社会发展研究中心;美国的斯坦福大学内的胡佛研究中心(The Hoover Institution on War,

---

[①] 金家厚:《民间智库发展:现状、逻辑与机制》,载《行政论坛》2014年第1期。
[②] 参见穆占劳《美国思想库与美中关系研究》,中共中央党校博士论文,2004。

Revolution, and Peace)、哈佛大学的俄罗斯研究中心(The Russian Research Center)、哥伦比亚大学的国际动态研究所、加利福尼亚大学的国际和战略研究中心、耶鲁大学的经济发展中心等,都属于这种类型的智库组织形式。

二、依据智库的研究领域进行分类

依据智库的研究领域,可以分为综合型智库和专业型智库,其中专业型智库依据其主要研究方向又可以分为公共政策取向、国际关系事务取向、军事取向、商业取向和科技取向等专业智库。[①]

(一)综合型智库

综合型智库的研究内容涉及内政、外交的各个方面,有些综合型智库的研究范围还包括为武器开发、更新科技等提供技术支持。综合型智库通常拥有雄厚的物质基础、庞大高端的专兼职专家队伍和强大的综合实力,如美国的传统基金会、英国的欧洲改革中心、俄罗斯的俄罗斯科学院等。以总部设在英国伦敦的欧洲改革中心为例,它的研究范围包括欧盟的机构与政策改革、欧元与经济改革、欧洲外交与防务政策、司法与国内事务、跨大西洋关系、欧盟竞争政策、共同社会责任、欧盟与亚洲的关系等。

(二)专业型智库

专业型智库的研究范畴较为集中,重点研究政府、军事、外交、商业或科技中的某一方面:

其一,从事国际关系事务研究的智库。随着全球化的发展,国际竞争的局面日益复杂,各国外交政策面临重重挑战。面对激烈的国际竞争局势,许多专注于国际关系实务研究的智库应运而生,凭借良好的口碑和出色的业务能力,维持着良好的影响力。此方面的典型代表包括欧盟的欧洲外交事务委员会(The European Council on Foreign Affairs)、德国外交政策协会(German Council on Foreign Relations)、美国的胡佛研究所,我国的中国国际公共关系协会、世界与中国研究所和太平洋国际战略研究所等都属于此类智库类型。

---

① 此类分类标准参见李建军、崔树义《世界各国智库研究》,人民出版社2010年版,第11页。

其二，从事军事战略研究的智库。此类智库大多在"二战"前后纷纷涌现，在战争期间主要为政府及军方提供战争决策。战争结束后，随着国际局势归于和平，各国军事战略研究机构纷纷开始转型，有的转向公共政策研究，有的转向视野更加开阔的国际关系事务研究。斯德哥尔摩国际和平研究所(Stockholm International Peace Research Institute, SIPRI)、伦敦的国际战略研究所(The International Institute for Strategic Studies, IISS)、波恩国际军工转产中心(Bonn International Center for Conversion)可以算是当今世界最著名的三大军事智库。其中斯德哥尔摩国际和平研究所建于1966年，是瑞典研究和平与安全等重要问题的学术机构，其宗旨是就有关对国际和平与安全产生重大影响的国际冲突与协调活动展开独立研究，内容涉及军事武器的发展、军火交易和生产，以及裁军和非军事化等。斯德哥尔摩国际和平研究所以其对全球安全问题权威性的评估而享誉世界，它在许多关键问题上的报告分析颇有影响力。

其三，从事国内公共政策研究的智库。近年来，国际竞争主要表现为国家综合实力之间的竞争。与此同时，各国国内经济和社会的新情况、新问题层出不穷，谋求社会的全面进步成为智库关注的重要内容。就国内而言，智库在社会公共政策、福利政策、解决社会问题、促进社会公平等方面发挥着重要作用。这类智库有美国传统基金会(The Heritage Foundation)，法国巴黎政治学院(Sciences Po)等。

其四，从事经济策略研究与促进企业发展服务的智库。从事经济研究的智库，有的关注世界经济，比如美国的国际经济研究所(Institute for International Economics)、德国的基尔世界经济研究所(Institut for Weltwirt-Universitat Kiel)。还有关注区域经济发展与合作的智库，如日本的亚洲开发银行研究所(Asian Development Bank Institute)旨在提高发展中的亚太地区经济长期增长和竞争力等方面的能力，而我国的国民经济研究所则是以国内经济为研究对象。

从更加具体的层面上来讲，有的智库专注于某个产业或企业的长远发展，其中比较有代表性的当属日本国内的几大智库。在日本，此类智库大多以大型企业或实力雄厚的财团为后盾，为商业、金融业或具体企业的管理体系、策略调整提供服务,在满足企业自身业务发展需要的同时,向社会提供咨询服务以扩大影响,从而进一步拓展市场范围和业务领域。在此类智库中,最有名的当属野村综合研究所(Nomura Research Institute),它也是日本实力最强的企业集团附设智库研究机构之一。该机构自成立以来,除立足日本国内业务外,还在世界主要经济中心或全球城市设有若干家分支机构,专门研究海外市场,提供国际化服务,以扩大企业的全球份额,提升核心竞争力。①

其五,从事科技创新研究的智库。20世纪90年代以来,多极化的世界格局开始形成,在国际竞争日趋激烈的背景下,各国出于繁荣经济和国家安全的目的,越来越注重对科学技术的开发,涌现出一大批研究切实可行的国家科技发展策略的智库。如美国于1990年成立国家关键技术委员会,每两年向总统和国会提交一次有关国家技术的双年度报告;德国于1952年成立科学基金会(Deutsche Forschungs Gemeinschaft,DFG),这是一家独立的全国性科学资助机构,负责资助德国高等院校和公共性研究机构的科学研究,每年为各个科学领域的研究项目提供约13亿欧元经费,并促进科学家之间的合作,是欧洲最大的科研促进机构;日本于1988年成立国家科学技术政策研究所(National Institute of Science and Technology Policy of Japan),通过吸引日本国内外的优秀资源和人才,促进提升实证性政策研究人员和政策规划人员的实力,主要研究领域包括对科技研发进程的研究、对促进技术进程适应经济和社会需求的研究、对科学技术和社会之间关系的综合研究等领域。此外,日本三菱综合研究所(Mitsubishi Research Institute,Inc.)、中国工程院咨询服务中心及中国科学技术协会等也属于此智库类型。

三、依据智库的起源进行分类

从其起源来看,智库可以分为四种类型②。第一类是由大资本家或大财团以及基金会出资建立的,如俄罗斯的卡耐基莫斯科中心(Carnegie Moscow Center)是由美国华盛顿卡内基国际和平基金会在莫斯科创办的;第二类是由政府出资筹建的;第三类是由民间各个有共同"志向"的团体或个人

---

① 参见王志章《日本智库发展经验及其对我国打造高端新型智库的启示》,载《思想战线》2014年第2期。
② 此分类标准参见郭琳《美国智库及其影响力研究》,山西大学硕士论文,2011。

共同出资组建的智库,如德国的透明国际(Transparency International,TI),是彼得·艾根(Peter Eigen)于1993年在德国柏林创办的,该组织以推动全球反腐败运动为己任,目前已经成为对腐败问题研究得最权威、最全面和最准确的国际性、非营利性、非政府组织,并在超过120个国家成立了分会;第四类是为纪念某位已故伟人而建立起来的智库,如世界排名前15的智库伍德罗·威尔逊国际学者中心(Woodrow Wilson International Center for Scholars),又名威尔逊国际学者中心,是为了纪念美国唯一拥有博士学位的总统伍德罗·威尔逊(Thomas Woodrow Wilson)而成立的。

四、依据智库的政治立场进行分类

智库一般都强调"非营利性、独立性和无党派"的色彩,但在如今复杂的政治经济形势下,智库难以保证其自身政治立场的独立性。首先,智库在成立之初就天然地有自己的定位偏向,无论是保守抑或激进,都代表着其最初的政治立场。另外,智库背后的董事会或财团的背景和政治理念也会影响智库的研究取向。从政治立场来看,智库可大体分为保守型、激进型以及中间型三大类。绝大部分智库的政治主张都难以避免地具有一定倾向性。

保守型智库包括传统保守主义智库、自由保守型智库和中右智库。它们都强调有限政府,崇尚自由市场,主张个人自由、宗教情感和传统家庭价值观念。在外交政策上,他们提倡单边主义和实用主义,强调军备武器优势,认为"强权即真理"。这类智库包括美国保守派的重要政策研究机构企业公共政策研究所(American Enterprise Institute for Public Policy Research,AEI)、美国影响力最大的保守派公共政策研究机构传统基金会(The Heritage Foundation)、英国经济事务研究所、政策研究中心(Centre for Policy Studies)等。

激进型智库包括自由派智库和改革派智库。在对内政治上,他们主张改革;在国际事务中,他们强调减少在国际上的军事和政治干预,加强国际合作机制建设;在政策方面,主张实施福利政策,扩大福利开支,注重社会公正、可持续发展和环境保护等,如成立于1977年,理念深植于约翰·洛克和亚当·斯密古典自由主义传统的卡托研究所(Cato Institute)、政治与经济研究联合中心(Joint Center for Political and Economic Studies)和农业与贸易政策研究所(Institute for Agriculture and Trade Policy)等。

还有一些智库并不那么极端地坚持某个流派倾向,介于两者之间,因而被称为"中间派或无明确意识形态取向的智库"。此类智库主要包括那些追求客观性的早期智库及后期成立的没有明确意识形态标签的智库,大部分注重对国际问题和某地区问题的研究,强调国际合作,但也主张有限的国际干预,奉行世界主义加干预主义的灵活立场。如于1974年成立的非盈利、超党派、独立的民间对外政策协调和宣传机构美国外交政策委员会(American Foreign Policy Council)、太平洋科研与评估研究所(Pacific Institute for Research and Evaluation)、南方国际研究中心(Southern Center for International Studies)等。

五、依据智库的规模进行分类

从规模来看,智库可以分为小型智库、规模适中的智库、大型政府智库以及大型民间智库,而智库规模的大小也决定了其影响决策的能量的大小[①]。

小型智库一般拥有20—30名专职研究员,年度科研经费在100—200万美元左右。此类智库一般小而精,尽可能在自身重点研究领域增强核心竞争力,并追求领域内最大影响力。大部分的加拿大智库属于这种类型,比如1958年成立的贺维学会(CD Howe Institute)是加拿大著名智库,最近几年在国际上声名渐起,得到越来越广泛的认可,但该学会全体员工只有20多人。加拿大另外一家著名智库多伦多大学莫厄特中心(Mowat Centre)虽然有较高的发展目标,但仅有20人在中心内工作,其中5人还负责行政事务。

规模适中的智库一般拥有50—100名专职研究人员,年度科研经费不超过1000万美元,研究范围相对较宽,包括外交、社会、经济等领域,其代表为法国国际和战略关系研究所(Institut de Relations Internationales et Stratégiques)。大型政府智库往往由政府直接出资创立,研究工作以研究政府决策为导向,本身不具有独立性,其代表为兰德公司,其年收入高达9400

---

① 这种分类标准参考了郭琳《美国智库及其影响力研究》,山西大学硕士论文,2011。

万美元,其中大部分来自联邦合同。大型民间智库的科研人员一般超过100人,年度科研经费也在1000万美元以上。

六、其他分类标准

布鲁金斯学院学者韦弗(Weaver)根据智库的运作方式、人员招募、资助募集方式和政策研究旨趣,把智库分为没有学生的大学(Universities without Students)、合同研究组织(Contract Research Organization)以及倡导型智库(Advocacy Tanks)三类[1]。麦甘肯定了这一分类,并进一步将之发展为学术型智库、合同型智库、倡导型智库以及政党型智库四类[2]。

第一,学术型智库。这类智库名义上与大学中的研究机构并无二致,但它们只有研究人员,并不招收学生。它们强调科学精神,追求冷静客观的科学分析,对研究人员的学术水平要求很高,从而享有较高的学术声誉。他们致力于为国家政府机构和政策机关提供决策方向,进而对国家发展战略产生长远的影响。一般来说,学术型智库由不同的基金会、公司和个人资助,他们所追求的是"教育和警醒政治人物和公众认识到潜在的社会问题",因此始终保持与政治分离,追求独立,不直接影响某项具体的政策决定[3]。

第二,合同型智库。有些类似学术型智库,在人员要求上与学术型智库一样,多聘用大学教授或者具有较高声誉的专家,强调研究者的学术能力和科研水平,努力不受政治立场的影响。此类智库和学术型智库的区别主要在于不同的资金来源和决定研究领域的程序。合同型智库主要是"由政府发起,通过与政府机构签订研究合同关系,获取政府资助,因此其研究方向也由政府确定,研究政府认为需要解决的具体问题"[4]。他们往往通过向政府机构直接提交研究报告和年度报告发表其研究成果,一般不对大众开放,也不像学术型智库那样进行出版。最有代表性的就是兰德公司与美国国防部在合同基础上的研究合作。

---

[1] Weaver, R. K., "The changing world of think tanks", *PS: Political Science & Politics*, 22(03), 1989, pp. 563–578.
[2] Weaver, R. K. (ed.), *Think tanks and civil societies: Catalysts for ideas and action*, Transaction publishers, 2002.
[3] Ahmad, M., "US think tanks and the politics of expertise: role, value and impact", *The Political Quarterly*, 79(4), 2008, pp. 529–555.
[4] 沈开举、余艳敏:《美国智库发展现状与评价》,载《人民论坛》2014年第5期。

第三，倡导型智库。主要产生于20世纪60年代、"冷战"高潮时期的美国，属于具有强烈的价值观、意识形态先见的智库。"很多这类智库毫不掩饰其党派和意识形态，如保守主义的传统基金会；另一些与特殊利益集团和组织有着密切关系，如美国退休者协会（AARP）、公共政策研究所以及经济政策研究所等则由劳工组织联盟资助。"①此类智库一般受政党或利益集团支持，具有比较强烈的意识形态色彩，区别于一般智库所标榜的"公共性"、"中立性"。这类智库的"职员更多是那些对基础研究缺少兴趣的非学术界人士"②，或者有政府供职经历如前政府官员或者与决策者有着良好关系的人士，他们的兴趣不是研究政策问题本身，更多是倡导自己的政策取向和赢得当下政策辩论。倡导型智库的研究结果更多是通过在媒体上讨论或在报刊上发表政策短评和政策建议来呈现的，主要受众是官员、广大民众以及草根组织。③

第四，政党型智库。依附于某一政党来实现对权力和决策的影响，本质上也是倡导型智库，但更加缺少独立性，具有明确的意识形态倾向。这类智库的主要研究目标在于帮助其背后的政党去谋求政治目标上的胜利。英国智库多为"政党依附型"模式，这与英伦三岛的政治传统有关。长期以来，英国政治意识形态以右翼保守主义为主，并夹杂左翼激进主义，而英国的两大主要政党保守党和工党，正好分属这两大思想阵营。这种保守主义和激进主义相互竞争的局面使政党型智库具备发展的先天条件。再加上英国私人捐助慈善事业的传统相对较弱，智库在经费上不得不有求于政党或政府，这在一定程度上造就了英国智库以政党型智库为主的发展现状。

实际上，现实中很多智库可能同时具备上述分类中两种或两种以上类型智库的特点。而且随着政治环境和经济条件的变动，智库往往也会选择性调整运行方式，来提升自身所具备的竞争力，这使得我们很难在现实中界定他们所属的智库类型。不过通过对智库性质、研究领域、起源历史等划分

---

① Weaver, R. K., *The changing world of think tanks*, PS: Political Science & Politics, 22(03), 1989, p. 567.
② Weaver, R. K. (ed.), *Think tanks and civil societies: Catalysts for ideas and action*, Transaction publishers, p. 7.
③ 参见余章宝《作为非政府组织的美国智库与公共政策》，载《厦门大学学报（哲学社会科学版）》2007第3期。

标准的回顾，有助于我们对全球智库纷繁复杂的形式样态进行全面了解，为后续章节介绍各洲各国的智库典型提供参考。

第二节 智库发展的历史阶段

纵览全球智库的发展历史，不难发现美国智库所具备的独特而重要的地位。根据美国宾夕法尼亚大学发布的《2017年全球智库报告》，截至2016年，全球共有7815家智库，其中美国1872家，位居世界第一；就综合影响力而言，全球十大顶级智库中美国智库占据五席，其影响力毋庸讳言。因此，在借鉴多位学者对智库发展历史的划分方法后，本书将以美国智库发展历史为主要依据，结合世界各国智库的发展历史，将世界智库发展划分为四个阶段：20世纪初至40年代中期的早期发展阶段，20世纪40年代中期至60年代末的正规化发展及全球扩展阶段，20世纪70年代中期至80年代末的爆炸性发展阶段，20世纪90年代至今的深度发展阶段。①

一、早期：20世纪初至40年代中期

在20世纪初，世界智库寥寥无几。在第二次世界大战爆发前，美国的政策研究所只有24个，全世界的智库总量非常有限。

首先，一些慈善家和政策制定者认为，虽然美国已经拥有了哈佛大学、霍普金斯大学等一批知名大学，但依然需要一些从教学工作中抽身出来、专门从事研究和分析的机构。受19世纪后期盛行的社会科学和科学管理运动影响，当时社会普遍认为如果科学方法运用得当，可以解决社会问题和提高政府效率。再加上美国当时所面临的一系列国内和国际政策挑战，促使许多学术型、外交型智库创立起来。于是在罗伯特·布鲁金斯（Robert Brookings）、安德鲁·卡内基（Carnegie Endowment）、赫伯特·胡佛（Hoover）、约翰·D.洛克菲勒（John D. Rockefeller）等人的慷慨资助下，诞生了几个美国历史最为悠久的智库：1916年政府活动研究所（Institute for Government Research）成立，1927年其与经济研究所（Institute of Economies）、罗伯特·

---

① 此分类标准参考了李建军、崔树义《世界各国智库研究》，人民出版社2010年版。

布鲁金斯经济政治研究学院（Robert Brookings graduate school of Economies and Government）合并为布鲁金斯学会（The Brookings Institution）；1910年卡内基国际和平基金会（Carnegie Endowment for International peace）成立；1919年胡佛战争、革命与和平研究所（Hoover Institution on War, Revolution and Peace）成立。这些机构都旨在针对各种各样的内政外交政策进行辩论和调查，提升政府政策制定的质量。这一时期，智库招募的成员主要是社会科学方面的学者，较多从事中长期研究工作，专注于研究政策制定者未来几年可能要考虑的问题。

进入20世纪三四十年代，智库的数目有所增加，一些大型智库在这一阶段取得了较大的发展，一些小型的智库也涌现出来。这种局面一方面与西方各国经济、政治的发展状态有关，另一方面也与各国政府满足"二战"战时策略的需要有关。

英国这一时期出现的著名智库是成立于1920年7月的英国国防事务研究所。凡尔赛和会期间，经英美代表商定成立了英国国防事务研究所，该所于次年一分为二，其中设在纽约的为"对外关系委员会"，设在伦敦的是"皇家国际事务研究所"。后者是英国最大的独立、非盈利性的国际问题研究机构。在日本出现了两类研究机构，一类是支持向外扩张的研究机构，如在1907年成立的满铁调查部，对其在国外的殖民统治进行研究，一类是稳固国内政治的研究机构，如在1919年成立的大原社会问题研究所。此类研究机构可以说是日本智库的雏形，但和真正的智库还有很大差别。法国于1936年成立了外交政策研究中心，为政府外交政策的制定出谋划策。德国分别于1914年、1925年成立了基尔世界经济研究所和德国经济研究所，至今为德国经济发展服务。

这一阶段智库的发展具备这些特点：(1) 由政府或个人、财团出资支持；(2) 大部分都标榜政治中立，但很难做到；(3) 为政府提供政治、经济、外交、军事服务为主；(4) 一些小型智库逐步涌现，研究范围不断拓宽；(5) "二战"前后成立的智库主要以为战争服务为主。[1]

---

[1] 参见李建军、崔树义《世界各国智库研究》，人民出版社2010年版，第16页。

二、规模化发展及全球扩展:20世纪40年代中期至60年代末

智库的规模化发展阶段始于第二次世界大战结束。"二战"给世界各国带来了不同程度的打击,各国社会、政治、军事、经济都面临着重建的任务。国内方面,各国要清理战争遗留下的诸多社会问题,安置人民、重振经济,及时处理本国出现的各种新的社会状况,恢复国内社会的稳定和发展;国际方面,各国力求在世界格局重新分配的局势下作出外交政策的调整,争取有利的国际位置,并妥善应对国际问题。由于智库"针对资本主义和社会主义两种不同的社会阵营采取了一种独立的、无政治立场的观点,使其获得了重要的地位"。因此,许多西方专家把第二波智库的建立与社会主义阵营日益发展直接联系起来[①]。

先以美国为例,"二战"之后,美国越来越多地介入国际事务,政界需要对国际关系和各国力量进行客观评估与权衡。杜鲁门政府考虑到科学家们在"二战"时作出的突出贡献,认为继续资助私营和大学里的研发中心,极有可能让美国政府在未来保持政治、军事、经济上的优势。政策制定者希望通过充分利用统计学家、社会学家、工程师、物理学家等专家的专业特长,为美国国内公共政策和外交政策服务,进而维持美国在战争年代取得的霸权地位。在这种背景下,许多为政府提供战事分析、战略策划的智囊机构被保留了下来,并完成了从军事参谋机构到现代智库的转型。这一时期诞生的著名智库有兰德公司以及曾在兰德公司工作了十几年的赫尔曼·卡恩(Herman Kahn)创建的哈德森研究所(Hudson Institute)。

这一时期,欧洲经济地位下滑,欧洲智库的发展相对于美国来说较为落后。不过这一时期欧洲也出现了一些服务于专门领域的咨询机构和以公共政策和外交政策为导向的智库,前者如英、法、德、意所成立的服务于工业发展和企业家需要的建筑行业咨询机构,后者如英国的伦敦国际战略研究所(The International Institute for Strategic Studies)、剑桥大学国际问题研究中心(Cambridge College Centre for International Studies)、法国的国际研究中心(Center for International Studies)、德国的国际政治与安全研究所(For-

---

① 沈开举、佘艳敏:《美国智库发展现状与评价》,载《人民论坛》2014年第5期。

schungsin – stitut Fuer Internationale Politik undsikerheit)等。

而亚洲地区的日本、韩国、印度、中国香港地区开始出现了服务于社会和经济发展、服务于政府机构的智库,其标志是形形色色咨询业的兴起。亚洲地区智库的繁荣与亚洲经济腾飞具有同步性,它们为亚洲经济的发展作出了重大贡献。以韩国为例,从20世纪60年代开始,韩国自副总统以下政府的各级主管职位大部分由技术专家担任,高级官员中还有曾在日、美留学并获得高等学位的人员,许多重大决策如实行外向型发展战略、改革外汇制度、大胆引用外资和促进金融自由化等,都是在这些技术专家的主持下制定的。同时,韩国极为重视国际经济组织如世界银行的专家的意见,一旦认为有利于韩国的经济发展,便予以采纳。正是在这样的背景下,韩国智库得以建立和发展。

三、爆炸性发展:20世纪70年代中期至80年代末

这一阶段世界智库发展主要以美国智库的发展为主导。美国在这一阶段的智库发展具有以下几个趋势:第一个主要趋势是国内事务型的公共政策研究机构的数量迅速增加。这一时期,防务合同由于越南战争的影响而变得日益减少,专注于美国国内问题研究的智库却开始兴盛起来[①]。保罗·狄克森在1972年观察到有一种"显著的"增长趋势:"在1950年代只有二十几所坐落于大学的城市研究中心,而到1967年的时候就有80个——到1969年末的时候就跳到了将近200个。"[②]狄克森认为传统的智库开始重新配置资源和人才,将研究重心转移到国内、城市和环境事务上去,是造成这种爆发式增长的主要原因。这种研究重点的转变对那些有浓厚军事传统的智库的影响尤其强烈。这段时期最具代表性的研究机构是威斯康星大学的贫困研究所(Institute for Research on Poverty,1966)和城市研究所(Institute for Research on Cities,1968)。

第二个主要趋势是专业型智库的出现。为了在美国数量庞大的智库中占据一席之地,新的公共政策组织选择专注于很窄的受众或采用单一问题

---

① 参见陈广猛《美国思想库的发展和演变》,载《贵州师范大学学报:社会科学版》2006年第1期。
② Dickson Paul, Think tanks, *International Encyclopedia of the Social & Behavioral Sciences*, 48.1,1971,pp. 15668 – 15671.

的导向,力求"精"与"专"。

第三个趋势是智库对于公共政策进程的影响越来越大。这一阶段兴起的智库更加注重推销包括政策思想在内的研究成果,因而这一时期产生的研究机构大多数被称为政策推销型智库。传统基金会正是建立并发展壮大于这样一个时期,虽然它效仿的是美国企业研究所的战略,却能够将政策倡导提高到一个新的水平,其有关政策问题的出版物常刻意追求简短精练、清楚明了,以便迅速抓住其影响对象如国会议员等的注意力①。

与此同时,基于英国国内政党竞争局势日益激烈和国际冷战时期意识形态宣传的需要,英国出现智库发展的第二次浪潮。先是出现了一大批右翼智库,如经济事务研究所(Institute of Economic Affairs)、政策研究中心(Centre for Policy Studies)、亚当·斯密研究所(Adam Smith Institute)。这批智库主张回归经济自由主义和"小政府",它们与保守党关系密切,为保守党的执政提供了帮助。为与右翼政党相抗衡,工党在1988年成立了左翼智库公共政策研究所,致力于扩大左翼思潮的影响力。公共政策研究所的主要任务是促进工党的现代化转变并在人民大众中宣传左翼思潮。② 这一时期,为英国智库强烈的党派倾向性画上了浓墨重彩的一笔。

同一时期,日本的"智库热"也成渐起之势,短暂的10年间陆续诞生了超过100家智库。随着世界经济形势的变化,尤其是受到国际石油危机的影响,日本经济结束了长达十几年的高速增长,日元大幅贬值。日本无论是中央政府还是地方政府、各大企业,面对世界形势和国内环境的急剧变化,都急须探求新的发展战略。在此背景下,日本智库大量兴起,在着力研究日本国内重大理论和现实问题的同时,积极拓展国际业务,大大推动了日本经济"向外看"战略的发展。③

四、深度发展:20 世纪 90 年代至今

进入20世纪90年代以来,随着冷战的结束以及全球化的迅速发展,世

---

① 参见李建军、崔树义《世界各国智库研究》,人民出版社2010年版,第18页。
② 参见朱旭峰、贾杨《英国智库能否超越政党依附属性》,http://www.qstheory.cn/gj/gjsdfx/201301/t20130104_203158.html。
③ 参见王志章《日本智库发展经验及其对我国打造高端新型智库的启示》,载《思想战线》2014年第2期。

界形势出现缓和与紧张、和平与动荡并存的局面,世界格局向多极化方向发展,呈现为"一超多强"的局面。这一阶段,各国形成了既存在竞争又存在合作的微妙局面,而谋求经济进步已经成为各国之间的共识,世界经济区域集团化和全球化这两种趋势在相当长时期内将同时存在,并行发展。智库作为各国政府的头脑先遣军,其研究视野与范围也不断拓宽,逐步形成了面向国际事务、区域事务和国内事务的多层次体系。①

首先,智库之间的国际交流增多。继货物贸易和资本的国际化之后,全球化进入以资本、人才、技术等全球性流动为特征的第三阶段,各国面对新的竞争局势都亟须抢占先机、迎难而上,因而研究国际竞争局面、制定相应的发展规划,就成为各国智库研究的重点方向。进入21世纪后,智库的对外交流与国际合作更加频繁、深入,一些高端智库越来越重视国际性问题的研究,重视加强国际之间的交流与合作,不断拓宽研究视野与研究领域,提高自身的辐射范围与影响力。另一方面,各国的主要智库大多与其他国家的相应研究机构建立了长期的学术联系,或邀请其他国家的学者来开展互访,或共同举办国际会议,形成了国际各大智库不断互动的新特点。其次,区域性智库的出现与区域合作增多。通过组建区域性智库网络,各大智库既能扩大自身的全球化影响,又能在推动解决区域性问题方面出谋划策。其中最为典型的当属欧盟的成立对欧洲智库发展的推动。目前将欧洲作为区域性整体进行研究的智库主要有欧洲政策中心(European Policy Centre)、欧洲政策研究中心(Centre for European Policy Studies)、欧洲外交关系委员会(European Council on Foreign Relations)、欧洲改革中心(Centre for European Reform)等。另外诸如东盟智库论坛、东南亚国际问题及战略研究网络(Research Network for Southeast Asia)、中亚智库论坛、东北亚智库论坛、非洲的重建基金网络、拉丁美洲的创业基金网络等一批以区域发展为研究对象的智库或智库网络也日益活跃。而我国推出"一带一路"发展政策后,深化沿线国家智库的交流合作也成为我国与相关国家的共识。最后,各国智库更加注重国内的交流与合作。目前各国智库都十

---

① 参见李建军、崔树义《世界各国智库研究》,人民出版社2010年版,第19页。

分重视与国内同行、高校及相关政府部门之间的交流与学习,智库与智库之间、智库与大学之间也经常举办研讨会、派遣访问学者实现学习与交流的目的,人员互动与流动都比较频繁,有助于促进本国智库的集体进步和发展。目前我国处于智库发展的"黄金时期",各种智库机构如雨后春笋般不断兴起,数量上升速度极快,尤以政府智库和民间智库两种智库类型为主导。作为政策研究的平台,双方基于不同立场和观点,共同为国家建设发展出谋划策,乃是大势所趋。近些年,此类合作不断翻新,取得了引人注目的成果,比如成立联合研究协会、成立智库合作发展基金等。

第三节 智库发展的"差异化"走向

随着全球化程度的加深,发达国家和发展中国家呈现越来越大的发展差异,这种差异也反映在各国智库的发展中,是全球发展两极化的典型映射。具体来说,发达国家的智库起步早、发展水平高、影响力大,发展中国家的智库发展速度较快,但组织和机制建设都不够稳定完善。智库的发展与综合国力息息相关,既指导着该国经济、社会等各方面的发展,又是该国发展状况的投射和缩影。

一、发达国家智库

发达国家智库起步较早,发展十分迅速,相对于发展中国家的智库,在综合性、专业性和系统性上都具有明显的优势。

首先,发达国家智库的多学科并用研究特点突出。以西方国家大型综合智库为代表,它们不仅针对一些全球性的问题和与本国国计民生有关的重大问题进行考察,在研究广度上有着令人惊讶的包容能力,它们研究的精确性和成果的高质量也得到广泛认可。此类智库往往采取跨学科、跨部门研究方法,使用系统论对待课题,针对具体问题组织具体研究群体,从多角度、多渠道对问题进行详细梳理、分析,使各种错综复杂的问题迎刃而解。各智库对信息非常重视,建有独立的信息资料服务部门和覆盖面十分广泛的信息网,能迅速、准确、全面地收集政治、社会、军事、经济、技术和科学等方面最新信息,根据网络反馈的信息,可以检验之前的政策及预测执行的情况,纠正偏差来降低损失。① 胡佛研究院院长理查德·苏萨曾自我评价道:"我们的研究项目不但深、专,而且广,举凡政治、经济、法律、教育、环境、工业、国际关系等都是我们关心的议题。"②这的确道出了西方大型综合性智库的研究特征。

其次,发达国家智库的专业研究程度加深。在发达国家智库的长期发展过程中,既涌现出一大批综合化、多学科、多专业协调发展的大型智库,也不断分化出具有极其专业的咨询与研究方向的新型智库。从西方发达国家的智库发展情况来看,几乎每家具备一定影响力的智库都有其专攻方向和擅长方面,并在该领域塑造了权威性。如何在自身擅长领域和主导成果方面做大、做强,成为发达国家智库发展的重中之重。欧美地区那些驰名世界的大型综合型智库自不必多提,有些小而精的智库,其研究的深度、发挥的作用、产生的影响也不可小觑。如德国1963年成立的"五贤人"专家委员会(即德国专家经济委员会)便是由五位在德国国内享有极高知名度的经济学家组成,这些经济学家必须具备精深的宏观经济理论知识,而且对国民经济的运作有丰富的经验。专家委员会的主要工作是在每年11月中旬之前就德国总体经济发展形势编制出一份鉴定报告,并提交当时的联邦政府,该报告被认为是德国最具权威的经济预测报告之一。

最后,发达国家智库研究的系统性较强,运作机制比较成熟。西方发达国家智库凭借其高效的组织管理模式、开放竞争的用人机制、完善的筹款方式、多渠道的成果推广路径以及不断进取与求是的科研精神,奠定了西方智库在世界范围内的一流地位。经过了几十年甚至近百年的发展,发达国家的智库已经比较成熟。无论官方智库还是民间智库,通常都有较为固定的服务对象,他们之间的合作是一种长期、持续的过程,智库所提供的服务具有较强的连续性、前沿性和计划性。

二、发展中国家智库

发展中国家智库的出现和发展较西方要滞后,因而发展水平相对较低,不仅表现为数目与规模的差异,更深层的还是在研究水平与创新能力上的

---

① 参见兰杰《论美国民间智库的运行机制及对我国的借鉴意义》,湖南师范大学硕士论文,2013。
② 贺莉丹:《揭开世界顶尖智库的面纱》,载《领导文萃》2009年第1期。

差距,运作机制也相对不够成熟、稳定。不过近几年来,发展中国家智库建设也取得了较大进步。首先,发展中国家智库的数量增长较为迅速。以印度为例,根据《2017年全球智库报告》数据,印度有293家智库,排全球第四,紧随美国(1872家智库)、中国(512家智库)和英国(444家智库)之后。结果表明,金砖国家的智库数目不断增多,2013年3月金砖智库委员会在南非德班宣告成立,这标志着新兴经济体国家的智库发展与合作又迈上了新台阶。其次,发展中国家智库的科研能力与创新能力不断提升,为本国经济的繁荣、政治的安定、外交关系的和谐有序作出了贡献。再次,发展中国家智库的国际影响力不断上升。如中国智库经过长期的建设和发展,在国际影响力方面有了长足的进步,在北京已经连续召开五届的全球智库峰会被认为是中国智库在谋求扩大世界影响力和亚洲话语主导权的表现。

不过,发展中国家智库存在的不足也比较明显。第一,智库的独立性较差。智库的独立性遭受质疑并不是中国智库单独面临的问题,印度智库、韩国智库也对政府存在较强的依赖。第二,缺少具有国际影响力的大型综合型智库。发展中国家智库的优势多表现在特定的专业领域,对全局、对大势的把握能力不足。第三,智库研究成果的质量不高。这一问题在我国表现得比较突出,个别专家、学者和研究团队缺乏社会责任感,在没有理论根据和事实依据的情况下草率研究、乱下结论,导致智库的公信力与影响力下降。第四,智库的科技手段与知识管理体系较西方智库存在差距。[1]

三、总结与评议

综合看来,由于东西方智库存在较大差异,各个国家的智库在发展过程中也具备了一些有别于其他国家的特色或特点,再具体到每个智库的发展阶段、专业领域、资金来源和运作方式来说,差异也很大。比如英国智库相对于美国智库来说,其与政府的关系更为密切,党派立场也更为明显,而美国智库则通过知名的"旋转门"机制取得了特殊的政治地位,被称为"第四权力"。

发达国家的智库发展与企业建设息息相关,比如美国诸多智库都是由

---

[1] 参见李建军、崔树义《世界各国智库研究》,人民出版社2010年版,第30页。

于企业需要咨询服务而得以起家的。企业依托相关智库提供的决策建议获得科学拓展业务的方针政策，其获取的收益得以促进智库的进一步发展，二者相辅相成、相互促进，形成良性循环。反观发展中国家，由于忽略对知识产权的保护，外加政府干预较多，智库所能获取的资金支持相对有限，发展活力也被抑制。发展中国家需要在自身国情的基础上，参考和借鉴发达国家智库的成长经验，不仅着眼于一时的发展，更要形成良好的长久发展规划，尤其不可忽略市场经济的带动作用。

第四节　全球智库的生存现况

通过上文对智库不同分类标准的总结、对智库发展历史的回顾以及对发达国家和发展中国家智库发展的比较，我们可以看到世界智库发展迅速，却也存在发展不平衡等状况，本书在前述的基础上，认为世界智库的发展总体呈现以下几项显著特点：

一、智库间的国际交流增多

随着全球化的发展，各国一体化程度逐渐加深，某个国家或区域性问题会通过联动效应迅速影响到全球，世界范围内各国智库之间的交往也日益频繁。各国智库通过不断引入国际资源、加强国际合作，将"知"与"智"放到国际社会中进行推敲，以提高智库研究成果的质量，提升智库的国际影响。[①] 这主要体现在以下几个方面[②]：一是各国智库越来越频繁地就某一区域性、跨国性课题进行合作研究，如由中国国际问题研究基金会和中国人民外交学会联合主办的"中国—拉丁美洲和加勒比智库交流论坛"。二是作为各国外交的"第二轨道"发挥作用。智库交流不具备完全的官方身份，比较随意、自由，弹性也比较大、比较灵活，双方通过这些场合把彼此掌握的信息进行总结和反馈，为政府的决策提供另一个层次及领域的信息。[③] 如亚太安全问题论坛上的新加坡"香格里拉对话"就是由伦敦国际战略研究所发起，英美

[①] 参见金芳《当前国际智库的发展趋势及研究动向》，载《社会观察》2008年第2期。
[②] 此方面内容参考了金芳《当前国际智库的发展趋势及研究动向》，载《社会观察》2008年第2期。
[③] 参见冯钺《智库交流不是多了，而是少了》，http://opinion.china.com.cn/opinion_85_103185.html。

智库联手合作的产物。三是在双边关系中发挥"助推器"的作用,就某些涉及双方利益的重大问题进行合作研究。如在2014年6月18日,李克强受邀在伦敦金融城市长官邸面向英国皇家国际问题研究所和国际战略研究所两大智库发表题为《共建包容发展的美好世界》的演讲,就是中国与国外智库就共同关心的问题相互交流的很好例证。

二、区域性智库成长迅速

如今国际经济区域化程度逐渐加深,各种区域性经济组织如经济自贸区等纷纷成立,其中最为典型的当属欧盟的成立对欧洲智库发展的推动。目前将欧洲作为区域性整体进行研究的智库主要有欧洲政策中心、欧洲政策研究中心、欧洲外交关系委员会、欧洲改革中心等。此外,欧洲各国内向型智库的研究视角也不得不发生转变,任何问题的研究要立足于欧盟一体化的大背景。

近几年中国智库也开始从幕后走向台前,关注我国自身发展与全亚洲的共同进步。1960年创立的上海国际问题研究院,成立之初就将研究宗旨定位于为中国的外交服务,其公开出版物有《国际形势年鉴》(出版于1982年)、《国际问题论坛》、《国际展望》、*International Review* 等。还有2014年由中国人民大学主办、中国人民大学重阳金融研究院承办的"丝绸之路经济带建设与未来:12国智库论坛"结尾发布的题为《建设丝绸之路经济带:愿景与路径》的报告,也被视为是"中国智库首份关于丝路经济带的研究报告"。

三、智库研究领域趋于综合全面

早期智库的研究领域主要集中在军事方面,进入21世纪之后,随着国际形势的发展变化,各国智库的研究领域不断拓展,特别是一些综合性国际知名智库的研究问题,已经从传统的内政、外交、军事扩展到经济、科技、教育、文化、人口、环境等许多方面,不断向综合性、全面性的方向发展。此方面的典型代表有英国的外交政策研究中心,该中心最开始成立时,研究领域主要集中在针对国际问题的分析权衡方面,而目前这一机构的研究触角已经伸向外交、防务、发展、教育、文化与宗教等各个领域。国际智库研究领域的不断扩展,一方面是由于当前的政策研究所涉及的对象越来越具有综合性特征,需要从多个领域、多种角度进行综合性分析;另一方面也是由于国际智库之间的竞争不断加剧,一些智库也要通过拉长研究战线,扩大其对本国政府决策的影响。①

四、智库发展不平衡

发达国家智库起步较早,发展十分迅速,相对于发展中国家的智库,在综合性、专业性和系统性上都具有明显的优势。世界上排名靠前、影响力大的智库几乎全部集中于美国与西欧地区,世界其他发达国家的智库,如加拿大、澳大利亚、俄罗斯、日本等国,虽然其智库发展程度较高,但略逊于美国和西欧。

发展中国家智库的出现和发展较西方各国智库滞后,因而发展水平相对较低,不仅表现为数目与规模的差异,更深层的还是在研究水平与创新能力上的差距。在智库圈子里,来自亚非拉发展中国家及地区的声音非常少,这也与各国的经济实力紧密相关。另外,其运作机制也不够合理,智库的独立性较差。

---

① 参见金芳《当前国际智库的发展趋势及研究动向》,载《社会观察》2008年第2期。

美洲篇

"质""量"皆优　领军全球

以美国为代表的美洲地区智库,在发展上呈现出多元化、多层次的趋势。根据《2017年全球智库报告》,2016年北美地区以1972家智库的数量位居全球第一,其中美国智库为1872家。拉丁美洲地区智库数量为979家,排名第四。无论是从数量上抑或质量上看,美国智库都毫无疑问是美洲地区乃至全球的领军者。2017年,布鲁金斯学会仍稳居全球智库综合影响力第一名。全球排名前10名的智库中有5家来自美国,前50名的智库中美国智库的数量超过1/5。美国智库秉持"中立"和"客观"的原则,成为"知识"与"权力"之间的桥梁,将专家的意见传达到决策层面,从而影响政策的决定与走向。美国智库独特的"旋转门"机制为其与政府之间打开了一条灵活的通道,从而也使智库专家对国内事务甚至国际事务的影响更加明显。

近年来,美洲地区其他国家的智库数量也呈现出逐年上升的趋势。2014年,拉丁美洲地区的智库数量为674家,2014—2016年期间,智库数量增加了305家。据《2017年全球智库报告》,美洲智库在数量上分布不均,除去遥遥领先的美国,美洲国家和地区共有1079个智库,阿根廷以146个智库的数量摘得桂冠,接下来是加拿大100个、巴西93个、墨西哥74个,这四个国家的智库总数占了美洲全部智库的近45%,而很多小国却仅有1个智库。总的来说,版图越大发达程度越高的国家,其智库数量越多,智库体系也更发达。

第一章　美国智库

一个多世纪前，美国智库起步。经历了多个发展阶段，其数量不断增加，机制与模式也日臻成熟。目前，美国拥有近2000家智库，在规模大小、研究重点、资金来源、政治立场等都存在很大差别。美国智库在整体上呈现出多层次、多元化、多方向的发展趋势，对其的研究也应更加全面立体。

从为国内政府解决公共问题的简单机构发展为目前的宏大规模组织，美国智库的辉煌不是一日造就的。研究者们将美国智库的起源时间大致划为19世纪末至20世纪初期。美国智库经历了诞生期（20世纪初—40年代）、战略发展期（20世纪40—60年代）、快速发展期（20世纪60—80年代）以及纵深发展期，一步步发展为覆盖全球事务的复杂机构。

美国是世界上智库最多的国家，其类型多种多样，规模、职能、资金来源、政治倾向各有不同。按照不同的分类，可将美国智库划分为不同类型。以规模为标准，智库可分为大型、中型、小型；以资金来源为标准，可分为政府资助型和民间型；以职能为标准，可分为学术型、政府合同型和政策鼓吹型；以政治倾向或意识形态倾向为标准，可分为保守派、自由派和中间派。

美国智库之所以能在世界智库之林出类拔萃，其完善的运营机制是关键。从资金来源、职能部门及管理体制、具体运作、人才机制、影响力形成机制等方面我们都可以从美国智库的运营机制中总结经验。

第一节　追本溯源：美国智库的发展历程

智库起初作为一种特殊的组织形态，根据对其定义的不同理解，研究者们对其起源时间也有不同观点。研究者们对于美国智库的起源时间大致划为19世纪末至20世纪初期。之后，美国智库经历了诞生期（20世纪初—40年代）、战略发展期（20世纪40—60年代）、快速发展期（20世纪60—80年代）以及纵深发展期等四个时期。

一、美国智库的起源

近年来，在风云变幻的国际格局下，在国内事务不断提出挑战的背景下，智库在各个国家和地区决策过程中所扮演的角色越来越重要。美国是目前世界智库数量最多的国家，也是全球范围内智库发展最为完善和先进的地区。美国智库研究是智库研究的重点，其起源问题也引发了很多争议。关于美国智库到底发端于何时，不同学者有不同的观点。比较有代表性的观点主要有保罗·迪克森的"19世纪初期说"、詹姆斯·史密斯的"19世纪中后期说"和詹姆斯·G.麦甘主张的"20世纪初期说"等。

（一）19世纪初期说

美国思想库研究专家保罗·迪克森于1970年出版了美国最早的全面研究思想库的著作 *Think Tanks*，他在这本书中提出美国的智库在19世纪30年代就已经出现。1832年，美国当时的财政部长路易斯·麦克莱恩（Louis McLane）为解决汽船上的蒸汽锅炉问题，与费城富兰克林研究所（Franklin Institute of Philadelphia）签订委托研究合同，开了政府利用研究机构解决公共问题的先河[①]。在此之后，这种政府委托外部机构解决问题的情况越来越多，成为当时的一种主流趋势，迪克森据此认为19世纪30年代可以被认为是美国智库发展的起点。迪克森的这种观点在美国遭到了质疑，他将智库狭窄地定义为帮助政府解决各种问题的机构。富兰克林研究所并不是第一个为政府提供帮助的机构。在它之前，一些教育机构如

[①] 参见 Dickson, *Think Tanks*, New York：Atheneum, 1971, pp. 9–28。

哈佛大学、耶鲁大学、哥伦比亚大学等就已经开始扮演这样的角色,可见,学者为政府提供公共政策建议的历史在美国已超过百年。但是,富兰克林研究所不能被认定为现代智库的原因在于其并没有明确将自己视为特殊的组织,并没有明确的组织宗旨,其只是在其原有的机构内部与同事、官员进行观点和思想的交流,而这种单一的交流模式并不能被视为现代意义上的智库的起源。

(二) 19世纪中后期说

美国历史学家詹姆斯·史密斯(James·Smith)于1991年出版了他的著作 The Idea Broker: Think-Tanks and the Rise of the New Policy Elite。他经过实证研究发现,1865年,在美国内战结束的6个月后,美国的一些社会精英如作家、记者、大学教师、科学家等在波士顿马萨诸塞州议会大厦聚会,商讨战后的经济和社会问题。与会者打破了之前狭隘的专业领域的界限,有兴趣地把他们讨论的问题归结到一个"社会科学"这样一个术语中[1]。根据史密斯的描述,这次聚会使"知识界开始认识到共享知识所带来的好处"[2]。之后,美国社会科学协会(The American Social Science Association)、美国经济学协会(The American Economics Association)和美国政治学协会(The American Political Science Association)相继成立。史密斯认为这些运用社会科学方法解决社会和经济问题的机构可以被视为美国最早的智库。

(三) 20世纪初期说

美国宾夕法尼亚大学"智库和公民社会项目"主持人詹姆斯·G.麦甘(James G. Mcgann)则认为于1916年成立的政府研究所(布鲁金斯学会的前身)为第一个专门从事公共政策研究的独立组织,是美国现代智库的鼻祖[3]。认同20世纪初期说的大多数研究者认为美国智库是"进步主义"时期

---

[1] 参见陶文钊:《美国思想库与冷战后美国对华政策》,中国社会科学出版社2014版,第6页。
[2] Smith, J. A., *Idea brokers: Think tanks and the rise of the new policy elite*, New York: Simon and Schuster, 1993, pp. 24-28.
[3] McGann, J. G., "Academics to ideologues: A brief history of the public policy research industry", *Political Science & Politics*, 1992, pp. 733-740.

作为一种政治现象出现的。20世纪初,美国从自由资本主义转向垄断资本主义、从农业国转向工业国、从乡村社会转向都市社会。为应对这种巨大变化,全国上下掀起了著名的"进步运动"。加之20世纪初期美国在经济上已经超过英国,成为全球霸主,经济实力的增强促使美国在国际政治舞台上发挥更大的作用。美国开始改变之前的孤立主义政策,积极参与到国际事务中。在这种国内社会和国际外交政策转变的背景下,一批针对国内事务和外交政策的智库纷纷出现。

美国智库发端于20世纪初期是一个比较被广泛接受的观点。20世纪初期出现的智库是工业革命和进步主义运动的产物。美国商人对贸易利益的追求,以及政治家想要按照自己的意愿行动重新定义美国在国际体系中地位的诉求成为美国政治生活的一部分①。美国的富豪和企业家纷纷慷慨出资成立了一些为提升公共利益、解决政策问题的非营利机构,如比较知名的卡内基国际和平基金会、洛克菲勒基金会。同时一些卸任的国家领导人为延续其影响力,也纷纷成立智库,如胡佛研究所。

加拿大专门研究美国思想库的学者唐纳德·阿伯尔森(Donald E. Abelson)在其于1996年出版的 American Think - Tanks and their Role in U. S. Foreign Policy 一书中写道:"这些机构在不同寻常的环境中诞生,但都旨在鼓励学者调查社会、经济、政治问题。这些机构吸引了政治信念各异的政策专家,但他们努力使其不变成意识形态的战场。"②阿伯尔森的这种论述从侧面揭示了美国智库在建立之初坚持的客观中立的理想主义色彩。这种理想主义正是美国智库发挥作用的独特之处,虽然在真正的实践中,很少有智库不受意识形态的左右。

二、美国智库的主要发展阶段

基于对美国智库起源时间的分歧,不同学者对其具体发展阶段也有不同的划分方法。唐纳德·阿贝尔森(Donald E. Abelson)根据智库产生的数量将美国智库的发展分为四波。第一波产生于1900—1945年,为致力

---

① 参见陶文钊《美国思想库与冷战后美国对华政策》,中国社会科学出版社2014版,第8页。
② Abelson, D. E., *American think-tanks and their role in US foreign policy*, London: Macmillan, 1996, pp. 27 - 28.

于政策研究的机构；第二波是 1946—1970 年，为政府的签约机构；第三波是 1971—1989 年，为鼓吹型智库；第四波是 1990—1998 年，为遗产型智库①。

麦甘同样将美国智库的发展历史分为四个阶段，麦甘是根据每个历史阶段发生的重大事件及智库的不同性质来进行划分的，分为以布鲁金斯学会为代表的公共政策研究机构发展期（1900—1929）、以传统基金会为标志的专门型智库发展期（1930—1959）、以兰德公司为代表的军事—知识复合体发展期（1960—1975）、以城市研究所为代表的国内事务智库发展期（1976—1990）②。

詹姆斯·史密斯（James Smith）则将美国智库的发展分为三个阶段：20 世纪初期、20 世纪中期和 1970—1980 年代。根据史密斯的说法，美国第一代智库建立于 1910 年前后，主要由慈善家出资建立，为的是体现某种社会责任和义务；第二代建立于"二战"后 20 年左右，主要为政府合约型智库，也是第一批被正式称为"智库"的机构；第三代建立于 20 世纪七八十年代，主要为政策推销型智库，是在美国社会思想意识形态纷争的基础上发展起来的。

以上几种观点虽然对于美国智库发展阶段的具体分节点存在争论，但其背后的依据在本质上是相似的。美国智库发展的每一阶段都与其时代背景密不可分，各阶段的智库类型和特点也不同。对这几种观点进行综合，美国智库的发展大致经历了四个阶段。

（一）诞生期：20 世纪初—40 年代

这一时期出现的智库主要依靠企业家和慈善家的捐赠成立，如在玛格丽特·奥利维亚·塞奇（Margaret Olivia Sage）、安德鲁·卡内基（Andrew Carnegie）、罗伯特·布鲁金斯（Robert Brookings）等企业家的赞助下，拉塞尔·塞奇基金会（1907 年）、卡内基国际和平基金会（1910 年）、政府研究所（1916 年，布鲁金斯学会前身）一系列专门服务于政府和公司的政策研究机构纷纷成立。尽管在这之前有一些高等学府如哈佛大学、芝加哥大学的很

---

① 参见 Abelson, D. E., *American think-tanks and their role in US foreign policy*, London: Macmillan, 1996, pp. 10-13.
② 中国现代国际关系研究所：《美国思想库及其对华倾向》，时事出版社 2003 版，第 15 页。

多学者已经在为政府决策和社会问题提供研究和分析,但是这一时期的慈善家和政策制定者相信要用现代科学来解决社会、经济和政治问题,并需要有专注于研究而非教学的机构。20世纪初期,美国已取代英国成为世界第一的新兴强国,无论是在解决国内事务方面还是在应对国际新局势方面,都需要一批专门进行学术研究及政策分析的学者和机构。在智库出现初期,它们的推动力主要有两个方面:一是社会精英想要用自身的力量促进社会向更加良好的方向发展;二是大资本家出于维护和巩固让他们受益的现存企业制度和政治秩序的目的,投身于发展智库事业。①

也许正是因为大企业家这种有些"自私"的动机,第一批智库的任务才会不带有明显的宣传之嫌。这个时期成立的智库相比后期的智库更加具有大企业家个人的理想主义色彩,即以中立客观原则作为自己的立身原则。以布鲁金斯学会为例,其创始人罗伯特·布鲁金斯是一位来自圣·路易斯的商人和慈善家。布鲁金斯学会自成立之初就把保持研究的独立性和不受政治干扰放在首位,其坚持的独立性包括思想的独立、资金的独立和政治的独立。这种对独立性的追求使得布鲁金斯学会成为美国最具影响力的智库之一。虽然在现实中,任何追求独立的智库机构都不能保证其研究成果的客观性和中立性,但这种对独立性本身的坚持也是美国智库可以如此发达的原因之一。

(二)战略发展期:20世纪40—60年代

这一时期是美国智库发展的高峰期。不论是从数量上还是从规范化程度上,美国智库在"二战"结束后的20年内都得到了长足发展。这一时期诞生的智库多为"政府合约型",即主要靠与联邦政府签订合同获得资金来源。这种前提决定了此种类型智库的研究成果和思想倾向都具有明显的官方性质。②"二战"结束后,欧洲老牌资本主义国家无论是战胜国还是战败国都因为战争大伤元气,而美国则在此时一跃成为世界头号超级大国。随着政府在国内和国际事务中表现得比以前更加活跃,对政策研究和技术分析的需要也强烈起来。社会化大生产的发展凸显了社会的系统性特征,政府需要

---

① 参见陶文钊《美国思想库与冷战后美国对华政策》,中国社会科学出版社2014版,第8页。
② 参见中国现代国际关系研究所《美国思想库及其对华倾向》,时事出版社2003版,第17页。

管理的内容越来越多、越来越复杂,社会矛盾多元化、社会信息巨量化、社会问题复杂化、行政管理困难化都给政府的管理带来了极大的挑战,也为科学的思想和专家的智慧能够发挥作用提供了更广阔空间。

这一时期,智库数量不断增加。一方面,战时从事军事战略、战术研究的机构得以保留,如服务于美国空军系统的兰德公司。另一方面,"二战"后的两极格局和冷战形态的到来刺激了美国防务政策、情报及核战略方面智库的产生。在这样的背景下,政府合同型的智库得到迅速发展,这些智库的政策研究都是以国家利益为最高目标,其研究的关注重点在于政府所关注的环境、国民经济、安全及防务政策等与国家生活息息相关的问题,这是由其受政府资助的背景所决定的。如兰德公司最大的客户就是美国国防部。

兰德公司正式成立于1948年11月,它始于美国陆军航空队与道格拉斯飞机公司签订的"研究与发展"(Research and Development)计划。兰德公司通过雇佣庞大的科学家队伍,运用系统分析法等科学方法来研究公共政策问题。在美国与苏联进行激烈的冷战和核竞赛时期,兰德公司投入了大量的人力和物力研究核问题,为美国空军有效地保卫国家安全、防止苏联的进攻提出了很多宝贵意见。① 兰德公司的成立以及社会科学家和智库直接参与政策制定的现象反映了一个普遍的趋势:政府正在加大对解决社会问题和政治问题的干预。

在20世纪60年代,大量通过与政府签订合同进行社会科学研究的智库成立,有些智库虽然不是在政府资助下成立的,但后来也很快融入决策圈,获得了政府资助,例如战略与国际研究中心便是如此。② 除兰德公司外,在这一时期比较知名的智库还有服务于海军系统的海军分析中心,该中心专门为美国海军和海军陆战队进行政策分析、作战研究,有"美国海军的兰德公司"之称。

(三)快速发展期:20世纪60—80年代

20世纪60年代后期至80年代,美国智库进入了一个爆炸性的快速发

---

① 参见王莉丽《旋转门:美国思想库研究》,国家行政学院出版社2010版,第45页。
② 参见陶文钊《美国思想库与冷战后美国对华政策》,中国社会科学出版社2014版,第9页。

展时期。如今美国比较有影响力的智库如传统基金会、美国企业研究所均诞生于这一时期。这一时期的智库具有浓厚的意识形态和党派色彩,被称为"政策推销型"智库。

这一时期的美国处在巨大的历史转折期。一方面,在经济上,日本、欧盟的迅速发展对美国形成冲击,应对来自日本和欧盟的经济挑战成为美国政府和企业界的首要课题。另一方面,在政治上,第三世界轰轰烈烈的民族解放运动及多极化的趋势将主要矛头指向美国,这一时期美国在美苏争霸态势中也处于守势,美国的霸权地位受到多方面的挑战。在这样纷繁复杂的国际国内形势下,智库发挥作用的空间越来越大,一大批以发挥政策导向作用为研究重点的智库纷纷兴起,如以协调美、日、欧三边关系以抵抗苏联为初衷的"三边委员会"便是在此时发展起来的。

不同于传统的政策研究机构,政策推销型智库的目的并不在于进行学术研究,其首要动机是参加政治过程,强调将自己的议程推销给选民。① 正如传统基金会原会长埃德温·佛纳所说的一样:"我们的目标是要影响华盛顿的公共政策团体,首先是国会,其次是行政部门,第三则是大众传媒。"通过多样的官方的和非官方渠道,政策推销型智库成功在政治领域吸引了大量注意力。

智库数量爆炸似的增长使美国智库的竞争加剧,为了争夺有限的资金和注意力,美国智库开始采取各种市场化的营销手段来扩大自身影响力,多元的竞争成为这一时期智库发展的一大特点。同时智库的特色和功能开始出现分野,20世纪60年代末新保守主义运动的兴起使智库开始呈现出浓厚的思想意识形态,如著名的传统基金会便是如此。尽管传统基金会并没有明确标榜自己为一个保守派思想库,但它自称是"一个非党派、免税的政策研究机构,致力于自由竞争、限权政府、个人自由及一个强大国防原则"②,其保守色彩也可见一斑。

另一个有趣的现象是,随着传统基金会、企业研究所等支持共和党政策

---

① 参见 Abelson, D. E., "From policy research to political advocacy: The changing role of think tanks in American politics", *Canadian Review of American Studies*, 1995, pp. 93 – 126。
② From http://www.heritage.org。

的保守派色彩浓厚的智库在决策中影响力增加,民主党和自由派的智库在竞争压力下也不断加强自身建设。一方面,布鲁金斯学会和政策研究所等既有的自由派思想库通过不断增加在大众媒体上的曝光率及推销决策来扩大影响力;另一方面,新的自由派智库也在不断成立。民主党自由派的这种举动反过来又刺激了共和党保守派建立更多的智库,这样的竞争风潮下,这一阶段的智库数量大增,比其他三个阶段加起来都多,是智库发展史上最重要的二十年。① 该时期政治遗产型智库也开始崭露头角,即离任政府首脑以自己名字命名的研究机构,如威尔逊中心、卡特中心、尼克松中心等。这类智库往往借助名声推销主张,更加关注政策鼓吹。

(四)纵深发展期:20世纪80年代后期至今

进入20世纪80年代,美国智库迎来其纵深发展时期,不仅在数量上持续增加,在制度和体系上也更加完善,地方和国际的发展体系正在形成。

美国地方智库的发展得益于尼克松政府和里根政府推行的"新联邦主义",即限制联邦政府权力,扩大州和地方政府权力。州及地方政府拥有了更多决定自身事务的权力,为地方级智库发展提供了更多空间,许多国家级的智库也纷纷建立州级智库。

这一时期,美国智库更为突出的特点是其全球化倾向越来越明显。冷战结束以来,国际格局有了深刻变化,多极化和全球化趋势已成为不可逆转的潮流,世界各国的相互依存程度不断增加。在这种新形势下,美国智库已不再满足于国内市场,开拓全球市场成为美国智库的发展重点。一方面,美国智库的全球化发展得到了来自世界各地不同机构、基金会及个人的捐助,美国智库的资金来源和学术活动越来越国际化。为了在全球提升影响力,美国很多智库开始为发展中国家和转型经济体中的研究人员提供到美国进修和访问的机会。比如国际战略研究中心国际安全项目中的军事人员计划,每年都会邀请来自美国、韩国等国家和地区军队的代表聚集在中心讨论国防工业等议题。② 另一方面,美国的智囊机构也不断向其他国家和地区输送学术人员和政策思想,如传统基金会、卡内基国际和平基金会和城市研究

---

① 参见中国现代国际关系研究所《美国思想库及其对华倾向》,时事出版社2003版,第18页。
② 参见王莉丽《旋转门:美国思想库研究》,国家行政学院出版社2010版,第48页。

所等在莫斯科设立办公室，推广自己的政策分析法。布鲁金斯学会和卡内基国际和平基金会不仅在北京设立办公室，并且还开通了中文网站，力图通过本土化的研究来影响中国公众和决策者。2006年，布鲁金斯学会和清华大学合作建立清华—布鲁金斯公共政策研究中心，这是布鲁金斯学会自成立100多年来开设的第一个海外中心，是其全球化战略重要的一步。兰德公司在冷战后也逐渐将亚洲作为自己海外扩展的重点区域，20世纪90年代中期设立的亚太政策中心是针对美国和亚洲的关系以及亚洲面临的问题展开研究并提出政策建议的机构。在亚太政策中心近期研究的九个重点课题中，有三项与中国直接相关，即"创建美中政策新框架"、"对中国最大的经济挑战的分析"和"关于中国如何利用市场机制减少排放物的研究"，此外有关信息革命对亚洲社会的影响的研究也与中国密切相关。

美国智库从发端至今已经经历了100多年的历史，根据《2017年全球智库报告》，全球7815家智库中美国智库占1872家，在数量上遥遥领先。美国智库不仅在国内社会、政治、经济事务方面发挥着巨大影响力，对国际事务的影响力也在逐渐增加。纵观美国智库的发展史，可以大致总结出以下几点趋势：

一是数量上在不断增加，但上升的趋势放慢。全球范围内，智库的数量在不断增加，美国智库也不例外。麦甘曾在《2015年全球智库报告》中提及，智库是连接学术研究与政策之间的桥梁，是国家与公民社会之间的枢纽，作为一种独立的、科学的、可信赖的声音将公众利益传达出来。随着信息技术革命的发展、政府对信息垄断的放松、政策事务日益增加的复杂性及其对技术的要求、政府管控范围的扩大及民众对政府的信任危机，国家对非政府组织和精确的信息分析的需求越来越强烈。在这种情形下，智库大量增加成为全球趋势。但是在美国，比起在20世纪80年代智库数量的爆炸性增长，20世纪末至今美国新成立的智库数量已经在逐渐下降。根据2007年《全球智库报告》统计，2007年的1776家美国智库中的91%创建于1951年之后，其中58%创建于1980年之后，31%创建于1981—1990年之间。2000年后智库新增的数量急剧减少。这其中有两个主要的原因：一是之前成立的各类智库已经运行良好、发展完善，新成立的智库想要发挥影响力，无论是在深度还是在广度上都无法与老牌智库相抗衡,其能否在竞争激烈的环境下生存下来都成为问题;二是在世界经济危机的大背景下,数目繁多的智库面临资金的困难,没有社会和企业家的捐助,智库很难支撑下去。但是,这期间仍然有一些新的智库成立或者从旧的智库中分立出来成为独立的且具有重要影响的新机构,例如成立于2003年的美国进步中心一直为奥巴马组建执政团队出谋划策①。

二是意识形态色彩越来越浓厚,参与政治的意图明显。美国第一批智库出现在20世纪初期,其工作任务体现了当时进步运动的要求:从蓬勃发展的社会科学中得出的专家意见可以解决公共问题并且影响政府政策制定。美国智库发展之初的资金支持大多来源于大企业家和大慈善家的捐助,如洛克菲勒、卡内基国际和平基金会、布鲁金斯学会等。这些最早对资助社会研究感兴趣的工业巨头们认为,让智库在政策制定层中发出并形成可靠的声音,而又不带有宣传与营销导向对智库的发展是有利的。② 这一时期的智库普遍带有资助者们的理想色彩。随着智库在国家政治经济生活中发挥着越来越显著的作用,智库的性质也在发生变化。在兰德公司成立之后,越来越多的智库直接参与政策制定,智库的意识形态色彩更加明显。在20世纪60年代之前,大部分智库标榜"中立""客观"原则,无确定观念倾向,到20世纪末,明确表明观念倾向的智库已超过半数。这与美国两党政治竞争日益激烈是紧密联系的,共和党推行的保守主义与民主党支持的自由主义两股意识形态愈加明显,智库的党派色彩和意识形态倾向遂开始显现,以保守派智库的崛起为代表。美国纽约城市大学政治学教授安德鲁·里奇(Andrew Rich)在其《智库、公共政策和专家治策的政治学》一书中对美国智库的意识形态作了大致分类。根据其统计,1996年,306家智库中有165家(54%)公开声称是保守派或自由派(广义上的)。在这165家智库中,大约有2/3的智库宣称是保守派,只有1/3可辨认为自由派。③ 传统基金会(1973)和卡托研

---

① 参见陶文钊《美国思想库与冷战后美国对华政策》,中国社会科学出版社2014版,第11—14页。
② 参见安德鲁·里奇《智库、公共政策和专家治策的政治学》,潘羽辉译,上海社会科学院出版社2010版,第31—35页。
③ 参见安德鲁·里奇《智库、公共政策和专家治策的政治学》,潘羽辉译,上海社会科学院出版社2010版,第12页。

究所(1977)是美国保守派智库的代表。

三是资金来源越来越多元化。美国智库作为非营利机构,其生存和发展离不开稳定的资金支持。学者肯特·韦佛和安德鲁·里奇曾经通过定量分析指出:"影响美国智库媒介曝光率的一个重要因素就是资金,美国影响力排名前五位的智库运营资金都不少于1000万美元。"[1]因此以基金会为主体的多元化的资金保证是美国智库提高影响力的重要因素。美国智库的运营资金一般来自基金会、企业、个人捐款和政府资助。基金会作为一种相对稳定和长期的资金来源是美国智库得以运营的基础。出于对政府不信任的政治文化传统和基督教所宣扬的"乐善好施"的慈善思想,以及美国政府在税收上对慈善的鼓励政策,美国拥有大量发达的基金会。根据2000年美国《基金会年鉴》提供的数字,2000年资产在300万美元以上、年捐款在20万美元以上的基金会共有10492家,而这还不到当时美国基金会总数的1/4。这些基金会控制着多达3000亿美元的资产。在美国智库的发展历程中,很多具有影响力的重要智库的最初创建都得到了一些具有远见卓识的企业家和基金会的资金支持,如著名的布鲁金斯学会。而美国智库在20世纪80年代左右数量激增,除了政府需求增大的原因外,很大一部分原因归结于基金会对政策研究机构的大规模资助。在1982—1987年间,美国基金会对智库的资助总额从5.2%上升到10%,具体而言就是从700万美元增加到2亿美元。除了基金会的捐赠之外,美国企业和个人也热衷于慈善事业。根据美国国际战略研究中心在其官网公布的2013年收入来源比例,2013年度其共有收益3200余万美元,其中32%来自企业,29%来自基金会,19%来自政府,9%来自个人捐赠。多元化的资金来源保障了智库的正常运作,也在一定程度上避免了智库对某一资金源的过度依赖,有利于保持研究的独立和客观。除去接受国内资金的支持,美国一些知名的思想库也接受国外基金会的捐助,像布鲁金斯学会在20世纪六七十年代就开始接受国外捐款[2]。传统基金会每年都可以收到来自韩国和中国台湾地区成千上万美元的赞助,韩国情报机关、三星协会、韩国基金会等都曾为美国智库提供捐助。这

---

[1] 王莉丽:《旋转门:美国思想库研究》,国家行政学院出版社2010版,第139页。
[2] 参见中国现代国际研究所《冷战后的美国和世界》,时事出版社1991版,第153页。

种接受国外捐助的行为很容易受到国内舆论的指责。国际战略研究中心在1981年接受了丰田公司的100万美元捐助以设置一个有关日本问题研究的高级职位。对此,国际经济学会主任C.弗雷德·伯格斯坦批判国际战略中心已经在这条道路上走得太远,"同任何资助者协商办事,都将使以分析为基础的工作的独立性和完整性遭受损害"①。《纽约时报》的记者艾瑞克·李普顿就曾在其2014年9月的一篇报道中公开批评美国一些智库接受国外机构捐助,进而为其进行游说行为,李普顿认为应当把这些智库列为国外中介机构,例如其批评布鲁金斯学会接受来自卡塔尔和挪威政府的资金捐助。对于这种批评,布鲁金斯学会在其官方声明中回应:"2013年布鲁金斯学会有超过200名学者、700余名捐助者、400多项项目。自布鲁金斯学会从1916年成立那天起,我们对于重大事件的研究工作和政策传播一向恪守公开公平的准则。我们的研究不受任何捐助者或第三方所牵制,布鲁金斯学会也从来不是任何人的中介机构,它只代表它自己。"②

四是不断根据形势变化调整政策。不管是国内事务还是国际形势总是在不断发生变化,每当这种重大变化或重大危机发生时,总有许多新的智库应运而生,如1997年创建的"美国新世纪计划"。同时老牌智库为了适应新环境和解决新问题也要实现转型。全球化时代,越来越多需要许多国家协同合作解决的全球性问题不断浮现,如恐怖主义、种族冲突、环境问题等,这些都在成为智库新的研究课题。而且,与威尔逊时代智库仅仅根据政策需求变化而进行调整不同,当前环境下智库要想在竞争激烈的环境中脱颖而出,还需要吸引资金支持者的关注。为了争夺经费,智库日益集中于研究捐助者所关注的特定问题。除了传统的政治、经济、军事和外交外,美国智库研究的议题越来越多元化,一些前沿科技问题,如气候变化、环境保护等也被列为智库研究的重点课题。近年来随着亚洲国家在国际舞台上发挥的作用越来越明显,美国智库不约而同地开展了与亚洲有关的研究和讨论,中国已成为美国智库研究的重点地区。印度、日本、韩国和中国台湾地区也都意

---

① 中国现代国际研究所:《冷战后的美国和世界》,时事出版社1991版,第153页。
② Brookings, Brookings Statement on New York Times Article Examining Foreign Government Funding of U. S. Think Tanks, http://www.brookings.edu/about/media-relations/news-release.

识到了这一点,纷纷对美国开展"智库外交",以影响美国的政策,为自身利益服务。

五是借助传统媒体和互联网扩大自身影响力。面对激烈的竞争环境,美国智库为了吸引决策者和捐助者的注意,必须不断扩大自身的影响力,增加在媒体上的曝光率成为美国智库提升知名度的主要手段。根据安德鲁·里奇对智库在报纸上的曝光情况研究,大致可以分为以下几类:(1)报纸引用智库专家个人发表的文章;(2)报纸引用智库的研究成果;(3)智库专家在报纸上发表评论;(4)智库专家的私人新闻。① 根据安德鲁·里奇对报纸引用智库频率的研究,保守派智库在占据报纸曝光率方面比自由派智库或者中立派智库要更为频繁。在新媒体时代,互联网成为影响智库影响力和知名度的主要参考指数,互联网为智库研究发展提供了一个更大的平台,这也有利于智库将其政策信息传递给更多的受众。美国各大知名智库对自己的网站建设都非常重视,都会定时将自己的研究成果和报告发布在网站上。目前几乎所有的智库都有自己的网站,有些智库不仅在网站上提供本研究机构的各种信息,还会提供与本研究机构相关的资料库的网址链接。如 Twitter、Facebook 等社交媒体近年来也成为其扩散影响的常用工具。

第二节 世界一流:美国智库的现状及其影响

美国虽然不是最早发展智库的地区,但其是目前世界上智库发展最完善的地区。美国智库不仅对美国政治经济社会问题起到很大的指导作用,进入 21 世纪来,美国智库在世界舞台上的影响越来越明显。美国智库无论是从数量上还是质量上,都遥遥领先于其他国家和地区,美国是名副其实的智库大国。

一、发展现状

美国智库历经 100 多年的发展,其数量在不断增加,机制与模式也日臻

---

① 参见 Rich, A., "The politics of expertise in Congress and the news media", *Social Science Quarterly*, 2001, pp. 583-601.

成熟。目前美国拥有近2000家智库,在规模大小、研究重点、资金来源、政治立场等方面都存在很大差别。美国智库在整体上呈现出多层次、多元化、多方向的发展趋势,对其研究也应更加全面立体。

(一)当前美国智库概况

根据《2017年全球智库报告》的统计,当前世界共有7815家智库,其中美国有1872家,占总数的23.95%,是世界上智库最多的国家。在全球排名前30的智库中美国智库占了11家。

表1.1.1 美国智库全球排名情况

美国智库	全球排名
1. 布鲁金斯学会	1
2. 卡内基国际和平基金会	3
3. 战略与国际问题研究中心	5
4. 传统基金会	8
5. 兰德公司	8
6. 伍德罗威尔逊国际研究中心	11
7. 美国进步中心	12
8. 外交关系协会	13
9. 卡托研究所	15
10. 彼得森国际经济研究所	17
11. 人权观察组织	29

数据来源:《2017年全球智库报告》

一个值得注意的现象是,我们观察到,从20世纪末开始美国智库数量增加的速度开始减缓。根据近年发布的《全球智库报告》来看,从2006年到2016年,美国智库从1776家增加到1872家,十年时间仅仅增加了96家,甚至比不上20世纪70年代某一年增长的数量。特别是2008年经济危机以来,智库收到的资金支持大幅度减少,一年内增加的智库数量往往只有一两家。

表 1.1.2 美国智库数量增加情况

年份	2007	2008	2009	2010	2011	2012	2013	2014	2015	2016
数量	1776	1777	1815	1816	1815	1823	1828	1830	1835	1872

数据来源:2007—2017年《全球智库报告》

除去数量增加缓慢这一特征,美国智库在地理分布上很不平衡。顶级智库的最终目的是为了影响决策过程,这驱使它们在地理位置选择上更加倾向于靠近权力中心,如布鲁金斯学会、卡内基国际和平基金会等大型智库都坐落在美国的政治中心——华盛顿特区。根据《2017年全球智库报告》统计,超过1/5的智库(397家)分布在华盛顿特区,加上其周边的纽约、弗吉尼亚、新泽西、康涅狄格、马里兰、罗德岛、宾夕法尼亚和马萨诸塞等地区,超过半数的智库分布在该区域。一些智库即便没有将总部设在华盛顿,也在华盛顿设立了办事处。任职于布鲁金斯学会"21世纪安全与情报中心"的研究员彼得·W.史尼格(Peter W.Singer)在其发表于布鲁金斯学会官网的评论中写道:"美国因其几座拥有显著行业的城市而闻名全球。工业化时代,匹兹堡成为钢铁城市。20世纪上半阶段,底特律成为汽车城市。洛杉矶是电影城市。加利福尼亚的硅谷成为科技行业的标杆,纽约同华尔街齐名。在历史上华盛顿一直是特别的,它没有任何制造基础,也从未产出过任何实体商品。但是现在华盛顿拥有了自己的产业,那就是思想制造业。"[①]在华盛顿西北部沿着马萨诸塞大道,你会发现自己置身于思想制造业的中心。布鲁金斯学会、卡内基国际和平基金会、约翰·霍普金斯大学高级国际研究学院等美国著名的智库全都坐落在这个区域。

表 1.1.3 美国智库的地理分布

地区	数量(家)	地区	数量(家)
华盛顿特区	397	马萨诸塞州	177
加利福尼亚州	169	纽约州	144

---

① Peter, W. S., Washington's Think Tanks: Factories to Call Our Own, http://www.brookings.edu/research/articles/2010/08/13-think-tanks-singer.

续 表

地区	数量(家)	地区	数量(家)
弗吉尼亚州	105	伊利诺伊州	62
马里兰州	50	德克萨斯州	47
康涅狄格州	44	宾夕法尼亚州	42
新泽西州	36	科罗拉多州	31
佛罗里达州	31	密歇根州	31
佐治亚州	29	俄亥俄州	25
明尼苏达州	23	北卡罗来纳州	23
华盛顿州	23	威斯康星州	22
亚利桑那州	21	印第安纳州	21
缅因州	21	罗德岛州	20
田纳西州	19	密苏里州	18
阿拉巴马州	16	堪萨斯州	17
俄勒冈州	16	新罕布什尔州	13
夏威夷州	12	肯塔基州	11
俄克拉荷马州	11	爱荷华州	10
路易斯安那州	10	密西西比州	10
阿肯色州	8	蒙大拿州	8
内布拉斯加州	7	新墨西哥州	7
犹他州	7	南卡罗来纳州	6
西弗吉尼亚州	6	南达科他州	5
佛蒙特州	5	爱达荷州	4
内华达	4	北达科他州	4
阿拉斯加州	3	特拉华州	3

(二)美国智库主要类型

按照不同的分类,可将美国智库划分为不同类型。以规模为标准,可分为大型、中型、小型;以资金来源为标准,可分为政府资助型和民间型;以职能为标准,可分为学术型、政府合同型和政策鼓吹型;以政治倾向或意识形态倾向为标准,可分为保守派、自由派和中间派。

1. 按规模划分

小型智库。小型智库的专职研究员数量一般在10人及10人以下,其年度经费基本不超过100万美元。美国1800多家智库中,有80%的智库属于小型智库,像布鲁金斯学会这样超过百人的智库其实是少数。小型智库的人力和财力资源都有限,只能将研究重点集中在某一特定领域,并多依赖大学学者撰写研究报告。虽然这类智库规模比较小,并且地理位置一般远离政治中心,但其专门研究特定领域,所以在专门领域能发挥出远远超出其规模的影响力。如暴力政策中心,其全职专职研究人员只有一名,年度预算仅有三万美元,但其专注讨论枪支控制问题,其研究报告常常对新闻媒体和国会议员产生影响。

中型智库。中型智库人员数目在10人到100人之间,年度经费不超过1000万美元。中型智库的研究范围相比小型智库要宽广一些,覆盖外交、社会、政治、经济等领域。如成立于2001年的全球发展中心便是一个"思考并行动"的智库。全球发展中心的目标是通过缜密的研究和分析提出可行的思想影响和改善政府决策,同时与全球贫困和不平等作斗争。其研究成果以图书、研究报告和论文形式发表,与美国著名媒体均有合作关系。中型智库虽然在某些特定时刻能发挥比大型智库还强大的能量,但在长期发展上,其影响决策的能力还是要差于大型智库。

大型智库。大型智库的科研人员超过百人,年度经费也在1000万美元之上,以布鲁金斯学会、兰德公司、传统基金会为代表。这类智库一般以影响政治决策为目的,地理位置集中于华盛顿及其周边地区,接近政治权力中心。作为美国最具影响力的智库,布鲁金斯学会规模庞大,成员有400余人,研究工作通过5个项目群、11个研究中心和若干个课题组进行。根据布鲁金斯学会发布的2014年度报告,2014年收入已超过1亿美元。[1]

2. 按资金来源划分

政府资助型智库。充足的资金是智库生存和发展的重要保障,美国智库大部分资金来源是社会力量资助,但仍存在一部分受政府资助的智库,隶

---

[1] 参见 Brookings, 2014 Annual Report, http://www.brookings.edu/~/media/About/Content/anualreport/2014annualreport.pdfn。

属于美国国会的美国和平研究所就属于这一类型。美国和平研究所于1984年由美国国会创建，最初是为解决全球暴力冲突问题提供更多方法和途径。美国和平研究所一项重要的任务就是通过汇集全球各地的人才及其在冲突地区的研究与分析，来为美国政策制定者提供更多建议和帮助，以此帮助美国政府提升在抑制、掌控及解决全球冲突问题方面的能力。①

社会力量资助型智库。社会力量资助型智库是指依赖社会机构、企业及个人捐赠的方式来筹集经费的智库。美国大部分智库是通过这种方式来获得资金支持的，包括布鲁金斯学会、传统基金会这些著名智库。这类智库为了提高知名度和吸引捐赠者的注意力，更加注重在媒体上的出镜率。因为对于项目捐赠者来说，研究机构的媒体曝光率是评估一个智库影响力大小的重要标准。

3. 按职能划分

学术型智库。学术型智库一般被认为是"没有学生的大学"（University without Students），这类机构的最大特点是只承担学术研究工作，资金主要来自私人捐赠，研究成果以学术性文章、著作等形式出现。"没有学生的大学"并不承担教学任务，它们提供一种氛围，鼓励学者开展社会、经济、政治问题调查。他们的研究成果是长篇大论的研究报告或著作，面对的对象是决策者而不是学生。设在斯坦福大学内的胡佛研究所、哈佛大学国际事务研究中心即属此类。被贴上"没有学生的大学"这一标签的智库面临的最大问题是，既然这类机构在做着和大学同样的事情，那它们又有什么存在的意义呢？但两者的研究在根本上还是有区别的。首先，学术型智库的研究人员从事研究的目的一般与现实的政策事务和政策过程相关，而高校学者的学术研究更多是为了作出理论贡献；第二，以高校作为研究基地的学者很少接受政策活动家的合同进行研究，而智库则会如此。总结起来说，学术型智库比起单纯的高校来说更多关注现实的政策事务，研究成果也一般为书籍和专题著作，不同于高校学者在期刊上发表的论文。②

---

① 参见 USIP, The United States Institute of Peace: America's Commitment to Peace, http://www.usip.org/congress/index.html。
② 参见 Weaver, R. K., "The changing world of think tanks", PS: Political Science & Politics, 1989, pp. 563-578。

政府合同型智库。政府合同型智库是指与政府签订合约，开展针对性研究和评估性研究的科研机构。20世纪五六十年代美国政府资助和组建了大量这一类型的智库，比较著名的有兰德公司和城市研究所。环境、国民经济、安全及防务政策等政府所关注的领域成为此类智库研究的重点。在研究方法上，它们与学术型智库并无太大区别，同样是运用科学统计、数量分析、社会实验的方法来为解决公共政策难题提供建议和途径。但受限于对政府合约的依赖，这类智库更容易受到政治和预算的压力。政府合同型智库的研究成果一般以为具体政府机构提供的报告为主，一般情况下这类报告不会完全对公众公开，除非政府机构选择公开。

政策鼓吹型智库。政策鼓吹型智库是指推销主张，力图通过政治营销的方式影响政策议题。这种类型智库包含浓厚的政策、党派、意识形态色彩，其就是要影响决策过程。20世纪六七十年代出现了很多此类智库，向决策者提供及时的相关政策建议成为它们的首要目标。不同于学术型智库，政策推销型智库的研究成果多以简短、快捷的政策简报形式呈现。而且这类智库的研究人员往往通过在媒体上发表评论来影响公众舆论和公共政策。传统基金会是此类智库的典型代表，其首要任务就在于能及时向政策制定者与公共舆论的领导者提供当前重要事项的最新研究成果，比起学术研究，其更加注重对政策主张的推销。虽然在学术研究上这类智库比不上之前两种类型，但它接触政策决策者的能力却远远超过前两者。政策鼓吹型智库因其意识形态太过明显，其政策被认为是僵硬的和可预见的。例如：《芝加哥论坛报》就曾对哈兰学院下过这样的评价："（来自哈兰学院的）专稿实在是太过于单一了，你读一两篇，你也就相当于读了全部。"[1]

4. 按意识形态划分

美国法律规定，智库作为免税的非营利组织，可以产出与其意识形态一致的产品，但是禁止投入"较为客观的活动去试图影响立法"或者禁止"直接或间接代表或反对任何公共要职的候选人，参与或干涉（包括出版或散布声

---

[1] Weaver, R. K., "The changing world of think tanks", *PS: Political Science & Politics*, 1989, pp. 563–578.

明)任何政治运动"。① 虽然美国智库不能公开支持任何政党,且游说政府的预算支出不能超过法律规定的比例,但在美国各种政治思潮并存的氛围下,绝大部分智库的政治主张都存在一定倾向。

按照意识形态划分,美国的智库可大致分为三派,分别是自由派、保守派和中间派。一般认为,自由派智库倾向于民主党和自由主义,保守派智库倾向于共和党和保守主义,中间派智库则相对超脱。在国内政策上,自由派智库一般倡导国家干预经济和社会事务,强调社会福利和社会平等;保守派智库则强调自由市场体系,反对政府过多管制经济,注重个人自由、宗教表达的权利以及家庭价值。在对外政策上,自由派智库倾向于国际主义、多边主义,重视国际组织和国际合作,主张限制军备和与敌对国家接触谈判;保守派智库则倾向于单边主义,轻视国际组织,主张军备优势、防范和遏制潜在的竞争对手。② 中间派则介于两者之间。

但是具体到一个智库的性质认定上,往往存在不同观点。智库负责人的更迭变化,研究人员的政治倾向,媒体和政策制定者对智库的判定,这些都成为影响美国智库意识形态分类的因素。例如,布鲁金斯学会在创立之初一直以自由派观点著称,但在20世纪30年代却激烈反对罗斯福新政。有的报刊认为布鲁金斯学会与多届共和党政府关系失和,认定它是自由派智库或无法确认其倾向③。所以我们对智库的分类一般不依赖于新闻媒体的报道,也不评判单一专家的个人观点,而是根据智库对自身思想观念的描述。如果智库年度报告中的任务声明或介绍性声明中出现"限权政府""自由市场体系"等字样,一般认为它属于保守派智库;如果这些声明中出现"社会公正和多元化""进步主义"等字样,一般认为它是自由派智库。按照这一标准,美国一些主要的智库如布鲁金斯学会、经济政策研究所等通常被看作自由派智库,美国企业研究所、胡佛研究所、传统基金会等则属于保守派智库,卡内基国际和平基金会、兰德公司则属于政治倾向并不明显的中间派智库。

---

① 参见安德鲁·里奇《智库、公共政策和专家治策的政治学》,潘羽辉译,上海社会科学院出版社2010版,第11页。
② 参见张文宗《美国保守派思想库崛起的原因探析》,载《历史教学(高校版)》2007年第6期。
③ 参见 Sam Husseini, "Brookings the Establishment's Think Tank", *Think Tank Monitor*, 1998.

二、作用及影响

在世界政治格局和经济局势变化多样的大背景下,国内事务愈加复杂,美国智库在美国政治、经济、社会生活中有着举足轻重的影响。美国智库发挥作用的方式有多种,但其最终目的都是试图影响政府决策。

(一)发挥作用的方式

专家意见在美国的政策制定中起着重要作用,智库赖以生存和发展的动力来自其研究成果能够被决策者采纳或者能够影响大众和舆论。智库为了扩大自身影响力,会通过各种渠道和途径推销自己的观点。美国智库扩大影响的方式主要有以下几种:

首先,"走出去"与"引进来"策略相结合,实现与政府决策层面的双向交流。"走出去"是指智库中的专家角色转换,直接进入决策者队伍。这种转变明显体现在美国总统换届过程中,一部分智库研究专家以个人身份进入竞选团队,竞选成功后进入政府机构成为决策者队伍中的一员。"引进来"是指智库聘请政府换届后的退休官员加入智库或者担任顾问,数量众多、影响力大的前任政府官员聚集在智库,不仅增加和提高了智库对策研究的人才力量和水平,而且加深了智库与政府的人脉联系。[①] 卡内基国际和平基金会副总裁包道格(Douglas Paal)曾担任总统特别助理和"美国在台协会"驻台北办事处主任,布鲁金斯学会东北亚项目中心主任卜睿哲(Richard Bush)曾担任"美国在台协会"理事主席,美国国务院政策规划室原主任理查德·哈斯(Richard Hasss)更是在国家安全委员会、国防部、国务院、国会研究部和布鲁金斯学会、战略与国际研究中心、外交关系委员会和卡内基国际和平基金会之间几进几出。[②] 这种智库和政府人员之间的相互转换,就是美国智库与政府之间特有的"旋转门"机制。这种机制被认为是美国政治的活力所在。

其次,创新政策思想,通过出版报告、开办研讨会及到国会委员会作证等多种方式传播自己的观点。对于重要的、紧迫性强的政策性问题,智库

---

① 参见诸鸣《美欧智库比较研究》,中国社会科学出版社2013版,第37页。
② 参见陶文钊《美国思想库与冷战后美国对华政策》,中国社会科学出版社2014版,第24页。

会组织力量和专门班子加以研究,写成报告,例如,在"二战"结束前,美国外交关系委员会就开始研究和平计划,为战后美国国务院的工作提供了重要指南。智库还常常组建针对某一问题的研究小组,邀请不同领域的官员参加,举办小型的政策研讨会。除此之外,智库乐于通过在国会作证的方式将他们的观点传递给政府,进而影响政策。如果在一个有影响的委员会面前作证,智库的观点很容易引起注意,专家的口头作证和书面报告都会被录入国会文件记录,新闻界和学术界也会引用他们的观点。通过这种方式,智库进入公众视野,其声誉增加,也更容易得到决策者的信任。一些智库的网站常常将他们的专家证词放到网上,以此来显示他们的影响力。①

最后,借助媒体和互联网的力量引导舆论和社会思潮。智库大多会定期出版自己的刊物,如国际战略研究中心的《华盛顿季刊》、布鲁金斯学会的《布鲁金斯评论》、卡内基国际和平基金会的《外交政策》等,这些刊物都具有一定影响力。智库还通过提高在媒体上出现的频率、增加专家观点被出版物和广播引用的次数,力图营造一种能对公众产生重要影响力的印象,从而吸引政府决策者的注意。一些智库通过学者在电视、互联网、报纸等大众媒体上发表观点、刊登文章、接受采访等扩大影响力。智库都非常注重发展自身的媒体部门,媒体部门的预算往往占智库预算的很大比例。智库通过媒体强有力的听觉和视觉传播,一方面可以引发公众对于某一问题的关注,另一方面也可以通过观念引导,形成有利于其政策提案被决策者采纳的公众舆论,从而间接地影响国家的政治决策。

(二)**具体影响**

美国智库在美国政治、经济社会生活中的影响力之大,甚至被保罗·迪克森称为"影子政府"(the Shadow Government)或者"第四权力部门"(Fourth Branch)。近年来,美国智库对美国外交政策的影响也随着美国在世界舞台上的活跃而加强。美国智库的影响主要体现在以下几点:

其一,设置政策议程,为政府决策者提供更多解决国内外事务的新思路和新方法。美国智库最主要的任务就是为决策者提供新的政策思路和政策

---

① 参见陶文钊《美国思想库与冷战后美国对华政策》,中国社会科学出版社2014版,第23页。

选项。美国外交协会原委员会主席戴维·洛克菲勒曾说过:"政府根本无暇考虑那些长远性的战略问题。在政府看来,说服一些个别、有资格和资历的人组成一个群体,然后把他们召集到一起来确定那些影响整个世界的主要问题,并提出可能的解决方案,这才是有意义的事情。"[1]这就是智库存在的意义。不同的智库,其规模大小、研究领域和范围往往差别甚大。有的智库所研究的问题范围广泛,内政外交、政治经济无所不及,因而能够对公共政策提出全面的新看法。有的智库或专注于外交政策,或专注于内政问题,或专注于内政或外交的某个方面,因而一般是在其所擅长的方面提出政策方案。[2] 美国智库主要通过确定政策议程及提供政策建议才能实现政策议程设置的功能。一方面,美国智库帮助美国政府分析当前局势,规划需要解决的问题;另一方面,又在此基础上为政府提供解决方案。"9·11"事件发生后,传统基金会紧急成立国土安全专责小组,为美国政府在当时的情境下认清现实和制定决策提供了非常大的帮助。

其二,提供专业性人才,成为美国政府的人才储备库。美国的每次大选都会带来政府中级和高级行政机构的人事变动。在美国总统换届过程中,智库的专家以个人身份进入竞选团队,在竞选成功后便成为决策者队伍的一员。特别是在奥巴马上任后,其内阁成员和政府官员中的智库专家引人注目。时任常务副国务卿的詹姆斯·斯坦伯格(James B. Steinberg)和时任国防部副部长的米歇尔·弗卢努瓦(Michelle Flournoy)都来自新美国安全中心,时任国安会亚洲事务高级主任的杰弗里·贝德(Jeffrey Bader)、时任白宫管理和预算办公室主任的彼得·奥斯泽格(Peter Orszag)、时任美国常驻联合国代表的苏珊·赖斯(Susan Rice)均来自布鲁金斯学会。除此之外,还有多位来自美国进步中心、斯坦福大学国际安全与合作中心及其他智库的专家成员。有的智库甚至会为了维护和扩大其对政策的影响,有意培养人才填补政府部门的空缺职位,以形成"里应外合"。

其三,为讨论公共事务提供平台,搭建学者与政府、政府与民众之间的桥梁。在美国两党制竞争的政治氛围下,重要的政策议题都需要经过充分

---

[1] 参见王莉丽《旋转门:美国思想库研究》,国家行政学院出版社2010版,第51页。
[2] 参见任晓《第五种权力——美国思想库的成长、功能与运作机制》,载《美国问题研究》2001年第23期。

的讨论，作为非党派组织的智库常常通过召开研讨会的形式以提供一种超党派的场所，为政党讨论公共事务提供平台。专家的意见也通过这种形式传达到决策层，智库扮演"知识"与"权力"之间的桥梁。不仅如此，智库同时扮演着沟通政府和民众的角色。通过出版书籍、发布研究报告、媒体宣传等方式，智库专家对于国家、国际事务的解读在很大程度上能够吸引民众的注意，美国国民通过这种方式更加了解他们所生活的环境，提升对政治的参与热情和对公共政策的了解，这正是美国智库所承载的教育功能所在。尤其在全球化的浪潮下，国际范围内的事务对于美国普通民众的生活影响愈加明显。如在"9·11"事件后，面对美国公众的恐慌和迷茫情绪，美国智库专家对美国当时局势的判断和对未来趋势的分析在很大程度上缓解了民众对于政府的信任危机，也使民众对政府的反恐政策更为了解和支持。

其四，智库成为政府开展"第二轨道"外交的有利助推器及官方外交的风向标。当前的国际形势已经在发生变化，美国的霸主地位已不复从前。世界多极格局的趋势在不断加深，各国之间的交往和依赖逐渐增强，国际事务和全球性议题需要各国之间的沟通与合作。美国智库作为非党派组织，在一些领域以其非官方的身份更能够推动双边与多边事务。特别是在一些敏感话题和冲突方面，智库可以凭借其特殊身份发挥更加积极的外交角色。如美国和平研究所长期以来就扮演着推动各种冲突谈判及调停的角色。凭借其与官方决策的特殊关系，智库有时也充当美国政府外交的先行试探器。以中美关系为例，美国政府高层官员在访华之前，通常都会选择一家与中国政府关系密切的智库进行前期接触，在美国智库试探中方态度、掌握各种情况后，为美国政府决策作准备。1996年克林顿访华时，上海社科院、上海国际问题研究中心、美国哥伦比亚大学的研究机构等几家智库就在会前先聚在一起讨论了此次访华涉及的几个重要议题，并形成备忘录，为两国正式的会晤提供参考。①

全球化时代，美国智库不仅追求对国内事务的影响力，也在不断做出改

---

① 参见王莉丽《旋转门：美国思想库研究》，国家行政学院出版社2010版，第59页。

变世界的努力。布鲁金斯学会外交政策国际项目主任詹姆斯·B.斯坦伯格（James·B. Steinberg）说道："国际政治体系已经发生了重大转变，在各种历史因素的推动下国际格局正在被重新打造。政府、跨国公司、公民社会，以及借助于研究集团和个人分析的战略研究都成为改写历史的新力量。"[①]斯坦伯格认为当前美国面临的最主要的问题就是要搞清楚当前国际体系的实质，以及美国在当前国际体系中扮演的角色。冷战的结束和信息传播技术的发展为全球发展提供了更多可能，但同时也带来了许多威胁因素，如恐怖主义、金融危机、种族冲突、国际犯罪和大规模杀伤武器的扩散等，这些都成为全球共同面临的问题。这些全球化问题单单依靠一个国家的力量是解决不了的，必须要依靠各个国家的合作与协同来完成。美国智库凭借其独特的影响力，在各种全球问题解决的过程中能发挥更加明显的作用。

第三节　深入探秘：美国智库的运行机制与特点

智库要想拥有强大的影响力，其运营机制至关重要。只有拥有系统、高效的运营机制，才可以保证智库的正常运作，激发其创新活力。独特的运营机制也造就了美国智库的特点。本节将对美国智库的运营机制及特点进行分析。

一、美国智库的运行机制

美国智库之所以能在世界智库之林脱颖而出，其完善的运营机制是关键。接下来，笔者将从资金来源、职能部门及管理体制、具体运作、人才机制、影响力形成机制五个方面解密美国智库的运营机制。

（一）资金来源

智库要想正常运营，必须有强大的资金支持。美国智库筹资方式主要有两个方式：政府拨款和社会募集。

在此类智库中，一种筹资方式是由国会资助，如美国政要智囊团——美国和平研究所是由美国国会建立和拨款的独立的、非党派研究机构，它的资

[①] 参见 James B. Steinberg & John Shaw, *Think Tank Expert Trying to Shape Changing World*, http://www.brookings.edu/research/interviews/2004/01/01forceandlegitimacy-steinberg。

金来源主要是美国政府。此外，这类智库还有东西方中心、威尔逊国际学者中心等。另一种筹资方式是与政府签订合约，在合约中明确研究方向，并表明研究需要的研究经费。就兰德公司而言，其最大客户为美国政府以及军方。兰德公司自成立起就积极发展与政府的关系，美国各级政府部门几乎都与兰德公司有客户关系。此前，有媒体称兰德公司的经费90%以上都是来自美国政府及军方。

社会募集作为智库获取资金的另一种渠道，其来源更为广泛。社会募捐、个人募捐、委托项目以及基金会组织都可以为其提供资金支持。不仅如此，美国智库还可免交所得税、财产税。可以说，美国智库在获得捐助方面拥有极其便利的条件。而且，声誉及影响力也决定了智库获得捐助的多少，越是声名显赫的智库，在捐助资金获取方面越有优势。以社会募集作为主要资金获取渠道的智库也不在少数，其典型代表有传统基金会、布鲁金斯学会等。

尽管美国智库中募集而来的资金占了相当大的比重，但它们并不会让捐助者借此干预智库的日常研究工作。

（二）管理体制及职能部门

美国智库数量众多，规模有大有小，宗旨各不相同，任务也千差万别。然而，它们在基本的职能部门架构和管理体制方面仍有共同点可循。

美国智库的最高决策机构一般是理事会，各个智库理事会人数不尽相同，但都有一个共同的职责：为智库提供重大事务决策，所谓的重大事务决策即重要的人事变更、研究方向的敲定以及财务的预算结算等。为了保证项目的正常运转，智库还会组织专门的学术委员会进行项目跟进，确保其高效运行。

在具体的组织架构方面，我们以人员规模最大的美国智库兰德公司为例来加以说明。兰德公司的职能部门架构可以说是美国智库的代表。其组织架构可以分为三个层次：一是总经理办公室，主要负责统筹公司各项事务。二是各研究所，负责各个研究方向的项目管理。三是各个研究项目组，负责各项研究工作的落实。[①]

[①] 参见诸鸣《美欧智库比较研究》，中国社会科学出版社2013年版。

（三）具体运作方式

美国智库的人员数量较少，大部分在100人以内，100人以上的则属于大型智库。如何使智库中的成员各司其职，使项目高效运转就要靠智库的具体运作机制了。

美国智库是怎样运作起来的呢？对于智库而言，高素质的研究人员至关重要，高级研究员自然是智库的核心。如在兰德公司现有的员工中，超过半数都是高级研究员。这还不够，兰德公司还会从社会上聘用各领域的专家教授作为特约顾问，参与课题研究及成果论证。[①] 此外，美国智库为了保证智库的高效运营，还会着意添加许多辅助人员。通过辅助人员与高级研究人员的配合，使研究得以低成本、高效率地进行。辅助人员在协助高级研究员的过程当中，也在不断积累经验及学习技能，提高了团队整体的素质水平。

课题经费的合理使用也是智库运营中的一大重点。除了课题调研等必需的资金花费之外，美国智库把课题经费主要花在了研究人员身上，即为研究人员提供高待遇、高福利。

还是举兰德公司的例子，据资料显示，兰德公司某个项目的经费共20万美元，其中，研究人员的工资占了14万美元，剩下的才是其他开支。兰德公司从不吝啬给予研究人员高工资，其给科研人员的工资甚至是同等资历大学教授的3倍。[②]

美国很多的智库公司都是数百个项目同时进行。在项目的具体商榷、落实方面，美国智库一般是由研究员与客户商议、会谈并提出项目，形成《项目说明书》——把项目的相关资料包括项目背景、项目内容、项目进度、时间安排等进行书面化呈现。除了客户要求的项目，智库还会根据自己的喜好对自己认为有意义、有影响的项目进行研究，对于此类研究课题的研究成果，智库会向社会、政府相关部门推荐、兜售。

（四）人才机制

美国智库的一大特点就是，它不仅仅是汇聚人才的地方，也是输出人

[①] 参见《200万美元7个字》，载《社会观察》2006年第8期，第5页。
[②] 参见王志《美国思想库及运作机制》，载《中国社会导刊》2007年第2期。

才的地方。美国智库一般与政府以及大学之间都打通了人才通道。很多在智库任职的人员后来都任职于政府部门,完成了智囊团到决策者的转变,使研究人员从政策分析家转变为决策者。同时,由于美国政府是典型的政党制度,在四年一次的总统大选中,如果一个政党暂时下台,智库就可以为该政党人员提供安身之所。这种独特的人才流转机制被称为"旋转门"机制。

通过这道旋转门,美国的政府、学校以及智库三者的人才实现了流转,也扩大了智库的影响力。

以布鲁金斯学会为例,在布鲁金斯学会的上百名研究员里面,有超过半数的人都曾在政府任职。布鲁金斯学会曾有近40人加入了奥巴马政府。由于布鲁金斯学会与奥巴马政府在人员方面的密切关系,美国政府在进行重大决策的时候布鲁金斯学会往往能发挥重要作用。其调研结果、决策建议可以拥有直达白宫的通道,产生巨大的实质影响力。①

美国原常务副国务卿詹姆斯·斯坦伯格高达五次的"旋转门"之旅当属"旋转门"旋转次数之最。1977年,年仅24岁的斯坦伯格第一次穿过"旋转门",那时斯坦伯格所担任的只是美国教育部、卫生部部长助理的特别助手。1985年,他第二次穿过"旋转门",在英国伦敦国际战略研究所和兰德公司任职。1993年,斯坦伯格实现了他的第三次旋转门穿越,在克林顿政府任职八年。2001年,他第四次穿越"旋转门",担任布鲁金斯学会副总裁。2009年,他被奥巴马提名为副国务卿,成为国务院高级官员,完成了第五次"旋转门"的华丽转身。②

美国智库独特的"旋转门"机制让智库与政府、国会、高校建立了密切的纽带关系。使研究人员的身份有了多种可能,也使智库的影响力得以充分发挥与扩大,对于美国智库的发展与繁荣有重要意义。

(五)影响力形成机制

在世界范围内,智库不断发展并在各自国家内外政策的制定过程中发挥着日益重要的作用。而论智库的数量之多和影响之大则要以美国

---

① 参见王莉丽《旋转门:美国思想库研究》,国家行政学院出版社2010年版。
② 参见祁怀高《奥巴马外交团队:"旋转门"的解读》,载《世界知识》2009年第17期。

为最。

在美国市场上,美国智库作为自由竞争的经济实体而存在,而思想就是参与市场竞争的商品。这种商品的目标客户往往是政府、军方等各类决策部门。在一般的学术研究中,衡量学术水平的标准会是科研成果等,而对智库而言却不是如此。一个研究项目是否成功,取决于其影响力。那美国智库的影响力又是什么呢?

简而言之,美国智库的影响力可以定义为舆论影响力,"凭借其舆论聚散核心的地位、独立性、创新性和全方位的舆论传播机制,对政策制定者、精英群体和公众舆论所产生的,不具有强制性和合法性的,支配或改变其思想或者行为的舆论力量,是实现其影响公共政策最终目标的工具"[①]。在地球村大环境下,美国智库的影响力更是世界性的。

美国智库可以通过多种渠道形成影响力。一方面,智库可以利用媒体进行宣传,如媒体报道、出版杂志、网站发布等;另一方面,可以采用常规的学术发布方式,如召开学术会议、举办论坛等。此外,对外交流也是重要渠道,如派遣访问学者等。

二、美国智库的特点

各国智库均受本国社会文化的影响而具有一些属于本国智库的独特之处。美国智库的特点共有以下六点:

(一)重点进行政策研究

美国智库不是纸上谈兵,而是强调经世致用。象牙塔里的深奥学术研究不是美国智库的领域,它们关注的是关系到政府决策的国内外政策研究。美国智库不仅仅服务于白宫,一些地方政府、州政府的政策也是美国智库研究的对象。这种服务于政府的政策性研究要求智库必须在研究中注重实用性和时效性。

兰德公司作为美国顶级智库之一,所研究的课题已经不仅仅是美国的政策问题,甚至包括了世界范围的重点课题。如"苏联核问题""中国是否出

[①] 王莉丽:《旋转门:美国思想库研究》,国家行政学院出版社2010年版。

兵朝鲜战争"等。世界上第一台计算机的诞生也是出自兰德公司之手，其实际是兰德公司科研人员为美国政府设计的，包括现在被我们普遍使用的互联网、数字通信技术等也与兰德公司息息相关。

（二）不以盈利为主要目的

美国智库虽然在组织架构、运营方法上与一般企业类似，但是美国智库并非是以盈利为目的的企业。作为非营利机构，美国智库的宗旨不是只为了盈利。而且，其所产生的研究成果也不会转化为直接财富。

美国智库大多都是根据《所得税法》注册的非营利免税组织。免税资格的获得就要求美国智库不能支持任何派别，必须保持中立，这也是美国智库在课题研究中能保持结果的客观性的关键所在。

（三）重视研究的独立性

美国智库所谓的独立性主要表现在其独立于各个利益集团，如政府、企业等。智库的独立性是为了达到研究结论的客观、公正。重视研究的独立性和研究结论的客观性是美国智库的重要特征。美国智库都强调自己的独立性，而实际操作中，美国大多数具有相当规模的智库都具有某种政府背景或者党派色彩。所谓的独立性也是相对的，它们在形式上保持独立，保持客观中立，避免由于所属利益集团的不同而造成偏见。

（四）交流频繁

智库要想拥有决策的先见性和准确性，离不开高瞻远瞩的国际眼光。因此，广泛的对外交流对于智库来说尤为重要。美国智库深谙此道，它们的一个重要的共同点就是拥有极其频繁的内外交流，而且交流的内容涉及面非常之广。

美国智库的内外交流主要有三个方面。一是国内不同研究所之间的交流。不同研究所经常通过交流会、分享会来分享彼此的研究成果和研究课题，彼此取长补短。二是美国智库与本国政界、学界、商界、军界等各个领域的交流。通过与社会各界的密切关系，智库往往能掌握国内的最新动态，对于发现研究课题、解决课题问题有重要作用。三是同国外专家学者的交流。美国智库经常举办专题研讨，邀请国外专家学者前来，参与话题讨论，交换意见。美国智库也会派遣专家学者出国访问、参加国际会议，派考察团出国搜集信息,从而不断丰富所研究课题的相关国际资料。广泛的内外交流使美国智库在课题分析方面更加科学、全面,使其研究结果的准确性有了保证。

(五)积极采用先进研究手段

美国作为世界科技强国,美国智库自然不会忘记将这些先进的科学技术应用于智库研究当中。美国智库研究之所以能在全球都拥有强大的辐射力,研究手段的先进性功不可没。

先进的研究需要靠先进的研究手段来支撑,美国智库在研究手段的创新上狠下功夫。美国智库善于应用和创造先进的研究手段,如系统分析法、预测技术等,对高精的电子计算机系统的应用也为智库的调研活动、情报搜集等带来诸多便利,很大程度上提高了美国智库在调查研究结果上的准确性。

(六)视科学性为生命

对于政策而言,科学性是其生命。科学的研究成果能提供预见性的政策建议,这些科学的政策建议往往能使政府做到未雨绸缪。正基于美国智库的上述特点,其研究成果往往具有较强的科学性。

20世纪60年代,兰德公司针对基辛格的越南考察报告进行讨论,对越南战争的战争走向作出了正确预测。美国当局接受了这一预测结果,最终决定从越南撤军,使美国免于深陷越南战争的沼泽。[1]

第四节 美国智库名片

美国是国际上公共政策研究最发达的国家,美国智库代表了当今世界智库的最高水平,他们无论在质量上还是在数量上都远远高于其他国家。研究美国顶级智库的起源、发展及其运作可以为世界智库的发展带来十分有益的借鉴。

---

[1] 参见罗德恩《美国第一智库:白宫头号智囊兰德公司的秘密历史》,电子工业出版社2011年版。

接下来,笔者将结合美国顶级智库历年排名选取综合影响力较大的十家智库进行介绍,它们分别是布鲁金斯学会、卡内基国际和平基金会、国际战略研究中心、外交关系协会、威尔逊国际学者中心、兰德公司、皮尤研究中心、凯托研究所、传统基金会、美国进步研究中心。

一、布鲁金斯学会(Brookings Institution)

布鲁金斯学会是美国顶尖智库之一,历史根基深厚。在美国政治经济时局中,布鲁金斯学会发挥着自己独特的作用。

(一)发展历史

布鲁金斯学会作为美国顶级智库之首,自称其遵循独立、非党派、尊重事实的研究精神,提供不带任何意识形态色彩的思想,旨在充当学术界与公众政策之间的桥梁,向决策者提供最新信息,向公众提供有深度的分析和观点。①

布鲁金斯学会始创于1927年,由分别于1915、1922年、1924年成立的政治研究所、经济研究所和罗伯特·布鲁金斯经济政治研究学院三者合并而成。

成立之初,布鲁金斯学会研究的重点仅仅局限在美国自身的政治、经济等方面的发展。随着"二战"的结束,布鲁金斯学会的研究领域在空间和内容上都得到了扩展。布鲁金斯学会先后成立了东北亚政策研究中心(1998年)、萨班中东政策中心(2002年)、美国与欧洲中心(2004年)、约翰·桑顿中国中心(2005年)和布鲁金斯多哈中心(2007年)。

20世纪60年代起,布鲁金斯学会在每届新政府任职时,都会为其提供一份报告,这份报告包括了当前执政党面对的问题综述,为历届政府所看重。

(二)人员、组织和机构

布鲁金斯学会有在职人员近300人,其进行的研究项目有近百个。布鲁金斯学会的成员拥有优秀的学术素养,他们的相关研究文章、观点在学术界占据重要地位。因此,该学会被誉为"没有学生的大学",不少研究人员从政

---

① 参见周琪《美国智库的组织结构及运作——以布鲁金斯学会为例》,载《甘肃理论学刊》2013年第35期。

府、企业而来，有极强的实践背景。

布鲁金斯学会董事会由45人组成，另有荣誉董事55人。董事会成员中有的是商界高层，有的是卸任的政府官员，还有的是区域领导。另外，布鲁金斯学会还设有学会主席，学会主席主要负责日常行政工作，工作相当庞杂。

布鲁金斯学会在美国属于大型智库，其庞大规模得益于其雄厚的资金实力。学会每年有经费4000万美元，除来源于学会创始人罗伯特·布鲁金斯创立的专项基金之外，还有基金会、大公司及个人的捐助、政府资助及出版物收入和其他一些投资收入。根据其2009年发布的年报，学会在2009年的总资产为3.48亿美金。[①]

（三）研究特点与主要成就

布鲁金斯学会的研究特点主要有以下几个方面：

首先，学会把研究的重点放在了政府决策上，力求能够通过学会的科学研究参与政府决策过程，学会在平时也很注重与政府关系的维系，学会的相关政策研究成果往往能在决策者决策过程中发挥作用。

其次，学会还力求在研究中保持自己的中立地位，尽管与政府关系密切，但仍会尽量避免由于和某些政党关系密切而造成研究结果上的偏颇。为了使中立性得以实现，学会一方面对政府的资助金额进行了限制——政府的资助额不得超过学会收入的1/5；另一方面，学会为了避免沦为某个政党的附庸，还拒绝进行秘密研究。

最后，学会非常注重研究结果的高品质。布鲁金斯学会十分珍惜积累下来的良好声誉，所以把高质量的研究视为其安身立命之本。学会聘请权威专家及一流人才，并强调研究方法的科学客观，以保证研究结果的高水准、高收益，维持其良好的声誉。

布鲁金斯学会不仅有辉煌的过去，近年来在美国越来越激烈智库竞争中也依然独树一帜，是美国智库中最值得信赖的研究机构之一。

[①] 参见杨文静《美国布鲁金斯学会》，载《国际研究参考》2002年第1期。

【延伸阅读：守望国家政经变革之路】

作为美国的老牌智库，布鲁金斯学会自20世纪初以来就关注着国家的重要政经变革之路。

早在成立之初，学会的专家就非常热心参与国会各项立法活动，美国于1921年成立的美国预算局法案就是由布鲁斯金学会所推动的，这一法案被时任总统瓦伦·哈丁评为"自美国成立以来最杰出的政府变革"。当美国遭遇20世纪30年代的大萧条时，学会协助政府对大萧条的原因进行了分析。在战争爆发期间，学会为政府的战时动员提供了非常多的有参考价值的报告。

布鲁斯金学会不仅仅服务于美国，在国际舞台也发挥着自己独特的作用。"二战"结束后，联合国成立，学会的经济学家参与了《联合国宪章》的起草过程。在战后援助欧洲的"马歇尔计划"的确立上，布鲁金斯学会也功不可没。

1947年6月，时任美国国务卿马歇尔发表讲话，号召欧洲人团结起来重建欧洲，并表示美国可以提供资金支持。这标志着欧洲复兴计划——"马歇尔计划"的正式出台。这一计划在美国国会引起了激烈的争论，尽管绝大多数议员都认为有必要援助欧洲，但他们在许多细节问题上有很大分歧。为了协调众多的矛盾，参议院外交关系委员会主席写信给布鲁金斯学会，请求学会提供帮助。学会在帕斯沃尔斯基的领导下完成了研究报告，对行政机构和国会的不同意见作了折中处理。布鲁金斯学会在报告中说，提议成立一个由内阁领导的计划专门执行机构，独立于国务院，国会和总统共同拥有机构的管辖权。援助方案根据各国的不同情况由两国政府谈判决定，经国会批准后实行。国务院应与援助管理机构齐心协力，共同为计划的顺利实施提供保证。此外，欧洲各国也应该成立一个对应的合作组织，落实具体的援助项目。美国应向接受援助的各国派遣一位专员，用以监督计划。根据布鲁金斯学会的报告，当时的参议院共和党领袖范登堡在参议院展开了说服工作，取得了良好的效果。

二、卡内基国际和平基金会（Carnegie Endowment for International Peace, CEZP）

（一）发展历史

卡内基国际和平基金会成立于1910年，是美国成立最早的基金会之一，其在美国的影响力颇大。创始人安德鲁·卡内基把毕生精力都放在了慈善项目中，1910年11月25日，卡内基在其75岁生日之际宣布捐资1000万美元用于创办卡内基国际和平基金会。

该基金会致力于研究国家间的战争、争端与和平的成因以及如何能够化解争端。华盛顿是其总部所在地，除此之外，卡内基和平基金会还在莫斯科设有研究中心。

（二）人员、组织和机构

卡内基国际和平基金会的领导机构是董事会，董事会成员涵盖了美国政党人员、政府官员以及商界、学界人士。组织架构主要包括行政办公室、财务部、系统部、交流部、人力资源部、研发部、《外交政策》刊物部及图书馆。

基金会共有成员100人左右，其中不仅有来自政府部门的成员，还有很多来自新闻、法律、公共事务等各个领域的成员，多样的学科背景、深厚的资历使基金会拥有强大的研究水平。

（三）研究特点与主要成就

卡内基国际和平基金会的研究议题集中在国际事务和外交政策上。因而，其研究所涉及的地域范围非常之广，横跨世界各大洲。

基金会有关国际关系研究的重点领域是俄罗斯与欧亚、中国、印度与南亚次大陆等。基金会的研究内容不仅仅有政治，还包括了经济、气候、安全等诸多方面，如发展政策、全球化、国际金融体制、移民、能源政策、气候合作、导弹扩散、核不扩散体制等。

三、国际战略研究中心（Center for Strategic and International Studies, CSIS）

（一）发展历史

国际战略研究中心创建于1962年，创建者为海军作战部原部长阿利·伯克上将、保守派学者戴维·阿布希尔和乔治敦大学牧师詹姆斯·霍里根。国际战略研究中心是美国最大的国际战略研究中心之一,其总部坐落于美国华盛顿,是美国具有保守色彩的重要战略和政策研究机构,素有"强硬路线者之家"和"冷战智库"之称,与石油财团关系密切。

40多年以来,国际战略研究中心会集了大量的国际关系领域的精英学者和政坛泰斗,是美国乃至世界的国际战略研究领域的领头羊,致力于为政府、国际组织、私营部门和民间组织的决策者提供分析和解决方案,积极关注对未来及其变化预测的政策议题。中心把研究的重点放在了国防安全以及区域发展方面,致力于实现各国经济一体化以及提供能源、气候的全球战略。

(二)人员、组织和机构

国际战略研究中心的职工达到200多人,此外,还拥有一个巨大的附属学者网络。除了全职研究人员之外,国际战略研究中心还有100多名助理人员负责日常的项目运作。

与大多数智库一样,董事会是国际战略研究中心的最高领导层。组织架构主要包括办公室、发展部、外交关系部,主要职位有高级软件开发部、市场协调部、业务运营部、图书管理部、计划和项目部等。

国际战略研究中心的经费主要来自社会捐助,其固定组成部分是40多个石油财阀。40多年来,其年度预算经费已经由12万美元变成了现在的近3000万美元。国际战略中心在资金筹集上有一条在成立之初即定下的规则,就是拒绝中情局、国防部门的资金支持,同时拒绝秘密研究。

(三)研究特点与主要成就

概括来说,国际战略研究中心的研究领域可以分为以下三个方面:一是关注国内与国际的安全问题,二是考察世界主要地区的发展现状,三是发掘信息化时代的新型管理方法。除此之外,中心还把先进技术项目、国际贸易发展、公共政策制定、能源资源利用等领域的项目纳入研究范围之内。

从成立之初到现在,国际战略研究中心致力于积极解决外交政策和国家安全方面的问题,为美国对外关系决策提供建议。现在,该中心已经成为国际战略研究领域最具声望的研究机构之一,在新的全球化机遇和挑战下,为美国国际战略研究作出重要贡献。

四、外交关系协会(Council on Foreign Relation,CFR)

(一)发展历史

外交关系协会又译为对外关系委员会,外交关系协会以对美国政府有影响力而又无显著党派倾向著称。外交关系协会正式创建于1921年,80多年来,外交关系协会致力于为美国政府提供政策理念和实际政策策略。外交关系协会以全球性的眼光来看待问题。协会提出的建立联合国和全球经济一体化模式的构想已经在20世纪后半叶和21世纪成为现实。无论哪个党派执掌权杖,历届美国政府内阁成员包括总统在内,都有相当一部分是协会的成员,这使协会的存在可以超越执政党的变更而存在。

(二)人员、组织和机构

外交关系协会的会员涵盖了工商界、金融界人士,以及律师、政府官员、专家学者、记者,社团、基金会、研究机构负责人。其会员70%都来自纽约、华盛顿以及波士顿这三个美国繁华地带。学会现有全职职工上百人,专家有30多位。外交关系协会在全国近40个城市都设有分会。理事会是学会的核心,由625名理事组成,理事涵盖了前政府官员、商界财团等。

(三)研究特点与主要成就

外交关系协会在国家对外关系政策的研究中始终坚持中立的立场。在研究中,学会通过特别项目来提升外交政策制定者的专业知识。而且,学会还定期在各个城市召开会议创造机会让政府官员、国会议员、世界著名思想家走到一起,帮助决策者拓展人脉关系。此外,学会还会举办圆桌会议,就重要的外交政策问题展开辩论和讨论。著名的国际事务和美国外交政策杂志《外交事务》就是由外交关系协会出版的。

据介绍,外交关系协会自成立以来,秉持"眼光向外"的全球理念,为美国政府制定了许多外交政策,成为政府外交政策的权威,因此被称为美国的"无形政府"、"政治家的学校",《新闻周刊》曾称其为"美国外交政策的权势集团"。

💡 **【延伸阅读：美国国际策略的重要影响者】**

外交关系协会自诞生以来，产生了诸多有影响力的成果，如20世纪20年代提出凯洛格公约；30年代提出要求美国反对日本在太平洋扩张的主张；40—50年代提出建立联合国，并参与设计联合国宪章的主要部分；提出遏制苏联的政策，参与制定"马歇尔计划"；为建立北大西洋公约组织的协议奠定基础；为1973年美国撤出越南的谈判确立基本历程；80年代，对美苏关系进行重新估计并参与设计诸如星球大战计划、和平演变计划等战略计划；90年代，利用新自由主义思潮对东欧和中国进行影响，提出"全球经济一体化"；进入新世纪以后，影响有关阿富汗、伊拉克战争及推翻卡扎菲政权的决策等。

五、威尔逊国际学者中心（Woodrow Wilson International Center for Scholars, WWICS）

（一）发展历史

威尔逊国际学者中心又名伍德罗·威尔逊国际学者中心，简称"威尔逊中心"，位于美国华盛顿。1968年，美国国会通过《伍德罗·威尔逊纪年法案》，决定建立伍德罗·威尔逊国际学者中心，以纪念美国唯一拥有博士学位的总统伍德罗·威尔逊。

威尔逊中心的宗旨是独立研究、公开对话，致力于打造美国超越党派的关键政策讨论机构，为政府决策提供可实践策略。中心经费来自国会的拨款以及个人与组织的捐赠。威尔逊中心的官方背景并没有影响其浓厚的学术氛围。

（二）人员、组织和机构

威尔逊中心董事会的当然成员是八名美国政府官员，他们分别是国务卿、新闻署署长、教育部部长、卫生与公众事务部部长、全国人文基金会主席、国会图书馆馆长、国家档案馆馆长以及史密森学会主席。董事会其他董事则由总统任命的非政界人士担任。

威尔逊中心的研究员来自世界各地，均为学术界、政界等各行业的精英。威尔逊中心每年还会邀请客座嘉宾来帮助其进行研究工作。相较其他智库而言，威尔逊中心人数并不算多，但是其人员均具有雄厚资历。

威尔逊中心还有自己的出版社，这也是威尔逊中心的一大亮点。威尔逊中心发行的《威尔逊中心通讯》《威尔逊季刊》等期刊均有一定的影响力。

（三）研究特点与主要成就

威尔逊中心涉足的领域范围很广，人文、社会科学都在其研究范围之内，历史、政治和国际关系是其研究重点。

威尔逊中心注重对政策的追根究底，在研究中，会深刻挖掘政策的相关背景。每个决策者在决策时都是有其特定的社会环境，让不同国家的学者理解彼此政策背后的内容是威尔逊中心研究的重点。

威尔逊中心不会直接对美国政府政策议程和立法工作产生影响，不向美国政府鼓吹政策主张。

六、兰德公司（Research and Development，RAND）

（一）发展历史

"二战"结束后，在亨利·阿诺德、科尔博姆、李梅将军等人的推动下，兰德公司于1948年11月正式成立。半个多世纪以来，兰德公司早已经发展成为世界著名的决策咨询机构。兰德公司的总部在加利福尼亚州的圣塔莫尼卡。在创立初期，兰德公司的研究领域主要是美国政府部门的重大科技、军事策略。随着越来越多的专家学者的加入，兰德公司将其业务拓展到了社会政策层面，形成了一个涵盖社会各个领域的综合型智库。因此，大家也给兰德公司取了个别名——"大脑集中营"。

兰德公司在发展初期并未受到重视，而是那个流传深广的兰德公司对"中国将出兵朝鲜"的精准预言使兰德公司声名鹊起。当时，兰德公司有意以200万美元将此报告转让给美国政府，但美国政府无意与兰德公司做交易。在他们看来，中国经过8年全面抗战与3年的解放战争，人力、财力和军事能力已经不具备出兵的可能性。然而，战争的结局却被兰德公司言中，美国军界为此一片哗然。从此美国乃至全世界都对兰德公司另眼相看。①

---

① 参见骆建彬、付明智《价值200万美元的过期报告》，载《发现》2005年第4期。

另一个让兰德公司地位得以真正提升的事件是1957年兰德公司推断出苏联第一颗人造卫星的发射时间,预测时间与实际发射时间相差无几,震惊美国政府。

(二)人员、组织和机构

成立60多年来,兰德公司发展迅猛,研究人员从最初的不足300人增至现在的1000多人。其中,超过半数都是相关领域的研究专家。不仅如此,兰德公司还花重金专门聘请世界各地的著名专家学者作为特约嘉宾、高级顾问参与课题项目。

此外,为了扩大兰德公司的影响力,以及培养智库需要的人才,兰德公司于20世纪70年代创办了蜚声世界的"兰德公司研究学院",这所学院代表了当今世界决策分析领域的顶尖水平,也是战略分析师们的治学圣地。"兰德公司研究学院"主要培养高级决策者,拿到博士学位毕业的学员大部分都会进入政府决策机构或商界高层任职。

(三)研究特点与主要成就

科学的管理和高效的运作使兰德公司在研究项目方面已经相当成熟,自创立以来,兰德公司在研究成果上收获颇丰。发表的研究报告有18000多篇,发表在期刊上的论文有3100多篇,此外还出版了200多部著作。在这些报告中,涉及有"中国21世纪的空军""日本的尖端科技"等重大研究课题。这些研究课题对美国的军事、经济和外交等一系列重大决策有着深远的影响。[①]

让兰德公司闻名于世的不仅仅是其丰硕的研究成果,在重大的国际性问题的解决中兰德公司也作出了重大贡献。例如在避免核战争等重大国际性问题上,兰德公司站在科学和理性的高度,对其进行了深入研究,为重大国际性问题的解决提供了高水平的评估。

💡 **【延伸阅读:一鸣惊人,预测中国出兵朝鲜】**

让兰德公司成名的案例可以追溯到1950年朝鲜战争前夕,兰德公司针对朝鲜战争组织了大批的分析专家对战争的态势进行研究,经过全

---

① 参见罗德恩《美国第一智库:白宫头号智囊兰德公司的秘密历史》,电子工业出版社2011年版。

方位的分析，最后兰德公司得出了七个字的惊人结论——"中国将出兵朝鲜"。

在朝鲜战争爆发前天，兰德公司的战略分析师通过秘密渠道联系了美国对华政策研究室，然后向美国政府索要200万美元，要将这份研究报告卖给美国政府。当时的美国对华政策研究室没有理睬兰德公司这一近似疯狂的想法，他们认为兰德公司竟然让美国政府花如此高的价钱去买一份只有七个字结论的研究报告，实在是太可笑。况且他们认为中国刚刚经历了抗日战争和解放战争，不管是人民群众对和平的急切渴望，还是以中国当时百废待兴的实际国情，都不具有出兵朝鲜的可能性，于是他们对兰德公司的这份请求一笑了之。

战争爆发几年后，美国军队在远东朝鲜战场虽然具备先进的武器装备和强大的后援支持，仍被打得节节败退。

当时的联合国军总司令、朝鲜战争最高指挥麦克阿瑟从朝鲜战争上归来，在得知兰德公司的这份研究报告之后，非常感慨地说过这样一段话："我们军队最大的失误就是忽视了信息分析和咨询公司。"

兰德公司不仅关注政治经济问题，同时还非常关注有较强专业性的技术领域，如航天航空等。在20世纪40年代，兰德公司对苏联关于空间技术的文章进行研究之后，得出了苏联将于1957年发射人造地球卫星的结论，并将这一结论生成报告呈给政府，提出美国应该加快空间技术的发展，赶超苏联。然而，这一报告并未引起当时美国领导人的重视。

然而，在1957年10月，苏联的人造地球卫星果然成功发射升空，与兰德公司的预测时间只差一周，令美国政府吃惊不已。

20世纪70年代，美国成功研制出了中子弹。正当政府得意不已的时候，兰德公司给政府浇了一盆冷水：原来早在50年代，兰德公司就已经给美国政府发过报告，提出研发中子弹。当时的政府并未在意，导致了这一研发成果推迟了十年之久。

七、皮尤研究中心（Pew Research Center）

（一）发展历史

皮尤研究中心又被译为佩尤研究中心、匹尤研究中心。皮尤慈善信托基金会是皮尤研究中心的赞助方。皮尤研究中心是美国最富有的基金会之一。21世纪以来,皮尤研究中心迅速崛起,在美国激烈的智库竞争中脱颖而出,被誉为"华盛顿地区三大左翼智库之一",仅次于布鲁金斯学会和美国进步中心。

皮尤研究中心属于民间智库,成员有100多人,规模中等。皮尤研究中心近年来人员变动不大,这也保证了其发展的稳定性。

皮尤研究中心的办公地点在华盛顿,从基金会的官方网站得到的信息来看,其资助的项目可以分为以下三类:第一类是对公共项目有推动作用的项目,包括政治、经济、环境等方面;第二类是公众知情的项目,包括传媒、舆论、宗教、互联网等;第三类是促进市民生活的项目,如文化、艺术等。

(二)主要研究领域

目前,皮尤研究中心运营了七个项目,分别为:皮尤民众与媒介研究中心(Pew Research Center for the People & the Press)、皮尤研究中心卓越新闻项目(Pew Research Center's Project for Excellence in Journalism)、皮尤互联网与美国生活项目(Pew Internet & American Life Project)、皮尤宗教信仰与公共生活论坛(Pew Forum on Religion & Public Life)、皮尤拉美中心(Pew Hispanic Center)、皮尤全球态度调查项目(Pew Global Attitudes Project)、皮尤社会与人口趋势项目(Pew Social & Trends Project)。[①]

与其说皮尤研究中心是一个"智库",不如说它是一个"事实库"。它不会像其他智库那样为政府的决策提供明确的政策建议和结论,而是提供关于美国和世界的时间走势、态度等相关信息,并将这些信息通过网站、发布会、座谈等形式发布,供决策者参考,但绝不掺杂任何政治派别的属性。

(三)研究特点与主要成就

皮尤研究中心受非盈利性质的皮尤慈善信托基金会资助,后者本是费城的一家私人基金,曾经在20世纪90年代大力资助过公共新闻事业。皮尤研究中心的前身是时代—镜报集团的"民众与媒介中心",政治立场偏左,目前已成为美国重要的新闻源、智库和"事实库"。

---

① 参见马凌《以舆论调查的名义影响舆论——皮尤研究中心的前生今世及其影响》,载2011年《新闻记者》第12期。

它运营七个项目,以信息为本,用数据说话,通过舆论调查获得对舆论的影响力,把独立、公正、开放和专业的品质作为自己的伦理守则。其全球态度调查项目虽然有缺陷,但是其中立性值得肯定。

皮尤研究中心的项目设计以信息为本、用调查数据说话,并且强调其调查方法的科学性,兼顾政治与市民生活,没有商业色彩等,并属"公益"性质机构,无偿向公众开放数据。通过舆论调查的方式,皮尤研究中心获得了影响公众舆论和社会生活的巨大影响力。

八、凯托研究所(Cato Institute,CI)

(一)发展历史

凯托研究所于1977年在加州旧金山地区创立,1981年搬到华盛顿哥伦比亚特区。1993年研究所又搬到了现在的地址——马萨诸塞大街。在2002年11月,凯托研究所被Alexa排名系统列为"点击率最高的智囊",并且称凯托研究所为"在过去三个月人气最高的智囊网站",光在那年9月就有近20万名访客访问凯托研究所的网站。

凯托研究所对自我的定位是"超越党派",因此其立场常与美国两党的意见不一。如凯托研究所的专家曾就小布什政府发动伊拉克战争、公民、能源等领域的政策进行过严厉批评。2008年的美国总统选举期间,凯托研究所的学者对两位候选人都曾进行过批评。

(二)人员、组织和机构

凯托研究所理事会有16名成员,总裁为爱德华·克莱思,凯托研究所领导层成员大多是大企业的业主或高级主管,还有一些是基金会负责人,但其中没有现任的政府官员。

该机构拥有100名左右的全职职工,其中研究院20多人,助理学者70多人,还有一些实习人员。研究员大都毕业于世界一流院校,很多人在其专业领域享有很高声誉,参与过一些重大政策的讨论和制定。

(三)研究特点与主要成就

凯托研究所主要接受私人资助,但其作为一个非营利研究机构,其研究必须独立于财团的影响,因此,其一些主张与资助者的诉求相矛盾。凯托研究所的研究都是为美国国家利益服务,因此并不狭隘地拥护美国现任政府的利益,而是从长远上维护美国的利益。因此,它往往扮演政府政策的批评者、监督者角色。这种超越特定利益集团的研究视角使其赢得了国际声誉。

九、传统基金会(Heritage Foundation)

(一)发展历史

传统基金会于1973年在美国成立,总部位于华盛顿哥伦比亚特区。基金会由保罗·韦里奇(Paul Weihrich)和埃德温·福伊尔纳(Edwin J. Feulner Jr)创立,种子资金来自约瑟夫·库尔斯(Joseph Kohls)。传统基金会成立之初发展较慢,当时的美国正处于"内乱外困"的状况,传统基金会在成立之初的很长一段时间内都不怎么引人注目,其真正开始活跃在美国政治舞台上要始于20世纪80年代以后,在此之前,其政治活动领域也一直局限在保守派共和党的活动范围内。直到里根总统当政,传统基金会的活动范围才开始逐渐扩大,并更多地参与到美国内政外交的政策活动过程中。此时的传统基金会处于发展的最佳时期,他们为里根总统提供了强大的助力。1994年,随着共和党在国会席位中占据了大多数并拥有了更多的发言权,基金会的影响力也进一步显现出来。

不管是在创立之初,还是在快速发展的八九十年代,它都一直旗帜鲜明地坚持着自己保守主义的作风,一如既往地追求自己认同的社会和政治理念,也正是凭借着这种十足的信心和不懈的努力,才使得它的队伍日益壮大并成功地成为了美国保守党派的发言人,并日益在国家的公共政策中发挥着重要的作用。

(二)人员、组织和机构

传统基金会目前由埃德温·福伊尔纳出任会长,戴维·布朗担任董事会主席。理事会由24名董事和14名高级管理人员组成,他们全权负责基金会的管理和运作。目前传统基金会有工作人员300多位,研究人员占了1/3。其中,并不全是全职工作人员,也有少部分兼职工作人员。每年都会有百余名志愿者加盟传统基金会成为其兼职工作人员。参与人员在传统基金会得到了锻炼,而基金会也节省了自身开支。

此外,和其他智库一样,传统基金会还聘请了各领域的权威专家来进行项目的跟进和指导,确保研究的科学性。传统基金会非常重视对储备人才的培养,每年会从各个国家的高校中挑选优秀学生作为储备人才加入基金会。

(三)研究特点与主要成就

传统基金会把其目标受众定位为国会议员,并想方设法让自己的思想传达到各个议员处。为了做到这一点,传统基金会非常注重与国会议员关系的维系,通过研讨会、定期与议员们的见面等保持与国会的密切联系,抓住其问题点进行决策对策研究,为其提供有价值的信息。此外,传统基金会还拥有众多的出版物:《政策研究丛书》、《政策评论》(现在已经易手交由胡佛研究所,成为胡佛研究所的出版物)、《国家安全记录》、《今日传统》月刊、《情况通报》、《背景情况》、《机构分析》、《传统讲稿》、《行政备忘录》等都是传统基金会比较核心的刊物。

十、美国进步研究中心(Center for American Progress,CAP)

(一)发展历史

美国进步研究中心,又名美国进步中心。其前身是成立于1989年的美国进步政策研究所。2003年,在约翰·波德斯塔领导下美国进步中心正式成立。美国进步研究中心目前的执行委员会成员有:执行总裁波德斯塔、执行副总裁沙拉·沃特尔、高级成员劳拉·尼古斯、联络部高级执行副总裁詹妮弗·帕米尔里和外联部高级执行副总裁威尼·斯培奇伯格。它是现今对美国外交政策影响比较突出的智库之一。

(二)研究特点与主要成就

美国进步研究中心的宗旨是促进美国发展成一个更强大、公正和自由的国家。其主要目标是:树立一个进步美国的长期远景,为激发进步观念和政策建议提供平台,对保守派的政策主张和说辞给予及时有效的反击并提供有思想深度的替代方案以及向美国公众传递进步信息。

美国进步研究中心常设的主要研究项目有美洲项目、商业领导促进明智预算分配项目、中东进步项目、进步研究项目等。

美国进步研究中心最不同于美国其他智库的特点就是会挑战传统认识,帮助推动有关重大议题的辩论,进而产生影响。建立并维护一个独特的由决策者、媒体和运动领导人组成的网络是该智库发挥影响的主要操作方式。

尽管美国进步研究中心一直以来标榜自己为无政治立场、无党派的研究机构,但是它被公认为是一家民主党智库。在对政府决策的影响力方面,美国进步研究中心的力量不容小觑。

■ 第五节 总结与评议

美国作为世界头号大国,其智库无论是在数量还是质量上都遥遥领先,智库发展模式已成为其他国家和地区模仿和学习的对象。美国智库是适应政治、经济、社会等各个方面变化的产物,是美国特定政治制度下的产物。安德鲁·里奇将智库定义为独立的、无利益诉求的非营利性组织,实际中美国智库大多也都以"中立的""超然的"独立组织来标榜自己。通过追求科学的组织方式和系统的分析方法,美国智库为政府部门提供计划、建议及方案等。大部分美国智库都与政府决策部门保持着密切的联系,对政府的政策拥有强大的影响力。虽然智库出售的仅仅是"思想"和"智慧",但其已成为独立于政府和利益集团之外的第三种力量。在强调客观中立性的同时,美国智库与政府的这种密切联系也有助于其自身的进一步发展。与政府保持一定程度的联系,使美国智库不仅能够得到不易获取的机密信息和资料,也有助于能随时了解政府面临的问题,有针对性地提出解决措施和方案,使其研究成果更具有现实价值和可操作性。特殊的"旋转门"机制也为美国智库注入了更多活力,通过汇集各个不同领域的专家和学者,吸取政界、金融界、企业界及学术界等不同社会阶层的力量,美国智库的影响力正在逐渐增加,这种影响力不仅体现在国内事务上,也体现在对国际问题的左右上。

美国智库可供借鉴的经验非常多,大致总结为几下几点:

第一,保持独立客观的研究态度。智库应是独立于政府与党派的中间组织,它为讨论各种不同意识形态的问题提供平台,智库专家自身可以有针对不同议题的多角度观点。但智库这个组织应当是保持中立的,只有这样,它的研究成果才具有可信性和可说服性。

第二,多源的资金支持。这一点也是基于智库对客观独立的追求上的,美国智库虽然有接受政府合同,但其大部分的资金支持还是来自社会不同力量的捐助,这就保证美国智库能不受任何单独资金来源的限制,更能在研究过程中保持中立态度。

第三,保持与政府的密切联系。虽然美国智库一直在强调自己的独立地位,但智库的最终目的就是通过输出其观点和思想来影响决策过程,所以与政府保持必要的联系是非常重要的。只有通过与政府的不断接触,了解政府内部的决策信息,才有助于智库产出更多具有现实意义的成果,才能够真正充当"知识与权力之间的桥梁"这一角色。

第四,科学的管理和合理的配置。像布鲁金斯学会、兰德公司这种大型智库,它们所从事的都是综合性的研究,所需要的人才也非常多样化,只有通过科学的管理和合理的配置,才能将人力和物力资源发挥出最大作用。

美国智库的不断发展和进化都深深地植根于其国内的政治经济环境,有其特殊性。但它的这些成功经验对于其他国家和地区来说仍具有很大的借鉴和参考价值,深刻分析美国智库的发展史和运作机制有利于其他国家和地区发展和完善自身的智囊机构。

第二章　美洲其他国家智库

美洲大部分国家的智库兴起于20世纪60年代，但是一直到20世纪90年代，智库才被决策者、研究机构、私营企业广泛认可，出现建设智库的热潮，智库的作用也逐渐被公众所知晓。美洲国家众多，发达大国和贫困小国的发展状况悬殊，它们的智库也良莠不齐，在数量和质量上都有很大差异。

美洲的地域主要有两种划分方法，一是以巴拿马运河为界，以北为北美洲，以南为南美洲；二是以美国和墨西哥边界为界，以北为北美洲，以南为拉丁美洲，这主要是以语言、经济、社会、人文、历史等方面来划分的。本章采用第二种划分方法介绍美洲的其他智库。

据《2017年全球智库报告》，美洲各个国家的智库数量分布不均，除去遥遥领先的美国，美洲国家和地区共有979个智库，阿根廷以146个智库的数量摘得桂冠，紧随其后的是加拿大（100个）、巴西（93个）、墨西哥（74个），这四个国家的智库总数占了美洲全部智库的近45%，而很多小国却仅有1个智库。

因前一章已经对美国作重点讨论，故本章主要分析美洲除美国以外的其他国家智库。本章将美洲智库划分为拉丁美洲智库和北美洲智库，从客观数据出发，归纳拉丁美洲、北美洲智库的发展现状和排名情况，并从历史、政治等角度切入，聚焦弥漫美洲的殖民、贫困、疾病等普遍社会问题，试图描绘这些智库的研究兴趣和组织架构的演变历程。

由于美洲国家众多，不可一概而论，故本章选取加拿大作为北美洲的代表，巴西作为拉丁美洲的代表，对两国的典型智库作重点梳理，可见一斑。

第一节 加拿大智库

北美洲位于西半球北部,是世界上经济最发达的大洲,同时北美洲的经济发展又十分不平衡,除了美国与加拿大两国为发达国家,其余的国家都为发展中国家,各国智库的发展情况差距比较大,不可一概而论。

加拿大是北美洲除了美国外智库总量最多、顶级智库成果最显著的国家。加拿大的历史特征决定了它的智库会与英美智库有相似性且交流较多,又由于政治体制和具体国情的差异,保留了很多本国特色。在美国,由于行政机构首长拥有一定的自由裁量权和人事任免权,智库的意见在很大程度上可以直接影响政府决策,而智库和政府间存在着交替式的人员流动。与美国相反,加拿大的议会制政体使政党在政策制定中发挥着更加强大的作用,这在一定程度上限制了智库的活动空间,智库只能通过有限的渠道对政策制定施加影响。

在加拿大,许多最初由政府部门建立的智库,为保证自身能够紧跟不断变化的政府政策,立场往往趋于中庸。加拿大的智库将自身看作政府的拥护者与合作者,因此它们注重自身的科学严谨性,但同时却也面临丧失活力的危险。

一、追本溯源:英美烙印与本国特色并存

加拿大位于北美洲最北端,地大物博,领土面积仅次俄罗斯,居世界第二,多数居民是欧洲移民的后代,其中英裔和法裔最多。加拿大历史上曾长期作为英国殖民地存在,从1763年《巴黎和约》的签订开始沦为殖民地,直到1982年正式独立,加拿大受到英国当局多年的长期管辖。20世纪20年代后,加拿大与美国经济往来愈加密切,因此它的国家建设、社会体制刻下了很深的英美烙印,受英美两国影响深远。

加拿大经济发达,政府运作透明化,社会福利完备,人民生活品质高,教育水平名列世界前茅。在此背景下,加拿大政府极为重视智库的作用,投放充足的资金和人力建设智库。因此,加拿大政府与智库关系密切,执政者重视智库的研究成果,愿意聆听并采纳智库的建议。加拿大与美国接壤,美国

十分重视与加拿大的外交关系,许多美国元首上任后的首访都选择加拿大,而加拿大也历来被视为美国的"后院",在教育和文化以及智库建设上加拿大既吸收了美国的精髓,又保留了自身的特色。

据多伦多大学 ShaunYoung 教授的观点,加拿大智库发展大致经历了四个阶段:1940 至 1944 年,是加拿大智库的萌芽阶段,但没有产生有影响的智库;1945 至 1970 年,智库数量有了很大增长,联邦政府和各省政府也开始对智库表现出兴趣,但此时的智库,大多数以国际关系和世界问题研究为主;1971 至 1989 年,智库研究开始关注国内问题,并出现了强调政治观点和倾向性的特点;1990 年至现在,智库向专业化发展,越来越有自己比较固定的研究重点和领域。

二、"量"高于"质":加拿大智库的发展现状

加拿大智库数量众多,《2017 年全球智库报告》显示,截至 2016 年,加拿大有 100 个智库,数量位居全球第十,对于 3000 多万的加拿大人口而言,可谓数量惊人①。

加拿大是一个移民国家,也是个多元文化社会,经济发达,国泰民安,良好的社会环境为多样化智库的出现提供了条件。

政府智库是加拿大最典型的一类智库。在美国,高度分散的政治制度及松散的政党制度为智库促成政治议程提供了空间。与美国相比,加拿大完全由私人发起的智库数量极其有限②,由于机制体制以及党政组织结构的限制,加拿大智库普遍遵循一个原则:尽量不与政府作对。他们在判断智库的意见的价值时,要先判定这些思想是否与其所在党派的利益方向、政策趋向一致。而能够发起政策研究与讨论的智库专家们几乎均来自政府自身或高级公务员。因此,真正能够对公共政策制定形成影响的也多是政府智库。

另一类典型的智库则是大学智库。加拿大的高校教育质量享誉世界,拥有世界一流的高校以及高水平的教授与科研人员,因此,扎根于大学的智

---

① McGann, J. G., 2017 *Global Go To Think Tank Index Report*, Philadelphia: The Lauder Institute, The University of Pennsylvania, 2018, p. 31.
② 参见 McGann, J. G., 2015 *Global Go To Think Tank Index Report*, Philadelphia: The Lauder Institute, The University of Pennsylvania, 2015, p. 31.

库也较多。如隶属于渥太华大学的科学、社会与政策研究所（Institute for Science, Society and Policy）、隶属于滑铁卢大学的国际治理创新研究中心（Centre for International Governance Innovation）等，加拿大近年新成立了不少大学智库，颇有方兴未艾之势。

除了以上两种典型智库外，加拿大还有倡导性的民间智库、政策俱乐部、政府的咨询部门等其他智库，这些智库规模较小，都或多或少地依赖政府。在资金来源上，多数智库由国家拨款资助；在人员安排上，很多政府官员或曾在政府供职的人员在智库中身居要职。例如，科学、社会与政策研究所的高级研究员麦奎格·詹斯顿（McCuaig-Johnston）曾为政府服务了37年，期间经常接待中国的访问团组。加拿大联邦政府预测与战略中心的保罗先生，他是该中心的资深研究员，也是负责人，还是联邦政府的官员。[1]纵观这100个智库，有跨领域的综合性组织，也有某些特定议题的专业型智库，且智库间、智库与政府、国内外专家、学者、专业机构组织间不乏密切合作，这使得加拿大智库拥有广泛的兴趣和丰富的研究议题，许多智库的严谨性和科学性得到保证，但同时智库观点的独立性也不可避免地受到损伤。

表 1.2.1　加拿大智库分类

类别	政策分析的形式	员工	研究成果	资金来源
不包括学生的高校智库	中长期的研究和分析	多数政策专家持有博士学位或其他高等学位，多数曾在政府供职	专注于著作论述、学术期刊和不定期论文	政府、慈善基金会、企业和个人捐助者
政府主导型智库	短期或中期的研究和分析	多数政策专家持有博士学位或其他高等学位，多数曾在政府或私营企业供职	技术报告和政府部门研究、会议文献	主要是政府和私企

---

[1] 参见杨国庆《加拿大智库及其运作》，载《学习时报》2014年4月7日。

续 表

类别	政策分析的形式	员工	研究成果	资金来源
政策倡导智库	短期或中期的研究,重点研究政策如何快速回应新情况	一些政策专家持有博士学位或其他高等学位,倾向于直接在大学聘用年轻员工	图书、文章、舆论杂志。重点制作分发给政策制定者和媒体的简报和备忘录	几乎不从政府获得资金,而是依靠慈善基金会、企业和个人捐助者
政策俱乐部	几乎不作政策研究和分析,专注于提供政策讨论的论坛	很少有博士学位的,一些员工有毕业证书,一些员工之前在政府工作	学术期刊、回忆文献	政府、企业和个人捐助者
政府委员会	政策研究和分析	多数员工都拥有高等学位	技术论文、报告、研究	政府

引用自章节 "Any Ideas? Think Tanks and Policy Analysis in Canada" ——DONALD E. ABELSON

根据《2017年全球智库报告》,进入报告列出的173所全球顶级智库排名的仅有2所,分别是排名21的弗雷泽研究所(Fraser Institute)和位列35的国际治理创新研究中心(Centre for International Governance Innovation)。[①] 由此可见,加拿大智库的数量虽多,但是质量却不能与之成正比。从地域分布上来看,弗雷泽研究所总部设在温哥华,在卡尔加里、多伦多、蒙特利尔设有分部。国际治理创新研究中心位于首都渥太华。可以说,加拿大的顶级智库基本集中于渥太华,其他的则位于多伦多、温哥华、蒙特利尔、卡尔加里等主要的大城市。其他经济落后的中小城市鲜有智库进驻。这种地域分布的不平衡导致了国家研究力量的不平衡。[②]

---

① 参见 McGann, J. G., 2017 *Global Go To Think Tank Index Report*, Philadelphia: The Lauder Institute, The University of Pennsylvania, 2018, pp. 62-66。
② 参见 McGann, J. G., 2015 *Global Go To Think Tank Index Report*, Philadelphia: The Lauder Institute, The University of Pennsylvania, 2015, pp. 49-52。

表 1.2.2 按成立时间次序排列的加拿大智库[1]

机构	地点	成立时间	员工数	预算（单位：百万美元）
Canadian Council on Social Development 加拿大社会发展委员会	渥太华	1920	24	1.5—3
Canadian Institute of International Affairs 加拿大国际事务研究所	多伦多	1928	9	0.5—1.5
Canadian Tax Foundation 加拿大税收基金会	多伦多	1945	27	3—5
Conference Board of Canada 加拿大议会委员	渥太华	1954	200	>30
Science Council of Canada (DEFUNCT)（figures for 1992） 加拿大科学理事会(已停止活动)(1992年数据)	渥太华	1963	29	2—5
Economic Council of Canada (DEFUNCT)（figures for 1992） 加拿大经济委员会(已停止活动)(1992年数据)	渥太华	1963	118	>10
Vanier Institute of the Family Vanier 家庭研究所	渥太华	1965	9	1
National Council of Welfare 全国福利委员会	渥太华	1968	5	<1
Parliamentary Centre 议会中心	渥太华	1968	24	1—2
Canada West Foundation 加拿大西基金会	卡尔加里	1971	13	1.5
Institute for Research on Public Policy 公共政策研究所	蒙特利尔	1972	19	2—3
C.D. Howe Institute C.D.豪氏研究所	多伦多	1973	13	1.5—3
The Fraser Institute 弗雷泽研究所	温哥华	1974	48	6—7
Canadian Institute of Strategic Studies 加拿大战略研究所	多伦多	1976	3	<1

[1] Abelson, Donald E., *Do Think Tanks Matter? Assessing the Impact of Public Policy Institutes*, Montreal and Kingston: McGill-Queen's University Press.

续 表

机构	地点	成立时间	员工数	预算（单位：百万美元）
The North-South Institute 南北研究所	渥太华	1976	20	1.5—3
Canadian Centre for Policy Alternatives 加拿大政策选择中心	渥太华	1980	20	0.5—1.5
Canadian Institute for International Peace and Security (DEFUNCT)(figures for 1992) 加拿大国际和平与安全研究所	渥太华	1984	12	5—10
Mackenzie Institute 麦肯齐研究所	多伦多	1986	3	<1
Public Policy Forum 公共政策论坛	渥太华	1986	26	3—4
Institute on Governance 治理研究所	渥太华	1990	15	1.5—3
Caledon Institute for Social Policy 卡里登社会政策研究所	渥太华	1992	5	1—2
Pearson-Shoyama Institute 皮尔森沙亚马研究所	渥太华	1993	2	<1
Canadian Policy Research Network 加拿大政策研究网络	渥太华	1994	29	4—5
Atlantic Institute for Market Studies 大西洋市场调查研究所	哈里法克斯	1994	8	<1
Canadian Council for International Peace and Security (formerly Canadian Centre for Global Security and Canadian Centre for Arms Control and Disarmament) 加拿大国际和平与安全理事会（原加拿大全球安全中心和加拿大军备控制和裁军中心）	渥太华	1995	3	<1
Canadian Centre for Foreign Policy Development 加拿大外交政策发展中心	渥太华	1996	6	2—5

三、角色多样：加拿大智库的运行特色

加拿大的智库之所以能够成为美洲智库的代表，和它对自身的严格要求是分不开的。同样也由于它扮演了多种正确的"角色"：专业主义的把关

人、"内外兼修"的合作者、层层评估的"挑刺者"、忠于政府的"拥护者"、疲于经费的"奔走者"等,加拿大智库每年都出品多种高质量的研究成果,政府的青睐有加和高校的优质学术资源保证了加拿大智库研究成果的高产出,培养了智库从业者对成果严格把关的专业主义精神,并且为智库之间合作铺设了便捷的桥梁。另一方面,由于智库从意识形态到研究经费对于政府高度依赖,也带来了一些议题偏向性、地域不平衡以及经费单一性等问题,从某种程度上抑制了它们的创新。

(一)专业主义的把关人

加拿大智库的规模普遍较小,但是研究领域十分专业化,加拿大智库饱满的专业主义精神让其拥有良好的公信力。在《2017年全球智库报告》中排到全球第21名的弗雷泽研究所是加拿大最好的智库,但是其聘用人才求质不求量,目前只有几十位员工。多伦多大学莫厄特中心(Wowat Centre)也制定了明确的发展战略,其中一个重要内容就是,只在擅长的领域发挥力量,不随意踏入不熟悉的领域,体现了严谨踏实的学风和求精求深的专业眼光。

(二)"内外兼修"的合作者

这些智库虽然自身人力、软硬件规模都一般,却最大化地利用了丰富的外界科研资源。智库与智库间往往不是独断而是紧密合作的,互相提供资源与帮助,更重要的是,智库能拓展与学界、业界的合作,雇用多样人才——有国内人才,也有国外人才;有来自政府部门,也有来自研究院校。它们所采取的合作方式也多种多样,包括建立委员会、实行顾问制、合作发表研究成果等。比如莫厄特中心不仅有一个30人的顾问团队,而且又成立了一个30人的编辑顾问团队。前者主要由高级政府雇员和企业家组成,对研究选项提出意见,后者则主要来自新闻出版界,为研究成果的传播出谋划策。①

(三)层层评估的"挑刺者"

加拿大智库普遍建立了严格完善的成果评估体系。贺维学会称,它们

---

① 参见许宝健《加拿大智库的特点及启示》,载《西部大开发》2015年2月。

的评估标准比学术期刊还要严格,会调动学界和业界合作评估,分别对其学理价值和实践价值给予评价,只有二者均通过的项目才会予以实施,这种模式的严格程度近乎"挑刺",想要通过层层评判的方案必须要进行严格的自我审核,力求做到完美。

(四)忠于政府的"拥护者"

加拿大智库与政府之间关系密切,它们提出的意见,在确定不违背政府利益之后,才能得到通过,政府智库和高校智库十分拥护政府,中小型民间智库也不例外。加拿大的联邦政府和地方政府间存在权利的冲突,很多权利被划分到了省政府,联邦政府无权过问一些事宜,[1]因此各地的智库也有地方性的特点,很多非营利、私人创办的智库虽然离公共政策很遥远,但是这些智库还是会配合当地政府,它们的功能多停留在宣传当地思想、教育当地公民上,并不能对公共政策产生决定性的作用。[2]这从某种程度上抑制了它们的进一步创新。

(五)疲于经费的"奔走者"

近年来,一些加拿大智库面临了发展的困境,有不少濒临关闭。2013年《全球智库报告》评出的加拿大和墨西哥顶级智库中排名第三的 North - South Institute 已于 2014 年 9 月 10 日宣告关闭,加拿大为数不多的非营利性农业智库乔治莫里斯中心(George Morris centre)也宣告即将关门,关闭的主要原因都是经费的短缺。以全球化治理为主要研究方向的国际治理创新研究中心刚刚成立时,相当一部分的启动资金来自联邦政府和安大略省政府。亚太基金会的原始资金 5000 万加元也全部来自联邦政府。但加拿大政府给予智库的科研经费十分有限,而很多智库并没有能开发出多样的资金来源,一些顶尖智库的负责人全年近一半的时间都在为拉拢赞助、基金而奔走。

四、加拿大智库名片

加拿大有两所智库进入 173 家全球顶级智库的名单,分别是排名 21

---

[1] 参见李雯《加拿大和美国智库的比较分析》,载《天津市社会主义学院学报》2014 年 3 期。
[2] 参见 OpenCanada.org 上的文章:Taylor Owen and Robert Muggah, *Better Think Tanks, Better Foreign Policy*, 2013,网址:https://www.opencanada.org/features/better-think-tanks-better-foreign-policy/。

的弗雷泽研究所和位列35的国际治理创新研究中心。面对美英和欧洲众多实力不容小觑的智库对手,这两家智库脱颖而出,相较2015年的17名和38名,二者今年的排名都有浮动。从成立之初,这两家智库就受到政府和学界的青睐,近年来它们的发展势头强劲,经营状况良好,研究成果丰硕。

(一)弗雷泽研究所(Fraser Institute,FI)

弗雷泽研究所成立于1974年,总部位于温哥华,同时在卡尔加里、多伦多、蒙特利尔设有分部。现任主席弗雷德·麦克马洪(Fred McMahon)于2012年上任,此前他是一名温哥华大学教授。作为独立于政府的非营利性智库,弗雷泽研究所一直遵循的宗旨是要让加拿大人民的生活离美好的目标越来越近,而离差的生活越来越远。

成立之初,弗雷泽研究所就确定并且坚定地贯彻"无党派、非政治"的独立性原则。1974年,它的创立者之一迈克尔·沃克从林业大亨麦克米伦-布勒德尔处获得财政支持,弗雷泽研究所的其他成立者担心这会导致中心的研究议程有偏向性,为了消除这种影响,他们便向外界宣告:它的研究重点将不受其出资者左右,而是由研究所的工作人员决定,工作人员将不会从事政治活动,而其结论也不会以任何形式偏袒任何政治或经济集团。

弗雷泽研究所秉承为人民创造更好生活的目标,政府的一切影响这一目标的政策,比如税收、健康、就业、教育、贸易、能源、矿产、环境、移民等,都是其关注和研究的领域。目前,该研究所的研究主题有"土著民政策""经济自由""教育政策""环境""政府花费和税收""医疗保险""劳动政策""城市地方政策""自然资源""退休和养老金""贫困和不平等""学校成绩单""贸易和美国关系""犯罪和毒品""民主管理""交通和基础设施建设""货币政策和银行业""移民"等,可以发现以上议题都是和人民福祉息息相关的。

弗雷泽研究所曾经做过关于"否定气候变化的危险"的研究,其员工和作家写签名信给政治领袖,并且撰写社论。弗雷泽研究所聘用了一些在气候研究方面专业的教授和作家来研究气候变化带来的一些广为流传的危险如物种灭绝，并且认为没有明确的证据证明人造二氧化碳对全球气候产生了影响，指明现用的气候变化模型的科学局限性。他们的研究成果为研究所带来了资助，根据弗雷泽研究所的年度报表，埃克森美孚公司在2003至2004年向该研究捐款了12万美元。

弗雷泽研究所约有50位员工，而专职研究人员只有约20人。虽然规模很小，但弗雷泽研究所之所以能成为加拿大最好的智库，是因为它充分利用了外部资源。除这些员工之外，该研究所还有几十位外部合作专家，全部是大学教授，这些教授遍布加拿大各大城市，研究领域各有所长，还包含了诺贝尔奖获得者，同时还有近百家的合作研究机构分布在世界各地，弗雷泽研究所统筹并划分这些资源，使之能最大程度为自己所用，这些合作研究产生的丰富成果扩大了研究所的知名度和影响力。

弗雷泽研究所将"沟通"作为智库使命的核心，它一直十分重视与媒体建立良好关系。全球媒体对弗雷泽的报道已连续多年保持增长。同时，其网站每年有350万的点击率，相当于加拿大全国网站点击量的20%。弗雷泽研究所之所以能成为公关能手，是因为它注重形式的包装和表达的多样化，弗雷泽研究所发布的《全球经济的自由化》报告，是与世界80多家智库合作的成果，已在多个国家出版，在中国出版时名为《世界经济的市场化》。为了更好地宣传这份报告，弗雷泽研究所的员工还以同样的主题拍摄了一部电影，通过可视化的表现大大增加了成果的趣味性，提升了用户的视听体验，电影的形式也更便于与媒体合作以及宣传推广。

（二）国际治理创新研究中心（Centre for International Governance Innovation，CIGI）

国际治理创新研究中心成立于2001年，位于安大略省滑铁卢市，隶属于滑铁卢大学，是一家典型的高效独立的非盈利智库。中心原名为新经济研究所（New Economy Institute），后为突出以研究国际治理为己任于2002年更名。从它的名字就可以看出，国际化是其第一特点。

国际治理创新研究中心致力于积极研究和参与全球化治理，以加拿大为出发点研究全球发展相关政策，探讨全球治理中出现的问题，主要研究国际经济、国际安全与政治、国际法律方向。该中心研究的全球问题有全球互联网治理、破产负债问题、知识产权保护问题等,它通过多种途径参与国际化治理。

首先,以精英团队为核心建立人际网络。在该中心的研究团队中,既有曾经从事经济、法律工作的佼佼者,也有来自各个领域的国际精英。更重要的是,这些精英还主动建立联系网络,和全球的同行精英们保持联系,保证在第一时间获知业内重大信息,利用这个联系网络,也可以很快将该中心的最新研究成果发布、宣传出去。

其次,建立良好的国际化网络,选择全球的伙伴。该中心与国际著名智库美国彼得森研究所、英国皇家研究院等都建立了联系。而在经济领域,该中心正在与中国社会科学院合作。

再次,建立世界知名机构网络。积极参与并与世界经济论坛、国际货币基金组织以及G20、G8等形成合作,随着该中心实力的增长,其在这些组织的话语权越来越大,受到更多的重视。

最后,绘制会议网络等。随着国际影响力的提升,该中心被国际知名会议邀请的机会越来越多,该中心对此也采取非常积极的态度,提交研究报告,精心准备展示,进行精彩的演讲,一向善于处理与媒体的关系的国际治理创新研究中心正吸引着更多的国际媒体关注。[1]

五、总结与评议

加拿大智库有着专业精神,这不仅体现在它们精益求精的研究上,更体现在对研究成果近乎苛刻的评估上,这种严谨踏实的作风保证了加拿大智库出产精品的数量和速度。

加拿大智库还善于利用媒体宣传和包装自己。加拿大智库与政府、媒体都保持着良好的关系,并且由于相对缺乏经费,许多智库得到的国家资助有限,这更加培养了它们利用媒体宣传和包装自己的能力。从传播效果来说,它们寻求丰富的表现手法并灵活使用交互媒体等形式,使这些智库专家们则从与世隔绝的学者变身八面玲珑的"传道者"。

---

[1] 参见许宝健《国际视野体现在参与全球治理》,载《中国经济时报》2014年9月24日。

加拿大智库在重视国内合作的同时,也努力迈向国际化。智库中的员工综合素质高,很多人都是研究、公关、拉赞助的多面手。一些加拿大智库虽然规模小,但人员精干,能成功跻身在世界智库排名前列,依靠的就是这种优秀的综合能力和团队配合,也成就了加拿大独特的"小而精"智库风格。

第二节　巴西智库

不同于加拿大,位于拉丁美洲的巴西是个发展中国家,曾长期受到葡萄牙的殖民统治,独立相对较晚,和美、加的经济发展水平差距很大。在先天不足的条件下,今天的巴西智库成就卓越主要得益于政府的重视。面对复杂的国情,巴西的施政者必须与智库协同合作来解决国内的多重问题。当前巴西智库正处于快速发展时期,智库的数量急速增长,政府给予巴西智库充分的自主权,使其能够独立研究与自主决策,充分展现出创新精神。

一、拉丁美洲智库

拉丁美洲涵盖了美洲除美国和加拿大外的主要国家和地区,共有34个国家和地区。除此之外,还包括美、英、法、荷统治下的10多个殖民地。拉美国家智库多出现于20世纪60年代,这些国家很多曾是英法等国家的殖民地,面临复杂的发展和社会问题,拉美智库也有着独特的历史特征。由于门罗主义和地缘政治等原因,拉美历来被美国视为"后院",出于对地理位置以及战略地位的考量,拉美智库乐意与美国众多顶级智库建立合作关系,形成国际智库网络,拉美智库的发展正引起全球学者的广泛关注。[①]

表 1.2.3　基于智库数量的国家和地区排名

排名	国家	智库数量
1	美国	1872
2	中国	512

---

① 参见中国社会科学院拉丁美洲研究所《全球拉美研究智库概览》,当代世界出版社2012年版,第2页。

续表

排名	国家	智库数量
3	英国	444
4	印度	293
5	德国	225
6	法国	197
7	阿根廷	146
8	日本	116
9	俄罗斯	103
10	加拿大	100
11	巴西	93
12	南非	92
13	瑞典	89
T—14	荷兰	76
T—14	瑞士	76
16	墨西哥	74
17	奥地利	68
18	以色列	67
19	玻利维亚	66
20	伊朗	64

资料来源：《2017年全球智库报告》

根据《2017年全球智库报告》，在"智库数量最多的国家排名"中，美国位居第一，拉美有4个国家榜上有名：排名第7的阿根廷有146个智库，排名第11的巴西有93个智库，排名第16的墨西哥有74个智库，排名第19的玻利维亚有66个智库。

在中南美洲前50名的智库中，巴西和阿根廷各占了8家，智利有5家，三个国家的顶尖智库占了前50名智库的42%，可见拉美智库之间实力悬殊之大。

拉美国家的智库出现于20世纪60年代独裁政府时期。那时，拉美一些著名学者的政治道路不尽如人意,于是便转向了智库工作,先后创立了一批早期拉美智库。这些智库为知识分子提供了防空洞,给予他们精钻学术、潜心科研的场所。

拉美国家智库参与政府决策的过程可分为五个阶段:一是发现问题和介入公共议程,二是政策设计,三是进行决策,四是执行决策,五是对公共政策可持续性的评估与监测。① 由于拉美国家的贫困、疾病等社会问题普遍,多数拉美智库都把研究目光投向社会治理和经济振兴上来,这些议题也得到了政府和广大民众的支持与认可。

二、巴西智库的发展历程

巴西的国情较为复杂,曾经是葡萄牙殖民地,独立后南部居民多有欧洲血统,而北部和东北部的部分居民是土著,东南地区主要有白人(主要是葡萄牙后裔和意大利后裔)混血人、非洲巴西混血以及亚洲和印第安人后代,种族和文化差异显著。要管理如此复杂的情况,巴西政府面临很大挑战。十年前,巴西还只被看做是一个大宗商品生产企业的投资地,如今,巴西内需增长强劲,有着庞大的中产阶级和进口规模,外国直接投资大量流向大宗商品和制造业企业,是全世界重要的大型出口目的地。② 当今巴西正处于飞速发展时期,是全世界最重要的发展中国家之一,面对如此复杂的经济、文化、政治格局,政府格外需要智库的智力、人才支持,因此施政者十分愿意慷慨相助,资助智库的研究。

巴西智库是典型的拉美智库,从 20 世纪 40 年代开始,巴西智库参与国家政策的制定与执行。早期的巴西智库有成立于 1944 年的巴西瓦加斯基金会(Fundacao Getulio Vargas)、成立于 1964 年的巴西应用经济研究所(Institute of Applied Economic Research)等。同大部分拉美国家一样,智库在巴西的蓬勃发展始于 20 世纪 60 年代,在当时,这些智库主要是由被独裁政府驱逐的大学教授所创立,然而巴西智库进入人民生活并被国内公众熟知则是在 21 世纪以后了。

---

① 参见中国社会科学院拉丁美洲研究所《全球拉美研究智库概览》,当代世界出版社 2012 年版,第 2 页。
② 参见张宇燕、何帆、张斌《全球智库观点》(一),社会科学出版社 2013 年版,第 9 页。

三、巴西智库的发展现状及影响

据《2017年全球智库报告》数据,巴西共有93家智库,数量居全球第11位。在全球前150家智库(不含美国)中,巴西共有2家在列:排名第7位的热图里奥·瓦加斯基金会和排名第45位的巴西国际问题研究中心。在"中南美洲前50顶级智库"中,巴西有8个智库进入了该排名,约占巴西智库总数量的9%。[①]

巴西正在经历由传统社会向现代社会的转型时期,巴西作为民族大熔炉,有来自欧洲、非洲、亚洲等地区的移民,种族和文化差异显著。巴西拥有丰富的自然资源和坚实的工业基础,国内生产总值居南美洲第一,近年来正在经历由传统社会向现代社会的转型。面对复杂的国情,巴西的施政者想要解决国内多重问题,急需智库的智力支撑。当前巴西智库正处于快速发展时期,在国家事务中,巴西智库扮演的角色越发重要,智库的发展得到了政府和社会广泛的认可与支持。

巴西智库的类型及起源颇为复杂,目前认可较多的是巴西里约热内卢联邦农业大学教授 Tatiana Teixeira da Silva 对巴西智库的划分,共分为四大类:大学智库、党派智库、官方智库和独立智库。[②] 在巴西,以上智库之间并不是彼此隔绝的,而是互相交织、充分交流的,形成了一张彼此相连的"智库网"。巴西智库的职能划分多样,有从事科研、教学或咨询的,也有兼具三项职能的。各类智库之间既有员工的交叉培养和交流,也有项目和课题的合作。

(一)大学智库

虽然巴西的教育并不是一流的,但是大学智库在巴西比较普遍,典型的如瓦加斯基金会、圣保罗大学、里约天主教大学、坎皮纳斯州立大学、里约联邦大学等,它们形成于"二战"结束后到20世纪60年代,深受"科学政府"这一理念的影响。

[①] 参见 McGann, J. G., 2017 *Global Go To Think Tank Index Report*, Philadelphia: The Lauder Institute, The University of Pennsylvania, 2018, p.59。
[②] 王佩亨:《海外智库——世界主要国家智库考察报告》,中国财政经济出版社2014年版,第7页。

（二）党派智库

党派智库或依附于政治权威，包括曾经由总统命名的卢拉研究所、卡多佐研究所等，或依附于一些政党，如巴西社会民主党的 Teotonio Vilela 基金会、劳工民主党的 Leonel Brizola 基金会、劳工党的 Perceu Abrabmo 基金会等。这些智库主要成立于 20 世纪 90 年代，政治家通过资助这些智库宣扬其政治理念，研究政治问题，满足政治需要。

（三）官方智库

如巴西应用经济研究所（Instituto de Pesquisa Economica Aplicada）等政府智库，成立于巴西之前的独裁政府时期，那时当局试图将其政策和执政行为用文本的、有保障的东西固定下来，使其合法化，因此建立了官方智库，希望通过智库的理性探讨、理论探索实现行政目的。

（四）独立智库

巴西的这类智库成立于两个时期，第一个时期是 20 世纪六七十年代的独裁政府时期，私营部门为了表达他们的意志而成立了一些智库；第二个时期是 20 世纪 90 年代，在思想自由化、政府现代化和机构精简的背景之下，一些智库应运而生，它们主要对公共政策进行研究和讨论，这类智库有整合与发展研究中心、国际关系研究中心、巴西计划分析研究中心等。

四、巴西智库的运行机制和特点

作为一个实施联邦制共和国体制的国家，巴西遵从着以联邦政府为最高领导，同时各洲享有充分权力的原则，多样的民族文化、复杂的社会问题使得巴西格外懂得如何在错综的背景下实现协调合作，与别国智库相较，巴西智库拥有较充分的自主权，能够独立运行，同时，智库之间、智库与决策者之间、智库与私营机构之间能够自由地交流与合作。巴西的经济总量约占拉美的 1/3。作为拉美的最大经济体，巴西智库主要关注本国经济和社会发展问题，近年来巴西的经济增速放缓也给巴西智库带来了新的议题和挑战。

（一）不同类型巴西智库与决策层的联系紧密度差异大

巴西智库中的"官方智库"和"党派智库"常常涉足政策制定与执行，政治家与官员经常与这两类智库保持联系，除此之外，其他大部分巴西智库均缺乏与执政者的有效沟通。

某些著名高等学府的智库负责人或教授曾经可能也正在政府中供职，这就造成了一个现象：政府官员可能同时也涉足学术界。执政者采用何方意见，往往不单是看智库的科研能力和成果质量如何，人际关系也是重要因素。通常，如果智库的研究人员与政策制定者有着或直接或间接的关系，那么这些智库的研究成果有很大机会能成为政治家治国理政、制定政策法律的重要意见。而这种人际关系主导的政策制定模式并不只在巴西有，在整个拉丁美洲都是普遍的。

巴西智库的数量较多，但是高品质的智库屈指可数，许多小型智库专注于自身事务，缺乏与决策层之间的交流或沟通机制。许多智库内部没有成立专门的外联公关团队，没有专门负责联系政府官员的人员，人力资源的配置较混乱。

（二）研究兴趣多集中于国内议题

巴西社会正处于高速发展阶段，该国的智库也更多地为本国的施政者提供帮助，对于国际事务研究领域的涉猎相对较少。2014年《全球智库报告》的数据显示，在顶级的国家经济政策智库、国防和国家安全型智库、对外政策和国际事务智库、社会政策智库排名中，巴西均有至少2所智库进入排名，这些议题都具有明显的国别性质，但是在能源、环境、科技等更具"国际性"的议题的顶级智库排名中，却没有出现任何一家巴西智库。

由此可见，促进巴西本国的社会进步、经济发展，提高国家执政水平是巴西智库的重要研究议题。巴西排名最前、实力最强的智库瓦加斯基金会就是个典型的经济助推器，瓦加斯基金会曾协助巴西政府制定了扶贫计划、减少和消灭外贸逆差计划等政策，使巴西贫困人口减少、外贸逆差大幅度下降，在解决本国特有的经济难题、推动国家经济发展上扮演了重要的角色。

（三）构建"智库集群"

巴西的智库之间联系密切，合作频繁，形成了有本国特色的"智库集群"。智库之间的交流，不仅仅局限于研究成果共享，还注重交流人员管理、学术风格、研究方法等多方面的成功经验，取长补短。既鼓励吸引具有海外背景的专业领域人才,又鼓励培养有多门学科背景的复合型、融合型研究专员,形成了智库之间彼此联通的研究网络。如巴西应用经济研究所(IPEA)发起成立的"国家研究网络",巴西的一些重要研究院、学术机构都是其成员,每年 IPEA 都为其工作人员和学生提供奖学金,让他们能在合适的领域发挥才能,为国家作出贡献。①

(四)经费机制多样化

作为领跑拉丁美洲智库的国家,巴西有着多样化的历史和民族背景,加上近年来巴西社会和经济的转型,复杂的国情使巴西产生了对智库的急切需要和深度依赖,也为巴西智库茁壮成长提供了便利。政府、高校、民间大力支持巴西智库发展,巴西的智库迎来了春天。

1. 政府的资助

巴西政府大力保障智库经费,给予官方智库充足的经费,保证智库能够最优化地调用各方社会精英力量参与智库的目标讨论、战略制定、人力调配、程序执行等多个环节,对于民间智库,巴西政府规定,凡是捐助民间智库的,无论个人还是团体机构,捐助款项均免税。

政府对智库的赞助并不是没有偏向的,一般大学智库更能得到政府资金的青睐。这些智库在大学中成立,有着多方面资源优势:科研水平高;实验室、图书馆、历史馆等软硬件资源完备;人力资源丰富,方便调动本校各专业各领域的优秀学生教师参与研究;高校尤其是公立高校具有一定的公共性,乐意按照政府规定的课题方向开展研究。而一些独立智库则没有大学智库得天独厚的优势,一般很难得到政府的资金扶持。

2. 私营机构和个人的资助

巴西政府对于资助民间智库的费用免税的规定鼓励了一些私营机构和个人资助智库。然而,这种资助程度并无法满足民间智库的需求。首先,私营机构对智库的资助一般是有目的性的,或要求智库宣传它的企业文化,或为其新产品进行推广,单纯的科研资金支持并不常见。其次,就个人层面而言,在巴西市民的观念中,科研对于改善国计民生的作用并不直接和显著,

---

① 参见徐世澄《巴西主要智库概览》,载《秘书工作》2015 年第 4 期。

智库的重要性还没能被公民普遍意识到。最后,有资助行为的个人多倾向选择赞助研究社会问题或环境方面的智库,因这些问题与他们自身有较为密切的关系,但是对于其他更加有学理性或者国际视野的议题,民众很少感兴趣。而与此相比,西方发达国家无论是团体还是个人对于资助智库研究的意愿都是较强烈的,这与社会的整体发展程度有关,想要达到这样的层次,巴西还有很长的路要走。

3. 海外机构的资助

相对于企业和个人的资助,海外机构的资助是巴西的独立智库更仰仗的。巴西作为飞速发展的拉美第一经济体,正聚集越来越多的国际目光,这些海外机构资助的研究都是一些国际性的议题,只要与其研究议题相关的智库都更容易地获得资助。因此,海外机构的资助是巴西不少独立型中小智库生存的重要来源,许多中小型智库会积极地开展对外联络工作。

五、巴西智库的特点

巴西的特殊国情导致了该国智库的独特运行机制,并具备一些鲜明的特点,例如拥有比其他国家智库更大的决策自主权,重视国外投资者和外来交流者,与政府良性互动,智库之间紧密合作。而由于智库关注议题和分布地域上的差异性,也带来了一些难以解决的问题。

(一)独立性

在人们的印象中,党派智库和官方智库等与政府联系紧密的研究机构往往受政府的主导,缺乏独立的开拓精神,但是这种情况在巴西智库中并不存在。在巴西,这类智库保持了高度的独立性。即使在独裁政府时期,政府仍然尽量不干涉智库的独立研究与自主决策。相比之下,一些小型智库往往会为了生存而迎合出资方的需要,独立性不强,研究结果对于决策层的参考意义十分有限。①

(二)开放性

上文提到,有相当一部分巴西智库得到了国际机构的资助,它们十分重

---

① 参见王佩亨《海外智库——世界主要国家智库考察报告》,中国财政经济出版社2014年版,第7页。

视对国外资源的利用与国外经验的学习,这些智库会参与国外及全球性研究项目,邀请国外专家来巴西做学术交流,与海外智库共建研究网络等。近年来,巴西更加注重倾听世界的声音,国际性智库明显增多。如成立于2010年的"巴西金砖国家政策中心",其主要任务是增进对金砖国家国情与政策的了解,进而更好地参与合作,制定合作议程,完善本国政策。

(三) 参与性

由于巴西政府对智库地位的尊重和建议的重视,巴西智库成为巴西学术机构、私营企业、社会公众参与国家政治的一个重要方式。尤其是在社会政策和经济政策方面,政府智库和民间智库都广泛参与,出谋划策。巴西的一些智库与政府关系密切,政府在碰到难题时会与智库合作,形成良性互动,从而得到政府的认可和资助。

(四) 合作性

巴西智库之间保持紧密的交流与合作,构建了巴西特有的智库集群,重视通过讲座、会议、媒体、公开出版物、学术论文、简报发表对热点事务的看法,吸引社会各界的关注。巴西官方智库与民间智库通过参与共同课题开展合作,与此同时,官方智库帮助民间智库进行资源整合和研究优化。

(五) 倾向性

作为官僚气息浓厚的国家,促进巴西本国的社会进步、经济发展及提高国家执政水平是巴西智库的重要研究议题,巴西从事智库研究的议题偏向于国内社会问题,与本国社会环境息息相关的农业、生态、传染病等问题受到偏爱,而对国际性、科学性的议题的关注还有待提高。

(六) 差异性

巴西富裕的南部和贫困的北部不仅在经济发展上差距较大,在科学研究上也较大。目前,巴西大部分的研究机构都设在东南部,顶级智库的总部几乎均在里约热内卢、圣保罗、巴西利亚这些发达城市,分部也主要在东南城市。而北部的研究水平严重落后,需要政府给予更多的政策支持来填补差距。

六、巴西智库名片

尽管巴西智库仍然存在议题的偏向性和地区的差异性等问题,但是从近年的发展趋势来看,巴西智库发展势头强劲,巴西智库正处于"黄金时代",数量急速增长,智库出品的作品质量也不断提高。

巴西智库近年来如雨后春笋般出现,在2015年短短一年的时间里就新增了7家智库。他们研究新问题,满足新需求,新增智库和老牌智库齐头并进,正在努力朝着更好的方向发展。然而大小智库、新老智库之间的发展差距还比较大,得到的资源也明显失衡。巴西最优秀的智库还是历史悠久的老牌智库,它们不仅显示出雄厚的研究积淀,而且更能够与时俱进,历久弥新。其中成立于1944年的瓦加斯基金会和成立于1964年的巴西应用经济研究所是巴西最出名的两家老牌智库。其中最优秀的属瓦加斯基金会,既是巴西排名最前的智库,还名列美洲除美国以外所有国家智库中的第一名。而应用经济研究所作为巴西的总统智库,对于政策的咨询起着重要作用。

(一) 瓦加斯基金会 (Fundacao Getulio Vargas, FGV)

瓦加斯基金会成立于1944年12月20日①,由巴西原总统热图利奥·瓦加斯创立,是巴西最大的私营智库,也是巴西最负盛名的智库,在《2017年全球智库报告》的全球智库排名中,瓦加斯基金会名列第7位,瓦加斯基金会既是巴西排名最前的智库,也是中南美洲的最佳智库,并且一直保持着良好的发展势头。总部设在里约热内卢,在圣保罗和首都巴西利亚都设有分支机构。

瓦加斯基金会是一家综合型的大型智库,它的影响力渗透到巴西的各个领域,其主要活动包括三类:高等教育、公共政策研究和技术援助项目实施。瓦加斯基金会的使命是:"通过思想、数据、信息的生产、传播、维护和组合来拓展社会科学和相关领域知识的疆域,以此提升国家社会和经济发展,提高国民道德水平,建立责任政府,以此提升国家的国际地位。"研究领域广泛覆盖经济学、管理与组织、体制、政策与政府、社会学、社会政策、法律、公共政策、应用数学研究等。在巴西国内,基金会与政府、企业界、学术界和一些非政府组织都建立起密切的联系,其中包括教育部、财政部、淡水河谷公司、巴西石油公司、里约天主教大学、圣保罗大学等机构。在国际上,瓦加斯基金会与全球近百家机构建立合作,包括哈佛大学、芝加哥大学、曼彻斯特

---

① 参见热图利奥·瓦加斯基金会官网:http://www.fgv.br。

大学、欧洲管理学院、MBA 协会等。

1944 到 1988 年间,瓦加斯基金会的主要任务是职业教育和基础研究。后来,巴西进行现代化改革,瓦加斯基金会也紧随其后于 1989 年进行改制,由公立机构改制为非营利性的私立机构,逐步发展成为以高等教育、公共政策研究和技术援助为主要活动的世界著名智库。

该智库最关注经济议题,在巴西经济发展进程中发挥了重要作用。瓦加斯基金会自 1947 年起开始编制巴西的价格指数,1951 年巴西经济研究所成立后,这项工作全部由该研究所承担。目前,巴西经济研究所的价格指数分为 5 大类,即通用价格指数、农产品价格指数、房地产景气指数、行业指数、价格和成本指数,为企业、投资者和研究者提供了经济评判、参考的标准,成为巴西政策制定者的重要依据。① 巴西第一个国内生产总值的数据就来自基金会的巴西经济研究所,该研究所的数据管理室每月发布 30 多万种有关巴西的价格和原始经济数据,包括消费者价格指数和消费者信心指数。瓦加斯基金会的研究成果为国家经济的调控、政策的制定贡献了很大力量。

(二)巴西应用经济研究所(Instituto de Pesquisa Economica Aplicada,IPEA)

巴西应用经济研究所成立于 1964 年,1967 年归属于巴西国家计划部,现在直属巴西总统府领导,是巴西总统府智库也是巴西最重要和最大的政府智库,总部设在首都巴西利亚,在里约热内卢、若昂佩索拉、库里提巴和贝伦等地区设有分部,于 2010 年在委内瑞拉的加拉加斯和安哥拉的卢安达分别设立了分支。巴西应用经济研究所致力于为巴西政府制定公共政策和发展计划提供咨询,同时将研究成果以各种方式发放给公众。

该所的目标是生产和传播知识,提高巴西的公共政策质量,为巴西的发展规划贡献智慧,并通过以下方式来实现:应用研究成果的发布,协助编制政府计划、政策和项目,参与政府部门决策,培训合格的公共管理专业人员,与政府部门和国际组织合作,加强与联邦政府有关机构的合作,参与当前国际上对政府规划和经济发展的讨论,加强自身人员素质、内部管理、公共关系

---

① 参见徐世澄《巴西主要智库概览》,载《秘书工作》2015 年第 4 期。

等。该研究所与联合国拉丁美洲和加勒比经济委员会、美洲开发银行、中国国务院发展研究中心、韩国发展研究所、日本发展经济研究所等保持合作关系。

在巴西应用经济研究所的发展历程中,政府始终给予其研究以很大的自主性。研究所招募的人才甚至会包括一些与政府意见不一的左派知识分子。为了国家经济的长期稳定,政府对于巴西应用经济研究所的研究干涉较少,但对于巴西应用经济研究所的研究成果十分重视。巴西应用经济研究所发起成立了"国家研究网络",成员有巴西重要的学术和研究机构。巴西应用经济研究所根据协议,每年以奖学金的形式资助其部分研究项目,吸引优秀研究和技术人员,奖学金还被授予为研究作出贡献的本科生、研究生、博士生,在国家的大力支持下,资金逐年增长。

七、总结与评议

巴西智库的成功经验可以总结为以下几点:

第一,巴西智库富有独立精神。政府不多加干涉其研究项目并且给予经济支持和税收照顾,这为巴西智库的蓬勃发展创造了条件。巴西智库敢于独创地提出构思,冲破现有的政策禁锢,在人才任用上摒弃政治立场,唯才是举。

第二,巴西智库保持独立的同时还重视多方面合作。不仅重视本国智库间的交流,构成"智库集群",还十分注重学习国际管理经验,引进国际资源,参加国际合作项目,对来自国外的赞助抱欢迎与开放的态度,这种"独立基础上的合作"保证了其源源不断的科研能量和旺盛的生命力。

第三,在研究选题上,巴西智库紧紧围绕经济社会发展的关键领域开展学术研究。瓦加斯基金会、巴西应用经济研究所将引导巴西经济社会发展、提高政策质量作为自己的重要使命之一,使自己成为执政者制定政策的重要依靠和来源。同时,近年来巴西积极探索外部经济空间,巴西金砖国家政策中心积极探索与金砖国家的经济合作,并借此解决巴西国内的社会问题。巴西智库还注重将研究成果及时地用于人才培养和高等教育上,如瓦加斯基金会率先开设公共管理和企业管理的本科生、研究生、博士生课程;巴西应用经济研究所设立奖学金,选拔优秀人才,给予优厚津贴和多项奖励,并且透明化运行,这保证了巴西多家智库能够在全球智库中名列前茅。

欧洲篇

历久弥新　寻求突破

智库,由早期的决策咨询业衍生而来。一般认为咨询业起源于19世纪的英国,之后几经兴衰浮沉,才产生了当下各种不同类型的咨询机构。欧洲决策咨询业的发展经历了三个历史阶段,并在20世纪50年代以前几乎处于世界领先水平。其后虽然一度发展相对滞后,但随着欧洲在当今世界经济、政治中的作用和地位不断增强,促使其决策咨询业在全世界范围内的竞争力日益提高。现在欧洲的决策咨询业形成了以英、法、德为中心,其他西欧发达国家紧追其后的发展新格局。

自20世纪70年代开始,全世界智库迎来了蓬勃发展的新时期,欧洲智库当然也不例外,走向了发展最为迅猛的重要阶段,大约有一半的欧洲智库是在这期间成立的。因为欧洲范围内国家众多且大多都为发达国家,所以从整体上看,欧洲的智库实力在全世界仅次于智库强国——美国。欧洲智库各有千秋,每个国家都呈现出与众不同的优势与特色。

第一章　中欧与西欧智库

纵观欧洲智库,中欧和西欧智库的表现的确令人印象深刻。西欧拥有不少蜚声全球的优秀智库;中欧智库的整体发展略逊于西欧,但德国智库在"二战"后迅速崛起,隐隐显现出超越底蕴雄厚的英国智库的势头。

■ 第一节　党性鲜明:历史悠久的英国智库

在英国,智库指的是那些除了政府之外,从事政治、经济、外交等多学科研究的非营利性的团体、组织和机构,其主要职能是为政府、党派或大型企业公司的决策提供思想、策略方面的支持。英国智库有着悠久的发展历程,其繁荣程度仅次于美国。

一、英国智库的发展历史

英国是一个老牌的工业国家,其智库发展亦伴随着工业革命前进的脚步。如今的英国毫无疑问是一个"智库强国",无论在质量还是数量上都位于世界前列,已然形成了一个大规模的成熟的智库体系。

(一)英国智库的起源

欧洲智库几乎与工业革命同时发展起来,并且最先在英国出现。19世纪末在英国建立的费边社(Fabian Society)一般被认为是现代智库的雏形,同时它也是欧洲历史上最著名的智库之一。费边社的名称来源于古罗马统帅 Q. 费边,其缓进待机的策略思维在这里得到了继承。它由英国一些激进的资产阶级知识分子于 1884 年在伦敦成立,以推进社会的渐进式改革为目标。

第一次世界大战结束以后,各种复杂的社会矛盾和社会问题在西方国家频繁爆发,对政府的内政外交提出了空前的挑战,仅靠政府自身形成策略来服务公众已经难以得到满意和认同,因此需要西方国家的政府向更专业、更系统的智库寻求智力上的帮助和支持。在这样的时代背景下,英国于1920年成立了政府的智库——英国皇家国际事务研究所。它作为现代智库的起源,亦是当今英国在国际舞台上最具影响力的智库之一。

(二)英国智库的主要发展阶段

站在历史的角度去看,英国最早具备智库研究特点的组织是1884年成立的费边社。从那时起,英国智库的发展经历了三次浪潮,形成了其发展的三个不同阶段。众所周知,英国智库具有鲜明的党派倾向特征,而其中最具英国特色的政党依附型智库主要是在第二次浪潮中发展起来的。

第一次世界大战结束后,由于国家和政府对于外交和经济战略决策的需求大大增加,英国智库迎来了第一次发展浪潮。1920年,英国第一家真正意义上的现代智库——查塔姆学会——成立。十多年后,受到华尔街经济危机带来的消极影响,政治与经济规划委员会(Political and Economic Planning)和国家经济与社会研究所(National Institute of Economic and Social Research)相继建成。这一时期的英国智库,坚持独立和理性的研究,同时拒绝党派和意识形态的束缚,坚持致力于为政府决策者提供一切合理有效的政策和建议,为公共政策服务。

第二次世界大战后至20世纪80年代,为了迎合政党竞争和冷战时期意识形态宣传的需要,出现了英国智库发展的第二次浪潮。这一时期先是出现了一大批右翼智库,如经济事务研究所、政策研究中心、亚当·斯密研究所。这批智库主张回归经济自由主义和"小政府",它们与保守党关系密切,为保守党的执政提供了帮助。为与右翼政党相抗衡,工党在1988年成立了左翼智库公共政策研究所,致力于扩大左翼思潮的影响力。公共政策研究所的主要任务是促进工党的现代化转变并在人民大众中宣传左翼思潮。这一时期为英国智库强烈的党派倾向性画上了浓墨重彩的一笔。

英国智库发展的第三次浪潮,是对第二次浪潮造成的意识形态严重分歧的一场深刻反思。这一时期成立的著名智库主要有狄莫斯(Demos)和社会市场基金会（Social Market Foundation）。它们没有意识形态使命的约束，与政府保持着若即若离的关系。例如狄莫斯的宗旨便是"超越党派、意识形态和学科界限，创造开放的知识和学习"，其研究范围也主要集中在民主、学习、企业、全球化和生活质量改进等方面。而社会市场基金会则声称要同时拥抱左和右，既支持社会主义思想，也拥护社会市场经济。①

另外，英国智库研究学者安德鲁·德纳姆在《英国智库与舆情》一书中也提出过相关论断，他指出英国智库的发展经历了三波高峰：

第一波智库发展高峰的代表机构是1931年为应对全球经济危机而成立的经济顾问理事会和1938年为缓解经济顾问理事会与财政部的矛盾而成立的国家经济社会研究所。

第二波智库发展高峰的代表机构是1955年成立的经济事务研究所、20世纪70年代成立的政策研究中心和亚当·斯密研究所等。

第三波智库发展高峰的代表机构以成立于20世纪80—90年代的研究机构为主，包括1988年成立的公共政策研究所，1989年成立的社会市场基金会和1992年成立的欧洲政策论坛。②

二、英国智库的生存现状

英国智库起步早、数量多，总体质量也维持在较高的水平上，因而可以称作全球顶级智库的领跑者。但众所周知的是，英国智库有着明显的党派色彩，其鲜明的意识形态属性在一定程度上阻碍了智库的长远发展，例如不同党派智库之间相互对立不能团结协作，议题研究范围狭隘且容易受到政党自身兴衰荣辱的影响等，这种情况不仅对英国智库自身甚至对整个英国社会的发展也会有不利的一面。

为了顺应现代智库发展的潮流以及对传统党派智库模式进行反思，英国各大智库普遍开始积极调整发展方向，一方面，依附型的智库在不断衰落；另一方面，新型独立性的智库在不断成长壮大。总体而言，英国智库所固有的政党色彩已经开始逐渐淡化，而建立独立客观公正的新型智库已然成为大势所趋。

---

① 参见朱旭、贾杨《英国智库能否超越政党依附属性》，载《学习时报》2012年第6版。
② 参见褚鸣《美欧智库比较研究》，中国社会科学出版社2013年版，第51—52页。

根据《2017年全球智库报告》,英国智库数量已达444家,在智库总量上排名第二,排在它前面的国家是美国。

在2015年全球顶级智库排名中,英国皇家国际事务研究所即查塔姆学会(Chatham House)位列世界第二,在2017年则下降至第六;国际战略研究所(International Institute for Strategic Studies)在2015年排名世界第七,在2017年排名第十;而国际特赦组织(Amnesty International)在2015年位列世界第十,在2017年则下跌至第40名,英国智库整体实力近年来有所下滑。其他进入2017年全球前五十名的英国智库还有:欧洲对外关系委员会(European Council on Foreign Relations)位列第27,经济政策研究中心(Centre for Economic Policy Research)位列第36,以及新入围的"IDEAS"(脑库),排名第45。

总体而言,英国智库在2017年表现平平,但整体实力相对2015年有下滑的趋势,不过其顶级智库的表现依然可圈可点,在全球智库前十名中占据三个席位,比去年多出一家,即国际特赦组织(Amnesty International)。在《2017年全球智库报告》(不含美国的)顶级智库榜单中,进入前一百名的英国智库有13家,较2015年少了3家,这些数据表明,近三年来的英国智库发展趋缓,研究重点依然集中在社会问题和政治经济上,虽然有新智库诞生且发展势头强劲,但总体表现平平。

在各研究领域的顶级智库排名中,英国智库在诸多领域内保持着自己的较高水平,例如信息透明和善治领域、对外政策和国际事务领域、国防与国家安全领域、国内经济政策领域、能源和资源政策领域、环境政策领域等。我们能够发现,英国智库虽然在各大榜单上都有名,但主要是依靠那些早已在这一领域内成名的智库支撑,新智库如IDEAS等被寄予厚望。

除去这些严肃的全球排名、领域排名外,还有一些特殊成就的顶级智库榜单。如英国智库在最佳游说型智库、最佳管理型智库、最善用社交网络的智库、拥有最佳对外关系/公众参与项目的智库以及最善用互联网的智库等方面都有着不俗的表现,并能够在全球智库系统中取得或维持其领先地位。

三、英国智库的运行机制和特点

作为不折不扣的智库强国,英国已然形成了一个规模庞大、发展成熟的智库运作系统,它拥有一套完备的运作机制,同时也形成了自己的特色。

(一)英国智库的运行机制

智库作为一种社会组织,维持其正常运转并发挥各种作用,必须具备一套完整而有效的运作机制。概括来看,英国智库的运行机制主要包括以下几方面的内容:

1. 管理机制

英国智库无论其研究机构规模大小、组织架构多少,一般都会将理事会或董事会设置为最高领导机构或决策机构,负责智库的管理和决策。而其组成成员通常都是具有一定声望的社会高级人才包括政要、学者、企业家、银行家、律师、军界等人士。第一届理事会的成员由创始人和出资者共同推选,并由他们制定出评选理事的具体章程理事会成员的变更则依据章程由理事会自行决定。

对于智库内部运行的每一个具体项目而言,该项目的负责人只是项目的召集人,除此之外并无其他职能和特权。各个研究所内的所有研究人员只需要对智库本身负责,对项目的出资者负责,并不存在某一项目部门主管这样的职位,因而每个研究员都是平等的,彼此之间的关系很松散也很自由,这样的氛围可以大大激发大家的想象力和创造力。同时智库内部一切以项目为中心,研究人员是自愿组织起来的,这也就保证了每一位参与者的专业性、兴趣度以及工作动力,使研究项目得以优质高效地完成。另外,一旦工作完成之后,这个临时的项目组会自行解散,根据需要再出现新的研究组合。

2. 筹资机制

经费来源渠道的属性决定了智库研究的独立程度,英国智库中有一部分便是由政府或政党资助建立的,其经费来源无法与之脱离关系。而在英国的独立型智库中,由于不接受政府的财政支持,经费一般来源于以下几个部分:基金会的赠款、企业或个人赞助、研究项目委托经费、出版物和学术会议所得的经营收入、会员会费等,其中最重要的经费来源集中于研究项目的委托收入以及社会捐赠上。为了保持智库运作的独立性,一些智库会对捐赠者设置捐赠上限,或向捐赠者们公示其财务状况,以证明机构对于捐赠资金的使用有效恰当,政策观点也并未受到主要捐献者的影响。

英国智库的业务量有1/3来自英国政府,一些英国智库应政府或政党的邀请从事某一特定项目的研究并获取报酬。为了推动智库的发展,英国政府免费向智库提供信息,设立"海外工程基金",鼓励智库拓展海外业务,以缓解英国智库财政供给紧张的局面[①]。而智库内部一般设有专门的机构人员来负责筹资工作,他们凭借其特有的社会影响力多渠道筹集资金,来维系组织自身的生存与发展。同时智库凭借筹集到的资金开展高质量的项目研究工作,以进一步扩大其社会影响。在此,英国智库形成了一个影响力与资金链互相促进、循环往复的链条,并形成了良性发展的运行机制。

3. 成果宣传机制

任何一个国家的智库,它的生命力以及存在价值都在于影响力,而影响力的大小主要来自外界对智库各项研究成果的认同程度和社会评价。因此,一家成功的智库不仅要能够完成高质量的研究成果,更为重要的是要把这些优秀的成果推广到全国甚至全世界。

因此,英国智库并不会将所得全部经费都投入到项目研究工作中,而是会将经费中相当大的一部分用于宣传和推广自己的思想观念和政策主张。其主要手段和途径有:定期出版各类刊物,广泛宣传智库的研究成果;发表专题报告、论文和著作;举办高层次的会议、论坛和演讲活动,为思想政策提供相互交流的平台;开办网站,积极宣传其思想理念和重要成就;接受政府的委托课题项目,直接向政界委托人提出自己的政策主张;借助大众议题宣传政策想法,引导社会舆论和决策环境等。总之,英国智库尤其是著名的大型智库,在对外宣传方面往往会大显身手,不遗余力地多角度、全方位展示自己。

另外,智库内部还专门设置外联部门维护与媒体的关系,并为此设下大

[①] 参见李建军、崔树义《世界各国智库研究》,人民出版社2010年版,第60—61页。

额资金预算。例如,查塔姆学会就专设外联部门,建立"媒体每日报送"①制度,将政策见解第一时间发给媒体;同时为给媒体提供更多便利,凡是被授权的媒体都能在网页上看到该学会定期更新的研究动态和活动信息。

4. 人员流动机制

在英国等西方国家,智库素有"政府大脑"之称,其思想成果和建言献策在国家政治体系中的作用不容小觑,并常能对政策的制定产生实质性的影响。在英国政治生活中,智库和政府实质上是互为补充的。英国智库较为注重实效性,往往把政府对其政策方略采纳的多少作为衡量其成功与否的标准,因而智库与政界之间的关系非常紧密,同时智库内又不乏政界人士任职,因此,英国也存在"旋转门"现象。

英国是两大政党轮流执政,每逢政府换届之际,都会有大批官员离职,同时也会有大批人士作为补充进入政府部门。此时,智库就可以发挥其人员交流平台的作用,既可以为离职官员提供应用实践经验与发挥才能的平台,也可以为新任官员的诞生和培养提供后备力量。此外,英国智库与各大高校之间也保持着密切的人员交流关系,他们经常参加对方举办的学术活动,以此加强业界与学界之间的联系。例如亚当·斯密研究所就会给在读或刚毕业的学生提供无薪实习的机会。

英国智库鼓励人才流动,而且愿意保持合理的人员流动率,智库的研究人员与政府、企业、大学、媒体甚至国际组织都有着频繁的交流。例如,海外发展研究所的研究人员平均任职时间约为五年,人才流动率达约20%,很多研究人员离开海外发展研究所(Oversease Development Institute,ODI)后去了国际组织和政府工作。② 除此以外,英国智库还重视国际交流,积极拓展海外业务。政府也为此设立了"海外工程基金",支持智库选派年轻的研究员,去往欠发达国家和地区提供技术援助。

5. 课题管理机制

智库管理的核心内容在于课题管理,英国智库的课题研究通常遵循"选题—筹资—研究—评审—发布"或"委托课题—研究—评审—发布"的

---

① 参见田琳琳《英国智库的概况与特点及对我国智库建设的启示》,载《调查研究报告》2013年第243号。
② 参见戴慧《英国智库考察报告》,载《中国发展观察》2014年第1期。

模式。前者一般为研究所自己的独立选题,后者则为委托课题的运作模式。对于标榜独立性的智库而言会更加注重发展前者。即使是后者,对于大多数智库而言,无论课题项目来自政府还是企业,出资人一旦出资后就无权再干涉项目的进展及成果,以此确保研究的中立性。独立选题中的课题一般由资深研究员自下而上提出,经由课题小组进行评定审核,批准后方可实施。

进入课题研究阶段,项目负责人会成立一个自愿组成的课题小组,由专业研究员展开具体的研究工作。有时大型研究所还会邀请外来研究员参与讨论并给予意见。英国智库在课题评审阶段十分重视质量,相关要求非常严格,他们通常会邀请第三方的同行专家对研究成果进行评判,并将结果以匿名的形式反馈给研究所。

最后在课题成果发布阶段,英国智库非常重视利用大众媒体或举办各类活动来宣传自己的智力成果,以期扩大机构自身的影响力。

(二)英国智库的特点

英国智库善于对社会问题提出"预警",这在英国社会中是不可或缺的一种存在。英国作为欧洲智库底蕴深厚的国家,其智库表现出明显的政党倾向性、研究领域广泛、注重研究质量、注重实效性、研究人员来源广泛、专业结构合理、鼓励流动性等鲜明的特色。

1. 鲜明的政党倾向性

英国是君主立宪制的国家,国王只是名义上的国家元首,政府由在议会选举中获得多数席位的政党领袖出任首相并组阁。内阁是英国政府的核心,它在首相的领导下制定和执行国家的内政外交政策。自19世纪中叶起,英国一直是由两大资产阶级政党——保守党和自由党轮流执政。

这种特定的政治制度是造成英国智库党派色彩鲜明的主要原因。第一,不论是执政党还是在野党,英国的党派势力较强,政党在政治生活中扮演着极为重要的角色。第二,因为英国拥有较为强势的文官集团,他们的决策往往很少依赖政府部门以外的其他机构来源。第三,英国的选举是在各个大选区奉行"简单多数制"而非"比例代表制",这强化了不同政党之间的党派竞争以及意识形态分化。鉴于政党在英国国内的地位与威信,同政党建立起积极有效的联系是英国智库实现自身价值和发挥影响力的有效途径。

安德鲁·德纳姆在《智库传统:政策研究与思想政治》一书中把影响英国智库发展的政治因素称为"威斯敏斯特模式"①,内容包括以下几方面:

(1) 文官集团较少依赖外部政策咨询资源;

(2) 在选票最多者当选的选举制度内,政党同对手竞争时相对较为团结;

(3) 行政官员与立法者相比更为强势;

(4) 缺少权力下放的国家级和地区级的议会组织。

较少依赖外部政策咨询资源的官僚系统意味着非政府的智库参与决策过程的机会不会很多,而英国文官体系的选拔方式使得智库专家很难通过"旋转门"的方式进入官僚体系参与公共决策的讨论。执政党的相对团结以及在政府和议会中的多数派地位大大减少了两者之间出现冲突的可能性,受政党和政府支持的智库类研究机构更容易参与影响公共政策的讨论和制定。② 因而为了获取优势资源、占领政治高地、化智力为最强影响力,英国智库大多依附政党或政府存在,并形成其党派性强的独特风格。

2. 历史悠久,行业认可度高

英国智库作为老牌工业国的咨询机构,可以称作是现代智库诞生的源头之一,发展远远早于其他国家。超越百年的悠久历史使英国智库积累了相当丰富的专业知识和工作经验,培养了一批业务熟练的专业人才,同时亦积累了相当稳定可靠的人际和业务关系网络。

同时,英国智库作为一支提供智力支持和保证的专业队伍,得到了整个国家和社会的充分尊重与认可。能够加入智库行业的研究人员,都经历了严格的选拔和审核过程,他们隶属于高水平的知识行业,备受社会各界的赞誉和支持。甚至在一些大型智库项目的研究工作圆满结束之后,女王都会来参与为此举行的颁奖仪式。

---

① 参见 Diane Stone & Andrew Denham, *Think tank traditions: Policy research and the politics of ideas*, Manchester University Press, 2004, p.232.
② 参见褚鸣《美欧智库比较研究》,中国社会科学出版社2013年版,第53页。

3. 评审严谨，注重实效

为了适应公共政策领域的广泛性，英国智库的综合性研究较为成熟，在研究广度上有着极强的包容能力。其研究领域囊括了国际事务、军事安全、能源与环境、科学技术、教育、医疗卫生、贫困与援助、反恐等方面。即使是新成立的智库，通常也会选择现有智库研究领域中的一些盲点或弱点来展开深入研究，以避免智库之间功能和领域的重叠。

对于智库研究成果的评判，英国有着自己一套非常严谨的评审机制。这项工作往往由独立于研究所的第三方专家同行进行评定和审核，以保证成果评价的客观性和权威性。

4. 研究人员质量高、流动性强

研究人员是智库影响力、创新力以及活跃度的主要来源，智库之间的竞争主要就是研究人员之间的竞争与博弈。

英国智库的研究人员来源广泛、专业实力雄厚。他们大都是来自在野党的政党领袖和官员、退休的高级公务人员、大学的教授、高校的博士生以及知名的企业家等社会地位较高的群体。与此同时他们大多是通才，颇具创新意识，具有多个领域的专业知识技能和丰富的实践经验，能够针对各种复杂的综合性课题展开有效的研究。

研究人员流动率高、流动渠道广，其所属研究机构也鼓励这种人才的交流机制。英国智库与政府、政党、大学、企业等维持着良好的人才流动关系，以保证活力，同时也增强影响力。

5. 重视成果宣传

英国智库非常重视各项研究成果的宣传工作，同时也非常善于利用各种工具或手段进行宣传，很多智库机构内部都设立了相关部门，以便积极高效地将自己的思想和声音传递给广大公众。

它们往往充分利用各种大众传播媒介（网络、电视、广播、报纸）进行宣传和舆论引导，普及自身所取得的研究成果，最终引起广泛社会关注进而影响政府决策。同样，组织丰富多彩的会议、讲座活动也是英国智库发挥决策影响力的一个有效途径。例如，它们宣传自己、影响决策的一个常用方式，即是邀请政府官员和著名学者到智库演讲或参加问题讨论。

英国智库注重宣传，所以他们很重视自身同媒体之间的关系，并不惜花费大量的人力、财力去建立和维护媒体关系。同时，智库专家也经常为各大报纸以及政治杂志撰写文章，对当前问题发表专业见解。

6. 重视国际交流合作

英国智库长期以来非常重视与各国顶级智库之间的交流与合作，因而积极广泛地同各国同行建立并发展合作关系。同时，他们也十分重视自身海外业务的拓展，并开始大面积进军海外市场。英国政府对此也持鼓励态度，在资金等方面给予支持和帮助。目前，已有很多智库在海外设立了多个办事机构，指导海外咨询业务的顺利展开。

四、英国智库名片

亚当·斯密研究所常任成员、英国著名经济学家Tim曾指出，成功智库应具有以下特征：与媒体关系良好，能够取得决策者的高度信任，资金充足，研究成果丰硕且能对政策制定产生重要影响，具有满足赞助人需要或实现委托机构研究目标的能力等。作为一个名副其实的智库大国，英国拥有很多为世人所瞩目的著名智库，本书选将取其中具有代表性的三家英国智库进行介绍。

（一）查塔姆学会（Chatham House）

查塔姆学会（Chatham House）又名皇家国际事务研究所，在1920年7月成立于英国伦敦，总部位于圣詹姆斯广场著名的查塔姆大厦。1919年凡尔赛和会期间，英美代表商定成立了英国国防事务研究所，该所在次年一分为二，其中设在纽约的为"对外关系委员会"，设在伦敦的为"皇家国际事务研究所"。[①] 后者在1926年获得了皇家特许，成为皇家国际事务研究所。

查塔姆学会是目前英国规模最大、同时也是世界最著名的国际问题研究中心之一，受英国外交部的指导。它同英国政界、商界、学界以及媒体均保持着广泛的联系，对政府的外交政策发挥着一定影响。2015年在宾夕法尼亚大学"智库和公民社会研究项目"的权威调查中连续七年被评为"非美国最佳智库"，同时在过去四年连续被评为全球智库综合实力第二名。

---

① 参见李建军、崔树义《世界各国智库研究》，人民出版社2010年版，第15页。

查塔姆学会是一家独立的、非营利性的慈善组织，以建立一个持久安全、繁荣、公正的世界为己任，其宗旨是推动个人和组织对不断变化和日益复杂的世界进行全面研究并提供政策参考。同时，它还确立了为维护会议演讲自由与信息保密的著名的"查塔姆准则"，这为维护讨论自由和发言者权利创造了有利的条件，也为推动国际关系研讨的顺利进行发挥了极大作用，目前已被世界各国普遍接受。

该学会有三位所长，分别是赫德勋爵、罗伯逊勋爵以及威廉姆斯男爵夫人。其最高领导机构是由33人组成的理事会，日常事务由理事会来进行管理，理事会成员由学会成员无记名投票选举产生，任期三年，下设执行委员会、财政委员会和投资委员会。

研究工作是查塔姆学会的核心工作。查塔姆学会一直坚持开展旨在为国际事务建立新视角与新视点的独立、严谨的研究与分析，研究领域主要涉及能源环境与资源、国际经济、国际安全和区域研究与国际法四个方面。[①]它拥有100多名专职研究人员，研究基本上以区域或学科分类划分部门进行，主要研究项目包括：非洲项目、美洲项目、亚洲项目、国际健康安全中心、能源、环境和资源部门、欧洲项目、中东与北非项目、国际经济项目、国际法项目、国际安全问题项目以及俄罗斯与欧亚项目。

除了基本的研究活动外，查塔姆学会每年在伦敦以及与同行在全球组织超过300场非公开或公开的大型会议、研讨会等活动。其强大的召集力吸引了全世界各国领导人以及各个领域内的顶级分析家前来参会。学会定期出版两本杂志——《当今世界》和《国际事务》，前者关注当下的国际话题，后者侧重对国际政治问题的学术研究和政策分析。

查塔姆学会是一家注册的非营利机构，不接收来自英国政府的津贴，收入主要来源于慈善捐款、研究委托收入以及会员费用。学会为了保证并维持其研究、活动、出版物以及其他成果的独立和客观性，在接受任何资金时都秉承着诚信、独立、客观以及问责的原则，以此来确保所有的活动都有助于学会的工作以及公众的利益。在2013—2014年度，学会总收入为1276.6

---

① 参见王佩亨、李国强等《海外智库——世界主要国家智库考察报告》，中国财政经济出版社2014年版，第86页。

万英镑,其中研究委托资金占58%,会费及慈善捐款占23%,活动、会议、出版物以及投资收入占10%。

此外,查塔姆学会还设有"查塔姆学会奖",每年由英国女王向为国际事务作出突出贡献的人颁发这一奖项,美国原国务卿希拉里以及巴西原总统卢拉均曾获此殊荣。

【延伸阅读:强调独立性,做外交事务的"另一种声音"】

虽然查塔姆学会致力于研究国际事务这一具备高度政策性的领域,但是该所并非英国政府下属抑或负有任何特定义务,它实质上是一家独立的政策研究机构,在各种内部章程、研究守则及对外宣传中都非常强调自身的独立性。这主要有两个方面的原因:一是该智库认为在全球化和信息化高速发展的背景下,公众对于独立信息观点的需求也随之快速增长,以应对日益复杂的外部世界;二是该智库在诸多制度层面而言也比许多其他智库要独立很多,因此有信心提出这样的宣言。

对于查塔姆学会而言,其所倡导的独立性绝不仅仅只是一句口号,而是有着多方面的深刻含义。首先,在最基本的层面,智库独立性意味着为其工作的专家们能够自由地发表自己的观点而不受束缚,因而使得广大受众能够尽可能地接近他们最本真的想法和意志,从而保证言论的可信度。

其次,独立也意味着一种角色定位,因为唯有独立于政府之外,才能拥有足够的自由对政府以及相关决策者在内政外交等各方面的对错得失进行公开评论。查塔姆学会的另一个名字——皇家国际事务研究所,其之所以在1926年更名为"皇家",而非沿袭之前的"大英"(British),就是在极大程度上反映出其对"独立"定位的自觉认知。据说,查塔姆学会创立之初,当时的英国外交部并不赞成这样一家研究国际事务的机构出现。他们担心,如若该研究所成为政府以外在英国外交事务上的另一种声音,势必会对政府决策造成干扰。面对这一困境,早期的机构创始人颇具智慧地妥当处理了这一问题,积极向王室寻求庇护。众所周知,英国王室没有政治性,在国内政治保持中立立场,由国王或女王作为该机构的庇护人,使得查塔姆学会在其早期的发展中能够更好地躲避政治施压。

此外,财务上的独立性为查塔姆学会的独立运作提供了巨大保障。它如同其他诞生于"一战"前后的著名智库,是由富有的个体而非政府设立。虽然随着时代的发展,智库的筹资模式越来越多样化,但其在财务和运营上的独立性却一直得以延续下来。

查塔姆学会也凭借这一固守的独立性,为世界领导人、决策者以及舆论提供了在公正环境中倾听和讨论的论坛。其活动主要包括:重要人物演讲——邀请来英国访问的外国总理、部长等,举办专题讲座——邀请外部重要人物进行演讲和交流,其他形式的活动还有秘密讨论会(召集成员讨论,为政府提供看法或发表文章做准备)、小组会议、年会等,丰富多彩的国际活动保证了其研究的生命力。2014年6月,李克强在访英期间就曾面向英国两大智库——查塔姆学会和国际战略研究所发表了题为《共建包容发展的美好世界》的演讲,他强调:"发达国家和发展中国家是推动世界经济发展的'双引擎'。实现发达国家与发展中国家互利共赢的包容发展,应成为世界各国重建金融危机后全球经济秩序的共同任务和责任。各国应继续发扬同舟共济精神,大力实施改革创新,加强宏观政策协调,消除保护主义壁垒,推动建立公平竞争的市场秩序,不断扩大利益共同点,共享全球化发展成果。"

(二)国际战略研究所(International Institute for Strategic Studies)

国际战略研究所创立于1958年11月,总部设在伦敦,目前已在华盛顿、新加坡和巴林设有分支机构。它既是一家注册的慈善机构,又是一家有限责任公司。研究所由英国政界、学术界、新闻界和宗教界人士共同发起成立,主要用以研究核时代的国防安全和防务政策,创办人是战略问题专家阿拉斯泰尔·巴肯,当时被称为布赖顿协会。1964年在美国福特基金会赠款的资助下进行改组,成立正式研究所,并将研究领域逐步扩大到政治、经济与和平等,但依旧保持了军事战略研究的特色。

国际战略研究所作为一家无党派慈善组织,独立于政府以及其他任何机构,其宗旨是通过出版和其他活动为会员及公众提供军事冲突过程、后果及前景方面的军事政治信息,并以进一步推动全球和平与安全以及维护文明的国际关系为己任。研究所的任务以安全保障、军事问题为研究中心,内容多为对军事技术、新武器等的分析,是在全球安全、政治威胁以及军事冲突问题方面的世界权威。

依据国际战略研究所的章程,理事会是其最高决策机构,负责财务决策和人事安排。其聘请的顾问委员会由至少 20 人的全球著名专家构成,负责提供研究方向的咨询。日常工作由所长负责,现任所长是约翰·奇普曼(John Chipman),目前拥有工作人员 70 多人,且来自世界不同国家。

国际战略研究所坚持经常性的研讨活动,每年九月举办一次年会,讨论一个对未来政策和公众有影响的重要战略问题;举行纪念创始人巴肯的讲座,邀请国际知名人物发表演讲;同时每月为其会员组织至少两次讨论会,就当前关心的问题进行深入探讨。另外,该所主要出版五种刊物,包括对全球 171 个国家和地区的军事能力进行年度评估的《军事力量对比》、对世界事务进行年度回顾的《年度战略调查》以及武装冲突数据库等。值得一提的是,《军事力量对比》和高层安全峰会是该研究所蜚声国际的主要原因。

国际战略研究所的经费主要来自以下三个途径:英、美、加等国基金会的捐款,向公司、个人以及学生会员收取的会费,以及出版物订阅所得盈余。研究所作为独立机构,不接受政府的一般性资助,但是会接受会议赞助以及政府相关课题的研究资助。

国际战略研究所在《2015 年全球智库报告》的最佳智库排行榜上全球排名第 7。而到了 2017 年,国际战略研究所已跌至第 10。

国际战略研究所与其他智库机构不同,它与其他国家和地区的学术机构、大学合作,在斯达利亚、埃及、约旦、韩国、墨西哥、俄罗斯、泰国、巴基斯坦、土耳其、津巴布韦等地都组织过国际形势研讨会,在当地讨论非洲、亚洲、拉美和中东地区的各种冲突问题。

国际战略研究所于 2015 年 9 月 15 日在伦敦发布了《2015 年战略调查》(*2015 Strategic Survey*),此项调查分地区探讨了世界外交与军事事务。《2015 年战略调查》所关注的重点主要包括伊朗核问题谈判达成协议、美国与古巴恢复外交关系以及中东的动荡局势等举世瞩目的事件。

(三)亚当·斯密研究所(The Adam Smith Institute)

亚当·斯密研究所由三位曾在美国工作的英国学者于1977年创立,现任所长为创始人之一的马德森·皮里(Madsen Pirie)。在此之前,他为美国华盛顿特区众议院工作,并且还是密歇根州希尔斯代尔学院(Hillsdale College)的著名哲学客座教授,1991—1995年间担任英国首相顾问小组成员。

亚当·斯密研究所是一家独立的、无党派的、非盈利性的研究机构,它致力于以研究、出版、媒体评论和教育项目等形式去传播自由主义和自由市场的观点。目标是向公众普及自由市场经济政策,为公共讨论注入合理意见。

亚当·斯密研究所一直是一家实践性的智库团体而非学术组织。尽管它有着严格的政治独立要求,但是依然努力寻求同政策制定者之间的合作,以求带来真正的改变,同时让自由市场的观念转化为现实。一直以来,该研究所主要以其税收、私有化、公共服务改革等方面先驱性的研究工作而闻名于世,一直是英国强调自由市场和自由社会理论方面的先锋。[1] 研究所将亚当·斯密的基本思想作为自己的核心价值观来指导经济学研究,研究重点主要是英国国内或欧盟各国的经济与社会政策问题。其研究范围包括税收与经济、教育政策、医疗政策、福利政策、放松管制等方面。

撒切尔夫人执政期间,选择了亚当·斯密研究所等外部智库为其提供新的想法,推行撒切尔主义。该研究所成为撒切尔夫人在英国推行私有化政策的重要设计者和智囊团。在这一时期英国政府发布的关于铁路私有化、税负及公共部门改革的相关政策中,亚当·斯密研究所认为自己作出了诸多的思想贡献。[2] 除了从事智库传统活动——例如开展研究、出版报告、举行研讨会和大型会议以外,研究所在培养下一代政策制定者以及舆论领袖上花费大量精力,备受瞩目的青年项目就是其活动的一个主要组成部分。研究所为其出色的前瞻性、媒介操作熟练程度以及快速掌握新技术和把握新机会去宣传自身思想观念的能力而感到自豪。

---

[1] 参见王佩亨、李国强等《海外智库——世界主要国家智库考察报告》,中国财政经济出版社2014年版,第54页。
[2] 参见褚鸣《美欧智库比较研究》,中国社会科学出版社2013年版,第156页。

亚当·斯密研究所作为一家独立的非党派机构,不接受政府的捐款,其经费主要来自基金会、企业和个人的捐赠。

五、总结与评议

英国智库之所以能够在全球范围内产生广泛影响并取得举世瞩目的成就,离不开国家对智库的大力扶持和包容,离不开社会各界对智库的鼎力支持与捐助,更加离不开英国智库本身不断的努力拼搏、执着追求和自我完善。

英国对智库的扶持力度很大,无论是政府还是政党,都对智库保持着非常包容的姿态,这为智库发展营造了较好的环境,也在一定程度上实现了许多智库所标榜的独立性。但是这并不妨碍智库与政府之间建立良好的互信互动机制,英国政府提供给本国智库的研究项目占据其总业务量的1/3,项目报酬也是英国智库经费来源的重要组成。同时,政府还经常为智库提供消息来源,并设置"海外研究基金",大力支持智库的研究员拓展海外项目或对外进行技术援助。

对于英国的优秀智库而言,它们体制健全并不断完善自身。英国智库大多追求高度的独立性,不愿接受政府的援助,由机构自筹资金,对于社会的各项捐赠有些也会设置上限金额,并公示财务使用情况,竭尽所能去维持研究的中立与公正。同时,建立起灵活的用人机制并实施专业化的管理,使身处其中的每一个研究员都拥有高度的自主权,保持人员较强的流动性。此外,英国智库还拥有完善的媒介宣传机制,能够借助多种媒体传播渠道,及时有效地将最新的研究成果推广出去,以引导社会思潮、影响社会舆论并最终借此对公共政策的制定施加影响。

另外,英国社会以及公众对于智库的支持、认同度都比较高,其工作人员在国内属于高级知识人才,是非常受人尊敬的职业。英国大型智库无论是团体还是个人,都拥有数量不少的会员,会员会费的缴纳以及各类社会捐赠也是智库的主要经济来源之一。此外,英国各界都非常注重对智库的使用,无论是政府、企业还是媒体,在一些专业问题或紧急事件上,他们都经常向智库寻求智力支持和帮助,而智库也能在此基础上扩大自身的影响力。

第二节 积累雄厚:追求创新的德国智库

在德国,"智库"一词与在大多数国家一样,并没有一个被广泛认可的定义。德国智库往往会接受私人或公众的资助,就资助人关心的话题或公众议题展开研究,并逐渐形成独特的文化和制度传统。本节将就德国智库的历史与现状展开讨论,共同探索德国智库的成功之道。

一、德国智库的发展历程

德国的智库历史悠久、数目庞大,取得的研究成果众多,在世界智库版图中占据着十分重要的地位。

(一)德国智库的起源

19世纪末20世纪初,为了应对新出现的经济问题和国家安全问题,欧洲各国陆续成立了一些专门性的研究机构。在第二次世界大战期间,这些研究机构被命名为"智库"。1914年成立的基尔世界经济研究所(Kiel World Economic Institute,IFW)和1925年成立的德国经济研究所(German Institute for Economic Research,DIW)被公认为是德国最早建立的两大智库,标志着德国是欧洲乃至全世界最早出现当代智库的国家之一。

(二)德国智库的主要发展阶段

德国智库的诞生和数次发展高潮的来临都与德国的国家命运息息相关,社会发展的每一次巨大转折,都会产生大量智库。有的智库消失在历史长河之中,有的智库则留存至今,并成长为全球顶级智库。

1908年10月20日,为了更好地扩张和统治殖民地的需要,德国殖民地研究所总部在汉堡诞生,成为德国智库的发端。"一战"后,研究所更名为"汉堡世界经济档案馆",收集整理报刊上有关经济问题的新闻素材,并建立了图书馆,向经济领域的研究者、公共管理部门、商业团体、新闻从业者提供世界各国经济社会发展的信息。[①] "二战"后,档案馆开始设立下属研究机构,并逐渐发展为德国六大经济研究所之一。1970年4月1日,档案馆再次

[①] 参见孙芳芳《汉堡世界经济档案馆(The HWWA)——德国访学录之二》,载《浙江档案》2000年第5期。

更名,开始使用现用名——"汉堡世界经济研究所",以世界经济和德国经济发展态势为主要研究领域。

在1918年德国革命推翻威廉二世继而建立魏玛共和国之前,德意志帝国迫切需要与英国、法国、俄国等超级大国重新划分全球势力范围。为了满足帝国的发展需要,以基尔世界经济研究所为代表的现代德国智库出现了,注重研究世界经济形势,分析和预测世界经济走向。

1918—1923年间,德国发生了历史上最严重的一次通货膨胀,马克平均每三周就贬值一半。[①] 为了应对通货膨胀,拯救濒临崩溃的货币经济体系,德国政府和社会急需对商业周期进行专业研究,分析和预测市场走向,德国经济研究所于1925年应运而生。

"一战"结束后,作为战败国的德国不断受到协约国的打压和《凡尔赛条约》的束缚。为了改善国家和民众的生存状态,谋求国际发展空间,1926年,以国际关系为主要研究方向的莱茵—威斯特法伦经济研究所成立。值得一提的是,目前该研究所的发展态势依旧良好,仍然以跟踪和预测德国以及国际社会其他主要国家的经济结构与发展形势为主要研究方向。

1949年,美国、英国、法国占领区合并,成立德意志联邦共和国,简称"西德"。为了促进新生共和国经济社会的恢复和发展,被称为"德国政府智库"的慕尼黑伊福经济研究所于同年应运而生,重点跟踪、观察、研究和分析德国和世界的经济发展和变化过程。

学者马丁·图内尔特认为,德国的智库有40%诞生于1945—1975年间,将近50%的智库甚至是1975年之后才成立。

1990年,两德统一,以"德意志联邦共和国"作为统一德国的国家名称,并以西德的马克为统一德国的通用货币,东德居民要限量将东德马克兑换成西德马克。货币的统一造成了东德的经济崩溃,为了重建东德经济体系,哈勒经济研究所于同年成立,跟踪、分析和研究德国东部地区以及中欧、东欧国家的经济关系。[②]

20世纪90年代中期以来,冷战的结束给德国智库带来了巨大的变革。

---

① 参见北京大学国家人才发展中心,http://www.zhaopinok.com/html/2014/zkgk_0318/243.html。
② 参见北京大学国家人才发展中心,http://www.zhaopinok.com/html/2014/zkgk_0318/243.html。

为了满足国家和社会对于新的社会发展阶段的要求，一批关注外交政策、国际和平等问题的研究机构不得不调整研究方向，进行结构改革，转而从事适应新形势的理论与政策研究。①

二、德国智库的生存现状

冷战后，德国智库的发展总体呈现稳定、迅速上升的趋势，年增长率甚至超过了德国国民经济的年增长率，并逐渐形成了产业化、国际化经营的行业现状。

（一）智库总数与世界排名

根据《2017年全球智库报告》，德国的智库总量达到225家，位列全球第5。

在2017年全球顶级智库（不含美国）排名中，排名最高的是德国国际与安全事务研究所（German institute for international and Security Affairs），位列第10，而康拉德·阿登纳基金会（Konard Adenauer Foundation）和弗里德里希·艾伯特基金会（Friedrich Ebert Foundation）分列第11第12。曾长期位列前十的透明国际（Transparency International）已跌至第18，前100名中共有9家智库来自德国。然而，在全球顶级智库（含美国）排行榜前十位中并没有德国智库入选，排名最高的康拉德·阿登纳基金会位列第16。

在西欧顶级智库中，康拉德·阿登纳基金会位列第5，弗里德里希·艾伯特基金会位列第7。德国智库质量优良、数量众多，已然形成了一个阵营。

另外，在2017年最佳新智库排名中，出现了来自德国的一家新智库：阿戈拉交通转型院（Agora Verkehrswende），这是一家德国与法国寻求合作而成立的新型智库，可一窥德国智库未来的发展方向，也是欧洲传统智库强国应对新兴国家挑战的努力成果。

（二）类型划分

德国智库的数量和种类众多，分类标准也十分多样，一般可以按照智库的资金来源、研究领域、政治立场等标准进行划分。

---

① 参见王智勇《德国的思想库》，载《国际经济评论》2005年第2期。

智库学者马丁·图内尔特将德国智库分为学术型、合同型、宣传型和政党智库。① 德国维尔茨堡大学教授多丽丝·菲舍尔则将德国的智库分为学术型智库、拥护型智库和政党智库三类。② 本文参考"德国智库指南"网站的分类,综合两种分类方法,从学术型和合同型、特殊利益和政党智库四类对德国智库进行介绍。

1. 学术型智库

学术型智库包括了政府创建的研究机构、学会的研究组织、大学附属的政策研究中心,以及由私人捐助的学术研究机构。这类智库在数量上和规模上都是德国智库的主流。

学术型智库又被称为"没有学生的大学",是德国智库中数目最庞大的类型。它属于国家的革新体系,因为国家的需要而出现,向决策者提供政策咨询,同时也离不开国家和政府的资金支持。学术型智库虽然受助于政府资金,但是仍然希望保持研究的独立性和观点的中立性,希望政府不予干预。这些智库大多不受政府管控,而是由研究人员管理,并通过同行评议对研究结果进行评估。

在德国现有的四大研究机构类别——马克思·普朗克协会(Max - Planck - Gesellschaft)、亥姆霍兹国家研究中心联合会(Helmholtz)、弗劳恩霍夫应用研究促进协会(Fraunhoferk - Gesellschaft)和莱布尼茨学会(Leibniz - Gemeinschaft)中,马克思·普朗克协会和莱布尼茨学会下属研究机构的资金有一半来自联邦政府,另一半则由所在地的州政府提供;亥姆霍兹国家研究中心联合会则有90%的基础资金来自联邦政府,剩下的10%由地方政府提供;弗劳恩霍夫应用研究促进协会主要依赖于项目基金,仍有约30%的预算直接由联邦政府或所在州政府拨款支持。除此之外,这些机构还会申请政府资助的研究项目,或者是德意志研究联合会和其他国家级、国际研究资金机构资助的研究项目。

2. 合同型智库

合同型智库特指政治诉求不明确,主要接受委托研究项目的智库。虽

---

① 参见 Thunert,M. W.,"Think Tank in German",*Society*,(41),2004,pp.66 - 69。
② 参见多丽丝·菲舍尔《智库的独立性与资金支持——以德国为例》,载《开放导报》2014 年第 4 期。

然目前合同制已经成为智库研究项目的重要类型,但是合同型智库在德国智库中所占比例仍然比较小。

3. 特殊利益智库

宣传型智库和拥护型智库可以统称为特殊利益智库。

宣传型智库是指属于特定利益集团的智库,包括了附属于工会、雇主联合会、教会的研究机构,这类智库在德国智库中所占比例比较小。

拥护型智库,又称受聘智库,是智库与私人利益结合的产物。拥护型智库属于非营利性组织,其组织架构通常表现为协会、公共有限责任公司或基金会。这种智库的资金大多来自私人资金或社会捐助,一般不接受政府直接的资金支持。与学术型智库的中立立场相反,拥护型智库希望能宣扬特定的观点,对民意产生影响,并作用于实际决策,这也是部分企业和个人设立基金会的最终目的。

实际上,学术型智库和拥护型智库的界限并不绝对,在很多实践中二者甚至是相互融合的。有的基金会会支持建立学术型智库,比如卡托基金会(Mercator Stiftung)、蒂森基金会(Thyssen Stiftung)和柯尔柏基金会(Koerber Stiftung);有的基金会自身就是智库,比如贝塔斯曼基金会(Bertelsmann Stiftung)。贝塔斯曼基金会还同时为应用政策研究中心(Center for Application Policy)等学术型智库提供资金等方面的支持。

4. 政党智库

政党智库即属于政党的政治基金会。德国政坛的各大政党一般都有亲近的政党智库为之提供决策建议,促使政党理智化、专业化决策。

德国的主要政党都成立了基金会或协会。这些基金会或协会并非政党的组织机构,而是承担着智库的角色,主要负责开展政治教育、学术研究、国际研发合作和向学生提供奖学金。

政党智库有约 90% 的资金来自联邦政府,一般是以"政党有义务支持教育"的理由拨款。其中一部分来自政府的总体预算,另一部分则来自国际性研发合作的预算。这些政党智库与具体政党之间的关联对大众公开、透明,对于政策的研究和建议也仅限于引起公开、多元化的辩论,并不作为特定利益集团的说客。

根据"德国智库指南"网站的分类，德国共有学术型和合同型智库118家，特殊利益和政党智库35家。

三、德国智库的运行机制和特点

（一）德国智库的运行机制

德国顶尖智库群体的形成以及高质量的成果产出与智库完善的体制机制和高效的运行机制息息相关。下面将从管理、筹资、宣传、人才培养、课题管理和评价机制六个角度对德国智库的运行机制进行分析。

1. 管理机制

德国智库对于研究人员的聘任和考核有一套严格客观的机制。一般来说，高级研究人员属于长期聘任制，对于初、中级研究人员则实行短期聘用制，根据考核结果决定人员的晋升和去留。高级管理人员对上级主管负责的同时，也对下级工作人员负责，如果下级工作人员几年内得不到发展，上级主管需要承担一定的责任。另外，德国智库对于科研质量也有严格的考核标准，即下文介绍的"科研机构评价机制"[①]。

2. 筹资机制

德国的智库都属于非营利性团体，所有科研、日常运营和宣传推广的资金都来自外界的捐赠和资助。资金来源主要分为五类：第一类是基本公共融资，最常见的就是国家的基本投入，主要针对德国的高等院校和一些国家研究所。研究课题与资金来源没有任何关系，研究所可以自行选择研究课题。第二类是公共科研经费，同样由国家提供资金，但是有确定的研究方向的资金投入，主要来自欧盟、联邦政府或基金会，根据需要研究的课题提供资金。第三类是公共合同研究，针对一个委托课题，由国家提供资金，并由国家部门对全德国范围内的研究所进行公开招标。第四类是私人委托，由企业或私人机构委托研究所进行特定课题的研究，并提供研究资金。第五类是捐赠，由个人、大型基金会或研究所的会员捐赠研究资金，支持研究所展开一般基础研究。[②]

[①] 参见本书第156页。
[②] 参见王佩亨、李国强等《海外智库——世界主要国家智库考察报告》，中国财政经济出版社2014年版，第100页。

根据智库的资金来源,可以将智库分为三类。一是资金自筹的独立智库,二是由利益相关方提供资金的半独立型智库,三是由国家、州的公共资金提供支持的智库。与其他国家相比,德国接受公共财政补贴的智库比例要高出许多,几乎达到75%。① 约十几家大型的非大学机构有5到14万欧元的年度预算,以及30—80名研究员的聘用预算。除去极少数如同贝塔斯曼基金会这样的私人基金,大多数大型机构都会接受联邦政府、州政府、国家机关的资金。合同研究是45%的德国智库的重要资金来源,但是如何区分合同制研究机构和学术型智库十分困难。

3. 成果宣传机制

德国智库十分重视研究成果的宣传与传播,常见的信息发布形式包括发行出版物、举办研讨会以及通过媒体传播。

智库出版物主要分为政策简报、专题研究报告、会议报告与会议记录、期刊、书籍、快报、观点集成七类。除去发行出版物,智库还会收集反馈意见,并据此修改、指导之后要开展的研究工作。同时,发行出版物也是智库的收入来源之一。

德国智库经常举办国际研讨会、报告会、培训会等活动,在2014年《全球智库报告》最佳智库会议排名中,名列第一的就是德国的慕尼黑安全政策会议(Munich Security Conference, MSC)。各类活动的举办加强了智库与各界人士、各领域专家的联系,政府首脑也会经常参加活动,共同探讨国际国内的发展形势与相关问题,并借此互通消息、交流思想。借助这一渠道,智库得以了解政府的政策走向,影响政府的政策制定,政府也能够及时了解智库的研究成果,并辅助决策。

智库还会通过大众媒体的相关报道引发民众关注,宣传研究成果,向政府和社会施加影响。

通过完善出版物发行机制,建立研讨与媒体传播机制,搭建沟通平台,引导社会对政策问题的认识,德国智库扩大了自身的社会影响力,提高了智库的知名度与美誉度。

---

① 参见 Thunert, M. W., The Development and Significance of Think Tanks in Germany, *German Policy Studies*, 2006, (3), pp. 185–221。

4. 人才培养流动机制

德国智库不但重视高素质人才的引进，也十分重视人才的培养和储备，注意对研究人员进行长期培养，提供交流机会。智库的人才培养流动渠道主要包括：

第一，成立学院或研究院，开展在职学习。一些优秀智库会成立学院或研究院，培养政策研究分析的专门人才，学习期间同时在职工作，使理论与实践相结合，在正式进入智库工作后就可省略熟悉工作的阶段。

第二，提供实习项目。智库会向新进的研究人员提供进入政府部门、企业、大学或其他智库实习的机会，在实践过程中了解决策的具体过程，结交行业前辈，历练真才实干。

5. 课题管理机制

从业务进程角度来分析，德国智库的课题研究一般分为六大阶段：

第一，签约阶段。委托方表达合作意向后，会与智库接触，进行多次协商，并达成研究合作的协议。在此阶段，双方最终会签订项目的正式合同，智库随即成立研究课题。

第二，咨询准备阶段。在确定研究课题后，智库立即开始相关的准备工作，主要包括了成立咨询课题组，制定研究计划，拟定调查研究提纲，设计调查问卷或专家咨询书等。

第三，研究分析阶段。进入研究分析阶段后，智库方面会不断搜集相关资料，与客户进行持续、深入交流，不断交换意见，对项目进行系统性的研究，从状况评估、问题分析、决策分析、预测分析四大环节比较、优化方案，并从中发展出一系列结构性和可操作性强的研究分析工具和方法。

第四，报告完成阶段。以上三个阶段的工作完成后，智库方面会正式提出书面报告，一般包括总报告、分报告和有关附件。

第五，成果评审阶段。德国智库大多有一套严格的成果评审制度。对于每一项研究计划，智库一般会聘请两位没有参与该计划的资深研究人员负责期中、期末审查，研究小组提交研究报告初稿后，评审人员还会进行预审，并提出意见。研究小组需要对评审意见进行答复，接受意见并加以修改，或者不接受意见则解释理由，最后呈出终稿，交由委托人认定。

第六,成果提交阶段。委托人收到智库呈现的成果后,如果表示满意,此课题就可以结项了。

6. 科研机构评价机制

德国的科研评价体系相对成熟,有不少知名科研评价机构。《德意志联邦共和国基本法》第八 A 章"共同任务"第 91b 条"教育计划,科研促进"规定,"联邦各州可根据协议在教育计划方面和在资助具有跨地区意义的科研机构和项目方面进行协作,根据协议分担费用。"①相对的,所有资金来源与国家的研究机构也必须接受评估和监督。德国的研究机构特别是国家级别和州级别的科研机构基本都属于莱布尼茨学会成员。

莱布尼茨科学联合会,简称莱布尼茨学会,为了代表成员机构的共同利益而成立,涵括了各种决策和咨询机构,并由总部和评估部门在各自职能范围内对这些成员机构会加以支持。② 作为一家非营利的注册学会,其目标在于促进成员研究机构的科学和研究,同时保障成员机构的科学、法律和经济独立。莱布尼茨学会的成员机构会进行深入合作,并与高等院校、其他研究组织的下属机构、商业机构、国家机关以及国家/国际层面的社会团体开展合作。

2002 年,莱布尼茨学会通过决议,成员单位每七年接受总部的一次科研评价。评价过程包括由学会理事会下属的评价委员会组建的评价小组对研究所进行评价,由理事会提出科学政策状态报告并建议联邦及州政府是否继续资助研究所。③ 专家由总部任命,研究所可以要求某些专家回避。其中 1/3 的专家来自国外,这些外国专家必须熟悉德语,并在评价时以德语为工作语言。学会会提前 2 年确定评价时间,提前 3—4 个月向专家提供评价材料,专家在评价时间内到所考察 2 天。评价工作由总部评价处直接组织,除组织工作外,评价处人员还要写评价纪要,并提醒专家进行问题讨论等。莱布尼茨学会评价组织者参与到专家评价过程之中,以保证评价报告在各研

---

① 联邦德国基本法中文翻译,http://www.recht-harmonisch.de/GG-chinesisch.pdf. 第八 A 章第 91b 条。
② 参见 Leibniz Gemeinschaft *About us / Organisation* (2013), http://www.leibniz-gemeinschaft.de/en/about-us/organisation/。
③ 参见郭建宏《重视科研机构评价——德国莱布尼茨学会的经验及启示》,载《中国社会科学报》2014 年第 633 期。

究所的一致性。评价结果为"优秀"的研究所在七年后要再接受评价；评价结果为"合格"的研究所继续保留三年的经费支持，三年后再次接受评价；评价结果为"不合格"的研究所则须关闭处理。评价报告呈交董事会，董事会根据评价报告向联邦和州政府提出关于该研究所的建议报告。评价报告出来后，征求研究所的意见并公开发表，评价报告的结论不会因为研究所的反驳而有所修改。自2002年夏天开始至2003年底，已有17个研究所接受评价，公开发表了9个研究所的评价报告，其中6个研究所被评为优秀，3个被评为合格。[①]

除了莱布尼茨学会，马克思·普朗克协会（Max - Planck - Gesellschaft）、亥姆霍兹国家研究中心联合会（Helmholtz）、弗劳恩霍夫应用研究促进协会（Fraunhoferk - Gesellschaft）等科研机构联合会也会对下设的研究所进行定期考察，聘请外部专家进行评价。

（二）德国智库的特点

经过多年的发展，德国智库在发展中逐渐形成了与政府、政党的新型关系，充分利用政党背景，对智库的话语权建构起到了极大的促进作用。同时德国智库也更加注重人才培养，在培养博士和专业的智库研究人员方面，做了诸多的创新之举。德国智库充分利用现代传播技术，保持自身与媒体的紧密关系，增强智库的社会影响力。

1. 与政坛保持高度密切关系

德国智库与政坛联系之密切，在全球智库中均属少见，值得一提的是，这种密切的关系不仅对德国智库的研究产生的负面影响有限，反而成为智库研究影响政治决策的优势。

第一，部分智库的政党背景明显。德国的政党智库背景和政治倾向性一般较为明确，比较有名的政党智库包括：亲近社会民主党的弗里德里希·艾伯特基金会（Friedrich Ebert Stiftung）、亲近基督教民主联盟的康拉德·阿登纳基金会（Konard Adenauer Stifung）、亲近基督教社会联盟的汉斯·赛德尔基金会（Hanns Seidel Foundation）、亲近自由民主党的弗里德里希·瑙

[①] 参见郭建宏《重视科研机构评价——德国莱布尼茨学会的经验及启示》，载《中国社会科学报》2014年第633期。

曼基金会(Friedrich Naumann Stiftung)、亲近联盟绿党的海因里希·伯尔基金会(Heinrich Boll Foundation)和亲近民主社会主义党的罗莎·卢森堡联邦基金会(Rosa Luxemburg Foundation)。

第二，德国智库接受政府财政资助的比例高。有研究指出，2008 年到 2010 年，每年平均有 4 亿多欧元通过各种形式注入六大政治基金会。政府资金注入政治基金会最常见的三种形式分别是：行政资金，用于维持基金会各机构的正常运转，约占年资金总额的 30%；项目资金，如国际合作、政策研究、人才培养、留学生资助等，约占年预算总额的 70%；另有少量特别资金，主要用于分担基金会政治教育工作的费用。①

第三，德国智库通过辅助决策来服务社会。德国政府在重大决策实施前，先会向智库咨询，然后进行媒体讨论、国会听证，最后由政府采纳实施。政府也会购买智库的研究报告，并在此基础上实现政府职能。

第四，优秀的政党智库出类拔萃。《2017 年全球智库报告》显示，最佳政党附属智库排名前十名中有五家来自德国，分别是康拉德·阿登纳基金会(Konrad Adenauer Foundation)、弗里德里希·艾伯特基金会(Friedrich Ebert Foundation)、弗里德里希·诺曼自由基金会(Friedrich Naumann Foundation for Freedom)、海因里希·伯尔基金会(Heinrich Boll Foundation)、汉斯·赛德基金会(Hanns Seidel Foundation)。

2. 重视人才质量和多样性

德国智库对于研究人员的素质要求严格，并且十分重视研究队伍的多样性。在德国，一般只有拥有某专业的专家资格的人才有机会加入咨询组织。智库的高级研究人员大多具有博士学历，专业范围涵盖面较广。

德国智库研究人员一般不会进入政府体系，不承担政府职务。政府一般通过委托研究、组成顾问委员会和专家委员会以聘请智库专家参与对公共决策的讨论和咨询。智库的后备研究人员通常来自大学，智库与大学之间会展开人员的双向交流，以保持智库的学术水准和研究人员的流动性。

---

① 参见樊鹏《公共投资主导的德国智库》，载《中国社会科学报》2012 年第 3 期。

3. 借助社会关系网络提升影响力

德国智库重视社会关系网络的力量。许多德国智库通过建立研究人员会员制度,开展院校间、院企间的合作以及国际合作,培养学生,出版研究成果,举办会议论坛,进行媒体议题设置等多种方式,建立起了以人际关系、项目合作、知识传递、媒体舆论为纽带的社会关系网络,加强了对政府与决策者的决策影响力以及对社会与大众的舆论影响力。

目前,德国智库对公众和决策过程的影响方式出现了两种值得关注的趋势:一,成果面向公众开放,将大众作为目标群体,以便通过舆论和民意影响政策走向;二,注重撰写简明扼要的小论文或专题报告,为决策者和公众提供明确的建议和可行的方案,通过这种易被大众媒介转载的形式,拉近智库与公众的距离,让智库走进公众视野。

四、德国智库名片

本章节重点介绍了德国的三家顶级智库,分别是德国著名政党智库康拉德·阿登纳基金会、与德国外交部保持特殊关系的德国外交政策协会,以及民间智库透明国际。这三家顶级智库不仅在专业领域研究出色,而且在研究机制等方便表现突出,在国内外均享有盛名。

(一)康拉德·阿登纳基金会(Konrad Adenauer Foundations)

康拉德·阿登纳基金会在《2017年全球智库报告》全球顶级智库(含美国)排行榜中位列第16名,其实力已位居德国智库前列。

1. 机构状况

该基金会是亲近基督教民主联盟的政党智库,于1962年成立,得名于联邦德国第一任总理,总部位于柏林圣奥古斯丁附近。该基金会在柏林还有一家于1998年成立的名为柏林研究院的会议中心,并在德国其他地区设有16个地区办事处和2个会议中心,提供丰富多样的公民教育会议和活动。海外办公室则负责了在约120个国家开展的200余个项目。①

该基金会在德国与海外开展的公民教育课程旨在促进自由、和平与正义,并集中关注巩固民主、欧洲和跨大西洋关系加强统一以及发展合作等话

---

① 参见 About Us, Konrad-Adenauer-Stiftung, http://www.kas.de/wf/en/71.3628/。

题。基金会的宗旨之一是向德国内外的优秀青年提供奖学金,培养学术人才和领导人才,并设立有"优秀人才培养研究所",负责管理奖学金。

2. 研究成果及影响力

作为一家智库和咨询机构,该基金会对科学的基本概念的研究以及研究现状的分析旨在为可能的政治决策提供依据。阿登纳基金会举办的会议和活动吸引了那些"有话要说"的人。仅在德国国内,基金会每年就会举办超过2500次活动,吸引超过145000人参加。

【延伸阅读:特设中国项目办公室】

特别需要指出的是,康拉德·阿登纳基金会在中国开展项目,并设立了中国项目办公室。中国项目以支持中国的改革进程,特别是经济转轨和法治国家改革领域的改革进程为最高目标。基金会在通过法律改革以建立法治国家、加快社会变革进程及市民社会的产生、促进现行经济体制向社会平衡的市场经济过渡、中国融入世界经济、缩小地区发展差异、加强德中及欧中对话、支持媒体与公关工作七大领域支持将中国进一步纳入国际关系的网络之中。

基金会在各领域提供的培训、研究及咨询项目大致如下:

在法律领域,基金会展开的法治国家对话是对德国与中国于2000年在该领域正式开始的对话的补充。自1997年以来的优先行动领域包括行政法、所有权法及司法改革。今后,卡特尔法以及立宪主义和全球化之间的关系则将成为关注重点。中国项目希望阐明法治国家的原则,并且支持法治国家机制在中国的国家社会发展实践中发挥作用,具体包括以下几点。

在社会变革领域,康拉德·阿登纳基金会观察到中国社会从实行开放政策以来,发生了迅速而深刻的变革。基金会希望在中国社会变革过程中举办、开展一些有关价值观和政党社会政治功能的对话,促进基层民主相关活动(如村长选举)更好地开展,发挥智库功能。

在经济与社会改革领域,康拉德·阿登纳基金会有意愿帮助中国市场经济的现代化建设更加平稳、平衡地发展。针对中国国有企业和银行与金融体系方面的诸多结构性问题以及越来越多的移民带来的经济与社会压力,就有关积极劳动力市场政策、建立可靠的社会保障体系等话题展开讨论,并向中国提供如何适应加入世界贸易组织之后的国内外环境等相关咨询。

在区域发展方面,康拉德·阿登纳基金会早在1992年就与中国的西北大学共同成立了中德企业管理研究所,着力于开展促进中小企业结构及管理知识普及的项目。基金会还与陕西省妇联展开合作,特别重视提携妇女与扶贫方面项目的共同实施。基金会认为,扶贫的重中之重就是提供增收措施,而增加收入的关键在于提供各种各样的培训项目和起步援助。

在外交与安全政策领域,基金会积极开展和推动国际对话,寻求具有重大现实意义的问题的答案,如全球化的后果与影响,如何处理地区冲突以及如何看待新的非传统安全危机。参与者包括了德国及至欧洲以及中国政界的上层代表。此外,基金会还以培养外交与安全政策方面的后续力量为目标。

在媒体领域,近年来中国的移动通信覆盖率不断上升,互联网越来越普及,新媒体的发展也迅猛起来。另外,媒体行业对于商业化、商业利益的追求日益凸显。基金会希望与媒体从业人员(包括一线从业人员和高层管理人员)保持联系,同时进行科学分析,推动媒体领域的国际交流,向中国提供海外经验,使中国在信息社会的发展过程中少走弯路。

在开展各项活动时,中国项目办公室会优先考虑在政策咨询机构(如智囊团、政府部门及高等院校的研究所)工作的科学研究人员。此外,康拉德·阿登纳基金会还希望借助各种项目引起政治决策者(党、各部委的负责人)及经济与媒体决策者的注意。①

(二)德国外交政策协会(the German Council on Foreign Relations,DGAP)

德国外交政策协会在《2017年全球智库报告》的全球顶级智库(含美国)排行榜中排名第47。

---

① 参见 *Konrad-Adenauer-Stiftung*,http://www.kas.de/china/zh/about/。

德国外交政策协会于 1955 年在波恩(Bonn)成立,以纽约的美国外交关系协会(the Council on Foreign Relations)以及伦敦的查塔姆学会(Chatham House)为典范,成为德国外交政策网络的一部分,与德国外交部关系特殊,并且与美国、俄罗斯以及欧洲国家的诸多重要智库保持密切的关系。协会的第一任主席是德国著名的政治家、外交官和企业家冈特·亨勒(Günter Henle),1998 年德国原总理施罗德上任以来,也曾多次到该协会发表有关国际问题和德国外交政策方针的重要讲话。①

该协会以加强对国际特别是欧洲政治、安全、经济问题的研究,促进德国内外的交流合作为目的。联邦德国第一任总理康拉德·阿登纳(Konrad Adenauer)在该委员会的成立大会上就曾要求其"独立于德国外交部、联邦政府和各政党,以免受到党派政治的影响"。作为一个独立的、无党派的、非营利性会员组织、智库和出版商,该委员会在过去的近 60 年时间里促进了德国外交政策的公共辩论的发展。②

德国外交政策协会研究所是该协会的核心部分,主要工作是促进对国际关系的理解,科学地研究当前外交政策并提供咨询,同时通过出版论文、组织专题会议和研究组来增进国家间的了解并推动世界范围内的学术合作。研究所设有由 1 名主席、1 名副主席、11 名理事和 3 名顾问组成的科学理事会。其资金来源主要是德国联邦政府外交部、私人企业及各基金会的捐赠,以及协会的会员费和其他自筹资金等。

该智库进行的政策导向研究主要在于政商界、学术界和媒体的交集。研究所内的 30 多名外交政策专家围绕着跨大西洋关系、欧洲一体化、俄罗斯/欧亚问题、国际安全政策、能源政策、全球经济、中东问题、中国问题展开了十个研究项目。德国外交政策协会定期邀请来自政治、经济、科技和媒体的德国与国际专家、政策制定者就重大外交政策和时事进行讨论。该研究所的专家还会定期发布当前的外交政策问题,向外交决策者提供具体的政策研究与分析。

---

① 参见李建军、崔数义《世界各国智库研究》,人民出版社 2010 年版,第 70 页。
② 参见 The Foreign Policy Network, Deutsche Gesellschaft für Auswärtige Politik e. V., https://dgap.org/en/think-tank/about-us。

（三）透明国际（Transparency International）

透明国际由德国人彼得·艾根于1993在德国柏林创办，以推动全球反腐败运动为己任，目前已经成为腐败问题研究领域内的最权威、最全面和最准确的国际性、非营利性、非政府组织。除了在柏林设立了秘书处，透明国际还在全球近100个国家成立了分会。

透明国际是德国的老牌智库，曾一度在《全球智库报告》的全球顶级智库排行榜中排名靠前，但近年来排名不断下滑。2015年，透明国际尚在全球顶级智库（不含美国）排行榜中位列第5，在2016年降至第9，在2017年已跌至第18。这说明透明国际近年来发展缓慢，虽然对腐败问题研究透彻，但终因距离权力中心太远，发展举步维艰，全球排名第51位。但作为老牌的德国智库，透明国际仍具有一定的研究价值和借鉴意义。

透明国际在腐败指数的制定方面独树一帜，该组织目前常用的腐败指数及相关报告有四种：

1995年，透明国际制定出"清廉指数（Corruption Perceptions Index，简称CPI）"。该指数以面向商人的问卷调查为基础，按世界各国本土贪污情况的普遍性进行排名，主要反映了各国政府官员在商业活动尤其是跨国商业活动中向企业索取、收受贿赂的行为。清廉指数后来每年公布一次。虽然制定该指数的方法基础备受批评，被认为偏袒发达国家，对发展中国家有失公平，但是该指数一定程度上反映了各国的贪污问题，并能够引起相关国家政府和国际社会的重视，仍有很大正面影响。

1999年起，透明国际公布"行贿指数（Bribe Payers Index，简称BPI）"。该指数的数据主要来自对跨国企业、会计事务所、商会、商业银行、法律事务所等单位的高级主管人员的访谈，反映了企业在国外从事商业活动时贿赂该国官员的主观意愿。按各国的跨国公司在外地行贿的普遍性进行排名，引发普遍关注。除此之外，透明国际还会发表全球贪污年度报告以及全球贪污趋势指数。

透明国际于2004年起每年发布"全球腐败晴雨表（Global Corruption Barometer，GCB报告）"。2013年度的GCB报告长达48页，覆盖了107个国家和地区的11.4万调查对象，被称为关于腐败的"史上最大规模民意调查"。透明国际希望通过发布"全球腐败晴雨表"明确和宣传腐败对社会生活各方面的影响,披露世界各国在反腐败领域的趋势。

全球腐败报告(Global Corruption Repoter,CCR)是透明国际首创的旨在揭发气候变化领域腐败危机的综合性刊物。全球腐败报告有一支由50多名专家和从业人员组成的专业团队,他们具有丰富的反腐败运动和气候变化领域的专业知识,该刊物的内容上至国际政策的制定,下到国家该如何减缓并适应气候变化,尤其关注了各国林业部门的工作开展情况。

通过制定指数和发布报告,透明国际以一个国际民间组织的身份引领了反腐败斗争,致力于终止腐败对世界各国人民生活带来的负面影响,创造一个远离腐败的清廉世界。

五、总结与评议

德国智库之所以能在世界顶级智库中形成阵营,并不断进步,除了智库建设起步早,发展稳定,更与智库工作人员的齐心协力,及其研究成果强调质量优先、注重宣传的历史传统密不可分。

(一)质量为先,成果评价体系严格

德国智库对于研究项目以及研究成果产出的管理一向十分严格,并且已经形成了规范化的管理、考核制度。

前文已详细介绍了莱布尼茨学会的评价体系,在此不再赘述。再以马克思·普朗克协会为例,其评价分为事前评价、事后评价与国家系统评估三部分。事前评价包括新所成立、所长任命、研究项目与研究计划的评价等,事后评价包括每两年一次的研究所评价以及每六年一次的同领域研究所评价,国家系统评估则是国家每五年一次对协会及其下属研究机构的整体评价。

严格而完善的科研状况与成果评价体系使得德国智库的产出保持了高品质的特点,德国智库也在世界顶级智库中占据重要地位。

(二)重视大众媒介,加强成果宣传

与一般学术性研究机构不同,科研成果只是智库成果呈现的一个环节,而非结束。智库的科研成果必须进行转化,并对社会产生尽可能大的影响。因此,智库更加重视成果宣传工作。

在过去，智库一直与电视保持着较为疏远的关系，但是近年来大型研究所的经济政策专家与电视台和广播电台的关系有所改善。① 德国的研究所明显地表现出对新闻界的偏重，十分重视与德国日报、周报的政治与经济版主编等媒体行业人员保持良好关系，并希望对他们产生影响。涉及外交政策和国家安全的专业研究所因为国家机密的保密要求，则不包含在内。

在传统的新闻媒体之外，互联网也为智库的宣传推广提供了新的渠道。普通公民通过网络就可以直接了解自己感兴趣的信息和专家的见解。

（三）研究成果转化程度仍需提高

学者马丁·图内尔特（Martin Thunert）在总结德国智库现状时指出，"尽管个别研究所的规模庞大，但是在德国，仍然缺少能够整合多个领域的主题和信息的跨学科的智库或研究群体，也极为缺少能够将富有远见的勇气与深入的专业知识结合起来的研究所。"② 当今社会，跨学科、交叉学科已经越来越成为学科发展的主流和趋势，对交叉领域进行研究的重要性也不断上升。德国智库必须顺应时代潮流，加强开展跨学科、跨领域的合作。

另外，智库所从事的研究从来都不是单纯的学术研究，而是形成政治、经济决策的基础。德国智库有必要加强对社会现实的关注，更加重视学术研究成果的推广和实施。

第三节 独辟蹊径："少而精"的法国智库

在欧洲境内，法国是继英、德之后智库比较发达的国家，而其智库出现的时间也要更晚一些。相较于其他两国智库起步早、规模大的优势，法国智库"独辟蹊径"，在国际关系和战略理论等研究领域表现出少而精的特点，虽然起步较晚，但是却发展迅速，颇受世界瞩目。

一、法国智库的发展历史

20世纪70年代以前，一批美英智库在世界范围内占据了主导地位，当时法国智库在国际上并未产生什么影响，直至20世纪70年代末，法国智库

---

① 参见 Thunert, M. W., "Think Tank in German", *Society*, (41), 2004, pp. 66-69。
② 参见 Thunert, M. W., "Think Tank in German", *Society*, (41), 2004, pp. 66-69。

才逐渐开始走向繁荣,并在国内外取得了一定的声望和荣誉。

在巴黎和会筹备及其后续期间,类似智库这样的机构在美英纷纷成立,但法国却并未加入这一行列。其原因不仅是因为法国的官僚机构和人才战略,同时也是因为同盟国无视法国人民合理的问题和需求,在巴黎境内日益积累起对美英等同盟国的反感情绪。① 面对盎格鲁-撒克逊的强权,法国在这段时间内并未如美英两国那样建立咨询机构。

1936年成立于巴黎的"外交政策研究中心"是法国当时最为著名的智库之一,各领域的专家汇聚一堂,使当时国内的政策研究和学术交流氛围颇为活跃。另外,该研究中心在1944—1978年雅克·韦尔南(Jacques Vernant)担任秘书长期间加强了自身与外交部之间的联系与互动,因而在外交政策的制定过程中起到了举足轻重的作用。1979年,时任法国外交部国际问题分析和研究中心主任的蒂埃里·德蒙布里亚尔牵头改组了成立于1936年的外交政策研究中心,并在此基础上创建了法国国际关系研究所(Institut Francais des Relations Internationales),使之成为真正意义上的现代"智库",并逐渐发展为"法国一流的智库"。②

20世纪60年代初,由于法国政府对美国智库的模式产生了极大的兴趣,继而效仿它进行相关智库的筹建工作。在这一期间建立的智库有:1963年建立的"法国战略研究所";1964年成立的"前景与评估中心",它是法国国防部模拟美国兰德公司的模式创立起来的;外交部在70年代中期建成的"分析与预测中心"以及1979年在"外交政策研究中心"的基础上筹建的"法国国际关系研究所",法国国际关系研究所目前已成为法国境内最著名、国际影响力最大的智库。

"二战"后,法国智库有了较大的发展,前后主要分为三个阶段:第一个阶段是1945年到1953年,此时属于战后经济的恢复期,大批企业生产水平低,管理人才缺乏,竞争力低下,需要生产技术、财务管理、成本核算等方面专业知识的帮助,咨询业适应这一需求,发展了技术咨询、财务会计、法律合

---

① 参见 Williams Andrew, "Why don't the French do Think Tank? France faces up the Anglo - Saxon superpowers", *Review of International Studies*, 34(1), 2008, pp. 53 - 68。
② 参见应强《法国智库:再铸法兰西影响力》,载《瞭望新闻周刊》2010年第38期。

同等方面的智库。第二个阶段是1955年到1975年,这时法国加入了欧洲经济共同体,法国企业开始进军国际市场,与国外企业展开激烈竞争,法国的咨询业逐步转向市场开发和企业管理方面的咨询,各种专业的咨询企业由小到大快速发展,建立起大型的管理咨询类智库。第三个阶段是1974年经济危机之后,在研究发展中国家对咨询的需求后,咨询业进入了变革的时期,咨询的重点转向了企业的战略研究方面,大踏步地进军国际市场。① 法国智库与政府关系十分密切,因而法国政府的主要部门大都成立了相关的研究中心,对中长期的经济社会形势进行研究预测。这些隶属于政府部门的研究机构,其研究成果是法国政界高层官员们制定相关政策时的重要依据来源。

二、法国智库的生存现状

智库在法国很难找到一个公认的定义或标准,除了不同学者的认识角度存在差异外,很大程度上取决于传统政治文化背景对个人产生的影响差异。由于法国智库长久以来一直与政府保持着千丝万缕的联系,智库研究学者凯瑟琳·菲耶斯基和约翰·加夫尼曾经提出过这样的观点:"智库是具有相同意识形态并希望使用其研究成果影响决策进程的专家团体。这类团体的主要职能是在某种意识形态的基础上进行研究,以确保研究成果与决策产生一定程度的政治影响。"②由此可以看出在法国学者的眼中,国家智库的宗旨、目标以及功能并非同普通智库一样取决于其主要的资金来源,而是在于自身所坚守和捍卫的核心意识形态。智库不是利益机构,而更像是服务于意识形态的组织结构。而作为一个民主共和制的国家,法国国家的管理模式是一种半总统半议会制的形式,即既有总统制的特点,同时又不乏议会制的特征。这一政治特征为法国智库的发展和进步奠定了坚实的政治基础。

法国政府是在国家智库发展领域当中给予最多支持与重视的国家之一,这表现在以下几个方面:法国智库的中坚力量是由政府和主要党派直接

---

① 参见李建军、崔树义《世界各国智库研究》,人民出版社2010年版,第64页。
② Diane Stone and Andrew Denham, *Think tank traditions: policy research and the politics of ideas*, Manchester University, 2004, p. 109.

或间接组建而成的智库类研究中心,而在政府或党派处理国家问题时也通常向这些智库寻求智力支持。同时,国家针对那些为智库类研究机构进行捐款的企业和个人实施税收减免政策,这就间接鼓励与扶持了智库的发展,同时也扩大了智库在国内的社会影响。在此之外,法国的国家决策者历来有依赖专家委员会的传统,这一传统的政治模式无疑也为国内智库发挥作用提供了难得的机会。

法国智库从总体上来看成立时间较晚,因而机构历史较短。并且,与同为欧洲的英德两国相比,其智库无论是在筹资规模还是从业人员总数方面都显得略逊一筹。因此除得到政府财政支持的智库规模较大外,大多数民间智库都规模较小。法国智库形式多样,他们以基金会、学会、研究所、俱乐部等各种形式存在,但主要分为以下四类:政府研究机构、独立研究机构、院校附属机构以及企业设立的研究机构。政府研究机构是其中的一支重要力量,但法国最著名的几家智库却多为独立研究机构,他们普遍奉行独立性、非党派性以及非营利性的原则,并在法国社会的各个领域发挥了重要作用。

根据《2017年全球智库报告》,法国以197家智库的总数位列世界智库最多的国家第六名,排在它前面的五个国家分别是美国、中国、英国、印度以及德国。

在《2017年全球智库报告》的年度全球顶级智库(含美国)的前150名中,法国共有2家智库上榜,分别是法国国际关系研究所,排名第2位,与上一年相比上升了1个位次;欧盟安全研究所排名第76位,较前一年下降了1个位次。

在《2017年全球智库报告》的全球顶级智库(不含美国)的前100名中,法国智库仅有2家入围,分别是法国国际关系研究所(第1位)以及欧盟安全研究所(第84位)。这两家智库的排名均有提升,尤其是法国国际关系研究所更是在该榜单中位列第1,更加反映了该智库在自身专业领域取得突飞猛进的发展。但由此排名也可看出,法国智库的整体实力较弱,且发展水平参差不齐,研究领域较窄,主要集中于欧盟事务和国际关系,缺乏对本土问题的关注。

在法国,目前除了直接隶属政党的智库外,其他智库的利益均与党派和政府利益无关，因而其政策方案更加公正。与此同时，从事战略研究领域的法国智库几乎都是为国家政治与公共利益服务的，其创办人多为高校毕业生经过国家选拔进入政府工作成为高级公务员后，一部分会分流去创建智库。因而法国智库的研究成果能够与社会经济生活紧密相关，从而更加贴近社会的需求。此外，法国的著名智库很注重对外合作与交流，与各国知名智库都建立了紧密的联系与合作。

三、法国智库的运行机制和特点

不同于英德两国智库发展的成熟与迅速，法国现代智库的成立时间较短，但依旧在世界范围取得了较强的影响力。而这份令世人瞩目的成绩，可以从其运行机制和整体特点中略窥一二。

（一）法国智库的运行机制

法国智库作为重要的社会组织，需要具备一套健全有效的运作机制，在维持其正常运转的同时发挥各种作用和影响。概括来看，法国智库的运行机制主要包括以下几方面的内容：

1. 筹资机制

法国智库的资金主要来源于研究项目委托经费、政府拨款、社会赠予、出版物销售收入、会员会费等。其中政府型智库的经费大部分来自政府拨款或津贴，而独立型智库的收入则主要来自政府以及企业的委托项目。法国智库大多与政府保持着良好的业务合作关系，各政府部门是智库的主要客户，他们在处理各类国家问题时经常向智库寻求智力支持和解决方案，因此涉及政府部门的资金主要来源于完成政府的项目所获取的劳务报酬。

智库获取资金的另一渠道是企业或社会的捐赠。法国政府对那些为智库类研究机构进行捐款的企业和个人实施税收减免政策，这间接推动了各大企业对智库的财力支持。同时，大型的企业、公司对智库进行捐助，也是他们承担社会责任、扩大社会影响的有效手段。因此，法国智库大多也与企业关系密切，他们在为政府项目工作的同时，也为企业开展相关咨询服务，并建立起自己的会员制度。一般而言，越是知名度高、影响力大的研究中心，在获取社会各界捐助方面越处于有利的地位。例如法国国际关系研究所，其捐赠者中就有很多法国的大型公司以及欧美的一些公司，几乎所有的巴黎 CAC 40 指数（Cotation Assistée en Continu 40）的 40 家大公司都对其进行了资助。这种多样化的资金来源有助于保证智库研究成果的相对中立性和客观性。

与其他国家的智库相同，法国智库也通过出售研究出版物来获取资金。这些出版物一般包括各种期刊、系列图书、专题研究报告、时政评论等。

2. 人员机制

法国智库对工作人员的招收要求较高。其中，独立型智库的要求可适当调整，但政府型智库的准入门槛非常高。在法国，从事战略研究领域的智库都是由从高校毕业并在政府工作的高级公务员建立。而一些官办的研究所，如国家科学研究中心，它所招聘的研究人员只有持博士学位的人才有机会参与招聘。一旦被录取，就会成为正式科研人员，享受国家级公务员待遇，备受社会尊重。而独立型智库如法国国际和战略关系研究所，在其宗旨中就强调愿意将研究所向公众开放，吸收所有愿意从事国际关系研究或对此感兴趣的集体和个人参与研究所活动，以帮助公众更好地了解国际时事。但是这只说明了研究所愿意积极吸取多方意见的态度，并不意味着其研究人员水平不高。实质上，其组成人员大多是政府退休官员和各领域的专家学者。

总体而言，法国智库注重退休高官和学者作用的发挥，其研究人员大多由这些退休官员以及知名学者担任，因而使其成果更具实效性和可操作性。

3. 研究机制

法国智库的研究机制相对而言比较自由、稳定。在确定研究方向并有充足的经费保障后，研究人员可以从事风险大、周期长的研究，而不受"要么发研究文章、要么就走人"的威胁。也不像美国的研究人员，必须尽快出成果，不断发文章。[1] 在这种氛围中，的确可以让研究人员专注于课题项目的深度研究，发现并提出一些真正有意义的结论。

此外，智库的研究成果会交由第三方进行评价，所在研究机构并不参与其中，谨防内部人员因感情用事而影响评审结果的客观公正。科研成果由

---

[1] 参见王佩亨、李国强等《海外智库——世界主要国家智库考察报告》，中国财政经济出版社 2014 版，第 35 页。

研究员自己汇总上报，第三方并不知晓具体的人员名单状况。评估人员大都是这一领域的专业人士，拥有绝对的发言权，同时不涉及任何直接利害关系，以保障评估结果的权威与合理。

除了第三方的独立机构评审外，有的智库为了严格控制研究成果的质量，还会在机构内部设置专门的部门。例如法国国际关系研究所内就设有战略发展委员会，负责对已经完成的项目进行评估，以保证各类研究成果以及出版物的质量。

4. 合作交流机制

法国智库尤其是颇具影响力的知名智库，都非常重视与各国智库以及知名学府建立良好的合作交流机制，建立紧密的联系。不少智库每年会定期举办各种论坛、研讨会、大型年会等，邀请各个国家各个领域的人前来参加，交流成果、分享经验，并在这一过程中扩大智库的影响力和号召力。

除了接受国内的业务委托外，法国智库还积极开拓海外业务，进行国际交流。法国政府对这一举动也非常重视，还专门为此成立了海外技术援助协会，来帮助本国智库更好地拓展和完善海外的研究项目，提升其国际影响力。

5. 管理机制

法国智库相对而言规模较小、人员较少，管理机构一般设立董事会、学术委员会。董事会是其最高决策者，由社会各界知名人士担任。法国国际和战略关系研究所的董事会主要由前政府部长、政府领导人、议员和航空航天企业领导人组成，其名誉董事长是欧盟委员会贸易委员帕斯卡·拉米（Pascal Lamy），董事长是国民议会原副议长阿尔蒂尔·帕克特（Arthur Paecht）。

（二）法国智库的特点

法国智库在运作过程中，表现出一些明显的特征：与政府关系密切，研究选题注重针对性、实用性、有效性、及时性，活动注重实效性，注重研究成果的国内外交流与推广宣传等。

1. 政党机构是主要服务对象

智库在法国的行政体系中占据极为重要的地位，在政府决策和社会管理等方面发挥重要作用。智库经常依据政党的需要,对各自专业领域内的问题和现象进行深入的分析和研究,并提出研究结论、建议方案等供决策者参考使用。智库所提供的专业支持,有利于政府出台各项有利于国家发展与社会繁荣的方针政策,同时也能促进智库自身的发展,提升其在国内甚至国际上的影响力。

法国的独立型智库也与政府关系密切,虽然其强调自身的独立性,不接受政府的津贴,但因其重要的政治影响力,所以仍普遍同政府保持紧密的合作关系。这类独立智库的主要代表是法国国际关系研究所以及法国国际和战略关系研究所,它们基本都是政府研究机构的合作伙伴,承接或是参与政府的重大研究项目,并为此提供专业咨询服务。

此外,法国政府对智库的发展给予了很多便利条件和政策支持,不仅仅是资金方面的援助,在人才培养和信源供给方面也贡献颇多:政府研究机构是法国智库的重要力量之一,政府和政党是智库的主要客户,为其提供了研究机构的多数项目,为了推动智库发展,政府对那些向智库类研究机构捐款的企业和个人实施税收减免的政策。

2. 智库活动的实效性强

法国智库注重为其客户提供切实可行的服务,而非进行纯理论式的研究。他们重视对与社会政治、经济生活密切相关的、具体的问题进行调查、研究、分析和判断,并最终提供有意义、可操作的研究结果或咨询方案。在整个智库活动过程中,研究人员极为重视针对性、实用性、有效性、及时性,力图使其智力成果能够发挥积极作用。

法国智库在其国家社会中起着非常重要的作用,它既要承担政府研究课题,为公共政策的制定提供系统专业的建议,也要承担评估政府在实际公共事务中运作效率的工作,同时还要积极地引导社会舆论和传播社会知识。所有这些行动,都发挥了智库应有的功能和效用。

3. 独立型智库拉升国际影响力

法国智库总数位居全球第六,在法国众多的智库中,主要分为政府型智库、独立型智库、院校附属智库以及企业附属智库。虽然作为政府的智囊团对政策决策过程能够产生一定的作用,但是真正让法国智库在国际范围内产生影响的却是独立型智库。这种类型的智库强调政治上的独立,不依附于任何政党官僚组织,以服务对象以及财政收入的多元化为自身赢得独立生存的空间。

在现有的法国智库当中,法国国际关系研究所以及法国国际和战略关系研究所是法国影响力最大的智库类机构,它们都是独立型智库,且影响力远远大于政府型智库。

4. 重视形象,善于推广

法国智库重视对其研究成果进行宣传推广,以不断扩大自身的知名度和影响力。除了国内的业务外,法国智库还积极开展海外业务、进行国际交流,因此它们也极为注重在国外开展广泛的宣传工作,以便向潜在客户介绍其研究领域、历史经验、技术力量以及人才储备等各方面优势。

法国政府也非常重视国家智库的发展壮大,不仅给予各种优惠政策,还为此成立了海外技术援助协会,来帮助法国智库更好地拓展和完善海外的研究项目,同时提升国际影响力。

5. 知名智库后来居上

法国智库是从20世纪70年代才蓬勃发展起来的。"二战"结束后,法国与美、英不同,其政府决策和战略研究主要依靠国家领导人以及政党来推动。智库尚未形成气候,很多研究所长时间在政治、财政方面无法取得独立,在获取研究项目和资金筹备渠道上也都屡屡受挫。

法国智库在前期度过了漫长的无名时代,而其最大也是最有影响力的独立型智库——法国国际关系研究所是于1979年方才在"外交政策研究中心"的基础上建立起来,但却用短短30多年的时间成为法国影响力最大的智库,在国际智库排行中也位居前列。而另一所知名智库——法国国际和战略关系研究所则创建于1990年。这两家智库在法国的政治、经济、社会管理等方面都发挥了无法忽视的作用,它们虽然成立时间较短,但是却能迅速跃居国际顶级智库的行列,产生巨大影响力。

6. 重视退休高官和知名学者

同其他国家相比,法国智库在人才选拔和使用方面有着自身的特色。法国智库的研究人员大多由退休高官和知名学者担任。他们经验丰富、阅历精深、人脉广泛、熟悉政策操作流程,使决策咨询更合理,从而能更有效地影响政府决策,扩大智库的影响力。① 法国智库能在这么短的时间内快速繁荣发展、并与政府以及各党派之间维系着千丝万缕的关系,都与智库的这一特点密不可分。

四、法国智库名片

法国智库起步虽晚,但是却拥有一定的国际影响力,使其能够在智库林立的欧洲为自己争得一席之地,仅次于英、德两大国。虽然缺乏长期历史的积淀,但是这些知名的法国智库依旧能够为我们带来很多启发。

(一)法国国际关系研究所(French Institute of International Relations,FIIR)

法国国际关系研究所成立于1979年,它是在1936年建成的"外交政策研究中心"的基础上改组而成的,目前是法国最大的研究国际问题的独立型研究机构。

法国国际关系研究所的创始人德蒙布里亚尔于1973年在法国外交部负责国际问题分析和研究工作。1979年,他离开外交部并创建了法国国际关系研究所,并得到了当时法国总理雷蒙·巴尔的支持。随后研究所与法国外交部合作了几个项目,逐渐展示了它的影响力。1995年,研究所搬入目前所在的巴黎15区的办公楼,并接手历史悠久的法国《外交政策》杂志的出版和发行工作。

法国国际关系研究所是法国影响最大的、非党派的研究机构,它的宗旨主要包括以下两点:其一,开展与国际事务相关的公共政策应用研究。其二,推动不同部门和团体的研究人员、代表和观察员开展积极和建设性的对话及辩论。它既是一个研究中心,也是一个展开辩论的论坛。该研究所广泛涉及了国际关系中的政治、经济和战略等方面,汇总了大量最新的文献与信息,以提高人们对日益复杂的国际与社会环境的了解和认识,并为更加合理有效的决策提供思想基础和智力支持。

法国国际关系研究所的本部设在巴黎,同时在布鲁塞尔设有一个办事

---

① 参见王佩亨、李国强等《海外智库——世界主要国家智库考察报告》,中国财政经济出版社2014年版,第32页。

处。研究所以区域研究为主体,设有安全、亚洲、俄罗斯、奥地利和移民五个研究中心、四个研究项目小组、一个委员会以及一个实验室,研究中心和研究项目设有专门的负责人。理事会是其最高决策机构,由21人组成,任期3年。所长负责日常事务的管理,现有工作人员80多人。此外,还设有战略发展委员会对已经完成的项目进行评判,以此保证其研究成果和各种出版物的价值和质量。

法国国际关系研究所的所有活动都围绕两个主轴进行:一是研究,其研究领域包括世界经济、能源、战略、地区政治和经济等方面,侧重点是欧洲、美国、东亚、俄罗斯、撒哈拉以南非洲、中东等问题,突出动向性和分析性研究,这些研究结果除了用传统形式发布以外,已经越来越多地用互联网发布。二是建立一个辩论和讨论中心,这是对第一个主轴的补充,为法国和外国政府以及私营机构的决策者、公民社会代表、国际问题观察员和专家等提供了一个非官方的讨论平台,以利于相互间的交流和沟通,并根据研究所伙伴企业(研究所资金提供者)的要求,制订有针对性的专项研究计划,为其发展提供可资参考的分析和建议。[1]

研究所注重形象且善于对研究成果进行宣传推广,其发布渠道主要有以下五个途径:(1)研究所主办的《外交政策》杂志,该杂志是法国历史最悠久的外交政策期刊,每季度出版一期;(2)拉美西斯(RAMSES)年度报告,主要内容为对过去一年外交事务的回顾和对新一年的展望;(3)图书出版,研究所每年出版10本左右的研究著述;(4)研究所网站,每年发布100多篇研究论文;(5)参加媒体举办的访谈。[2] 其中,RAMSES年度报告的发行较大,在欧洲甚至世界范围内都能够产生一定的影响。

法国国际关系研究所的资金来源多样化,不依附于任何政党或企业,以此来保证其独立性。它之所以能够在以政府型智库主导的大环境下脱颖而出并迅速成为法国唯一真正独立并影响深远的智库,主要在于其抓住了为政府和企业服务的基本方略,进而不断扩大了自己的政治影响力。[3] 法国国

---

[1] 参见应强《法国智库:再铸法兰西影响力》,载《瞭望新闻周刊》2010年第38期。
[2] 参见褚鸣《美欧智库比较研究》,中国社会科学出版社2013年版,第167页。
[3] 参见褚鸣《美欧智库比较研究》,中国社会科学出版社2013年版,第72页。

际关系研究所在宾夕法尼亚大学 2018 年发布的《全球智库报告》中,在全球顶级智库排名中位列第 2,在西欧顶级智库榜单中位居第 1,是法国综合实力最强、影响力最大的智库。

(二)法国国际和战略关系研究所(Institut des Relations Internationals et Stratégiques)

法国国际和战略关系研究所创建于 1990 年,创始人是帕斯卡·博尼法斯(Pascal Boniface)。它是一所独立的研究机构,是法国最知名的智库之一,在法国的国际问题研究领域有着不可忽视的地位。

法国国际和战略关系研究所的领导机构是董事会,主要由前政府部长、政党领导人、议员和航空航天企业领导人组成。每年预算约 140 万欧元,没有政府直接拨款,主要依靠政府和国际组织的项目和会议资金、合作伙伴捐赠款、教学活动所得维持运转。研究所虽然按法律规定注册为独立的、非营利性质的民间协会,但与政府和媒体关系十分密切,加之从事教学活动,因此在国家决策和舆论中都有较大的影响力。[1] 法国国际和战略关系研究所是一个公共利益组织,专注于地缘政治和战略问题。它是唯一一所完全由私人倡议并通过独立的途径建立起来的国际性智库机构,目前已成功成为法国智库中研究国际和战略性问题的专业组织。

该研究所的宗旨或是目标体现在以下三个方面:(1)通过提供关于国内和国际问题富有原创性的差异化分析,来为国际问题和战略问题方面的研究和争论作出贡献;(2)建立一个以提供战略性专业意见为主的真正独立的研究中心;(3)为战略部门的所有工作人员以及各领域专家政治领导人、高级官员、工业家、专家和大学教师等创建一个能够自由对话与思考的平台。

法国国际和战略关系研究所总部设在巴黎,同时还有一个分支机构在里尔政治学院。里尔市地处巴黎、布鲁塞尔和伦敦的三角交汇地带,与欧盟各国和国际组织交流便利,研究所之所以选在此处建址,意在表明其未来的工作方向将会更加向欧盟倾斜,也更加强调对外交流与合作。

研究所虽然是独立型研究机构,但是与政府之间联系非常密切,是法国

---

[1] 参见臧术美《法国主要国际关系研究机构》,载《国际资料信息》2011 年第 5 期。

国防部最重要的六个合作伙伴之一，它主要通过三个途径为政府提供服务：（1）承接政府的相关研究项目，为政策的出台提供智力支持；（2）主办各种类型的研讨会，为社会各界提供交流对话的平台；（3）召开战略年会，会议主题与当年的国际形势紧密相关。

法国国际和战略关系研究所经常就重大国际事件发表观点，进而引导舆论走向。此外，研究所也非常重视对自身研究成果的宣传展示，其主要出版物有：年度调查文献《战略年鉴》、季刊《国际战略杂志》以及系列图书《战略问题》等。

法国国际和战略关系研究所在宾夕法尼亚大学2018年发布的《全球智库报告》西欧顶级智库排行榜中位居第23位。

五、总结与评议

虽然法国智库成立的时间普遍较晚，但是发展迅速，尤其在国际关系和战略理论领域独树一帜，短短几十年时间便能够在欧洲乃至世界范围内取得举足轻重的地位，极为值得关注。而法国智库之所以能够在较短的时间内取得巨大的成功，离不开其自身的努力奋斗以及背后的种种推动力量，这主要表现在以下方面：

法国非常重视智库行业的发展，并给予多方面的扶持。政府型智库是法国智库的主力军，政府提供财政拨款。而与此相对的独立型智库，也依旧与政府维系着千丝万缕的联系。因为政府及其各部门是法国智库的主要客户，因此它们所委托的项目构成了智库的主要业务，而为此支付的项目委托费成为智库资金收入的主要来源。此外，法国政府对那些为智库类研究机构进行捐款的企业和个人实施税收减免政策，这一政策的实施间接推动了智库的发展。为了使法国智库在国外能进一步发展壮大，政府在给予各种优惠政策的同时，还专门成立了一个海外技术援助协会，借此帮助法国智库更好地拓展并完善海外的研究项目，同时提升其国际影响力。

法国智库非常注重自身研究活动的实效性，他们不做纯理论式的研究探讨，无论服务的客户是政府组织还是企业机构，都以提供具体的、可操作性的建议为宗旨，以获取实质性的进展为最终目标。智库致力于为研究人员创造自由、稳定的氛围与环境，以便让工作人员能够放心大胆地去挑战周期长、风险大的项目,这也确保了研究成果的实效性。同时,智库非常重视研究结果的质量,其科研成果以匿名的方式由第三方进行评价,以保证评估结果的公正合理。

对于机构所取得的各项研究成果,法国智库非常注重宣传推广。并且由于海外业务的迅速扩展,法国智库开始重视在国外开展广泛的宣传活动,以便向潜在客户介绍自己在研究领域、技术力量、人才储备等方面的优势。政府也为此提供帮助,成立了海外技术援助协会,来支持法国智库更好地开拓并完善海外的研究项目。

最后,在工作人员的选用上,法国智库也颇有特色。其研究人员往往由退休高官以及知名学者担任,他们所拥有的丰富经验、深刻阅历以及广泛人脉往往能引导智库的决策研究工作以更加合理有效的方式进行,并取得显著的成果。

第四节 立足本土:中、西欧其他国家智库解析

一般来说,瑞士、德国、奥地利、捷克、斯洛伐克、波兰、列支敦士登被界定为中欧七国,英国、法国、爱尔兰、比利时、荷兰、卢森堡被界定为西欧六国。

根据《2017年全球智库报告》,波兰和比利时的智库的数量和质量在中、西欧遥遥领先于英、法、德以外的其他国家,跻身于中、西欧智库的第二梯队。

一、量小而精:发展迅速的波兰智库

波兰智库的发展历史并不长,仅有少数智库成立于两次世界大战期间,为民族国家的独立和发展提供策略支持,本国的大多数智库是在欧洲一体化进程出现后才陆续成立的,研究内容聚焦全球化、欧洲一体化,以及在此背景下波兰在政治、经济、文化等方面的发展态势。

《2017年全球智库报告》统计显示,波兰共有60家智库,是中欧表现最出色的国家。从质量角度来说,2017年波兰有两家智库进入世界顶级智库前100名——波兰社会与经济研究中心和波兰国际事务研究所,在全球顶级

智库(含美国)排行榜中分列第63、84位。

在日常管理方面,波兰智库的运行机制与其他西方智库一样,大多采用了理事会制度,同时设有监督部门,监管智库的日常运营与学术研究。

在政策生产方面,波兰智库重视研究成果的推广与政治影响力,积极与政府展开合作、提供咨询与建议。以波兰国际事务研究所为例,事务所定期或不定期公布波兰国际事务研究所报告、战略文献、政策文件公告、研究论文、书籍、期刊、波兰外交文件等。自2005年起,波兰国际事务研究所持续发布1918—1989年间的波兰外交政策历史源文件,形成共计19部的波兰外交文件(POLSKIE Dokumenty Dyplomatyczne,PDD)系列。该系列包含了波兰与美国、英国、德国等国家的外交文件,并给相关部门负责人、工作人员和研究人员提供查询、借鉴的原材料。另外,仅在2015年3月,事务所已经发布了十篇政策公告,包括:"土耳其对埃及政策及其在东地中海地区加深的隔离"、"双轨睦邻政策:凝固中国在亚洲的领导力"、"以色列议会选举的外交政策"、"欧洲央行的量化宽松:晚来总比没有好"、"欧盟—日本自由贸易协定:东欧企业的机遇与挑战"、"克里姆林宫对于非系统性反对派的三次先发制人"、"欧洲和北约在美国新国家安全战略中扮演的角色"等。这些政策公告反映了研究所对于相关问题的研究近况与研究成果,给政府决策部门提供了诸多参考意见。

从近年来波兰智库的发展来看,波兰智库具有以下三个特点:

其一,规模小,质量高。与英、美等国的智库相比,波兰的智库规模较小,波兰国际事务研究所和波兰社会与经济研究中心都属于年度经营预算少于500万美元的智库。但是这并没有影响到智库成果的质量,波兰国际事务研究所和波兰社会与经济研究中心都进入了世界顶级智库前100名。

其二,与政府关系密切,对政策影响大。波兰智库与政府保持密切联系,深入政策研究的各个领域,并且能够切实影响到政府决策。在国内政治经济政策领域的顶级智库、教育政策领域的顶级智库、外交政策和国际事务领域的顶级智库、国际经济政策领域的顶级智库、社会政策领域的顶级智库等诸多排行榜上,波兰均占有席位。2017年,该智库在最具有创新性政策意见智库排行榜上排名第3,在对公共政策最具影响力的智库排行榜上排名第

35。可见,该智库在政府政策方面的影响力愈加深远。

其三,重视资源管理与合作。波兰智库重视人力资源与社会资源,重视智库内部的管理,充分利用社会资源,广泛开展与其他国家和地区研究机构的合作。在最佳管理能力排行榜中,波兰社会与经济研究中心位居第48名。

在全球化、欧盟一体化的浪潮下,波兰智库重视区域内合作,与捷克、匈牙利和斯洛伐克合作的 Think Sisegrad-V4 智库平台曾在 2015 年拥有最佳关系网络的智库榜上排行第 32。波兰智库重视全球化合作,借 2011 年波兰总统访华的机会,中波两国政商文化界精英成立了波中联会暨中波联会和欧盟中国合作中心,下设以下专业事业部门或机构:中波青年联会、中波文化联会暨中波文化论坛、中东欧旅行社、肖邦音乐学社、居里夫人科学俱乐部、哥白尼天文会社、中欧生命基因联会等相关专业事业部门或机构。

波兰智库规模不大,但是在具体领域的研究成果丰硕,世界排名靠前,总结波兰智库发展的成功经验,有以下两点值得借鉴:

第一,重视智库合作与联盟。波兰智库重视建立多维度的联系网络和多元化的科研团队。以社会与经济研究中心为例,该中心与其他智库建立起地区性、全球性联盟,成为多个智库联盟的成员,借以扩大研究范围和全球影响力。波兰智库的研究队伍通过不断吸纳跨学科、跨领域、跨国界研究人员的参与,使智库的文化和研究背景呈现出多元化的特点;同时通过与各国学者展开密切的互动,丰富研究人员的专业经验。波兰智库大多规模不大,但是通过联盟与合作,实现了"1+1>2"的发展。

第二,全球化与本地化同步进行。波兰智库在顺应全球化趋势进行跨国界、跨洲界发展的同时,仍然关注本地化议题。以波兰国际事务研究所为例,该研究所以研究国际问题为主要研究方向和业务内容,同时也为本土的公务员开设课程、提供培训。社会与经济研究中心也是如此,一方面在俄罗斯、乌克兰等国家和地区设立分支机构,研究本土市场;另一方面分支机构也参与到波兰社会与经济研究中心的国际合作项目中去,增强分支机构的国际性。立足本土、观照全球,是波兰智库得以呈现良好发展态势的重要因素。

二、波兰智库名片

（一）社会与经济研究中心（Center for Social and Economic Research，CASE）

波兰社会与经济研究中心成立于1991年，是一个独立的、国际性、非营利政策研究和咨询机构。该中心以"提供客观的经济分析和建设性的解决方案，帮助各国应对在转型、发展中遇到的挑战"为宗旨，研究内容涉及全球经济和社会发展、欧洲一体化进程、东欧国家经济转型等领域，尤其关注中长期决策的制定，致力于促进公共管理和非政府部门的能力建设。

在《2017年全球智库报告》中，波兰社会与经济研究中心名列全球顶级智库排行榜第63名，在中欧和东欧的顶级智库排名中为第1名。

波兰从20世纪80年代开始经济改革，这一特殊的历史事件引起了东欧许多国家的决策者和研究人员的兴趣。90年代初期，部分中东欧国家在经济转型发展过程中忽视宏观经济稳定政策，导致恶性通胀问题普遍出现。对此，研究中心参加了许多围绕着过渡政策有效性展开的国际讨论，进行了诸多跨国比较分析研究，并提出了一些有效建议。

90年代后半期，波兰改革的速度开始放缓，甚至逐渐停滞，人们对改革的兴趣开始减退。研究中心也由此开始积极学习其他转型经济体的经验，在国际范围内建设专家网络，致力于向国家和企业提供完整的、有效的全球化经验。

进入21世纪后，研究中心协助联合国开发计划署、世界银行和国际货币基金组织等国际机构开展"扶植政策在转型国家中实施的有效性"等项目，并参与了项目评估工作。

在新的历史时期，研究中心越发关注宏观经济分析与预测、公共财政管理、贸易竞争、社会救助等领域的研究工作以及宏观战略的制定。

2000年后，伴随着中东欧地区国家的市场转型基本完成，研究中心也开始转移研究重心，逐渐转为以全球化为导向，研究范围涵盖亚洲、非洲、中东和中东欧的研究机构。如今，研究中心在泛欧洲问题、全球性问题研究及其对特定地区的影响等领域的研究项目越来越多，并致力于提供全球化方面的政策和决策建议。

目前,研究中心有28名员工以及来自世界各地的学术机构、国际金融机构、非营利部门、企业及公共部门的100多名项目研究专家。

波兰社会与经济研究中心的管理层则由管理委员会、监事会、顾问委员会三大部分组成。克里斯托弗·哈韦尔(Christopher Hartwell)博士是现任管理委员会主席,拥有丰富的宏观经济研究、应用经济分析、私人部门发展和战略规划经验,曾在私营部门和公共部门有超过18年时间的工作经历。他专注于经济转型,并在近15个国家为促进其经济增长和金融改革作出了贡献。管理委员会副主席是伊扎贝拉·斯蒂切斯卡(Izabela Styczynska)博士,她的研究领域是劳动力市场、社会政策和雇佣关系。监事会由12名专家委员构成,包括了1名主席和2名副主席。顾问委员会有18名成员,成员包含了来自知名大学的教授、来自其他智库的管理与研究人员等优秀人才,他们为智库的研究提供顾问支持。

研究中心主要通过项目制开展研究工作,从成立以来已经完成了300余项规模、主题、地域范围各异的研究项目,其中有不少是国际研究项目。在研究成果推广方面,研究中心以定期发行的出版物为载体,发表最新研究成果,通报研究动态,同时定期或不定期举办论坛、研讨会、交流会等学术活动,展开学术交流。

波兰社会与经济研究中心重视研究的独立性。一方面,中心虽然重视政策咨询工作,但是拒绝以机构的形式整体参与其中,中心学者的研究论著、演讲活动只代表研究小组或专家的观点;另一方面,中心及中心分支机构的专家学者也不代表资金赞助方和机构支持者的利益。

受全球化影响,波兰社会与经济研究中心十分重视建立多维度、跨地域的联系网络。在研究队伍建设方面,中心不断招揽人才,扩大研究队伍,强调研究人员的多国家、多领域背景,并且与各国学者密切互动。多元化的研究团队为中心带来了丰富的专业经验。

在分支机构建设方面,自1998年以来,研究中心在俄罗斯、乌克兰、白俄罗斯、吉尔吉斯斯坦、摩尔多瓦、格鲁吉亚等国家和地区设置了分支机构。分支机构在法律上具有独立地位,但实质上与波兰社会与经济研究中心密不可分。分支机构侧重研究本地市场并为本地客户提供解决方案,但是也会参与波兰社会与经济研究中心的国际合作项目,与研究中心一直保持联系,共享发展战略。

在跨境合作方面,研究中心热衷于与其他智库建立起地区性、全球性的联盟,目前已经成为经济政策研究所欧洲网络、欧洲宏观经济预测研究协会、欧洲—地中海经济学研究机构论坛、俄罗斯经济智库联盟等多个智库联盟的重要成员。①

(二)波兰国际事务研究所(Polski Instytut Spraw Międzynarodowych,PISM)

在《2017年全球智库报告》中,波兰国际事务研究所位列全球顶级智库(含美国)排行榜第84名,在中欧和东欧的顶级智库排名中排第7名。

原波兰国际事务研究所成立于1949年,又在1993年关闭。1996年,新的波兰国际事务研究所成立。2005年合并了主要承担培训外交官任务的外交学院。

扎博罗夫斯基(Marcin Zaborowski)从2010年7月起担任波兰国际事务研究所的主任。在此之前他一直在巴黎的欧盟安全研究所处理跨大西洋项目,包括跨大西洋关系、美国外交政策、欧盟共同安全和防御政策以及欧盟的扩大等。泽林斯卡—拉克维茨(Anna Zielińska-Rakowicz)担任副主任,主要负责研究所的战略发展。波兰外交部对研究所进行监督,并提名国际关系领域的知名专家学者组成研究所顾问委员会。

研究所内部设有研究办公室、图书馆、PISM学院、出版社、新闻办公室、财务与行政办公室以及分类信息保护七大部门。研究所采用委员会管理,12名委员包括了欧洲议会会员、欧盟机构会员、波兰外交大使以及公司高管,由别列茨基(Jan Krzysztof Bielecki)担任主席。

波兰国际事务研究所的主要任务是从事国际问题的研究,为公务员开设课程,为公众提供相关信息,并与波兰国内外的政治组织和学术研究机构进行合作。同时,它也继承了外交学院的培训传统,开办外交与领事培训、外交礼仪培训、对外政策研究、外语培训等课程。研究所的主要研究领域包

---

① 参见http://www.paiz.gov.pl/nowosci/? id_news=5339。

括外交政策、欧洲一体化、国际安全和国际经济关系,研究项目主要集中在国际安全、能源、气候与法律、东欧和东南欧、国际经济关系与全球问题、欧盟、防扩散与军备控制以及中东北非等方面。

波兰国际事务研究所的主要经费来源为预算拨款、研究经费以及自有商业活动。

波兰国际事务研究所的活动包括主办学术会议、出版关于波兰外交政策等问题的著作、期刊和文件。研究所不定期出版《波兰国际事务研究所战略文件》《波兰国际事务研究所政策论文》《研究论文》《专家报告》《公报》等。该研究所定期出版物为《国际事务》季刊(波兰语)、《波兰外交评论》双月刊(波兰语)、《波兰国际事务季刊》(英文)和《波兰外交年鉴》(英文)等。此外,该研究所还负责《波兰外交文件》的编辑与出版工作。

波兰国际事务研究所还与波兰国内外研究机构建立了广泛联系,经常合作主办国际问题学术研讨会。2011年6月1日,周弘带领中国社会科学院欧洲研究所代表团访问该所,与该所学者围绕里斯本条约后的欧盟特别是机构改革和欧盟轮值主席国作用的变化进行了座谈。[①]

(三)波兰亚洲研究中心(Poland - Asian Research Center,CSPA)

波兰亚洲研究中心是波兰国内最主要的亚洲研究智库。

该研究中心成立于2008年8月8日,致力于从多角度对亚洲特别是中国地区当代论题进行研究、传播并提供咨询,以推动波兰社会对亚洲的了解。自成立以来,波兰亚洲研究中心向国家机构提供研究报告,同时也向企业提供商业咨询,试图在促进波兰与亚洲的合作上发挥桥梁作用。研究中心还成立了基金会以推动其长远发展。

波兰亚洲研究中心重视专家对于亚洲的了解程度,除了通晓亚洲文化和亚洲国家的国情,许多专家还精通一到数门亚洲语言,甚至有在亚洲工作和生活的经验。该研究中心与波兰的主流媒体保持良好、密切的合作关系,中心的专家经常会受邀就亚洲发生的新闻事件发表评论。

研究中心始终以独特的视角关注中国和中国社会的发展及其对波兰的

---

① 参见波兰国际事务研究所简介,http://ies.cass.cn/Article/gnwxsjg/gwxsjg/201108/4114.asp。

影响。由于中国在当前全球化世界中的特殊性和重要性，研究中心的研究焦点已经转向中国，聚焦于那些影响着波兰以及其他国家的最为相关的论题。2010年以来，研究中心代表波兰参加了亚洲地区召开的许多国际研讨会，使波兰的声音走向世界，同时也进一步了解和认识了远东地区的欧洲政策。研究中心不定期举办会议、报告会、讲座、培训和研讨会，并通过出版物、研讨会、讲习班和讲座课程等多种形式将亚洲的信息动态带到波兰。自成立以来，该中心已出版和发表了许多有关亚洲国家、文化和语言的著作和文章，并多次举办研讨会和讲座。2011年10月，波兰亚洲研究中心在欧盟轮值主席国波兰的首都华沙组织举办了第十三届"欧洲—东亚智库对话"。2011年12月，波兰在布鲁塞尔欧洲议会举办了"亚洲的崛起——东欧的视角"主题研讨会。

波兰亚洲研究中心同时也帮助中国商界人士在波兰进行商业活动，并通过组织代表团到中国参观访问等方式向波兰商界人士介绍中国。在专家团队的支持下，研究中心帮助亚洲和波兰在商业、文化和社会的各个方面建立合作。该中心将继续在波兰议会（和议会外事委员会）的支持之下，努力维护波兰和中国之间的友好关系，并成为两国之间的值得信赖的桥梁。

除了举办线下活动，波兰亚洲研究中心还关注网络影响力的提升，重视线上的交流与传播。波兰亚洲研究中心的官方网站①正在波兰社会引发越来越多的关注，每个月都能产生可观的访问量，约有13%访问来自国外。2011年5月访问研究中心网站的人数为31423人，点击次数为192500次。目前，该网站已经成为波兰乃至全世界网民都可以生产内容、发表评论的网络社区。

三、依托欧盟：重视成员国合作的比利时智库

比利时首都布鲁塞尔是欧盟总部所在地，有许多位于布鲁塞尔的欧盟智库因此被统计为比利时智库。本书将在此章节对比利时智库的历史和现状稍作介绍，详细内容读者可以参考欧盟智库的相关章节。

20世纪中期，最早一批比利时智库在欧洲各国竞相成立智库的浪潮中

---

① 参见 http://www.polska-azja.pl/。

诞生。第一次浪潮中出现了一批活跃至今的典型智库,如1947年成立的艾格蒙特研究所(Egmont)、皇家国际关系研究所(Royal Institute for International Relations)和1956年成立的弗拉芒群众运动(Vlaamse Volksbeweging)等。

20世纪后半期,伴随着欧洲一体化趋势的出现,大量以欧洲为研究对象的比利时智库先后成立。如1983年成立的欧洲政策研究中心(Centre for European Policy Studies)、1985年成立的欧洲国际战略研究中心(Centre Européen de Recherches Internationales et Stratégiques)和1990年成立的和平与战略研究中心(Centre for Peace Research and Strategic Studies)都是此时期的代表性智库。

1993年11月1日欧盟正式成立,并将总部设于比利时首都布鲁塞尔,比利时的智库进入了新的发展时期。欧盟的机构和部门遍布布鲁塞尔,其他比利时城市也设置了一些欧盟机构和部门,随即出现了大量为欧盟部门和机构提供咨询和政策设计服务的智库。1993年成立的欧洲安全与裁军中心(Centre for European Security and Disarmament)、1995年成立的国际危机组织(International Crisis Group)、1996年成立的欧洲地中海与欧洲—阿拉伯合作研究所(European Institute for Research on Mediterranean and Euro-Arab Cooperation)和1997年成立的新欧洲中心(Centre for the New Europe)都是在这批浪潮中出现的重要智库。

21世纪以来,以安全与防务议程(Security & Defence Agenda)、多学科战略研究网(Réseau Multidisciplinaire en Etudes Stratégiques)、布鲁盖尔研究所(Bruegel)为代表的新兴智库迅速出现在国际顶级智库序列中。

目前,比利时拥有61家智库,智库总量位列全球第23位,顶级智库的全球排名甚至超过了很多智库大国。从2015年到2017年,全球顶级智库(不含美国)排行榜中的第二名一直是比利时布鲁塞尔欧洲和全球经济实验室(Bruegel)。2017年,共有5家比利时智库在此榜榜上有名。2017年,在"西欧的顶级智库"排行榜上,前十名中有2家来自比利时,上榜的124家智库中有13家比利时智库,在数量上与传统智库强国法国相当,仅次于德国和英国。

比利时智库的运行机制与欧盟智库大致相同,本书将在欧盟智库的相关章节对此进行详细分析，在此不加赘述。其特点可以总结为：

第一，重视与政府的关系，政党背景明显。比利时智库与政府、政党的关系比较密切，政府附属型、政党型的智库数量多、质量高。国际危机组织进入最佳游说型智库前十，欧洲政治策略中心名列"最佳政府附属型智库"第13名，30家具有政党背景的最佳智库中有7家来自比利时。

第二，关注公共政策与公众利益。比利时智库重视开展政策研究，致力于对本国政府和欧盟相关部门的决策产生持续影响，尤为关注公共政策的制定与推广、公众利益保障等问题。国际危机组织在"透明度和善治领域的顶级智库"排名中名列第十，有5家比利时智库进入了"对公众政策最具影响力的智库"排行榜。另外，布鲁盖尔研究所（Bruegel）和欧洲政策研究中心（CEPS）都进入了"拥有最优秀政策导向型公共项目的智库"榜单。

第三，重视发展合作关系。比利时智库顺应区域发展、全球化发展的浪潮，同时充分发挥了首都作为欧盟总部所在地的区位优势，与欧盟、欧洲乃至全球的智库保持良好关系并积极展开合作。在"涉及两家以上最佳机构合作的智库"排行榜中，欧洲政策研究中心位居第34位。而布鲁盖尔研究所、跨欧洲政策研究协会等智库则进入了"拥有最佳关系网络的智库"榜单。

比利时的国土面积仅有3.0528万平方千米，比我国海南省的陆地面积还略小。然而比利时位于欧洲西部沿海，西与英国隔海相望，北部与荷兰接壤，东部与德国接壤，南部与法国交界，东南部还与卢森堡相交，被誉为"欧洲的十字路口"。特殊的地理区位使得比利时与欧洲各国的联系十分广泛且紧密，不仅展开了经济、政治方面的深入合作，智库间的合作也十分频繁。

另外，欧盟成立以后将总部设于比利时首都布鲁塞尔，给比利时带来了大量资源和新的机遇。比利时智库也借此东风迅速发展，顺应时代潮流，展开跨地域、跨领域的合作，扩大影响范围。新时期，比利时成立了许多国际性的以欧洲一体化、欧盟为研究对象的新智库，关注并推动欧洲一体化的进程，为政策制定者提供参考意见。

四、比利时智库名片

比利时的顶级智库大多属于欧盟智库，将在欧盟智库中详细介绍。在此，仅选取1993年欧盟正式成立之前建立的一家比利时智库——欧洲政策中心加以介绍。

(一) 欧洲政策研究中心(Centre for European Policy Studies, CEPS)

欧洲政策研究中心成立于1997年1月,由布鲁塞尔游说集团创始人斯坦利·克罗希克(Stanley Crossick)、让·莫内行动委员会原副主席马克斯·科恩斯塔曼(Max Kohnstarnm)、《卫报》签欧洲版主编约翰·帕尔默(Joini Palmer)共同创立。

欧洲政策研究中心的最高决策机构是由13人组成的中心理事会,负责研究中心重大事务的批准和决策。中心的日常具体管理工作由中心主任负责,现任中心主任为丹尼尔·格罗斯(Daniel Gros)。根据中心网站的介绍,中心现有工作人员58人,包括了17名管理人员和来自18个不同国家的41名研究人员。

该研究中心是一个独立的非营利性组织,致力于欧洲一体化和欧洲的建设,注重政策分析,能及时对影响欧洲一体化的问题提供分析和评论。欧洲政策研究中心的研究领域涉及经济政策、金融市场和机构、能源与气候变化、贸易发展和政策制定、欧洲一体化、政治与机制、司法与内务等,并且聚焦于一系列具体的研究项目,如"人口老龄化、健康状况以及保健支出的决定因素"、"欧盟共同外交和安全政策:透明性与效率"、"人口统计的不确定性与社会福利体系的可持续发展"、"欧盟成员国增加后经济和政治的重新一体化:对地区稳定的影响"、"欧洲的自由与安全:欧盟的社会凝聚力、安全问题和机制发展"等。

欧洲政策研究中心的重点研究包括:

经济政策。研究中心的宏观经济政策研究小组由资深的经济学家组成,中心主任丹尼尔·格罗斯牵头负责具体事务,有14名研究人员参与了该领域的研究。研究团队重点关注欧盟各国的财政政策、经济和社会福利政策、教育和劳动力市场改革等问题,每年出版的关于欧洲各国经济的评估报告因其独立性和权威性而对欧洲央行、政府和学术界有相当的影响。

欧盟外交和安全政策。有3名研究人员从事欧盟外交与安全政策的研究工作,重点研究欧盟与周边邻国的关系,包括欧盟与俄罗斯、欧盟与巴尔干半岛国家以及欧盟与北非和中东国家的关系。

司法与内务。有 8 名研究人员参与这一领域的研究工作。欧洲政策研究中心司法与内务研究项目的目标是帮助欧盟在扩大后做好公民自由权与安全之间的平衡工作,关注重点是外部边界控制体系的中长期影响、欧盟的共同移民和难民政策、警务与司法合作的机制以及数据安全政策。

能源与气候变化。能源、环境和可持续发展是欧盟发展的三个战略要素,也是研究中心关注的重点,有 7 名研究人员参与该课题的研究。减少碳排放、加速欧盟在能源、环境和气候变化政策方面的一体化一直是欧洲政策研究中心与利益相关方讨论和研究的主要课题。

金融市场与制度。为了加快欧洲金融市场的整合,制定相应的金融规范对欧盟来说至关重要,欧洲政策研究中心有 11 名研究人员从事这方面的研究工作。该中心主要关注债券市场规范、金融监管的结构、金融中心竞争、电子商务及零售金融政策等议题。金融危机的起因、后果及对策的研究也是研究人员重点关注的课题。

政治与机制。有 4 名研究人员参与相关课题的研究工作,重点研究欧盟机构的发展、里斯本条约的执行情况以及欧盟决策过程的改进、欧盟扩大后的政治动力、欧洲议会及欧盟委员会主席的选举、欧洲宪法条约以及民主与治理等课题。

贸易发展政策。主要研究课题包括多哈回合谈判、贸易保护、与美国和日本的贸易与投资关系、对华贸易等。

欧洲政策研究中心实行会员制,研究中心官方网站在 2015 年 2 月 24 日公布的会员名单中共有 116 家会员,包括谷歌、华为、三星电子等企业会员,以及欧洲自由贸易协会等机构会员。研究中心近年来开始招收个人会员,学者、政治家、政府官员、退休的企业管理人员都可以个人身份成为研究中心的会员。

研究中心公布的 2013 年资金来源显示,760 万欧元的资金中约有 50% 来自欧盟委员会等官方机构的项目资金,是最大资金来源;26% 来自会员缴纳的会费;20% 来自私人机构的项目资金;另外还有来自合同研究、大会会费、出版物发行等方面的收入。①

---

① 参见 http://www.ceps.eu/content/about-ceps。

第二章 欧洲其他智库

除了智库发展水平较高的中西欧地区,欧洲其他智库也依旧不容小觑。无论是放眼全球的欧盟智库或是东欧的俄罗斯智库,还是南欧的意大利智库,都独具特色且表现强劲,值得我们关注。

■ 第一节 全球视野:以欧洲利益为出发点的欧盟智库

根据《2017年全球智库报告》,欧盟28国的智库总数高达2045家,比上一年新增275家。

一、欧盟智库的发展历程

随着欧洲一体化趋势的出现与不断发展,欧盟的智库也开始出现。研究学者对欧盟智库的兴起提出了多种解释模型。

海蒂·乌尔里希(Heidi Ullrich)[1]从供需平衡的角度提出了两种解释:智库数量增多是欧盟成员国对欧盟扩张、决策范围扩大,以及随之而来的决策数量增多、决策复杂程度提高作出的反应,借此向决策者提供更多的新思路和政策选择;同时,智库数量增多也是更多的非政府智库广泛参与决策活动导致的必然结果。为了鼓励多方参与,减少决策失误,欧盟鼓励非政府智库积极参与到决策进程中。

西蒙·尼科尔森(Simon Nichelsom)[2]从政治制度的角度提出了解释:

---

[1] 参见 Stone, D. & Denham, A., *Think Tank Traditions: Policy Research and the Politics of Ideas*, Manchester: Manchester University Press, 2004.

[2] 参见 Nichelson, S. *EU Think Tanks in Brussels*, 2008, http://www.ethesis.net/EU%20Think%20Tanks/EU%20Think%20Tanks.pdf.

多层次的政治管理体制、开放程度更高的政治文化环境,以及对欧盟权力增加的逐渐认清,才是智库数量迅速增多的原因。

与欧盟从经济联盟转向政治联盟几乎同步,以欧盟问题为研究焦点的智库在20世纪90年代大量涌现。欧洲各国出于推动欧洲一体化或是改进欧盟政策的需要,抑或是对加入欧盟进行评估所需,纷纷创立了以研究欧盟问题为导向的智库,这大大刺激了欧盟智库的发展。

二、欧盟智库的生存现状

目前,位于欧盟总部布鲁塞尔的智库大多数以欧盟、欧洲一体化为研究对象,其中约有一半是近十年间成立的新智库。与欧洲国家的智库相比,欧盟智库一般不针对具体国家开展研究咨询工作,而是聚焦欧盟整体发展,为欧盟的政治、经济、外交等各项事务提供决策咨询。

欧盟智库按照服务对象可以划分为两类:为欧盟立法决策部门服务的智库,以及为欧盟各国政府及立法部门服务的智库。前者大多聚集在欧盟总部布鲁塞尔地区,也有少部分散布于欧盟各成员国内,但是都将欧盟面临的发展和决策问题作为研究重点。

欧盟智库属于非营利性机构,日常运营经费主要依靠会员缴纳的会费、企业和基金会的捐赠以及发行出版物的收益,也有部分经费来自欧盟机构的支持。与此同时,部分欧盟智库还接受政府部门的资助。

对于欧盟智库的研究现状,有学者指出:"欧盟智库永远不停地在干两件事:批评欧盟如何如何政策不行,呼吁欧盟内部要加强团结。"欧盟智库还总是苦口婆心地劝欧洲要一个声音说话。2008年8月,欧洲对外关系协会呼吁27个会员国团结一致采取行动,避免因俄格冲突影响欧洲和平,研究员福克斯曾经批评道:"欧盟的关系就像是一局棋,27个棋子挤在棋盘一角,争吵着走哪一步棋。"①因此,协调统一成员国意愿是欧盟智库的重要工作之一。

---

① 国家智库—智库概况—北京大学国家人才发展中心,http://www.zhaopinok.com/html/2014/zkgk_0318/243.html。

三、欧盟智库的运行机制和特点

作为世界智库版图的重要一员,欧盟已经逐渐形成了一套具有丰富多样性和严密逻辑性的运行机制,既保证了作为欧盟智库的高格局、高产出,又部分保留了属地特征,进行个性化、本地化的研究。

(一)欧盟智库的运行机制

为了维持智库作为组织机器的高效运转,欧盟的诸多智库经过长期的探索与尝试,逐渐发展出一套行之有效的、涵盖了人员管理、资源管理和项目管理等方面的运行机制。

1. 管理机制

与其他海外国家智库的运行机制相同,欧盟智库一般也采用董事会或理事会的管理形式,由具有一定声望的学者、企业家等知名人士构成管理层,负责智库运营方向和重大事务的决策。管理与研究分开,研究人员不参与管理事务,只对智库负责,对项目的资助者负责,围绕项目组织研究团队,项目结束后进行新的组合,管理相对松散。

2. 筹资机制

欧盟智库属于非营利性的机构和团体,资金来源均依靠个人、公司、工会等方面的捐赠和资助。捐助单位一般分为公众和私人部门,包括了政府资助、欧盟委员会拨款、私人支持、信贷支持、研究合同及其他共计六大类。[①]

2004年,欧盟委员会曾拨款200余万英镑资助欧盟智库的发展。目前,研究合同占欧盟智库资金来源的比重越来越大,智库通过研究特定项目获取政府机构、欧盟委员会、大学及私人企业等赞助方的经费。为了支撑智库的日常运营,欧盟智库还会通过召开会议、举办研讨会、发行及销售出版物、提供课程培训和咨询服务等方式获取资金。

总体来说,受制于不景气的全球经济尤其是欧债危机的不断蔓延,欧盟智库的资金相对紧张,对其生存和发展构成了威胁。

3. 成果宣传机制

欧盟智库宣传成果、扩大影响力的常见方式包括发行出版物、开展学术

[①] 参见黄彦敏、孙成权、吴新年《欧美思想库比较研究》,载《情报科学》2007年第1期。

活动等。

欧盟智库的出版物可以大致分为政策简报、专题研究报告、会议报告/会议记录、书籍、杂志、观点总结展现和快报七类,总结学界、政界对相关议题的关注情况,反映智库近期研究成果。大多数出版物可以直接从相关智库的网站上免费或付费获得,有时智库也会通过新闻发布会、媒体发布有关信息。

欧盟智库重视并且经常开展学术活动,通过研讨会、学术会议等活动推介和发表研究成果。欧盟官员、专家学者、社会人士和业界人士也借学术活动的平台交流沟通,进行讨论,达成共识。

4. 人员流动机制

欧盟智库的规模相对较小,多数智库的常驻研究人员只有几人或几十人。为了加强研究力量,减轻人手压力,智库通常会吸纳一些兼职研究人员。一些智库重视研究网络和关系网络的构建,并通过这些网络实现智库间的人员流动,增加人员多样性。

欧盟智库的研究人员与政府官员的身份划分比较明确。很少有离职的研究人员进入政府机构任职,即使是在智库内部,管理层官员离职后转而从事研究工作的也不多,但是离职的政府官员却热衷于进入欧盟成员国智库。但是总体来说,与美国智库的"旋转门"机制不同,在欧盟,通过智库和政府之间的人员交流以影响政府决策还较难实现。

另外,欧盟智库的研究人员更倾向于"本土化"、"欧洲化",虽然强调研究队伍的多样性,但研究人员更多的是来自不同的欧盟成员国,只有少部分来自俄罗斯、美国、加拿大等非欧盟国家的研究人员。

5. 课题管理机制

欧盟智库的研究主要以项目形式开展,研究人员按照研究领域和研究方向确定研究项目。几名研究人员组成一个研究团队,开展研究工作,并在智库内部进行过程和结果的监督。项目结束时,研究团队会通过工作报告、政策简报、问题报告等形式向委托方和社会提供研究情况分析。

(二)欧盟智库的特点

欧盟智库数目多,研究领域广,各有特色,但仍存在以下共同的特点:

第一，成立时间较短，但是世界排名上升迅速并且能保持得住。欧盟智库大多成立于1993年欧盟成立以后，有不少甚至是2000年以后新建成的，但是这些智库成果丰硕，国际地位越来越突出。以2005年成立的布鲁塞尔欧洲和全球经济实验室（Bruegel）为例，该智库的研究十分优质、专业，与欧盟机构、成员国及企业也一直保持良好的互动，以上种种都促使其影响力在短期内迅速提升。经过短短两年时间的发展，实验室于2007年挤入世界智库排名前30，并保持上升态势。

第二，强调研究的独立性，但难以实现。欧盟智库与政府之间联系紧密，部分智库的隶属关系、研究项目和活动方式都表明智库实际上未能独立自主进行研究。接受政府资金的欧盟智库比较多，虽然大多声称要保持独立性，但受限于人员选择和经费来源，在研究成果上仍然具有比较强的倾向性。

第三，重视学术和人才，交流频繁。欧盟智库的学术氛围浓厚，对研究人员的学历要求较高，同时意识形态气氛相对较弱，学术研究自由程度较高，各组之间的学术交流也比较频繁。欧盟智库吸收了欧盟乃至世界范围内的优秀大学教授和科研人员参与项目研究，保障了研究成果的学术权威性。另外，欧盟智库积极建立人才激励机制，广泛吸纳后备人才。

第四，智库研究的影响力、辐射力大，但付诸实施的有限。欧盟智库的研究领域涉及政治、军事、外交、社会、环境等，几乎涵盖了欧盟的各项事务；同时，许多欧盟智库与政党联系紧密，常把研究重点集中在政策研究，向相关部门和政党提供政策研究成果和决策建议。然而，欧盟资金、资源的缺乏使得许多公共政策投资最终停留在理论和思想层面，无法付诸行动。

四、欧盟智库名片

欧盟顶级智库之多，如繁星大海，研究项目涉及社会的方方面面，难以在一章一节之内为读者梳理其全貌，本书将选择其中最具有代表性的三家欧盟智库为读者进行介绍。

（一）布鲁塞尔欧洲和全球经济实验室（Bruegel）

布鲁塞尔欧洲和全球经济实验室于2005年成立于比利时首都布鲁塞尔，这里也是欧盟总部所在地。实际上，该实验室正是由欧盟成员国共同赞助成立的,着重研究欧洲经济成长和竞争力的提升。实验室官方网站上明确指出,实验室力图通过开放的、以事实为基础的、并与政策密切相关的研究、分析与讨论,提升欧洲经济政策的决策水平。《2017年全球智库报告》中,布鲁塞尔欧洲和全球经济实验室在全球顶级智库(不含美国)中排名第2,仅次于法国国际关系研究所,并在全球顶级智库(含美国)中排第4。

除此之外,2017年,该实验室还在对公共政策最具影响力的智库中排名第5,国内经济政策领域的顶级智库中排名第6,外交政策和国际事务领域的顶级智库中排名第70,国际经济政策领域的顶级智库中排名第2,社会政策领域的顶级智库中排名第18。

布鲁塞尔欧洲和全球经济实验室的研究工作可以总结为以下五个特点:

一是具有外向型政策倾向。作为一个开放的经济体,并且作为世界经济的主要参与者,欧盟不应被内向型政策偏见阻碍,而应该积极与国际经济的其他参与者展开政策探讨,加深人们对全球化背景下欧洲面临的经济挑战和担负的全球责任的理解。

二是以证据为基础提出政策建议。实验室没有特定的政策信条,其开展的研究,包括内部研究以及与其他研究机构的合作,将重点放在利用科学的分析对经济改革进行评估,讨论政策选择并提出建议。

三是从制度层面保持研究工作的独立性。实验室的理事会负责制订研究工作规划。研究项目一经选定,研究和出版工作就由研究人员独立开展,杜绝各种行政指令,理事会成员保证不干预研究的开展与发布。

四是与各方面保持密切联系。实验室为背景各不相同的组织机构和个人提供了一个展开讨论的"论坛"。"论坛"的参与者包括有丰富经济决策经验的政府官员、对政策事务感兴趣的专业研究人员,以及其他国家和地区的国际一流的研究机构。通过主办高端论坛,实验室得以与政界、商界、学术界人士进行互动,与各个层级间的政策制定者保持密切联系。

五是坚持真正的欧洲视角。实验室从泛欧洲的视角开展自己的研究和讨论,它不仅关注单一国家面临的政策责任,而且也关注欧洲和国际上的其他问题。全球问题、欧洲宏观经济结构、金融创新和气候变化都是布鲁塞尔欧洲和全球经济实验室研究的重点。①

布鲁塞尔欧洲和全球经济实验室的科研成果一般以图书、政策摘要、工作论文和会议文集的形式公布，可以在其官方主页上免费或付费浏览。

【延伸阅读：特色制度助力智库成长】

布鲁塞尔欧洲和全球经济实验室的最高决策机构是董事会。董事会由11人构成，现任董事长让-克洛德·特里谢(Jean-Claude Trichet)和其他成员均在政经界、民间和学术界表现出色。并由前理事长马里奥·蒙蒂(Mario Monti)和莱谢克·巴尔采罗维奇(Leszek Balcerowicz)分别出任名誉理事长和名誉总裁。首任理事长马里奥·蒙蒂曾是欧盟委员会委员。董事会负责任命行政领导，批准研究计划和财务安排，但不承担具体的研究责任，不能干预研究结论和出版方式，也不接受任何酬劳。布鲁塞尔欧洲和全球经济实验室的日常管理工作由实验室主管负责。贡特拉姆·沃尔夫(Guntram Wolff)是现任的实验室主管，他在副主管的协助下制订研究计划、年度工作计划、预算、年度报告，并提交给董事会。主管和副主管还同时负责监督出版物的发行和质量。理事会下设由著名国际学者组成的科学委员会，负责向管理者和工作人员提供多方面的咨询并监督研究质量。科学委员会主席需要出席理事会的会议。

布鲁塞尔欧洲和全球经济实验室研究的独立性、专业诚信和客观性是其主要资产之一。实验室的研究学者必须签署科研诚信承诺书，承诺科研会避免党派之见、狭隘偏见和特殊利益。另外，学者的研究成果不能代表机构的立场，所有出版物仅代表作者观点。学者和管理者每年都须披露其获得的外部利益。

布鲁塞尔欧洲和全球经济实验室实行会员制，其成员包括了欧盟各成员国政府、国际组织和学术机构。实验室的运行经费基本来自成员、政府和企业捐助，每年筹资在400万欧元左右。所有企业成员每年提供5万欧元的资金支援，国家成员的贡献则取决于国家的大小。总体而言，公共投入和私人投入之间达到平衡状态，并没有一个成员的贡献超过3%——

---

① 参见 Bruegel.org, Retrieved February 25, 2015, from http://www.bruegel.org/about/。

5%的年度预算。布鲁塞尔欧洲和全球经济实验室每年也会以年度报告的方式全透明公示其资金和支出。多元化的资金基础,有助于巩固实验室的独立性。除此之外,实验室还与全球其他一些国家的国际经济研究机构建立了合作关系。

布鲁塞尔欧洲和全球经济实验室有一支国际化的顶尖研究队伍,而不介意其工作人员是否为欧盟居民。实验室还开展了一项客座研究员计划,使得世界各地的研究人员能够在短期内了解实验室的工作,并作出贡献。同时,该智库重视成果评估,研究工作由一个独立委员会每三年进行一次评估。委员会人员由实验室的会员任命,审查实验室的所有产出以及它是如何履行其使命的。该委员会可以自由决定最有效的评估方法,并由科学理事会协助。实验室已经分别于2007年、2010年和2013年开展过独立评估工作,并于2016年再次进行评估。

(二)欧洲对外关系委员会(European Council on Foreign Relations,ECFR)

欧洲对外关系委员会创立于2007年,既是一家服务于欧洲一体化的智库,同时也是一个从事研究和资讯服务的组织。受到美国智库在帮助美国成为全球领袖中发挥巨大作用的启发,欧洲对外关系委员会的创始人致力于建立一家泛欧洲的机构,以"开展欧洲外交政策研究,在得到认同的欧洲利益与价值观的基础上推动更加完整的欧洲外交政策的形成"为宗旨。欧洲对外关系委员会在2017年全球顶级智库(含美国)排行榜上位列第27名。

欧洲对外关系委员会有50名创始成员,由马尔蒂·阿赫蒂萨里(Martti Ahtisaari)、菲舍尔(Joschka Fischer)和玛贝尔(Mabel van Oranje)主持工作,初始的资助资金主要来自于乔治·索罗斯的开放社会基金会(Open Society Foundations)、保加利亚社团基金会(the Communitas Foundation)、西格丽德劳辛信托(Sigrid Rausing)、意大利联合信贷银行(Unicredit)和西班牙的国际关系和对外对话基金会(FRIDE)。

如今,欧洲对外关系委员会由125位来自不同欧洲国家的委员组成,委员中有著名学者,也有前政府要员、议会议员和企业精英,任期五年。委员的选聘会考虑到国家间的平衡，也会考察候选人个人的政策影响力以及是否接受开放社会的价值观。需要注意的是，只有欧盟国家公民才有资格申请参加委员会，申请人必须同时得到一名委员会成员的提名推荐和至少两名成员的附议。

根据欧洲对外关系委员会官方网站（http://www.ecfr.eu/about）相关介绍，现任主任马克·伦纳德（Mark Leonard）是委员会的创始人之一，致力于跨大西洋关系、中东问题以及欧盟与中国关系的研究。马克·伦纳德著有两本畅销书——《为什么欧洲会领跑21世纪？》及《中国在想什么？》，这两本著作目前已经被翻译成20余种语言出版。马克·伦纳德曾在华盛顿和北京两地研究、生活过，被誉为世界经济论坛的"青年全球领袖"。他定期在路透社发表关于国际问题的专栏文章，并经常在《金融时报》《外交杂志》《世界报》《新政治家》《纽约时报》《南德意志报》《西班牙国家报》《国家选举报》《华盛顿邮报》等报刊上发表文章。

欧洲对外关系委员会重视全球化发展，目前已经拥有来自20余个国家的50余名员工，并且受到来自基金会、政府、公司和私人的广泛资助。欧洲对外关系委员会还在柏林、伦敦、马德里、巴黎、罗马、索菲亚和华沙设立了办事处，每年的例会也由设在各国的办事处轮流承办。

欧洲对外关系委员会的研究项目包括俄罗斯与泛欧洲、欧盟与中国的关系以及民主、人权与法制。俄罗斯与泛欧洲研究项目主要关注欧洲如何调整与复苏后的俄罗斯关系，如何加强欧盟成员国之间的政治、经济和军事合作，如何应对能源依赖所带来的威胁；欧盟与中国关系研究主要关注如何在能源、气候变化、人权、核不断扩散等一系列全球问题上协调与中国的关系；民主、人权与法制研究主要关注在欧盟东扩地区及世界其他地区推行民主、人权与法制等普世价值观。

（三）国际危机组织（International Crisis Group，ICG）

1995年，有感于没有国际组织能对20世纪90年代初发生在索马里、卢旺达和波斯尼亚的悲剧作出切实有效的反应，同时为了解决车臣冲突，时任世界银行副总裁的马克·马洛赫·布朗、前美籍外交官莫顿阿布拉莫维茨与弗雷德纽约市立大学希望能建立一个完全独立于任何政府、政党的机构，协助各国政府及政府间机构预防致命性的冲突。因此,三方共同成立了国际危机组织,旨在防止和解决致命性的地区性冲突,在世界各地进行实地分析和高层宣传。

2015年,国际危机组织在全球顶级智库(含美国)排名中排第21名,2016年排第26名,而在2017年,则再降至第52名。

国际危机组织总部设在欧盟总部所在地布鲁塞尔,宣传办公室设在华盛顿,在纽约、伦敦及莫斯科也设有办公室。该组织还在17个城市设有办事处,并在全球50多个受到危机影响的国家和地区派有分析人员,重点关注的国家和地区有阿富汗、苏丹、伊拉克、刚果、津巴布韦、斯里兰卡、尼泊尔,研究项目有气候变化与冲突、和平与公正、妇女与冲突等。

该组织的官方网站显示,截至2013年6月30日,该财年的年度业务收入为1830万美元,其中84%来自核心捐款;总支出为2190万美元,主要用于日常运营和组织的发展。国际危机组织的运营经费主要来自国家政府、慈善基金会、公司和个人的捐赠,也有少部分经费来自其他渠道。

国际危机组织每年发布90多份报告,希望自己的报告能为冲突双方提供谈判建议,对冲突相关的政策问题作出详尽分析,提出新的战略思维和行动准则等。[①] 该组织同时还运营其官方网站(http://www.crisisgroup.org/),并从2003年起每月出版一期 *Crisis Watch*。国际危机组织还与媒体展开合作,民众和研究者可以通过多种渠道获取该组织研究和分析人员的研究成果。

理事会是该组织的最高决策机构,理事长由曾任香港总督的英国人彭定康(Lord Christopher Patten)和曾任美国驻联合国大使的皮克林(Thomas R. Pickering)共同担任,日常工作由组织主席路易斯·阿伯(Louise Arbour)负责。该组织的执行委员会聚集了世界各国和国际机构的许多卸任政要,前联合国秘书长安南、前欧洲议会主席考克斯等都是该组织的执行委员。

---

① 参见褚鸣《美欧智库比较研究》,中国社会科学出版社2013版,第176页。

五、总结与评议

欧盟智库近年来在全球表现越发突出,但是其发展也面临着一些问题,其成功发展的经验与面临的危机,大致可总结为以下三条:

第一,国际化与落地化必须同时进行,两手都要抓,两手都要硬。欧盟智库有一部分集中于欧盟首都布鲁塞尔,更多的智库则散布于各欧盟成员国境内。受益于欧盟成员国之间的紧密联系,这样的地理区位分布使得智库的研究成果不仅能够指导和惠及欧盟整体的发展,更能聚焦到具体国家的实际情况,从而惠及所在国,推动各成员国的发展,促使相对弱势的成员国跟上欧盟的步伐。另外,虽然大批欧盟智库集中关注欧盟内部发展以及欧盟的对外关系,但是欧盟智库的研究议题也应涵盖全球范围,在研究本土议题的同时,必须顺应国际化、一体化的发展潮流,对国际议题保持关注与参与。

第二,重视学术研究,创造交流平台。欧盟智库研究人员的整体学术水平比较高,而管理经营与学术研究分开的模式也使得研究机构的学术氛围浓厚。受益于欧洲一体化的进程,欧盟智库以及各成员国之间的智库展开了数量众多、范围广泛的合作,跨机构的学术交流频繁,给智库专家提供了拓宽眼界、不断发展的平台。通过智库之间的人员交流,欧盟智库得以以较低的运营成本保障研究的丰富性和成果的多样性。

第三,经费有限影响智库生存,开源节流提供发展基础。欧盟智库的经费有限,大多数智库的经费来源于会员费、企业赞助、个人赞助和社会赞助。非政府、政党提供的、多样化的经费来源虽然在一定程度上保障了智库的独立性,但是受限于经费,很多研究成果无法落到实处,使智库的社会影响力大打折扣,有的智库甚至因为经费短缺无法保障日常运营,难以为继。在欧债危机好转势头微弱的情况下,来自欧盟机构的赞助难有增长,欧盟智库的经验教训也警示了其他智库,智库要想长远发展必须自力更生,不断寻找新的资金来源。

■ 第二节 独树一帜:不同意识形态交织的俄罗斯智库

在当今世界的智库系统中,俄罗斯智库是东欧智库的代表,它在保持社会主义时期官方智库基本结构的同时也有所变化,并最终形成了独特的多层次、多领域的研究机构体系。

一、俄罗斯智库的发展历程

俄罗斯非常注重思想、智力的集结发展,很早就设立研究院等相关机构,同时网罗各领域人才,为国家社会的发展提供动力。早在1718年,彼得一世就在一份文书上批示:"一定要成立科学院,现在就从俄国人中物色一些有学问的又有志于此的人,还应着手翻译一些法学和与法学有关的书籍。今天就着手办这些事。"1724年,彼得堡科学院应运而生,后改为俄罗斯科学院。至20世纪初,隶属于沙皇俄国的学术研究机构一共有289个。

20世纪五六十年代,为了应对国内国际形势的风云变化,苏联政府抽调全国的优秀人才来组建中央政策研究机构。其中,苏联科学院、苏共中央马克思列宁主义研究院和苏共中央社会科学院三足鼎立,在这批研究所中呈现出领导之势。在苏联时期,俄国智库的主要功能是让专家学者为政府决策提供智力支持、理论依据和咨询服务,所有智库均为官方智库,运营资金全部来自国家的财政拨款。

从20世纪七八十年代开始,智库在苏联的规模日益壮大,结构也日趋复杂,不同研究所的研究领域和方向渐渐形成差异。它们有的专注于研究分析,有的重视情报收集,也有的侧重于新闻宣传。

在苏联解体的过程中,苏共和苏联国家意识形态的基础受到极大冲击,那些为维护和强化苏联政治体制而设立的智库机构首当其冲。在当时的背景下,苏共党内智库的命运尤其令人关注。一些智库经过形式上的改变和地位上的更替,虽得以保留,但在此过程中流失了大量研究人员。[①] 而有些机构却因为政治因素至此消失于历史的舞台,例如一度非常强大的国家安全委员会,即从事对策研究的克格勃,就随着苏共的解散而不复存在。

苏联解体直接改变了国家的智库系统,新类型的智库开始出现。伴随着苏联解体,苏联学术界的国家垄断状态被打破,俄罗斯社会转型为多党制、选举制的国家,并且开始实行私有化。在这种情形下,各种政府公共智

[①] 参见王佩亨、李国强等《海外智库——世界主要国家智库考察报告》,中国财政经济出版社2014年版,第220页。

库和民间独立智库迅速发展起来,很多商业机构也开始积极成立自己的研究中心,各家智库之间不断开展竞争,并取得长足的发展。此外,在苏联解体后,西方智库也在取得政府的许可之下开始入驻俄罗斯境内。

20世纪90年代以来,美国智库开始在俄罗斯以设置办事处的方式抢占东欧智库市场,在当地招募研究人员,为俄罗斯的经济社会发展服务,并加快这些智库的本土化进程。这些新智库的相继诞生,丰富了俄罗斯的智库体系,也使得非官方智库的影响力不断壮大。

当代俄罗斯智库很好地继承了苏联智库的优点,比如工作灵活积极、整合信息情报的方式、撰写研究报告的形式和风格、形势分析、"头脑风暴"、"跨学科研究"等优良传统都得以延续。[①] 目前,俄罗斯智库的规模和数量都有了很大的提升,影响力也有所增强,发展势头良好。

二、俄罗斯智库的生存现状

如果从1724年成立的俄罗斯科学院算起,俄罗斯智库类机构的发展已经拥有200多年的历史。虽然苏联经历了国家解体与体制变更的重创,但是俄罗斯依然保持着不可小觑的大国地位。作为东欧强国,同时又拥有长期智库发展经验的积淀,本应在这一领域遥遥领先,但是与同为欧洲的英、法、德相比,俄罗斯智库的发展不免有些差强人意。

按照机构性质对现今的俄罗斯智库进行划分,可以归为以下三类:一是官方型智库,它包括俄联邦政府和总统设立的智库、由政要领导的准官方智库以及科学院系统的智库;二是学院附属型智库,多为由一些著名的研究型大学设置的分析研究机构;三是民间智库,不依附于政府而存在;四是海外资助型智库,这些机构基本上都是由西方资助,研究人员来自不同的研究领域,多数为本地招募,分析与研究能力较强。

作为非营利性的研究组织,俄罗斯智库在其国家与社会的发展中发挥着极大的影响力,主要承担以下几项任务:一是接受委托课题的研究工作,进行专业化的调查研究,为人民与社会服务;二是承接政府项目,研究国家内政外交等各种政治问题,为政府建言献策,提供专业的智力支持;三是通

[①] 参见李铁军《俄罗斯智库的发展历程和现状》,载《学习时报》2013年2月25日第6版。

过召开各种大型会议和活动,宣传自身的思想和言论,试图对政府和公众的认知造成影响,并积极引导社会舆论。

从研究领域看,俄罗斯智库可以分为三类:一是从事政治与外交研究的智库,主要有俄罗斯战略研究所、卡耐基莫斯科中心、外交与国防政策委员会;二是从事经济研究的智库,主要有现代发展研究所、转型经济研究所、经济专家小组等;三是从事社会研究的智库,主要有全俄民意研究中心、信息社会研究所等。

《2017年全球智库报告》显示,俄罗斯以103家智库的总数位列在世界智库最多的国家中排第9,与2015年的情况相比,俄罗斯智库的总数减少了19家。

在2017年全球顶级智库排名(含美国)中,俄罗斯只有三家智库上榜,分别是:卡耐基莫斯科中心(Carnegie Moscow Center),第25位;世界经济和国际关系研究所(Institute for World Economy and International Relations),第28位;以及莫斯科国立国际关系学院(Moscow State Institute of International Relations),第123位。此外,在不含美国的全球顶级智库排名中,俄罗斯也仅三家智库榜上有名,其中排名最前的是卡耐基莫斯科中心(第20位),其余两家都排在中后段。

当前俄罗斯智库主要存在两大问题:一是虽然俄罗斯智库在数量上位居世界前列,但是真正具有国际影响力的智库非常少,缺乏国际话语权,与俄罗斯的大国地位不相匹配;二是政府型智库在国内占据主导地位,因为现今俄罗斯大部分智库是继承苏联智库的模式,所以仍以政府依附型为主,它们主要接受政府或国企的委托,多为国家的大政方针作阐释性研究,并使其合理化。这些问题极大阻碍了俄罗斯智库的进一步发展。

三、俄罗斯智库的运行机制和特点

隶属东欧的俄罗斯智库,其产生与发展大多是伴随东欧剧变进行的,因而其中残留了太多社会主义与资本主义碰撞磨合的痕迹。对于这样颇具特色的智库团体,其运行机制与机构特点耐人寻味、值得我们深究。

(一)俄罗斯智库的运行机制

俄罗斯智库的运行机制主要体现在筹资机制、人员机制、研究机制和成果发布机制四个方面：

1. 筹资机制

俄罗斯智库的资金主要来自以下三种途径：一是智库机构自身经营性收入，包括各种委托项目合同收入，组织会议活动、提供培训与咨询的经营性收入，以及机构各种研究成果出版物的销售收入等；二是政府的财政拨款，因为当前俄罗斯智库依然以政府依附型为主，所以政府和一些大型国企是其主要客户，因而国家政府经常通过委托研究项目的形式进行拨款；三是来自社会范围内的各种捐助，包括基金会、企业和个人。

不同性质的智库机构，其经费来源所占的比例常常有所差别。一般来说，官方智库接受的政府拨款较多，受政府资助较大，其份额往往占据其资金总额的一半以上。与此相反，民间智库为了保证研究的独立性与公正性，较少接受政府拨款，各种委托项目的合同收入是其主要的经费来源。

2. 人员机制

俄罗斯智库对研究人员的要求较高，从早年设立科学院开始，便注重网罗各方面的人才，以便为国家与社会的发展提供动力与支持，时至今日依旧没有改变。俄罗斯智库在人才选拔方面重视其工作人员年龄、学历、学科背景还有实践经历等的多样性，从而使智库能够多角度、全方位地为国家社会提供各种问题的专业解决方案。

以历史悠久的俄罗斯科学院为例，其人员构成既有科学院的代表、高等院校的代表、各部门研究机构的代表，同时亦有各个领域的学术界权威人士，另外一些政要还曾担任俄罗斯科学院世界经济和国际关系研究所的所长。这种人员配置情况为科学院得以更好地发挥作用奠定了坚实的基础。

3. 研究机制

俄罗斯智库研究领域比较宽广，除了接受来自客户的委托项目研究之外，还会开展一些关于当前热点问题的探讨研究。在进行各种课题的研究过程中，大多数俄罗斯智库除了充分利用本机构的研究人员，尽可能发挥他们的才能和专长以外，还会面向各界寻求多种力量的支持，以追求研究过程的合作化，促进研究成果更加全面、合理、可行。如盖达尔经济政策研究所，它不但与本国政府机关、商业机构合作,还与国内和国外的研究机构、国际组织等进行合作研究。俄罗斯城市经济研究所则与国家机关、协会、社会和其他研究机构合作,研究共同关心的问题。俄罗斯科学院世界经济和国际关系研究所则与国际国内许多知名学术机构保持了长期友好的合作关系。①

4. 成果发布机制

国外智库普遍重视对其研究成果的宣传推广工作,俄罗斯智库自然也不例外。且俄罗斯智库为了对其成果实现有效的管理,还推出了包括出版物发行机制、问题研讨机制以及媒介传播机制等多种相关举措。比如在完成一项研究项目之后,研究人员会通过提交相关研究报告、出版相关著作刊物、召开学术研讨会和成果报告会等多种形式,让研究成果推广到社会中去。另外,智库机构还借助各类媒体平台扩大成果的知名度,以此引导社会舆论,最终达到影响政府决策的目的,并扩大智库的社会影响力和号召力。

(二)俄罗斯智库的特点

作为东欧智库的典型代表,俄罗斯智库具有很强的政策导向性,表现出智库结构复杂、官方智库为主导等特点。

1. 结构复杂

欧美智库大多独立性程度较高,俄罗斯则与之不同,其内部智库的结构较为复杂。既有官方智库,又有民间智库,甚至还有外国资本资助的智库;既有政府层面的,也有科学院系统的,还有各大院校附属的;既有综合性智库,也有部门、行业等专业性智库。随着结构日益复杂,专业分类也更加精细,但是这种多元化的结构也着实促进了俄罗斯智库的竞争与发展。目前俄罗斯智库主要囊括了政府依附型的官方智库、科学院系统的智库、民间独立智库以及西方国家智库驻俄机构四种类型。

2. 官方智库为主导

现代意义上的俄罗斯智库出现于 20 世纪五六十年代,当时苏联面对国内外形势的巨变,抽调全国优秀人才组建中央政策研究机构,它们均为官方

---

① 参见王佩亨、李国强等《海外智库——世界主要国家智库考察报告》,中国财政经济出版社 2014 年版,第 224 页。

智库，由政府财政支持。在遭遇苏联解体后，这些机构经过改造后大多数得以存续，所以在俄罗斯国内，由国家和政府设立的科研机构一直都充当着智库的角色。

从戈尔巴乔夫开始，俄罗斯民间智库兴起，但是由于"颜色革命"以及经济因素造成的影响，很多智库退出了历史舞台，只有那些亲政府的组织才能够继续生存下去。此外，在俄罗斯虽然有一系列政策的保护，但是"公共协会"和"非政府组织"的法律地位依旧岌岌可危，这严重阻碍了俄民间智库的健康成长。没有政府背景的支持，想要从事国家政治、经济、外交、军事等战略性研究并提供咨询服务，可谓困难重重。因此，目前俄罗斯智库依旧以官方智库为主导，以政府依附型智库为导向，亟待寻求突破与改变。

四、俄罗斯智库名片

谈及俄罗斯顶级智库，这两家智库不得不提：俄罗斯科学院见证了俄罗斯智库发展的漫长历史，卡耐基莫斯科中心则是俄罗斯智库实力和影响力的重要证明。

（一）俄罗斯科学院（Росси́йская Акаде́мия Нау́к，RAS）

俄罗斯科学院是由彼得一世于1724年下令在圣彼得堡成立的，1725年正式建成，1917年在俄国十月革命胜利后成为了国家科学研究组织，并于1925年改称苏联科学院，成为苏联时期国家科学的最高管理机构。在1991年苏联解体后，苏联科学院又更名为俄罗斯科学院。

俄罗斯科学院是俄罗斯的最高科学机构，是以俄罗斯法律为行动准则的全俄自治机构。它的主要任务是从事自然科学、技术科学和社会科学主要领域的基础研究，并对全国的自然科学和社会科学研究，特别是对基础研究实行总的学术领导，包括确定基础研究的主要方向，负责制定国家的自然科学和社会科学的研究规划，协调各专业部门、专业科学院和高等院校的基础研究工作，此外，还参与制定并实施全国性的专项或综合性科技规划。[①]

俄罗斯科学院从创立之初就是隶属于国家的科研机构，接受国家的财政支

[①] 参见叶小梁《俄罗斯科学院》，载《东欧中亚研究》1995年第1期。

持,并不具备其他发达国家科学院所拥有的那种独立性。其经费来源主要包括:政府财政拨款、俄罗斯基础研究基金和俄罗斯人文科学研究基金、国家和地方科技计划和项目、社会基金和私人基金、与国内外协作单位和用户签订的各类合同。

俄罗斯科学院的最高机关是由正式院士和通讯院士组成的全体大会,在全体大会休会期间,最高职能机构为经全体大会选举产生的院主席团。无论在人员数量还是科研组织数量上,俄罗斯科学院在全球范围内都无可匹敌。目前共拥有18个学部、3个分院,以及12个地区性科学中心。

俄罗斯科学院不仅是基础研究的中心,同时还参与制定国家的大政方针。近几年,科学院参与制定多项法规,此外,科学院与俄罗斯原子能部、国家安全部队、总检察院、外交部、海关总署、保健部进行合作,为其制定严密的行使权力的法律条文。①

由于之前长期处于苏联高度集中的政治体制下,导致俄罗斯科学院自身存在一些明显的弱点。俄罗斯科学院过于重视基础研究,对科研成果转化缺乏重视,并且缺乏灵活性,对外界的各种变化表现得过于保守。

【延伸阅读:新世纪的改革】

2014年3月27日,俄罗斯科学院(简称"俄科院")举行合并后的首次全体会议,通过了新《章程》并启动俄科院、俄医科院以及俄农科院合并程序。

由于经费投入不足、学术研究缺乏活力和动力、人才流失严重、资产管理混乱、科研能力下降并制约了国防技术和国防装备的发展等多种原因,机构的种种问题和弊端暴露,俄罗斯科学院的改革正式启动。

其主要改革方案有以下两点:其一,三院合一。即俄罗斯科学院、医学科学院、农业科学院、教育科学院、建筑科学院以及艺术科学院进行重组,并将前三家科学院合并为新的俄罗斯科学院,后三个则按属性划归各部委进行管理;其二,成立俄联邦科研机构管理署由联邦政府直属管理。

---

① 参见周立诚、宋兆杰《俄罗斯科学院今昔》,载《科技管理研究》2010年第16期。

希望借助此项改革举措,使长期以来保守僵化的俄罗斯科学院能够焕发出新的生机与活力,以便能够更好地为国家和社会服务。

(二)卡耐基莫斯科中心(Carnegie Moscow Center,CMC)

卡耐基莫斯科中心成立于1993年,由美国华盛顿卡内基国际和平基金会在莫斯科创办,至今只有20余年的历史,但是却是俄罗斯国内最有国际影响力和话语权的智库机构。

卡耐基莫斯科中心是一家由境外投资、独立运营的非政府、非盈利性质的研究机构,是俄罗斯国内第一个也是唯一一个大规模研究俄罗斯内政、经济和国际关系基本问题的研究机构。其宗旨是鼓励俄罗斯、苏联解体后的其他国家及世界其他国家的学者进行学术合作和交流,就重大社会问题进行独立分析,就俄罗斯和欧洲的发展和国家安全的最尖锐问题举办自由辩论和讨论会。[①] 研究结果会提供给国家最高决策管理层,为俄各种大政方针的制定提供可靠依据。

卡耐基莫斯科中心的大致研究方向是政治、经济和国际关系,它的研究领域主要包括:俄罗斯内政和政治制度、经济和社会政策、大规模杀伤性武器不扩散问题、对外政策和安全、民族和国家建设等,主要关注俄美关系、经济危机、高加索局势、后苏联空间的重构等问题。[②]

卡耐基莫斯科中心为深入进行各项课题研究,开展了丰富多彩的学术交流活动,多次组织会议、讲座、研讨会等为俄罗斯本地以及世界各地的学者提供广泛交流的平台。研究中心在从事各项研究的同时,也通过各种不同的途径刊发其研究成果,主要包括学术专著、论文集、期刊以及各种小册子等。其中季刊《对与错》(*Pro et Contra*)是代表性刊物,分为俄文和英文两个版本。栏目主要涉及俄罗斯和独联体国家的重大社会问题,提供各种专栏文章,对读者最关注的现代社会和政治生活进行深入、全面研究和评述。[③]《世界经济论文集》以及《南部时间》等书籍,也颇受各国专家同行关注。

[①] 参见李建军、崔树义《世界各国智库研究》,人民出版社2010年版,第75页。
[②] 参见欧阳向英《俄罗斯主要智库及其发展情况》,载《对外传播》2010年第5期。
[③] 参见胡梅兴《莫斯科卡内基中心》,载《国际资料信息》2003年第5期。

卡耐基莫斯科中心在独立于政府和商业利益的情况下进行专业研究和独立分析，遵循国际学术的客观性原则，追求三重任务的实现：一是在俄罗斯和欧亚范围内展示及推广公正的社会科学研究及其成果的宣传；二是为重要的国内、区域以及国际问题的讨论和争辩提供一个自由和开放的平台；三是通过解读双方的利益、目标与政策，增强俄罗斯与美国之间的外交关系，并争取进一步的合作。

《2017年全球智库报告》中，卡耐基莫斯科中心在中东欧顶级智库排名中位居第2，同时是全球顶级智库（含美国）排行榜中的第25位，成为俄罗斯国内最有国际影响力的智库。

五、总结与评议

当今俄罗斯智库是一个多层次、多领域、多元化的分析研究机构体系。[①]脱胎于苏联时期的俄罗斯智库既有社会主义传统，同时也兼具资本主义特色。俄罗斯既是中国的邻国，又是世界强国，同时还曾经历长期的社会主义时期。作为中东欧一流的智库强国，其相关的经验教训对我国智库建设和发展具有重要的研究参考价值。

俄罗斯智库积极开拓资金来源，为智库健康有序的运行提供资金方面的保障。其资金主要来源是以下三个方面：自身经营性收入、政府财政拨款以及企业和个人的捐赠。多元化的资金来源能够尽量保证研究的独立性和公正性。俄罗斯政府为其智库的发展也给予大力支持，国家领导层亦非常关注智库的成长，通常以委托研究课题项目的形式进行财政拨款，这成为俄罗斯智库经费的主要来源之一。

同时，俄罗斯智库注重同各种机构部门开展合作交流活动，合作对象不拘一格，既有专业同行、学术院校，又有政府部门、企业单位。多方面的合作有利于智库朝向更加全面、多元的方向发展，并特别重视与国际机构的交流合作，借此机会增强俄罗斯智库的国际影响力和话语权，并进一步打开国际市场，走向国际舞台。

此外，俄罗斯智库在进行基础研究的同时，也注重开展对于热点性问

---

① 参见张健荣《纵谈俄罗斯智库》，载《社会观察》2006年第8期。

题、前瞻性问题的研讨工作,这些问题意义重大,对国家政策的制定会产生重要影响。与此同时,俄罗斯智库对于机构的各项研究成果和研究观点给予积极的推广和宣传,并形成一套完整有序的成果发布机制,包括出版物发行机制、问题研讨机制以及媒介传播机制。通过各种途径扩大智库研究成果的知名度和美誉度,以期引导社会舆论,并进一步影响政策制定,实现智库影响力和号召力的提升,最终赢得国内和国际话语权。

第三节　领军南欧:风格独特的意大利智库

意大利是欧洲智库系统中比较有影响力的一个国家,从具体的地理位置来看,意大利处于欧洲南部,因此意大利智库也是南欧最具代表性的智库,它在智库研究机构的建设方面有着自己的独特风格。

一、意大利智库的发展历程

意大利最早具有现代意义的智库创建于20世纪初期,目前比较有名的早期智库有1914年成立的意大利国际组织学会(Società Italiana per l'Organizzazione Internazionale, SIOI)。

意大利智库多建于20世纪50年代以后,且大多数成立于20世纪70—80年代,主要类型包括研究所、研究中心、协会、论坛以及基金会等。其中在对外政策方面,在意大利能够形成影响力的综合类或专业性较强的智库大概共有40多家,主要智库有19家。

二、意大利智库的生存现状

意大利作为欧洲发达国家之一,同时也是著名的世界文明古国,其智库就总体数目以及发展态势而言,在全球范围内发展迅速,但是如若同英美等国相比则显得较弱,需要进一步提升智库本身的实力以及影响力。

意大利智库大多集中在全国的大中城市,例如罗马、米兰、都灵、佛罗伦萨等地。在研究人员的配置上,意大利智库的要求较高,其机构负责人和高层管理人员大多是知名专家学者、政府要员等,普遍在政界或学界有较强的影响力和号召力。

意大利智库以潜心学术研究和加强国内外学术交流为宗旨,体现出非营利性的特征。意大利智库非常重视与其他组织之间人员与机构的交流与合作,通过研究刊物、专家会议、学术研讨会和专题报告会等形式提升研究人员的资政能力。① 大多数意大利智库恪守独立性、学术性和多样性的准则,不为政党和商业利益服务。此外,在学术研究方面尽量创造自由宽松的学术氛围,以利于各位专家学者、研究人员之间能够更好地展开交流合作。

根据《2016年全球智库报告》,意大利以97家智库的总数在世界智库最多的国家排名中列第11位,但在2017年报告中,意大利已不在智库总数排行榜中,说明其智库总数至少少于排行榜最后一名(58家)。这也说明意大利的智库在兴起浪潮之时发展过快,导致步伐参差不齐,后劲不足。

在2017年全球顶级智库排名前150名(含美国)中,意大利共有4家智库上榜,分别是国际政治研究院(Institute for International Political Studies),第46位,比2016年上升11位;国际事务研究院(Istituto Affari Internazionali),第48位,与2016年相比上升85位;布鲁诺·里奥尼研究所(Instituto Bruno Leoni),第131位,上升2位;埃里·恩里克·马泰基金会(Fondazione Eni Enrico Mattei),第147位,上升3位。

从上榜总数及其排位来看,2017年意大利智库的排名仍较靠后,虽然挤入榜单的智库数量增加了2家,但所有进入排名的智库都处在榜单的中后段,没有一家智库进入世界前列。不过,智库榜所上榜的意大利智库与上一年度相比名次均有所提高,也算是稳中有进。

三、意大利智库的运行机制和特点

在欧洲智库中,由于被那些智库强国遮盖了锋芒,地处南欧的意大利智库并不那么惹人注目。但其在机构建设中,注重突出重点,自成一派,逐渐形成了自己的智库风格。

(一)意大利智库的运行机制

意大利智库在其运行机制上与其他欧洲国家有一定的相似性,但也拥有自己的一些特征,主要表现在筹资机制、人员机制、研究机制和交流推广

---

① 参见李建军、崔树义《世界各国智库研究》,人民出版社2010年版,第66页。

机制这四个方面：

1. 筹资机制

为了保证意大利智库运营的独立性和公正性，其资金来源主要依靠智库成员缴纳的会费、私人捐款以及各类公司、企业、基金会的赞助。以外，中央政府以及地方各级政府也会给予一定程度的财政拨款支持，这些支持通常以委托研究项目的形式出现，以维持研究机构的正常运行。

2. 人员机制

意大利智库在研究人员的任免方面要求比较严格，以保证机构较强的研究能力和研究水平。与此同时，其高层领导人几乎都出自政界高官、著名专家学者或者某一领域的学科带头人等，他们都是在政界和学界颇受尊敬、拥有一定话语权和影响力的人。选择他们作为负责人，有利于引领机构朝着更加正确、有效的方向前行。

3. 研究机制

意大利智库以潜心学术研究和加强国内外学术交流为宗旨，不以盈利为目标。在其开展的各种学术活动或学术研究中，都尽可能去营造一种宽松和谐的学术氛围，以鼓励专家学者能够各抒己见、畅所欲言，使观点之间相互碰撞，获得更好的解决方案。

智库也非常重视自己与其他组织之间的合作交流，通过出版刊物、举行会议、研讨会等方式来提高研究人员的资质能力。许多智库恪守独立性、学术性的原则，不代表任何党派集团的利益，以避免科学研究披上某种意识形态的色彩。

4. 交流推广机制

西方智库的一大特点就是特别注重研究成果的宣传推广工作，意大利自然也不例外。通过开展高层次的专业研究与交流，积极为政府相关的公共决策提供智力支持。此外，它们也注重在广大民众中进行教育普及工作，广泛传播观点意见，引导社会舆论。

意大利智库同样善于利用各种媒体为研究成果作宣传推广，例如在传统媒体和新媒体上就时事发表评论、传播机构的政论观念、举办形式多样的学术交流会、专题讲座以及培训班等。

（二）意大利智库的特点

1. 注重成果的政治影响

虽然意大利智库大多宣称自己不代表任何政党、团体的利益，以避免受到政府意识形态的束缚以及权力机关的制约，但是他们大多与政党保持密切的联系，注重自身研究成果所产生的政治影响。

无论是意大利官方智库还是独立的民间机构，他们大都积极地向政府及其相关部门提供关于公共政策的研究成果和具体办法，为国家制定内政外交方针以及解决社会现实问题提供相关对策。

有的智库还为政府制定内政外交政策而专门举办学术论坛，那些受政府部门直接管理和掌控的智库，可随时向上级政府部门或领导上报材料，[①]并提供各种专业的咨询服务。

2. 重视交流合作

意大利智库十分重视自身与其他机构及其人员的交流与合作，也经常通过刊发出版物、举办各种学术会议和学术活动的形式来为研究人员提供自由对话和交流的平台。它试图通过这种方式，提高其工作人员的研究能力和研究水平，形成更优秀更有效的研究成果。

智库交流与合作不局限于国内，亦包括国外；不局限于业内或客户，亦包含普通人民群众。通过多元化、多层次的交流合作方式，能够促进智库进一步发展壮大。

3. 大众教育普及

意大利智库不仅重视通过高层次专业化的研究与交流为政府提供政策咨询和研究成果，同时还非常注重在群众中进行教育普及工作，广泛传播相关的信息和观点，积极同民众取得沟通和交流，以促进双方相互理解和达成共识。

4. 营造学术氛围

意大利智库为了让其研究人员能够潜心进行学术研究，并增强同国内外学者之间的沟通交流，非常注重彼此之间学术氛围的营造。因此在其组

[①] 参见李建军、崔树义《世界各国智库研究》，人民出版社2010年版，第66页。

织的学术活动和研究活动中，意大利智库往往会努力创造出一种自由、宽松、和谐的学术氛围，以鼓励专家、学者能够畅所欲言，进行头脑风暴，不断迸发出更好的创意和更具可行性的解决方案。

四、意大利智库名片

（一）国际事务研究院（Istituto Affari Internazionali，IAI）

意大利国际事务研究院由阿尔蒂诺·斯皮奈利发起并成立于1965年10月，是一家独立的非营利性机构。自1991年以来，该院将办公地点搬迁至18世纪保留下来的Palazzo Rondinini中，这是一座地处罗马中心的风格典雅的巴洛克式建筑，研究院在这里举办了多次重要的学术活动。

国际事务研究院是一家私营的、灵活的、盎格鲁—撒克逊风格的智库研究机构，它与一般的官方或院校附属类智库不同，但也与政府及各其部门维系着密切的交流与合作关系，并且同一些国家以及权威的国际研究中心保持着密切合作，这些做法都使得研究院获得了较高的国内和国际声誉。

国际事务研究院是一家非营利性组织，机构运行经费主要来自个人和公司会员、公共组织和私人机构、国际基金会以及意大利外交部的固定拨款。

研究院的主要目标是通过论文、研究、会议以及出版物的形式推进对于国际政治问题的理解，同时，还致力于增加所有国家朝着超国家组织、民主自由以及社会正义的方向前进的机会。

国际事务研究院的研究领域主要包括：欧洲联盟、欧盟的国际角色、土耳其及其邻国、安全与防卫、跨大西洋两岸关系、地中海和中东局势、国际政治与经济、能源问题、意大利外交政策。

目前，意大利国际事务研究院在宾夕法尼亚大学2018年发布的《2017年全球智库报告》中，位列全球最佳智库排行榜（含美国）第48位。

（二）国际政治研究所（Institute for International Political Studies，ISPI）

国际政治研究所（ISPI）成立于1934年，是意大利最古老的智库，专门从事国际事务。总部位于意大利米兰，在职员工70人，本科在读生1500人，硕士阶段研究生70人（兼修两个专业课程）[①]。国际政治研究所在2018年

[①] 参见意大利国际政治研究所维基百科：https://en.wikipedia.org/wiki/Institute_for_International_Political_Studies

《2017年全球智库报告》的全球智库排名中,位列意大利智库第一。特别是经过过去三年的不断努力,国际政治研究所在《2017年全球智库报告》"顶级智库全球(美国和非美国)"排行榜中位列第47;在"西欧顶级智库"排行榜中排名第17。不仅如此,国际政治研究所在"特殊"类别的排行榜中也名列前茅。在意大利的"国防和国家安全"和"外交政策和国际事务"的榜单中,均排名第2;在"最佳管理智库"排行榜中,排名第4。① 从2013年开始,ISPI代表意大利参加T20峰会,同时也成为20国集团官方会议中最突出的智库代表之一。

该机构一直以来的传统研究目标是调查国际体系中的政治和经济的战略发展趋势,目前,该机构仍以务实的态度处理国际事务,监测地缘政治领域以及主要的全球发展趋势。在政治、经济、法律、历史和战略研究方面,与专家、学者和非学者保持密切合作,同时与日益增长的智库网络、欧洲和外界的研究中心以及大学保持紧密联系,从而确保自身全面的跨学科分析。该机构的研目成果通常在季刊 Ispi-Relazioni Internazionali 中刊登,同时针对国际上的一系列问题出版了《政策概要》等著作。该研究所的活动分四个主要方向:数据调查、出版作品、职业培训和活动组织。无论是政治界、文化界的成员,还是商界、公共行政机构、国际机构以及非政府组织的经营者,对于所有在国际事务问题上感兴趣的人来说,国际政治研究所都是一个公正的科学基准。国际政治研究所由各个研究中心组成,包括:亚洲研究中心,网络安全研究中心,欧洲和全球治理中心,商业场景中心,中东和北非研究中心,激进主义和国际恐怖主义研究中心,俄罗斯、高加索和中亚研究中心。研究项目包括:非洲、能源安全、拉丁美洲、迁移、跨大西洋关系等领域。

除研究工作外,国际政治研究所还成立了冬季/暑期学校,目前提供两个研究生专业:国际合作(发展及紧急情况)硕士学位以及外交硕士学位。自2000年以来,已经开设了130多门课程,吸引了来自意大利和国外的4500多名学生和年轻专业人士。而国际政治研究所的冬季和暑期学校为在校学生、应届毕业生和年轻的专业人士提供了机遇,通过一系列短期密集的

---

① 参见意大利国际政治研究所官网:http://www.ispionline.it/en

课程,让学生了解当下主要的国际议题:例如"发展与合作""人道主义紧急情况""欧洲事务""选举援助""人权民主化""地缘政治"等内容。

五、总结与评议

如今的意大利智库虽然实力不如同处欧洲的英、法、德等国家,但是却有自己的风格和特色,在全球智库领域有一定的影响力和国际地位。

意大利智库专注于学术研究,恪守独立性、学术性的原则,注重加强国内外的学术交流与合作,对于同其他组织部门之间的人员和机构的合作也非常积极,经常通过发行研究刊物、举行专家会议、研讨会等多种形式来提升研究人员的研究能力与业务水平。同时,智库在组织各种学术研究和学术活动时,尤为注重去创造一种宽松、和谐、自由的学术氛围,以鼓励所有的专家、学者都能积极参与,畅所欲言、百家争鸣,使得不同观点与思想碰撞出新的火花,探索出更加高效可行的研究成果。

此外,无论是来自官方或是民间的意大利智库,都与政府保持着良好的互惠互利关系,它们通过高层次、专业性的交流对话,积极向政府及其相关部门提供关于制定公共政策的研究成果和观点建议,为解决国内外重大问题提供方案对策。甚至会为了政府制定内政外交的政策举办专门的学术论坛,力图实现对政治领域的影响,发挥智库的功能和作用,并借此提高自身的影响力。

最后,意大利智库不仅致力于为政府及其部门提供咨询服务,同时还注重在广大民众中普及教育,它积极传播各种国内、国际资讯,满足公民的知情权。同时,善于利用各种媒体为智库取得的研究成果和提出的学术观点进行宣传推广,提升智库的知名度和影响力,以此形成社会舆论并对最终政策的制定产生积极的影响。

亚洲篇

迅猛发展　寻求合作

亚洲篇将介绍亚太地区的智库，呈现中国、日本、韩国、印度以及东南亚地区的智库发展及运作情况，这些国家及地区的智库对其国内、国际战略有着重要影响，同时也对整个亚太地区的政治、经济发展有着举足轻重的作用。

中国和印度同在"金砖五国"之列，韩国早就跻身于"亚洲四小龙"，日本则是典型的发达国家。这些亚洲国家不论国土面积之大小，在经济、政治上的影响力都不容小觑。近年来，东南亚地区各个国家也在努力寻求合作，发展势头十分迅猛。在这些国家的发展中，不得不加以关注的就是隐藏在政治、经济前进表象下的背后智囊团的作用。

其中，中国智库发展时间较短，但是势头迅猛，既有官方的智库支持，也有各种民间和科研机构的辅助，而布局上又稍显凌乱，各类智库的作用和能力参差不齐，管理上也显得不够合理。日本智库在21世纪后期迎来了重组发展机遇期，各类专业型智库涌现，对于技术、金融领域及国际环保、地震、核污染等一系列问题的关注呈上升趋势，但官僚智库同民间智库的合竞发展问题、智库委托调研经费缩减问题等已然存在。韩国各大智库在研究会的管理与统筹下，研究机构内部发展规整，研究机构间的合作与交流井然有序，在智库人才队伍建设上更是独树一帜，力求架构智库汇聚平台，实现智慧资源的有效增值，但这种统一管理又引发了竞争活力缺失的问题。印度智库侧重分明、有的放矢，在政治、经济领域都有非常专业的智库加持，但是对于区域合作等一些领域的专注则稍显不足。东南亚地区智库则在保持各国特色的同时谋求合作共赢，但是由于各国仍时有冲突，智库发展谋求东盟这样的合作之路还是充满挑战和艰险。

第一章 中国智库

中国智库的传统最早应追溯到先秦时期,数千年来,文人墨客、幕僚门客以及诸子百家,以自身的学识和远见服务于封建社会的统治阶层,以期影响国家政策和社会发展。但这些只能被视作"智库"的雏形,而非现代意义上的智库机构。自新中国成立以来,中国的当代智库发展势头迅猛,从无到有、从少到多,各种类型的智库如雨后春笋般层出不穷,为国家政策制定、企业发展策划、科学技术进步提供了大量有效的建议和支持,但也不可避免地存在着诸多问题,比如:管理乱、布局杂,其中也不乏耗费资源又无实际成果的智库。与此同时,地域划分的圈层结构造成智库资源和影响力范围的不均衡,亦不利于中国智库的均衡发展。中国智库规模庞大,本章仅对其进行概要性的梳理,以期读者能够对中国智库发展情况有基本了解。

第一节 迅猛发展:中国智库成长迅速

根据《2017年全球智库报告》统计,我国智库从2008年的74个增长到了2016年的512个,在世界智库总量排名上仅次于美国(1872个),居世界第二。[①] 而根据民间学者的调查研究,目前中国智库的总数约为2400个。其中,中国官方智库约为1500个:国家级官方智库约40个(以中央政策研究室、中央编译局、中央党校、国务院发展研究中心、国务院研究室、中国社会科学院和国家行政学院为代表),省级官方智库约160个(主要是省委研究

---

① 参见 McGann, J. G., *2017 Global Go To Think Tank Index Report*, University of Pennsylvania, 2018, p. 37。

室、省政府研究室、省社科院、省社科联和省委党校)、地市级官方智库约1300个(主要是市委研究室、市政府研究室、市社科联、市委党校和市社科院),中国高校智库约700个,中国民间智库约200个。①

现在国内学界普遍认为,中国现代智库发轫于1978年改革开放前后。为了配合中央制定改革方案,大量的研究人员进入国家政策部门,由此促进了中国现代意义上智库的诞生。例如,1980年成立的中国农村发展问题研究组(简称"农发组")的成员通过调研,为1981年10月召开的中央农村工作会议提供了农村调查数据。该会议后中央印发了关于农村改革的第一个"一号文件",正式肯定了农村土地的家庭承包经营制度,结束了此前包产到户30年的争论。以此类事件为重要节点,现代中国智库担负起了为社会国家提供政策建议的历史使命。

时至今日,中国智库已经成为国家"软实力"和"话语权"的重要组成部分,对政府决策、企业发展、社会舆论与公共知识传播具有重要的影响,因此,必须结合中国特色社会主义发展的具体语境理解国内智库的发展现状。

陈广猛[2]认为,将西方关于智库的定义与中国的具体国情结合起来分析,才能总结出适用于中国智库的特性。在他看来,在当代中国的社会主义背景下,政策研究组织的非盈利性特征很明显,但是独立性特征却有待商榷——因为在中国,几乎所有这些机构(除了极少数例外)都是由国家资助的,所有的专家都是为政府事务工作。

为此,陈广猛总结了中国特色社会主义语境下的智库的特性——

第一,智库是进行政策研究的组织。这一点应用于中国的研究机构没有问题,因为中国绝大多数智库都是以政策研究为主业的。

第二,智库以影响政府的政策选择为主要目标。由于中国社会制度的特点,基本不存在美国式的党派、利益集团之争,绝大部分的研究机构都是官办的,其服务对象也都是政府,所以上述条件似可根据中国的情况转化为:智库要以为政府提供决策咨询和政策建议为主要目标和任务。如按这一标准,则中国的研究机构几乎完全适用,因为所有这些机构(包括近年来

---

① 参见徐晓虎、陈圻《中国智库的基本问题研究》,载《学术论坛》2012年第11期。
② 参见陈广猛《中国外交思想库:定义、分类和发展演变》,载《外交评论》2009年第1期。

出现的"非官方"研究机构)在其机构宗旨中都声明要致力于为政府提供咨询和建议。

第三,智库必须是非政府的、独立的组织。这种独立性可以表现为资金上的独立、组织上的独立以及思想上的独立。

第四,智库也要是非盈利性的。这一点对于大多数中国政策研究机构也不成问题。因为绝大多数的中国政策研究组织都是政府资助的,它们基本无须为生计发愁,所以盈利并非其首要考虑的问题。

由此,他得出了结合中国实际情况并符合一般智库特征的中国智库定义:以政策研究为基础、以为政府提供政策咨询和建议为主要目标,在组织机构和思想上基本独立的、非盈利的组织。

《2014年中国智库报告——影响力排名与政策建议》[①]指出,在中国特色社会主义具体语境下,智库主要是指以战略问题和公共政策为研究对象,以公共利益为研究导向,以服务党和政府科学民主依法决策为研究目标,以社会责任为研究准则的专业研究机构。同时,报告认为,中国特色新型智库之"特色",反映在中国特定历史与国情条件下形成的智库格局、内涵与功能上。中国特色新型智库之"新型",意指智库研究成果必须以理论创新为基础,研究主体以科学决策为主要目的,研究导向以决策咨询的前瞻性为关键,研究方法以专家学者深度参与公共政策制定为目标。

时至今日,中国智库的发展突飞猛进,建立中国特色新型智库的目标被提上日程。这些发展都表明,政府的决策咨询离不开学术研究的强有力支撑,知识应与政策产生更多方面的结合,让"科学制政"先行于"科学执政",体现智库研究成果的实践意义与可操作性。

一、智库类型:官主民辅

在上文中,已经可以大致看出中国智库的基本分类。虽然学术界对中国智库分类持有略微不同的意见,但总体来说,从目前的智库发展和学术研究现状来看,主要类型如下:[②]

[①] 上海科学院智库研究中心:《2014年中国智库报告——影响力排名与政策建议》,2015年。
[②] 参见孙蔚《中国智库的现状及其参与决策研究》,载《中州学刊》2011年第2期。

(一)以文辅政:依存于政府需求的官方智库

官方智库是指服务于政府以及政府部门领导层,帮助其决策,并且获得法律或者惯例认可的体制内智库,是服务政府决策的核心力量,能够更紧密地参与政府政策产生和决议过程,由于其距离政策中心最近,处于强关系网络中,所做出的政策建议往往容易被采纳,其反馈渠道也更为广泛和直接。

这类智库在资金、管理等方面受到政府的直接管理,独立性比较低。其服务的对象就是政府,长于为政府的决策作事后的论证,而非事前的咨询。在政策层面上,政府扶持也是向这类智库倾斜的。这类智库的研究方向有很强的政治性,这也是其官方性质决定的。

官方智库高度依赖政府。没有市场的竞争,也就使得这类智库在创新研究上活力不够。体制内的惯性所带来的思维僵化、官本位、管理不善等,都是官方智库面临的问题。

官方智库应当加强与高校智库和民间智库的协同合作,围绕政策中心,服务发展大局,定期发布政府决策研究的需求信息,引导社会力量参与政策建议、政策研究、政策解读及社会问题剖析,通过项目招标、课题合作、政府采购或委托研究等方式加强智库间的协同发展。

(二)亟待创新:半官方智库的管理困局

半官方智库中大部分为"社科院系统智库",是最具有中国特色的智库系统,除中国社科院和一批顶级科研组织外,其余社科院系统智库的地理特征决定了它们通常只服务于各自的区域。地方性社科院智库与地方性政府的关系密切,其智库内部的人员构成也更为灵活,流动性相对较大,所做的政策建议容易被地方政府采纳。除社科院外,中国(海南)发展改革研究院(CIRD)、综合开发研究院(中国·深圳)(CDI)和中国国际经济交流中心,均为目前发展很成功的半官方智库。

此类智库跟民间智库相比,有比较稳定的资金、信息来源,但是与纯粹的官方智库相比,通常在政策支持上不足。行政化色彩笼罩着这类智库,民间智库的市场竞争力在半官方智库这里没有得到体现,也因此,这类智库并没有很强的创新性。

地方性社科院智库在发展过程中,应当不断深化自身体制改革,创建智库系统的科研考核制度,优化科研布局,增加资金的来源,加强体制内部的统筹整合,充分发挥地域性特征,重点研究区域性的经济社会发展问题,切实了解民生民况的现实问题,加强对省情地情的调研。为打造地方的社会科研基地,还要加强与中央有关部门的信息交流与沟通,积极承担相应的政策研究工作,增强自身研究实力。

(三)独具潜力:发展迅猛的民间智库

民间智库,在中国智库生态中,是经济体制和运营体制完全不同的一个种类。它包括了诸多新型的智库种类,例如媒体类、咨询企业类、非政府组织类智库,其资金通常来自企业、社会、民间机构,有相当一部分具有盈利性,操作模式较为商业,人员构成和社会关系更为复杂。其研究成果更具有咨询和产品属性,以调查报告居多,理论层面偏少。因具备相对民间的资金来源,使其具备较多的独立性。从广义来讲,民间智库距政策中心的距离最远,但由于民间智库一直处于激烈的市场竞争中,因此这类智库非常具有创新性,同时对公众的影响力更大。

数据显示,目前中国有2500多家智库,而民间智库只占有5%左右的份额。若以"智库是指一切能够帮助制定政策、提供相关决策咨询服务的组织"为标准,那么,民间智库也当之无愧。但是,不论是数量还是影响力,民间智库都难以与官方智库相匹敌。由于政府通常不会给民间智库提供政策和资金支持,也较少采用这些智库的研究成果,因此,在发展道路、资源筹措、知名度等方面,民间智库的运行依旧面临着重重阻力。

未来,民间智库一方面可考虑把目光更多转向科技、企业、社会建设,成为兼具技术性、行业性和民用性的智库机构,另一方面可在提高咨询建议质量的基础上,重点着力于国家或地方重大需求、重大创新,凝练关键问题,展开科学咨询和预估,将民间智库的科技创新和社会发展相结合,逐步发展为"产学研用"四位一体的新型智库。

(四)以学为术:略显封闭的大学附属型智库

附属于高校的各大研究中心、研究院是这类智库的大本营,因此也可称为高校智库。此类智库遍布全国,研究范围通常限定于一定的学科领域和地域中。近年来,学科交叉引起广泛关注,诸多高校智库的研究团队均由不同学科的专家组成,其研究成果中的学科交叉所产生的效果是其他智库不可比的。同时,高校智库距离政府决策中心距离较远,处于弱关系网络中,但由于其研究成果具有一定的理论高度,且项目大多数来自官方的直接委托或课题采购,因此此类智库对政策研究和政策决议有一定的影响力和指导意义。

大学附属型智库,与高校结合的同时依附于高校建制,在理论研究上有极其丰富的人才资源,但是其话语权不够,研究成果往往过于学术,晦涩难懂,与政府之间的沟通也逊色于官方智库,从而导致这类智库比较缺乏竞争力。

这类出身于"象牙塔"的高校研究机构,大多处于比较封闭、单纯的学术环境中,其研究成果往往具备基础性、学术性、理论性,但往往实用性、可操作性较低,这是与大学考评机制的局限性分不开的。高校的智库工作、研究成果,如何做到政府需求与学校考核的平衡,在当前形势下是一个亟待探索的重大管理问题。

高校智库应当发挥其学科齐全、人才密集和学术交流广泛的优势,加强人文社科类的研究建设,依托优势学科,坚持协同创新的发展路径,开展学科之间的交叉研究,成立社会学科的实验室或数据基地,并加强与政府应用部门的联系与沟通,主动融入社会问题研究和社会经济建设中去,推出对社会具有决策价值的、能够切实回答社会问题的学术性方案和咨询成果。此外,高校智库应扩大学术会议和学术交流的影响力,传播智库的学术成果,影响社会组织和政府决策部门。

二、多重路径:中国智库影响政策的方式

作为智库机构,其成果的最重要体现就在于如何影响政策决议。绝大多数中国智库通过以下几种方式实现:[①]

第一,在党委、政府重要文件的讨论和起草中起到建议作用,甚至能够

[①] 参见邓岩《中国智库的类型研究》,载《天水行政学院学报》2011年第5期。

有效地参与政策制定的过程。在西方智库中,也有很多智库以直接有效地参与政策制定的过程为直接目的,如:向国会议员提供简报、向政党、政客提供策略要点和政策解读,或直接提供立法证词等。智库专家们不但要处于日新月异的政策变化中,更要保持自身的政治参与度,并持续走在政策前沿,以此来影响政策的制定与变革。

第二,向决策者输送自己的观点。输送智库观点通常有两种途径:其一,由政府部门直接委托给相关智库,或直接向智库采购课题成果,智库就政策研究和数据调研提供相应的报告,此类运作具有强烈的政府指导性和宏观指向性;其二,通过提供内参的途径来进行,这类内参,大部分由政府内部人员或与政府部门相关的智库研究专家提供,因其内容可能涉及敏感议题,不适于公开,故其研究成果也不会对外公布。

第三,不定期举行学术会议、论坛。智库作为连接学术和政策的桥梁,致力于促进学界和政界的有效沟通,不断举办各类型的学术会议、智库组织内部的讨论会议、智库之间的论坛等,则是将智库学术成果传播至其他学者和政府部门的最佳途径。例如,布鲁金斯学会最初的使命声明中曾指出:"在布鲁金斯学会举行的会议、发行的出版物以及举办的其他活动,将为学术沟通研究和政策制定起桥梁作用,既能让决策者注意到新的理论和知识点,也能让学者对公共政策问题有更深入的见解。"

第四,利用媒体影响社会舆论。智库通过电视采访、报刊、广播等传统媒体方式,以及社交媒体和自媒体的渠道,对研究成果进行广泛的传播。在社会影响巨大的热点事件、突发事件、突发性灾难中,新媒体成为良好的智库发声平台。

第五,通过人际传播影响决策。在成果纷杂的"思想市场"中,智库专家们需要倾力兜售自己的"智力成果",包括通过人际传播的渠道。在一些重要的会议或讲座培训中,智库机构中的专家们往往需要具备良好的人际交往能力,精于重新包装自己的思想成果,以便增加对政府的影响力。

三、分布不均:中国智库的发展现状

近年来,中国现代国际关系研究院、中国社会科学院、中国国际问题研究所、国务院发展研究中心、上海国际问题研究院等曾多次排进了全球顶尖智库前 100 名。[①]

而在 2016 年《中国智库报告》中,综合影响力前 30 名的智库为:

表 3.1.1　2016 年中国智库综合影响力第 1—30 名

排名	智库名称	排名	智库名称
1	中国社会科学院	16	中国社会科学院社会发展战略研究院
2	国务院发展研究中心	17	国防大学
3	中共中央党校	18	中央编译局
4	中国科学院	19	国家信息中心
5	中国宏观经济研究院	20	中国人民大学重阳金融研究院
6	中国工程院	21	中国社会科学院国家全球战略智库
7	北京大学国家发展研究院	22	中国财政科学研究院
8	中国国际问题研究院	23	上海国际问题研究院
9	上海社会科学院	24	中国国际战略学会
10	国家行政学院	25	中国经济五十人论坛
11	中国现代国际关系研究院	26	中国人民大学国家发展与战略研究院
12	中共中央文献研究室	27	中国社会科学院国家金融与发展实验室
13	中国军事科学院	28	新华社世界问题研究中心
14	中国国际经济交流中心	29	中国社会科学院亚太与全球战略研究院
15	清华大学国情研究院	30	商务部国际贸易经济合作研究院

由以上数据可以发现,我国的顶级智库主要集中在官方智库,但与此同时,民间智库和高校智库在我国顶级智库中也占据重要的一席之地,且非官方智库的发展势头十分强劲,具备活力和潜力。

谈及顶级智库的地域分布,笔者认为首先应将官方智库剔除在外,因为官方智库主要依靠政府,在地域选择上自主性较低。而从民间和高校智库

[①] McGann,J. G.,*2015 Global Go To Think Tank Index Report*,University of Pennsylvania,2016,p. 49-50.

的分布情况,更能看出顶级智库的地域特点。高校智库依赖高校背景,绝大多数位于高校林立的北上广等区域。而民间智库主要集中在北京、上海、深圳等经济或是政治发达地区,这些地区在发展(政治、经济等方面)上对智库成果有一定需求,同时也有足够的经济条件和成熟的制度支持(比如作为政治中心的北京、作为经济特区的深圳、海南等)。

正是智库在类型和地域分布上的差异性,使得中国智库的发展不断走向多元化,但同时,中国智库在地域分布问题上有着不容忽视的不平衡性,主要体现在资源的不均衡以及研究问题的局限性等方面,这也是中国智库所面临的重要问题。

第二节 厚积薄发:传统与现代交织

虽然现代智库在中国产生较晚,但中国古代很早就已出现了智库功能的"智囊团",而因文化原因,现代中国智库也往往带有传统色彩。

中国古代智囊团颇具"私属性"。此类智囊团并不服务于社会,而是服务于具备经济、政治实力的个人或家族。他们也具备很强的"专业性"。其内部的幕僚均有一技之长。另外,其"实用性"也很突出。古代中国智囊团的服务对象依靠自己的智囊团成员为其解决实际的问题,其方式也极具效率和实践智慧。不仅如此,中国古代智囊团还具有一定程度的"对等性"。智囊团成员与其服务对象在精神层面上相对平等,其关系建立在互信的基础上。此外,中国古代智囊团准入和评价制度具有"倾斜性"。智囊团人才的选拔虽然具有一定的公开、公平性,但在本质上仍是向上层阶级倾斜的[①]。由此可见,古代智囊团的诸多特性已然具有现代智库的雏形。

实用性、专业性对当代智库来说依然具有参考价值,而当下智库专家学者与政府官员的"旋转门"模式,则比古代智囊团人才倾斜性更有利于知识

---

① 参见周静、卢敦基《中国智库:历史渊源与当代发展》,载《浙江社会科学》2014年第7期。

参与政策制定的过程。

一、运行机制：知识的流动

智库的运行实际就是"知识的流动",一切与知识相关的数据、信息等原料,经过智库成员们的加工,最终变成了可供参考使用的知识产品,比如政策上的建议、理论等。智库的运作,就是智库获取知识、处理知识、生产知识、传播知识的一系列过程。这里要重点提到的是智库和咨询公司的区别,就像中国古代的智库那样,咨询公司面向的服务对象是企业和私人,而现代中国智库的服务对象则是政府和社会。通过一个运行模式图,可以较为清晰地了解中国智库的运行机制。

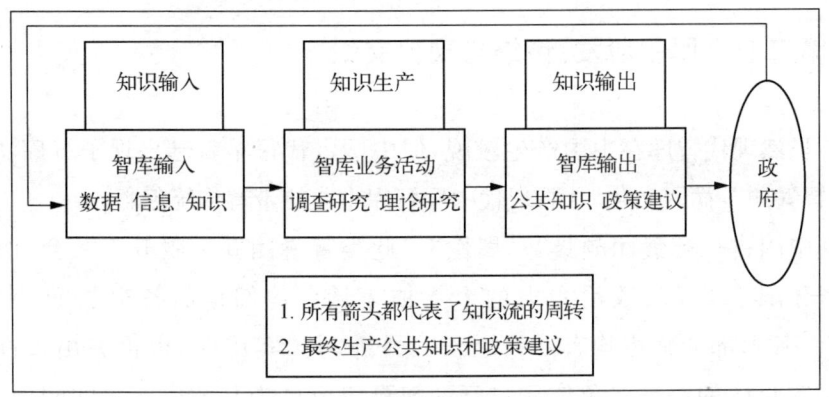

图 3.1.1　中国智库的基本运行模式①

二、中国智库的功能及特点

大体而言,中国智库主要功能为：理性决策外脑、多元政策参与渠道、决策冲突的理性辨析平台。

由于中国智库分布不均衡,东部沿海地区集中了约 60％的智库资源,留给中西部地区的发展空间就比较小了,智库占据的份额也较少。在地域分布上,如果细化到省一级,不平衡更加明显,北京是智库主要集中地,其次则是上海,而智库在其他地区的分布相对少很多。

从时间维度而言,相关数据显示,1978 年改革开放以前是中国智库成立的黄金期,相当多的智库实际上在这个时期就已经成立,占比至少有 1/4；而

---

① 参见徐晓虎、陈圻《中国智库的基本问题研究》,载《学术论坛》2012 年第 11 期。

之后的智库成立则比较平缓,直到最近10年,我们才看到又有不少新的智库开始建立。①

从我国智库发展的历史进程来看中国智库的发展特色,可以发现"波浪前进"似乎是形容这一发展历程的最好修饰语。中国智库的波浪式发展始于改革开放,大致可以划分为五个阶段:②

第一阶段是智库体系初步建立阶段(1977—1987)。这一阶段的特征是政府研究机构和社科院系统蓬勃发展。中央层面涌现了代表着中国哲学社会科学研究的最高学术机构和综合研究中心的中国社会科学院、直属国务院的政策研究和咨询机构的国务院发展中心以及针对综合性国际问题进行研究的中国现代国际关系研究所等。而地方上,以上海社会研究院为代表的地方社科院相继复院或建院。

第二阶段是智库体系多元发展的阶段(1988—1993)。这一阶段的特征体现在民间智库的逐步兴起。由于改革开放的影响,国内一部分知识分子从国家机关和政策研究部门"走出来",组建了中国第一批民间智库。具有代表性的民间智库有1988年3月成立的中国第一家民办经济研究所——北京四通社会发展研究所,1989年成立的深圳综合开发研究院,1991年成立的中国国际公共关系协会和中国(海南)改革发展研究院等。

第三阶段是智库体系基本形成的阶段(1994—2002)。这一阶段的特征是高校智库的兴起。20世纪90年代中后期,中国高校智库蓬勃兴起,标志着智库多元化时代的到来。具有代表性的智库有1994年北京大学创立的中国经济研究中心,1999年清华大学创办的国情研究中心,2000年复旦大学重建的中国经济研究中心等。

第四阶段是智库体系转型发展阶段(2003—2012)。这一阶段的特征是地方社科院明确定位发展智库。由于中国经济社会的转型,中国智库也开始了创新与转型,较为突出的是地方社科院相继明确定位、转型智库。比较有代表性的地方智库有21世纪教育研究院、中欧陆家嘴国际金融研究院、中国能源经济研究院、中国战略文化促进会等。

---

① 参见李凌《中国智库影响力的实证研究与政策建议》,载《社会科学》2014年第4期。
② 参见上海社会科学院智库研究中心《2013年中国智库报告》,第8—11页。

第五阶段是智库体系创新发展阶段（2013年至今）。这一阶段表现出中国特色新型智库的创新与发展。由于改革进入深水期，智库的多元化发展趋势进一步推动了中国政治决策的科学化和民主化进程，与此同时，尤其是国内高校协同创新，纷纷出台指导意见加强高校新型智库建设。

近些年来，各类型智库越来越多地出现在人们的视野中，人们对智库的了解越来越多，智库不像过去那样带有神秘色彩。[①] 出于国内改革及国际关系的需求，中国智库不断吸纳着来自国内外各界的支持与动力，在中国智库高速发展的今天，仍有着强劲的发展潜力和广阔的发展空间。

第三节　中国智库名片

近年来，中国有不少智库在国际上取得了一定影响力和知名度，这些智库在各个方面，诸如提供政策建议、开展科学研究、维系国际关系等，对我国的政治、经济等发展产生了重大影响。这些智库又具有非常鲜明的特征，也可谓是术业有专攻。

一、中国国际问题研究院

（一）发展历史

中国国际问题研究院（简称"国研院"）前身为创设于1956年的中国科学院国际关系研究所。1958年研究所名称改为国际关系研究所。1986年更为中国国际问题研究所。1998年，国务院中国国际问题研究中心并入中国国际问题研究所。2014年6月，中央机构编制委员会办公室批准中国国际问题研究所更名为中国国际问题研究院。

（二）人员、组织和机构

国研院现有七个研究部门：美国研究所、亚太研究所、欧盟研究所、发展中国家研究所、欧亚研究所、国际战略研究所、世界经济与发展研究所。另设有对外联络处、科研处等单位负责对外交流和科研工作，还有中国太平洋经济合作全国委员会、亚太安全合作理事会中国委员会、中国国际问题研究

[①] 参见李凌《中国智库影响力的实证研究与政策建议》，载《社会科学》2014年第4期。

和学术交流基金会及中国军控与裁军协会四个机构挂靠该院。

从1992年起,国研院每年都有研究人员因贡献突出而享受国务院颁发的政府特殊津贴。迄今为止,共有49名研究人员享受政府特殊津贴,其中15名在职。该院40%的研究人员具有高级职称。

(三) 研究特点与主要成就

中国国际问题研究院系中华人民共和国外交部直属专业研究机构,主要对当前国际政治和世界经济等领域的重大问题进行中长期战略研究,亦对国际事务中重要的现实和热点问题作出及时分析,提出意见和建议,以供决策参考。

研究院设有编辑部,负责编辑出版《国际问题研究》(中文双月刊)和《中国国际问题研究》(英文双月刊)。《国际问题研究》杂志是该院公开刊物,经过多年的努力已成为展示国际问题和中国外交政策与思想的主要平台之一。该院于2006年底创刊的英文刊物《中国国际问题研究》是针对综合性国际问题的专业英文刊物,深受驻外使领馆和外国驻华使领馆欢迎,在国外研究机构中的影响也不断扩大。①

其中比较典型的案例是该智库举办的中国国际问题研究所论坛(China Institute of International Studies Forum,CIIS FORUM),比如在2010年,该论坛就请来了世界多个国家领导人和领军人物对国际问题进行交流和研讨,相关主题囊括了亚太地区形势和中国政策、中美青年学者思想交流、中韩学术交流等。由此可见,该智库非常重视国际交流,这也体现出该智库隶属于外交部的明显特征。

二、中国社会科学院

(一) 发展历史

中国社会科学院是在中国科学院哲学社会科学学部的基础上,于1977年5月建立的。第一任院长胡乔木,第二任院长马洪,第三任院长胡绳,第四任院长李铁映,第五任院长陈奎元,第六任院长王伟光,现任院长谢伏瞻。

建院前的中国科学院哲学社会科学学部有经济研究所、哲学研究所、世

---

① 参见中国国际问题研究院,http://www.ciis.org.cn/chinese/node_520585.htm。

界宗教研究所、考古研究所、历史研究所、近代史研究所、世界历史研究所、文学研究所、外国文学研究所、语言研究所、法学研究所、民族研究所、世界经济研究所和情报资料研究室等14个研究单位,总人数2200多人。

1977至1981年,中国社会科学院先后成立了工业经济研究所、农村发展研究所、财贸经济研究所、新闻研究所(现为新闻与传播研究所)、马克思列宁主义毛泽东思想研究所、社会学研究所、人口研究所、少数民族文学研究所、世界政治研究所(后与世界经济研究所合并成立世界经济与政治研究所)、美国研究所、日本研究所、西欧研究所(现为欧洲研究所)、中国社会科学杂志社、中国社会科学出版社、研究生院和郭沫若著作编辑出版委员会办公室等16个研究和出版单位。苏联东欧研究所(现为东欧中亚研究所)、西亚非洲研究所和拉丁美洲研究所也在这个时期划归中国社会科学院。

1981年以后成立数量与技术经济研究所、文献信息中心、边疆史地研究中心、政治学研究所、台湾研究所和亚洲太平洋研究所。

(二)研究特点与主要成就

中国社会科学院是中国哲学社会科学研究的最高学术机构和综合研究中心。中国社会科学院现有研究所31个,研究中心45个,含二、三级学科近300个,其中重点学科120个。全院总人数4200多人,有科研业务人员3200多人,其中高级专业人员1676名,中级专业人员1200多名。该院拥有一批在国内外学术界享有盛名、学术造诣高深的专家学者和在学术理论研究方面崭露头角的中青年科研骨干。

中国社会科学院以学科齐全、人才集中、资料丰富的优势,在中国改革开放和现代化建设的进程中,进行创造性的理论探索和政策研究,肩负着从整体上提高中国人文社会科学水平的使命。

中国社会科学院以学术著作、科学论文、调查研究报告、资料翻译和文献整理等形式向社会各界提供科研产品。建院以来,共出版学术著作4293本,科学论文54517篇,调查报告、研究报告7268份,翻译著作2787本,翻译论文16108篇,以及相当数量的古籍整理、校勘、注释、各种工具书和普及读物。年平均出版学术著作300本、科学论文3890多种、研究报告

510多篇。①

三、北京大学国家发展研究院

（一）发展历史

北京大学国家发展研究院成立于2008年10月25日，是在北京大学中国经济研究中心（CCER）基础上组建的一个以综合性社会科学研究为主的科研教学机构，这是一个大学附属型智库，并且是一个擅长研究国际政治、安全、战略等发展问题的智库。

（二）研究特点与主要成就

作为在国内外享有盛名的综合性大学，北京大学学科门类齐全，具有良好的学术气氛和学术传统，为跨学科的综合研究奠定了坚实的基础。北京大学国家发展研究院致力于推进中国社会科学的综合研究，尝试组织跨学科的研究，培养综合性的国家发展高级人才，以综合性的知识集结服务于我国改革发展和全球新秩序的建设，服务于社会科学的发现与探索。这也是实现北京大学在新时期创世界一流大学目标的一个重要组成部分。

国家发展研究院以国家发展为中心议题，立足于中国改革发展与现代化的实践，前瞻性地提出重大的战略、制度、政策和基础理论问题，持续关注全球格局的演变，参与改革发展与建设国际新秩序的高层对话。按照"小机构、大网络"的原则，组织跨学科的综合研究，培养综合性的国家发展高级人才，成为中国集结高水平综合性知识的一个学界思想库。②

【延伸阅读：与工厂企业的深度合作】

北京大学国家发展研究院提供了很多专业性的研究，所以相关案例也多集中在科研方面，比如其健康与老龄发展研究专题开展了中国健康与养老追踪调查（China Health and Retirement Longitudinal Study，CHARLS），用于分析中国人口老龄化问题；北京大学市场与网络经济研究中心（Peking University Center for Market and Network Economy）不仅自行进行研究，还接受中国政府、国内外企业界以及国际机构的委托学

---

① 参见中国社会科学院，http://cass.cssn.cn/gaikuang/。
② 参见北京大学国家发展研究院，http://www.nsd.edu.cn/college/introduction/index.html。

术课题研究,中心从2003年开始承接了微软公司"微软的中国经济贡献"、思科网络有限公司"中国大型企业网络就绪调研"、SAP软件公司"中国软件发展十大机会"以及阿里巴巴公司"电子商务与信用"、易趣公司"网络与信用"等一系列课题,成为业内研究市场与网络经济最权威的学术机构之一。①

四、中国南海协同创新研究中心

(一)发展历史

中国南海研究协同创新中心是国家认定的首批14家"2011协同创新中心"之一。中心成立于2012年7月,由南京大学牵头,外交部、海南省、国家海洋局三个政府部门支持,联合中国南海研究院、海军指挥学院、中国人民大学、四川大学、中国科学院、中国社会科学院等单位共同组建。2012年10月10日,中国南海研究协同创新中心培育启动仪式在南京大学举行。

中国南海研究协同创新中心以国家重大战略需求为导向,以实现南海权益最大化为目标,以多学科协同创新中心为主体,以"文理—军地—校所—校校协同"为路径,以体制机制改革为保障,全面推动南海问题综合研究,服务国家南海战略决策。

(二)人员、组织和机构

中国南海研究协同创新中心组建的牵头单位是在南海研究历史悠久、学科门类齐全、实力雄厚的综合性大学——南京大学。

中国南海研究协同创新中心组建的协同单位和参与单位有:中国南海研究院、海军指挥学院、中国人民大学、四川大学、中国社会科学院中国边疆史地研究中心、中国科学院地理科学与资源研究所、浙江大学、厦门大学、中山大学等。

除设有协作单位外,在组织机构方面,中心作为管理改革特区,建立了独立完整的治理机构。中心实行理事会领导下的主任委员会负责制,管理委员会负责行政指导,学术委员会负责学术指导,跨学科平台及团队负责具体实施的管理框架。理事会下设理事长、常务副理事长和理事6位。

---

① 参见北京大学市场与网络研究中心,http://www.nsd.edu.cn/cn/article.asp?articleid=19461。

图 3.1.2　中国南海协同创新研究中心治理结构

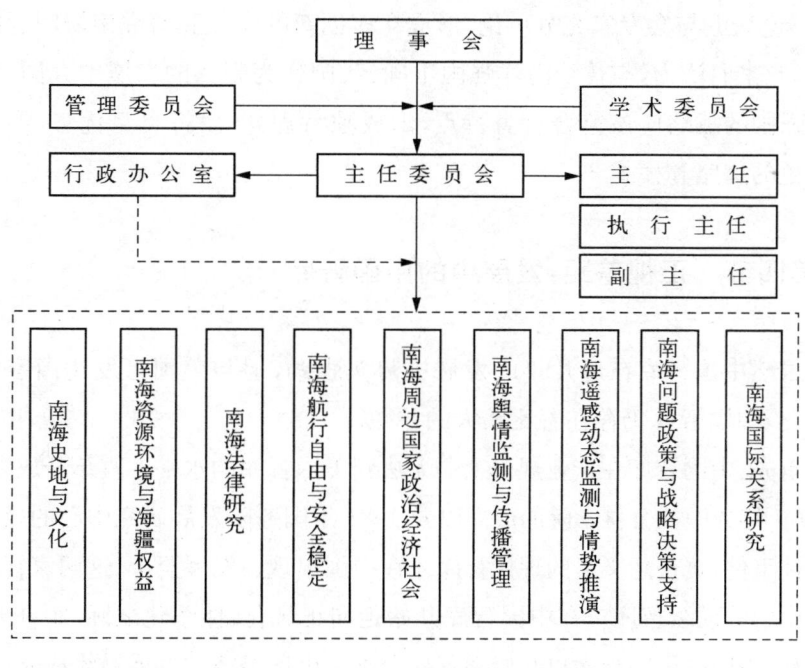

（三）研究特点与主要成就

中国南海研究协同创新中心自成立以来，经过不懈努力，中心在南海问题研究方面研究成果卓越，作为专业型的高校智库，中心立足自身优势，发掘南海研究资源，以为提供优质、准确、高效的决策咨询为己任。

南海文库数字资源库是中心重要科研成果，同时也是南海证据链工程的重要组成部分，南海文库数字资源库建设经历了数次重大进展：在筹备前期立项、调研和准备工作的基础上，对五个子数据库建设的工作进行协调部署，确立数字资源库建设的组织结构及分工协作，确定数据库建设的整体规划和工作进程，对平台的软件构架等问题进行研讨等。南海文库数字资源库与《南海文库》出版工程等共同构成了"南海问题话语权建设"的南海研究成果"走出去"工程，对南海问题综合研究和国家南海战略决策具有重大意义。该项目由南京大学出版社承建，是出版社数字出版的重大工程。

南海中心定期举办学术论坛，南海专家共同就南海话题展开学术研究和讨论,如2013年的"5·20"学术论坛:"建设海洋强国、实现民族复兴"论坛。① 论坛上与会专家充分讨论,形成众多创新的观点和研究南海问题的新角度,专家们认为,与传统海洋强国不同,我国作为新兴的发展中大国,建设海洋强国的战略应该符合自身特点,形成独特理念,发挥自身优势,形成中国特色的道路和模式。

第四节 正视差距:发展中的中国智库

虽然中国智库在近几年的发展中势头强劲,但与美国等发达国家的智库相比,中国智库仍存在着比较大的差距。

首先,中国智库在产业规模上仍无法到美国智库的水平。改革开放之后,以1977年中国社会科学院的成立以及1981年国务院发展研究中心的成立为标志性事件,真正意义上的现代智库才在中国出现。发展至今,这两家智库仍然是中国的顶级智库。在中国智库开始走向正规化、体系化之际,20世纪90年代初,中国的民间智库也开始随着社会主义市场经济的发展纷纷成立,这些智库服务于市场、企业,主要由走出体制的官员、学者创办,期间由于国际局势变化、运营机制不成熟等原因,一些民间智库没能坚持下去。但到今天,有的民间智库已经初具规模。随着对外开放的加深,尤其是在北京奥运后,中国智库进入第二波高速发展阶段,在此期间诞生了很多新型智库,如2009年成立的中国国际经济交流中心,2011年成立的新华都研究院,2013年成立的中国人民大学重阳金融研究院等。但实际上,如果和智库大国——美国作对比的话,中国与美国的智库在发展规模上存在很大差距,中国智库在感到压力的同时,也要努力发展本国智库,逐渐缩小与美国智库的差距。

其次,中国智库尚缺乏成熟的运营机制。美国智库的大发展源于美国以及国际社会的一系列大变革,如美国的民主化、现代化进程以及"二战"、冷战期间对信息分析需求的增大,这些都是美国智库得以发展的动力。美国智库正是在一次次的变革和尝试中形成了今天的发展规模,同时逐渐探

---

① 参见《南海中心"5·20"学术论坛:设海洋强国实现民族复兴》,http://nanhai.nju.edu.cn/show.asp?id=345。

索了智库的运营机制。中国智库崛起的时间比较短暂,对智库本身组织机构等问题关注度不够,相对于高速发展的中国社会来说,中国智库的发展速度仍然是落后于社会发展的,未来中国智库在体制机制上的探索和努力还需要进一步借鉴其他国家经验,并在自身内部寻求出路。

最后,中国智库的国际影响力较弱。中国智库的生存环境比较复杂,许多智库的研究成果不能及时获得政府或市场的认可,这其中有多方面的原因。在国际上,真正具有国际竞争力、国际影响力的中国智库更是少之又少。而美国智库在知识产品的输出方面有更加完整的产业化流程,比较而言,中国智库在研究成果转化方面能力有限,在智库成果对外推广上也没有给予足够的重视,这严重影响了中国智库知识产品的输出。这些因素都导致目前中国智库的国际影响力不强。

一、寻求特色之路

时至今日,中国智库之所以能够保持不断进步的势头,源于政府的大力支持和对于中国建设特色新型智库的重要指示。2015年1月20日,中共中央办公厅、国务院办公厅印发了《关于加强中国特色新型智库建设的意见》,要求各地区各部门结合实际认真贯彻执行。因此,中国智库今后除了适当借鉴其他国家智库的发展经验,吸取别国智库的发展教训外,还必须大力坚持走中国特色的道路,这是中国智库实力能够不断提升的关键。

中国智库建设应从实际情况出发,既要借鉴国外智库发展经验,也要避免照搬某个特定国家智库的发展模式。有人主张我国要多借鉴美国智库的经验,如美国智库的"旋转门"机制[①]。这类经验非常重要,值得我们认真尝试。当然,我们不能盲目追随美国智库的步伐,机械地将别国的智库建设机制搬到我国,以免陷入削足试履的窘境。所以,我国智库在借鉴的同时,必须充分结合中国社会的实际情况,发挥中国制度中的独特竞争力,为中国智库的特色化发展做出真正有益的探索。

二、强化协同创新

对官方、半官方智库来说,中国智库往往缺乏独立性。但是实际上,中

---

① 参见朱旭峰《从中外统计数据看中国智库发展路径》,载《学习时报》2014年6月16日第6版。

国智库更重要的问题在于缺乏综合性和协作性。①

所谓综合性,即提倡跨学科、综合分析某项议题,以获得视角全面的问题解决方案,为决策提出更加科学有效的建议。实际上,缺乏交流是中国智库的整体弱点。正如前文提到的大学附属型智库的缺陷一样,对于同一个议题,众多专家一拥而上,都提出自己的见解,最后,政府以及公众处于各种信息的漩涡中,难以理清头绪。实际上,在这个问题上,可以借鉴其他国家的经验,比如美国兰德公司的"系统分析"方法,即用跨学科的方式来处理社会事务,充分利用各方面专家的专业知识,让这些智库组织共同协作,合力解决问题。这样既可以降低成本,又可以提高结论的科学性。这种方法不仅在美国,也在世界其他国家被广泛应用。中国应努力减少各行各业间的壁垒,加强各学科专家间的协同合作,充分利用各专业的资源优势。

除了学科间的壁垒问题,中国智库的合作精神还有待加强。目前,各个智库相互独立,不仅缺少交流,有时还出现重复研究。这种缺乏协作精神的情况导致中国智库不能很好地实现资源的共享,进而造成资源的浪费,不仅造成课题研究上不必要的重复,也会影响决策和建议的科学性。

三、中国智库未来之路:提高竞争力

我国的智库发展,尚缺乏合理的竞争思维和产业化思维。智库就是一个知识生产者、销售者,智库生产和销售的产品是无形的知识。在当前社会环境下,决策者在进行政策制定时遇到的问题纷繁复杂,智库在决策建议方面的作用不容小觑。中国智库应更加主动地融入市场,实现市场化的运营模式,使知识真正成为一种商品,让这种商品在市场中经受检验,引领中国智库真正走向国际。在市场化的背景下,会有越来越多的中国智库在寻求发展的前提下走向合作,遵循市场规律,迎来更加科学、高效、开放的未来。

除了智库本身要作出努力外,政府以及社会也应当为智库的发展提供更多机会。政府不仅应当给予各种类型的优秀智库更多的财政支持,还应在一定程度上推进智库的转型与变革,给予智库更多的发展空间。

---

① 参见崔玉军《中国智库的规模与建设取向》,载《重庆社会科学》2014年第7期。

第二章 日本智库

《2017年全球智库报告》显示，日本拥有116家智库，在数量上居全球第8，在亚洲居第3。目前日本智库的发展趋于成熟与稳定。在《2017年全球智库报告》顶级智库排名（含美国）中，日本国际事务所（Japan Institute of International Affairs，JIIA）位列第14，亚洲发展银行研究所（Asian Development Bank Institute，ADBI）位列第26。目前日本经济、政治上的状况，尤其是党派竞争日趋白热化的当下，智库发展稳定的背后也隐藏着深刻的危机和矛盾。日本东京财团（Tokyo Foundation）理事长秋山昌广在一次专访中指出："世界的发展变化清楚地表明，日本需要一个新的方向，但由于官僚机构始终居于主导地位，能提供其他政策选择的民间智库在日本并不活跃。"因此，日本智库需要拓展视野，获取更大的发展空间。本章旨在对日本智库近一个世纪的发展历史进行回顾，整理日本各大智库的发展状况，归纳智库的运行机制和特点，以展望日本智库未来的发展趋势。

■ 第一节　沉浮一世纪：日本智库的发展脉络

自20世纪初日本智库兴起以来，日本智库的起落与日本近现代社会的发展密不可分。20世纪初至50年代（军需时期）明治维新改革后期，激烈的国际竞争环境为日本智库的出现提供了机遇。20世纪60年代至70年代（模仿与发展时期），社会问题频发的"二战"后期使得众多社会导向性研究智库大量涌现，在石油危机爆发时期，政府对智库管理的重视推动日本智库走向成熟。20世纪70至80年代，企业型智库和地方智库的崛起，繁荣了日本智库大格局;20世纪90年代至21世纪(重组与繁荣时期),90年代非营利性智库的发展成为主流,21世纪中期日本智库格局重组,日本智库迎来繁荣新时期。

一、20世纪初—50年代:军需时期

20世纪初,明治维新后的日本经济和军事力量大增。而此时,国际竞争激烈异常,为了推动国内经济的进一步发展,提高竞争力,日本政府迫切需要掌握国内外情报。在这种强烈的需求下,大批的调查研究机构顺势而生。1907年成立的"满铁调查部"以及1919年成立的大原社会研究所(现政法大学大原社会研究所)调查研究机构的成立,标志着日本智库开始走上了历史舞台。在之后的一段时间内,大批智库应运而生。1922年东京市政调查会成立,1925年日本常民文化研究所成立,1937年昭和研究会成立,1938年东亚研究会成立,1940年内阁总力战研究所成立,等等。这些研究机构大致可划分为两种类型:一是民生型政策研究机构,如大原社会问题研究所、总力战研究所等;二是军需型政策研究机构,如"满铁调查部"。

二、20世纪60年代—70年代:模仿与发展时期

"二战"后,日本社会爆发严重危机,社会问题繁多。九州经济调查协会、中国地方综合调查所、政治经济研究所等研究机构纷纷兴起,为解决战后日本各种社会问题提供了诸多建议。1959年12月,原首相吉田茂创建了日本国际问题研究所,并任首任会长。1962年日本经济调查协议成立,1963年日本经济研究中心成立,1965年野村综合研究所成立,1966年日本能源经济研究所成立,1967年三井情报开发研究所成立,1969年社会工程学研究所成立。

1969年是对日本智库发展非常重要的一年。这一年,日本社会经济发展迅猛,成为世界第二大经济实体。日本的知识分子深切意识到机构的良性运作及进步发展,同研究所的经济实力密不可分。于是依靠大公司生存的研究所纷纷涌现。正是大公司资本的介入,使得研究所主营方向开始集中于经济方面。对经济问题的重视,加之政府行政部门对政策问题的极度关注,在多重因素共同驱动下,日本实现了经济的飞速发展,但同时,社会问题也开始滋生。因此,日本政府和执政党都认为有必要在政府部门以外成

立政策研究和政策建议的机构,开展更广泛的社会性研究,为各种社会问题的疏通提供渠道。在此背景下,大量公共政策型的研究机构和企业涌现,1970年前后日本智库迎来了"第一次智库发展热潮",因此1970年也被称作"日本智库元年"。野村综合研究所、社会公学研究所、三菱综合研究所、日本综合开发机构等著名智库皆在此时成立,这些智库广泛承接来自政府以及企业的各种资讯需求。该时期智库的发展与日本经济高速增长所伴随的国土开发、交通建设、环境保护等领域的政府以及企业部门的需求增长密不可分(图3.2.1)。

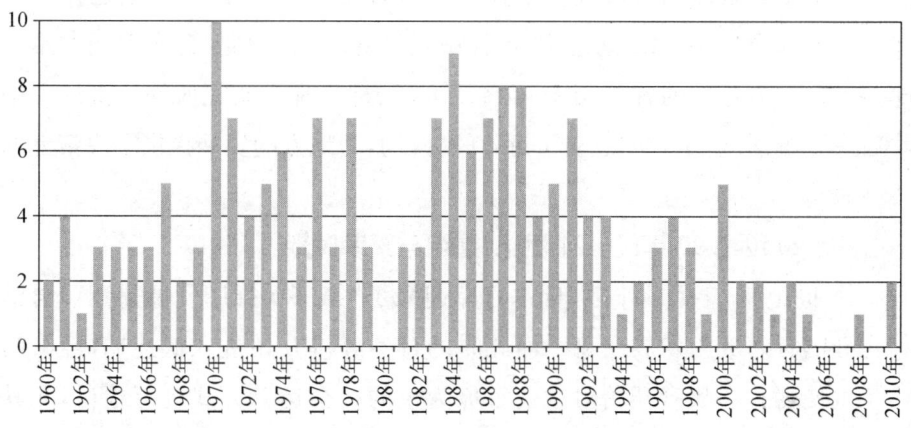

图 3.2.1　日本智库成立数量(年度)①

随着石油危机爆发,日本经济陷入不景气,智库的发展再次受到经济问题的影响。由于经济问题,智库逐渐向相关政府业务部门寻求帮助。日本政府在这一时期,通过制定相关法律对智库施以援手。1973年7月,日本国会通过了《综合研究开发机构法》。根据这项法律,1973年7月,由各级政府出资、经济企划厅和国土厅共同管辖的综合研究开发机构(NIRA)成立。NIRA财力雄厚,历届理事长都是日本国内首屈一指的"经济通",因而在很长时间内被视为日本智库的"总管"。② 1975年,日本智库协议会成立,这个

---

① 参见刁榴、张青松《日本智库的发展现状及问题》,载《国外社会科学》2013年第3期。
② 参见[日]宫川公男「政策形成過程とシンクタン」『総合研究開発機構の歩み——NIRA30年史』2004年,第7页。转自刘少东《智库建设的日本经验》,载《人民论坛》2013年第35期。

协会带有行业协会的性质，它的成立意味着智库行业的成熟，开始进入自我管理和自主发展的轨道。NIRA 的成立进一步推动了日本智库的发展，使智库热迅速席卷整个日本。①

20 世纪 80 年代，日本智库迎来了发展的新高峰，这一时期智库发展的最大特点是大部分的智库同资产雄厚的企业和商行进行联姻，保持密切的合作关系，例如：三和银行系统的三和综合研究所、樱花银行系统的樱花综合研究所、富士银行系统的富士综合研究所、日本生命保险公司系统的日生基础研究所、大和证券公司系统的大和综合研究所等。这些金融、证券系统的智库为日本智库的发展提供了强大的财力支持，为智库的稳定运作提供了必要的物质支持。20 世纪 70 年代中期至 80 年代中期，智库发展的第二个特点是地方智库的崛起，山口经济研究所、神户都市研究所等一批地方中小智库相继涌现，十年间成立了近 40 家机构，为地方的发展提供了决策上的支持。

三、20 世纪 90 年代—21 世纪：重组与繁荣时期

20 世纪 90 年代前半期，日本智库迎来了"第三次智库发展热潮"，自治体主导的智库成为发展主流。而此时的日本经济开始进入低迷期，经济的不景气使得日本政府开始对过去官僚为主的社会运营方式进行检讨，尤其是对涉及民生问题的市民活动。日本各界逐渐认识到成立非营利性质的智库势在必行。

1997 年，经济团体联合会"21 世纪政策研究所"、藤田未来经营研究所、市民立法机构、东京财团、"构想日本"、21 世纪政策构想论坛相继成立，从独立视角开展政策研究活动，进而形成了日本第四次智库发展热潮——非营利智库热潮。1997 年也因此被称作民间非营利独立智库元年。无独有偶，民主党系的政策研究组织"市民政调"（2001 年 2 月）、Thinknet Centre（2000 年 1 月）也相继成立。这些非营利的智库采取与以往智库不同的组织体系，独立于行政部门，并以企业的形态存在，开展着政策咨询等各种活动。这些独立性的民间非营利组织的出现，开启了日本智库发

---

① 参见李建军、崔树义《世界各国智库研究》，人民出版社 2010 年版，第 85 页。

展的崭新时代。

20世纪90年代开始,日本经济持续下滑。21世纪,智库进入了"重组时期"。此时,许多智库因经营不善等原因而陷入困境或解体、重组。例如,野村集团将综合研究所和野村软件公司合并,成立具备调查研究、程序开发和咨询服务功能的大型智库,员工达到2200多人。随后,大和、住友、富士等财团也纷纷重组智库,设立人数1000—2000人、影响力巨大的智库。而一些资金基础薄弱的智库被迫关门,智库总数较80年代减少约20％。[1] 社会工学研究所、住友生命综合研究所、粮食农业政策研究中心、北陆经济调查会等智库解散,滋贺综合研究所、北九州都市协会等将智库功能分解至当地大学等。但在此期间,政党型的新型智库开始出现,例如自民党和民主党为将过去"以行政为主导的政策形成"转变为"以政治为主导"的局面,民主党于2005年成立了"公共政策平台",自民党于2006年成立了"智库2005·日本"。此外,被称作小泉智库的国际公共政策研究中心(2007年3月)、以保守派知识分子为核心的国家基本问题研究所(2008年12月)、佳能全球战略研究所(2008年12月)、理光经济社会研究所(2010年4月)、亚洲太平洋研究所构想(2011年4月)等独立型智库陆续成立。[2] 近年来,在大国化发展目标的驱动指引下,致力于构建新型"海洋国家"的日本,提出举"全日本"之力,发起新一轮图"智"的努力。无论是政策导向型智库还是专业导向型智库,均迎来了关键性的发展期。[3]

第二节　企业助力:日本智库的立足之本

根据综合研究开发机构近年来对日本智库进行的跟踪调查,日本现有智库约300家。主要的智库大体可划分为企业型智库、地方智库及综合性智库。企业型智库在日本众多智库中占据重要位置,有些大企业智库规模甚至领先于政府型智库,此类智库的研究在承担企业市场调研等工作外,也包

---

[1] 参见刁榴、张青松《日本智库的发展现状及问题》,载《国外社会科学》,2013年第3期。
[2] 参见刁榴、张青松《日本智库的发展现状及问题》,载《国外社会科学》,2013年第3期。
[3] 中山俊宏:《日本の外交.安全保障シンクタンクを活性化させるためには》,2012年8月31日.文章引自: http://www.nippon.com/ja/currents/d00049/

揽来自政府、地方自治体以及民间团体的项目研究。以地方性、区域性公共政策等微观研究为重点的地方智库多为地方银行或地方自治体设立，这类智库在解决地方问题方面发挥着重要的作用。而近期涌现的综合型智库并非处于落后地位，例如综合研究开发机构等研究所在研究议题上具有宏大的国际视角，关注的问题往往涉及国际关系等。综合来讲，日本智库的繁荣与发展得益于其智库的合理运作及智库间的良性制衡。因此，有必要对其特点进行把握，寻求有益于中国智库发展的经验。

一、组织类型：独立与非独立并行

依据智库的组织形态，日本智库可以细分为官方智库与民间智库。官方智库又可以分为两种：直接隶属于政府某个部门的智库（如防卫省的防卫研究所）和独立行政法人型智库（如情报通信研究机构等）。

日本智库中存在数量最多的是民间智库，大致又可将其分为三种类型[①]，第一类是由企业、银行等设立的一般财团法人（营利性智库），如野村综合研究所（Nomura Research Institute，NRI）、日本系统开发研究所（Foundation Systems Research & Development Institute of Japan，SR & DI）。第二类是非营利性智库，即公益社团法人（如日本调查综合研究所）、公益财团法人（如日本国际论坛）、特定非营利活动法人（即 NPO 法人，如 SOHO 智库等）三种。第三类是既非公益又非营利性质的"中间法人型"智库，如民主党的"公共政策平台"。

二、机构设置与管理制度

日本智库大多推行"派出研究员"制度，即政府、大学、企业、研究所向咨询机构派出研究员，工作 2—3 年，工资由原单位发，到期回原单位工作。据统计，日本 43.2% 的咨询机构有这样的"派出研究员"，其中 80% 来自企业。如综合研究开发机构共有 33 名研究人员，长聘人员仅 3 名。在研究机构设置上，大型的咨询机构一般都设有理事会掌握大政方针，如三菱综合研究所等便是如此，理事会成员由政界、财界和学术界的名人组成。日

---

① 参见程永明《日本智库的发展现状、特点及其启示》，载《东北亚学刊》2015 年第 2 期。

本咨询机构重视人员结构(包括层次、专业、年龄)的多元化,旨在形成多学科人才结合的研究咨询队伍。三菱综合研究所共有 510 名研究人员,其中理工科出身有 380 名,社会科学出身有 130 名。而且人员经常更新,由中青年占主导,咨询机构大多由 30—40 岁的研究人员构成。据统计,研究人员平均年龄 30—39 岁的咨询机构占总数的 70%,平均年龄 40—49 岁的仅占 12.7%,平均年龄 50—54 岁和 25—29 岁的各占 4.8%。① 管理上实行高度分权和尊重研究人员个人创造性的体制,管理部门只负责组织专题研究,实行"课题小组负责制"定期商讨工作。如亚洲经济研究所设有"参议会",负责审议业务方面的重大问题;设有"评议会",负责审议事业计划、资金预算;还设有"调查协议会",讨论课题立项。日本各省厅所设立的审议会,其任务也主要是就各种专门问题进行研究,负责向省厅长官提出政策性的审议报告和调查报告,日本政府设有各种审议会 212 余个,委员达 6000 多人。

三、项目来源:多样化

日本智库的研究项目大致可以分为自主研究、委托研究(委托机构主要涵盖中央省厅、地方公共团体、政府机构、公益法人、营利法人及其他)、资助研究三类。综合研究开发机构于 2014 年 3 月对 181 家智库在 2012 年度完成的 2726 件研究成果作了调查统计。② 该调查中,在 2012 年度自主研究的成果为 1067 件,占总成果数的 39%。从综合研究开发机构历年的调查数据来看,自主研究成果占当年所有研究成果的总体比例呈上升趋势,2006 年为 26.1%,2007 年为 29.8%,2008 年为 29.2%,2009 年为 30%,2010 年为 32.8%,2011 年为 36%。与此相比,委托研究项目所占比例呈下降趋势。该调查中,在 2012 年度所有研究成果中的资助研究的成果仅有 49 件,占总成果数的 1.8%。资助研究的成果在三种研究成果类型中是最少的,且每年的比例都相差不大。③

---

① 参见科技中国,http://www.techcn.com.cn/index.php? doc-view-117390.html。
② 参见総合研究開発機構《"シンクタンク情報 2014"の調査結果の概要》,2014 年 3 月,第 8—9 页,http://www.nira.or.jp/pdf/tt2014_gaiyo.pdf。
③ 程永明《日本智库的发展现状、特点及其启示》,载《东北亚学刊》2015 年第 2 期。

四、研究领域:社会问题为主导

在日本,研究机构所从事的研究领域是基于研究所服务机构的需求而定的。就政府而言,其主要委托咨询的内容包括城市问题、公害问题、教育问题及资源问题等;就企业而言,则主要涉及改善企业经营管理效益和提高市场竞争力等问题,企业诊断是日本研究机构在企业需求研究领域的一个重要组成部分,其任务就是针对企业提出的问题展开深入调查,运用科学的方法对企业经营管理中存在的问题进行定量和定性的研究分析,找出原因,提出改进方案,并帮助指导实施,以提高企业的经营管理水平和经济效益。企业诊断对改善日本企业的经营管理起了重要的促进作用。综合性研究机构集中了各个领域的学者、专家的知识和才能,主要负责跨学科的综合性调查研究并接受政府部门的委托,进行各种专题的调查研究,如日本经济研究所每年占预算80%左右的经费是通过向政府的经济、技术职能部门申请获得的;此外,还大量接受各企业的委托,从事各种生产技术、科研项目、生产管理、劳动安全、卫生管理的技术指导以及提出各种设计、改进方案,企业诊断机构主要提供包括企业经营管理指导、技术指导、情报和人员培训等方面的咨询服务。工程技术咨询机构承接的业务则主要包括土木工程的规划、设计,解决钢铁工业与建筑设计等技术方面的问题。

总体而言,首先,官方智库同民间智库的良性竞争及资源共享,在一定意义上成为建构日本智库发展版图与繁荣景象的最大助推力。其次,在人才引进上强调多元化,推行多年的"派出研究员"制度在有效集中了智力资源的同时,也有助于激活智库内部竞争与合作的活力。再次,评议会、审议会等部门和会议的创设,确保了课题项目的研究意义及其调查报告的可行性及现实意义。除此之外,委托项目研究数量的逐年爬升以及研究领域的不断拓展,均表明日本企业及政府部门对于相关问题及研究发现的理解和重视,而在资金来源上的多样化和明晰化,进一步保证了科研的独立性和客观性,对于构建起智库自身建设和外部项目承接的良性循环具有重大意义。

■ 第三节　日本智库名片

本章节重点介绍的研究机构包括《2017年全球智库报告》顶级智库排名

(含美国)中位列第 14 的日本国际问题研究所(Japan Institute of International Affairs，JIIA)，在顶级智库排名(不含美国)中位列第 16 的亚洲发展银行研究所(Asian Development Bank Institute，ADBI)，入围中国、印度、日本和大韩民国顶级智库排名的综合研究开发机构(National Institute for Research Advancement，NIRA)、亚洲经济研究所(Insitute of Developing Economies in Asian，IDE)、日本贸易振兴机构(Japan External Trade Organization，IDE-JETRO)和日本国际交流中心(Japan Center for International Exchange，JCIE)，以及在日本海洋政策制定过程中发挥重要作用的新晋研究机构——日本海洋政策研究财团。

一、日本国际问题研究所(Japan Institute of International Affairs，JIIA)

日本国际事务研究所，是以外交和安全问题研究称道的研究机构，机构性质上属非官方，政治上无党派偏向。该研究所的特色项目是与其他国内外的机构和专家的对话以及联合研究。其研究成果用以考察日本的外交政策，既为政府提供指导性建议，同时又向社会公众传播国际问题的相关信息。原首相吉田茂任该所首任主席期间，日本国际问题研究所获得了来自日本政界(包括执政党和反对党)、商界、学术界和新闻界的鼎力支持。[①]

(一) 发展历史

日本国际问题研究所(JIIA)成立于 1959 年。1960 年 9 月，JIIA 被改组为外交部下属的财团法人。1963 年 JIIA 进一步改组，成为符合一定税收优惠规定的公共利益的推广公司。1981 年，成立太平洋经济合作理事会(Pacific Economic Cooperation Council，PEEC)秘书处。1994 年，成立亚太安全合作理事会(亚太安全合作理事会)秘书处。2012 年 3 月 27 日，为表彰 JIIA 对公共利益的贡献，时任首相野田佳彦认证其为公共利益财团，并于 2012 年 4 月 1 日生效。

JIIA 主要收入来源：(1) 事业收入，包括受托研究收入和出版事业收入；(2) 补助和捐助，包括国库补助、捐助和定向捐助(指定钱款用途的捐助)；(3) 会费收入，包括法人会费、个人会费和图书馆会费。此外，还有银

---

① 参见日本国际问题研究所，Retrieved Month 12，2015，from http：//www2. jiia. or. jp/en/index. php.

行利息的收入等。开支方面,主要有两部分:(1)事业费用,主要包括研究人员的工资和福利补贴、差旅和交通费用、资料和通讯费用等;(2)管理费用,主要包括管理人员的工资和福利补贴、差旅和交通费用、资料和通讯费用等。①

有资料显示,该所研究经费一部分来自政府补贴(约占 3/5,1984 年为 1.8 亿日元),一部分来自于会员会费及刊物收入(约占 2/5,1984 年各为 6000 万日元)。除此之外,研究所另增设三项基金:松下幸之助基金、鹿岛守之助基金、国际大使文化交流财团捐助基金。外务省、综合研究开发机构(NIRA)及其他外部委托、资助有专题研究项目经费,每年均达数千万日元以上。

(二)人员、组织和机构

日本国际问题研究所(JIIA)属于公益财团法人。相对于一般财团法人,公益财团法人更加强调公益性质和目的,在设立时需要办理更为复杂的手续。JIIA 设有评议委员会、理事会、监事、事务局、研究部、裁军和不扩散促进中心等部门。工作人员涵盖会长、副会长、理事会(兼任所长)、研究人员、普通雇员等,该研究所设有三个专门的研究中心——裁军与不扩散促进中心、亚太安全合作理事会日本委员会、太平洋经济合作理事会日本委员会。②

所内 25 位专家中,研究领域主要为国际性问题的有 5 位,主攻区域性问题研究的有 3 位,其余 17 位以包括日本在内的国别内政与外交为主要研究方向。整体来讲,研究领域既囊括军备管理与核不扩散问题等国际性问题,也涉及亚太地区架构与多国合作等区域性问题及世界范围内国家的内政与外交问题。

在组织和开展课题研究时,JIIA 多尝试采取组建所内专家和所外专家共同合作的团队策略。例如,2013 年的"主要国家对中国的认识与策略分析"③课题,带头人为所内顾问高木诚一郎,所内专家和所外专家人数比例为 1∶3。

---

① 参见朱猛《日本智库的运作机制——以日本国际问题研究所为例》北京外交学院硕士论文,2015 年,第 25—26 页。
② 参见公益财团法人日本国际问题研究所官方网站:http://www2.jiia.or.jp。
③ 参见公益财团法人日本国际問題研究所:《平成 25 年度事業報告及び附属明細書》。

(三）研究特点与主要成就

该研究所从事的项目活动可概括为以下三个内容:(1) 帮助政府策划与制定外交政策。由该所牵头组成专题研究小组,对国际形势及相关问题开展基础研究,并提供调研报告;(2) 促成内外智库的学术交流。通过举办学术讨论会、报告会等活动,积极促成国际问题信息、背景知识、政策思想的相关讨论,以更新已有的数据信息;(3) 为其团体、个人会员提供举办报告会、出版、藏书等服务,促成日本外交政策的国际传播等。①

2013年到2014年8月,日本国际问题研究所官网上公布的研究报告共25份,其中外务省委托研究项目报告13份,2013年6月份,2014年(截至8月6日)7份,如《朝鲜半岛的脚本与设计》、《"印度太平洋时代"的日本外交》、《技术革新与国际秩序的变化》以及《"阿拉伯之春"的未来》等。2013年到2014年7月30日,日本国际问题研究所共提出政策建议五次,涵盖"'中国威胁'与地域经济一体化的应对"、"关于国际共享(网络空间、宇宙、北极海)的日美同盟新课题"以及"平成25年度第8次日澳1.5轨对话"等主题。②

二、综合研究开发机构（National Institute for Research Advancement, NIRA）

1974年3月25日,田中内阁创建综合研究开发机构,该机构发展至今,有日本思想库总管之称。该机构的创办旨意在于调动日本40多个私营部门的智库的同时,还要凭借政府部门和企业专家的力量,开展综合性的政策研究。③

(一) 发展历史

在日本国内机构改革背景下,日本综合研究开发机构于2007年11月由政府认可的法人机构转变为民间财团法人。其成立目的是对中长期日趋重要的关乎现代经济社会及国民生活的各种问题进行综合研究,集合经济、社会、技术等相关专业知识,进行基础性、应用性以及开发性调查研究,并提出

---

① 参见吕招治《本国际问题研究所简介》,载《国际问题研究》1993年第4期。
② 参见朱猛《日本智库的运作机制——以日本国际问题研究所为例》,北京外交学院硕士论文,2015年,第28页。
③ 参见郑友德《日本的大型思想库——综合研究开发机构(NIRA)》,载《科学管理研究》1986年第6期。

对策建议。①

(二) 人员、组织和机构

综合研究开发机构的机构工作人员除了从事一定的研究外,更会组织、协调日本国内其他智库的研究活动。工作人员分为两部分,一部分是领导干部、专职研究员和事务员等编制内人员;另一部分是从日本中央政府、地方政府和企业借调来的编外人员,包括经济产业省、厚生劳动省,以及地方政府部门、民间财团法人委派的顾问等,一般以两年为期,从事与原来工作相近的研究活动,发挥其所长。②

(三) 研究特点与主要成就

20世纪70年代,在综合研究开发机构创建之初,日本正处在问题杂生的高速经济发展期,该机构肩负起"面向21世纪的课题"和"能源研究"等涉及日本国运及重大社会、科学问题的研究项目,对经济及国际问题进行研究和预测,构建国家发展战略。在日本经济一度陷入低迷的八九十年代,该机构的研究领域进一步扩大至能源政策、国际关系、新兴产业经济政策等重大课题。2010年以后,美国次贷危机、"3·11"大地震等重大事件接踵而至,导致日本再次进入调整发展阶段。在此期间,该机构就震后重建规划、医疗制度等问题进行深入研究并定期规划适时的研究领域。有关数据显示,该机构成立至今,已有超过十万项研究成果被收录到其"研究成果"数据库中。除此之外,该机构还组织开展日本国内政策研究机构的信息搜集和年度研究成果调查活动。

综合研究开发机构的影响力集中体现在其出版刊物的发行及流通上,具体有:(1)《智库情报》囊括年度国内各智库最新研究领域及其成果。(2)公开出版物,整理各大智库研究成果,以备日本政府参考之用。(3)课题项目专题研究,通过举办公开的政策讨论会,促成研究人员之间的良性互动与交流。(4)同国外多家智库均保有频繁而密切的合作交流关系。

---

① 参见王晓博《日本综合研究开发机构》,载《中国社会科学报》2014年8月6日。
② 参见王晓博《日本综合研究开发机构》,载《中国社会科学报》2014年8月6日。

💡 **【延伸阅读:科学有效的机构设置】**

经过40多年的发展与调试,综合研究开发机构在统筹私营部门智库良性运作以及集众家之力开展综合性政策研究中,逐渐摸索出了较为科学有效的机构设置,并进一步实现了研究领域的拓展和优化。

1. 机构精简

就性质而言,综合研究开发机构是由日本产业界、学界、劳动界共同发起的半官半民性质的软科学研究机构,其出资方既包括日本政府、地方公共团体,也包括民间团体及企业。组织结构较为精简,其特色之处在于设立了研究评议会,该部门的工作内容主要是对日本社会发展动态及趋势情况进行把握,定期规划综合研究的课题项目。

2. 研究领域

20世纪90年代,综合研究开发机构的研究活动主要集中在六大领域[①]:(1) 21世纪人口、粮食供应和文化的长期全球性发展趋势;(2) 双边国际关系问题;(3) 全球性能源形势变化及应对政策研究;(4) 日本国内的税制改革及国内、国际经济问题;(5) 人类环境、城市文明研究;(6) 地区性政策研究。早在1980年底,综合研究开发机构便率先完成了微电子学革命与信息社会对策研究课题、世界人口动力学及政策问题分析客体以及人口寿命达到80岁的社会体制结构课题的相关研究,成果斐然。

三、海洋政策研究财团(Ocean Policy Research Institute,OPRI)

海洋政策研究财团是日本政府通过各类咨询机构建议、完善海洋政策和立法等手段建立起来,旨在从事海洋战略部署研究的智库。其研究成果有力推动了政府海洋政策的制定及相关法律的出台。

(一)发展历史

2015年4月1日,海洋政策研究财团与日本公益财团法人笹川和平财团(设立于1986年,旗下的笹川日中友好基金是日本规模最大的中日民间交流基金)正式合并,后者以总资产1400亿日元的规模居于日本财团之首。海

[①] 参见郑友德《日本的大型思想库——综合研究开发机构(NIRA)》,载《科学管理研究》1986年第6期。

洋政策研究财团和笹川和平财团合并后,两大财团的领导层及组织体系进行了相应调整,笹川和平财团会长仍由羽生次郎担任,原国际能源机构IEA事务局局长田中伸男出任财团理事长,原海洋政策研究财团常务理事寺岛纮士出任常任理事。羽生次郎会长在发布会上介绍,"合并后的笹川和平财团将继续发挥海洋政策研究财团的海洋研究优势,协助日本政府确立新的海洋管理法案,并推动国际的海洋调查和研究,实现海洋综合管理及可持续开发的目标;致力于实现日本海洋立国策略中'开发利用'与'环境保护'和谐发展的目标。另一方面,财团也会逐步开启核能方面的研究,或将在日本震区核废料处理以及新能源开发等方面作出新的尝试。"①

(二)研究特点与主要成就

海洋政策研究财团具有定期与不定期出版的各类专业刊物,例如《海洋白皮书》《海洋政策研究》《岛屿研究季刊》《北极海季报》以及《海洋安全保障情报月报》等。除此之外,"岛屿资料中心"、"情报图书馆"等信息搜集中心的创建也有助于对相关岛屿资料的整合。截至2015年3月,《岛屿研究季刊》已出版了七期。以东京财团理事长秋山昌广为代表的日本国内海洋政策研究领域的中坚力量均在该杂志上发表过文章,积极为日本政府的立场提出理论支撑或辩护。② 该财团于2005年向日本政府提交了《海洋与日本:21世纪海洋政策建议书》,并由此推动了日本海洋政策大纲的建立和《海洋基本法》的出台(2007年7月20日起施行)。

第四节 总结与评议

在经历了一个多世纪的发展后,日本各研究机构无论在机构设置上,还是在研究员专业培养上,又或是在研究领域的开拓上均取得了显著的成果。总体而言,这些研究机构代表了日本智库的总体发展水平,相较欧美国家而言,日本智库在专业领域的开拓上更具有进取精神,尤其是技术领域和金融

---

① 参见人民网,2015年4月1日,上网时间:2016/1/27,文章引自:http://world.people.com.cn/n/2015/0401/c1002-26785157.html。
② 参见张勇《日本战略转型中的对外政策智库》,载《外交评论》2015年第6期。

领域及国际领域内的环保、地震、核污染等一系列问题。除此之外，日本智库良性的官方与民间智库机构、灵活的人才资源调用机制、评议会及审议会对于课题项目的严谨把关、研究领域的多元化取向、项目资金的明晰化界定等独特的智库运作特点，均为世界范围内智库发展提供了可资借鉴的宝贵经验。

2015年2月，"日本网"主编原野城治撰文指出，如今全球智库的数量正呈现出爆炸式发展趋势，而日本的智库活动却处于收缩状态。[①] 日本智库的发展前景仍面临着诸多问题和挑战：首先是经费缺乏问题。近年来，由于日本中央政府和地方政府都面临财政改革，因而智库在公共政策方面进行调研活动的主要财源——委托费面临缩减的趋势。据统计，20世纪90年代，日本智库的委托调研经费一直维持在1000万日元左右，进入21世纪以来，委托调研经费开始缩减，2000年的平均额比过去减少了50万日元。而合作调研的经费，2000年与1998年相比也大幅减少。另外，由于受日本社会资金管理机制的限制，日本智库长期以来无法享受捐款免税的优惠。[②] 其次是智库间合作问题。日本东京财团理事长秋山昌广曾指出，在日本智库的竞争发展中，"官僚机构始终居于主导地位，而能提供其他政策选择的民间智库在日本并不活跃。"由此看来，日本智库的竞争生态依然问题重重。自民间智库兴起以来，官方智库和民间智库的合作与发展虽然具有一定的稳定基础，但依然存在尚未解决的矛盾。如何实现不同权力主体智库间的协同合作，仍然是未来日本智库发展亟待解决的问题之一。

[①] 参见原野城治《世界のシンクタンクは爆発的成長、日本は縮小：日本国際問題研究所は世界13位に評価》，2015年2月12日，文章引自：http://www.nippon.com/ja/features/h00099/。
[②] 参见李建军、崔树义《世界各国智库研究》，人民出版社2010年版，第89页。

第三章 韩国智库

《2017年全国智库报告》顶级智库排行榜(含美国)中,韩国共四家智库入围前100名,分别是:韩国发展研究院(Korea Development Institute, KPI)位列第19,韩国国际政治经济研究所(Korea Institute for International Economic Policy, KIEP)位列第37,东亚研究所(East Asia Institute, EAI)位列第68位,以及外交事务和国家安全研究所(Institute of Foreign Affairs and National Security, IFANS),位列第73。

第一节 政府主导:管理严谨的韩国智库

韩国智库的发展可以追溯到韩国现代化的源头——20世纪60年代。1961年5月,朴正熙通过发动军事政变,掌握了韩国的最高领导权。在朴正熙的领导下,三个五年计划开始制定,并得以实施,韩国迅速开启发展模式,韩国经济逐渐进入到起飞阶段。在此之后,韩国逐渐发展成为一个由政府主导的市场经济国家,政府管理、干预经济在社会发展中的作用越来越大。1962年,经济企划院(计划管理部门)建立,它的职能主要是制定经济开发五年计划等中长期计划和年度经济经营计划。①

在这种政府智囊部门中,技术专家们发挥了不可忽视的作用。20世纪60年代,韩国自副总统以下政府各级主管职务大部分由技术专家担任,重大决策如发展战略、外汇制度改革、外资的引用和金融自由化的设想,都是在这些技

---

① 参见王汝强《近年韩国现代化研究评述》,载《当代韩国》2006年第2期。

术专家的主持下制定出来的。与此同时,韩国政府极为重视来自国际经济组织的声音,如世界银行。正是在这样的背景下,韩国智库得以建立和发展。①

1971年,韩国第一家智库——韩国开发研究院成立。目前在韩国活跃的大部分智库大都成立于20世纪80年代末,并且分别隶属于各主管部门,例如产业经济和贸易研究院(1976)、对外经济政策研究院(1990)。那一时期在政府研究机构不断涌现的同时,韩国大企业所属的民间研究机构也崭露头角,例如LG、三星、大宇等经济研究院。以政府研究机构为主体,企业附属研究机构为辅的格局由此形成。②

1998年亚洲金融危机爆发后,韩国政府为统筹协调政府研究机构的研究力量,开始制定了相关政策,并对研究机构进行整合,如下表所示:

表3.3.1 韩国政府制定的相关政策

日期	措施
1999年1月	制定出台了《关于政府投资研究机构的建立、运营与培养的法律》
1999年3月	根据法律中的相关规定,经济和社会研究会、人文社会研究会等五家研究会相继成立,开始对政府各类研究机构进行统筹管理。
2005年	经济和社会研究会、人文社会研究会合并为国家经济、人文和社会科学研究会(National Research Council for Economics Humanities and Social Sciences,NRCS)。

韩国智库主要分为政府智库管理机构NRCS、政府各研究机构、民间研究机构和各大高校智库。政府智库大多为政府下属研究机构,由专家、学者组成,相对独立于政府,但受政府财政支持,如韩国发展研究院便是如此。民间智库主要指民间财团扶持的智库。目前韩国主要有五个全国性的民间经济团体:大韩商工会议所、全国经济人联合会(简称全经联)、韩国贸易协会、韩国中小企业协同组合中央会、韩国经营者总协会(简称经总)以及LG、三星、大宇等实力雄厚的大公司附属的经济研究院。韩国民间智库均为非盈利民间社团法人,自律运营,根据企业的要求提供相关服务。韩国的首尔

---

① 参见李建军、崔树义《世界各国智库研究》,人民出版社2010年版,第95页。
② 参见李国强、陈波《韩国智库考察报告》,载《中国发展观察》2013年第12期。

大学、高丽大学以及延世大学等百年以上的高等学府,都拥有自己的政治外交关系及国际问题研究所,这些院校还长期与朝鲜金日成大学、金亨稷师范大学等朝鲜大学保持学术交流,因此经常可以获得第一手的研究资料。[①]

第二节　争夺话语权:大企业支撑韩国智库

韩国智库的发展由政府相关部门——国家经济、人文和社会科学研究会(National Research Council for Economics Humanities and Social Sciences,NRCS)统筹负责,NRCS下设23家政府研究机构,这23家政府研究机构涵盖四个领域,即经济政策研究、资源和基础设施研究、人力资源研究和公共政策研究,人员规模总数为5000人左右,统一管理诸如研究课题、机构负责人的选拔和评估及机构的合作等问题。与官方性质智库相比,民间智库话语权更多集中于大企业的研究院手中。除此之外,依托大学资源发展起来的研究机构在韩国智库中也扮演着重要角色。政府部门的集中管理,依托企业资本运作的民间智库同汇聚大学教授的政策研究机构共同构成了韩国智库的发展框架。

一、智库运行机制:研究会设置与管理

韩国智库的运行机制,主要表现为由研究会统一管理,各研究机构接受统一调度,并服务于政策研究。研究会的管理主要体现在:一方面,相关部门统筹安排各大领域智库的发展;另一方面,各类研究机构多方位为政策研究提供服务。

(一)部门统筹智库发展

研究会对于各大领域智库发展的管理,从内容上来讲,具体包括安排研究课题(例如课题的审批等)、选拔和评估主要负责人(包含选拔方式及任期等)以及管理研究机构的合作等。

1. 安排研究课题

政府研究机构的自定课题须通过NRCS的审批,审批通过后,预算才能

[①] 参见李建军、崔树义《世界各国智库研究》,人民出版社2010年版,第95—96页。

由国库下拨到各研究院。各研究院经多方协商、综合协调后确定的自定课题,首先要和业务主管部委沟通,确定政策研究计划的大致研究范围。NRCS 收到各研究机构上报的研究计划后,在全局范围内进行统筹协调,对各研究机构的研究计划予以审查批准,最后将预算提交国会。

2. 选拔和评估主要负责人

各研究机构的主要负责人由 NRCS 公开选拔,选拔出的研究院院长任期三年。除此之外,NRCS 还承担着对研究机构负责人领导能力进行评估的责任。

3. 管理研究机构的合作

总统府和政府各机构定期举办各种讨论会,与会人员包括来自工商界以及各研究机构的代表。与会人员可以直接同政府首脑或相关单位领导进行对话,提出各种建设性建议。部分会议是按惯例开展的,例如卢武铉总统时期的振兴投资促进会,在当时,各大企业的会长定期受邀参加相关问题的讨论。除此之外,政府相关单位还会临时委托各类研究机构如民间研究机构等,对某项政策问题进行研究。有数据显示,在韩国,政府研究机构总体上有近一半的研究项目来自临时的短期委托。

(二)多方位提供政策服务

韩国政府部门是政策咨询服务的委托方,政府官员不能直接参与政策研究,只能以委托人的角色对研究机构提出要求。因此,政府政策对各个环节的制定多依靠研究机构来完成。有关资料显示,"以 KIEP 为例,2012 年该机构为政府的政策制定提供服务多达 132 件:贸易政策咨询 24 件,国际政策和延伸阅读 25 件,对外投资目的地和政策研究 22 件,国际宏观经济趋势和金融政策分析 12 件,东北亚地区经济合作政策研究 11 件,国内外资源环境政策研究 5 件,官方发展援助政策效果评估 10 件,可行性研究 13 件。以上研究几乎涵盖对外经济政策的各个方面,研究成果或成为立法参考,或成为官方文件一部分,对政策制定发挥了重要作用。"[①]

---

① 李国强、陈波:《韩国智库考察报告》,载《中国发展观察》2013 年第 12 期。

二、智库特点：统一管理与话语权的争夺

韩国智库的发展特点，集中体现在民间话语权同政府统一调度管理之间的制衡与争夺上。一方面，研究会通过对相关研究机构的管理，在重要领域的研究上占据一定主动权；另一方面，来自民间智库的声音以及依托大学资源开展的政策研究趋势不可阻挡，由此，官民间的智库竞合博弈可见一斑。

（一）政府研究机构：由 NRCS 统一管理

政府研究机构由国家经济、人文和社会科学研究会（NRCS）统一管理。NRCS 下属 23 家政府研究机构，这 23 家政府研究机构涵盖四个领域，即经济政策研究、资源和基础设施研究、人力资源研究和公共政策研究。人员规模总数为 5000 人左右。具体的研究院设置如下表所示：

表 3.3.2 韩国研究院设置情况

经济政策研究	资源和基础设施研究	人力资源研究	公共政策研究
对外经济政策研究院	国土研究院	韩国教育研究院	科学技术研究院
产业经济与贸易研究院	能源经济研究院	韩国教育课程评价院	科学技术研究院
韩国开发研究院	信息通信政策研究院	韩国劳动研究院	韩国法制研究院
韩国农村经济研究院	韩国交通研究院	韩国健康及社会事务研究院	韩国行政研究院
韩国租税研究院	韩国海洋水产开发院	韩国妇女政策研究院	韩国刑事政策研究院
	韩国环境政策及评价研究院	韩国青少年政策研究院	
		韩国职业能力开发院	

（二）大企业研究院：掌控民间智库话语权

韩国民间智库大多由大企业或公共财团（如基金会）出资建立，强调公益性和独立性，无党派倾向，为探求国家社会发展而进行综合性、战略性研究，类似于美国的布鲁金斯学会和兰德公司。相关研究估算，这些研究机构的研究员规模均在 100 人上下。

（三）大学参与：大学教授和学者的个人努力

依托大学资源而发展起来的研究机构也是韩国智库的重要构成部分。大学参与政策研究机构的最大特色在于大学教授和学者的个人参与。为政策的研究提供了更强的专业支持。虽然，政府相关部门及企业研究机构有时会介入到对重大问题的研究中，但多数情况下主动权仍然由机构研究者掌控。

目前，韩国大学教授研究实力的竞争生态是，地方大学教授的研究实力在不断追赶着"天空（SKY）大学（即首尔大学、高丽大学、延世大学）"。而从研究者构成上来看，研究员年轻化的趋势不可阻挡。

■ 第三节 韩国智库名片

本章节重点介绍了韩国颇具特色的几个研究院，包括在《2017 年全国智库报告》的中国、印度、日本和韩国的地区性智库排行中排名第一的韩国发展研究院，在全球顶级智库排名（含美国）中位列第 68 位的韩国东亚研究所，在中国、印度、日本和韩国的地区性智库排行中排名第 15 的峨山政策研究所，以及排名第 78 位、为韩国科学与技术信息库的建立打下了坚实的基础的韩国科学技术信息研究院。上述智库不论从机构设置上还是相关研究的机制建设上均取得了较为突出的成果，在国内外享有盛誉。

一、韩国发展研究院（Korea Development Institute, KDI）

韩国开发研究院被誉为韩国"第一智库"，在韩国经济发展的重要关头，其政策建议发挥了重要作用。目前，该院主要致力于研究税收、金融体系、分析贸易障碍、贸易谈判、美韩贸易紧张情势、研究物价、国际收支、美元贬值等问题研究。①

（一）发展历史

韩国开发研究院由韩国总统朴正熙于 1971 年设立，由总统属下经济辅佐官直接管理，是一家以宏观经济政策研究为主要研究领域的研究机构，其主要职能是对政策进行分析研究以及发展国际合作。

---

① 参见李建军、崔树义《世界各国智库研究》，人民出版社 2010 年版。

（二）研究特点与主要成就

参与1972—1977年第3—7个五年计划制定工作，提出了"1977—1991年长期经济、社会发展的研究报告"及"第二次跳跃的基本构想"研究报告。与国内11家政府提供经费的研究机构合作完成了"向着2000年国家长期发展构想"的研究报告。与世界银行等国际机构共同完成若干课题研究，例如同美国哈佛大学完成的"韩国经济社会的现代化过程研究（1945—1975）"、参与制定1977—1978年沙特阿拉伯政府工业团的人力开发计划。其主要刊物包括《韩国开发研究》、《季度经济展望》及 *Working Papers*。[1] 除此之外，针对2014年韩国内需疲弱的经济状况，韩国发展研究院建议，政府应"暂时"维持扩张性财政政策以刺激经济，并呼吁解决国营企业债务问题及完善公务员退休计划。韩国发展研究院亦对通胀率持续偏低表示忧虑，通缩会加重家庭实际债务负担，增加政府增税困难。[2]

二、峨山政策研究院（Asan Institute for Policy Studies, AIPS）

峨山政策研究院成立于2008年，旨在维护半岛、东北亚地区的和平与稳定。虽然创办时间较短，但其在人才招纳、活动举办、舆论宣传和政策研究等研究院基础工作的开展上颇有特色，目前该研究院在韩国乃至东北亚、美国和欧洲地区均享有盛誉。

（一）发展历史

峨山政策研究院的研究对象以中国和美国为主，设有中国研究中心和美国研究中心。倡导"联中用美"的主张，不断探索与美国的传统盟友关系以及与中国的新型邻邦关系的发展前景。峨山政策研究院的创始人是韩国最大财阀之一、现代重工集团的总裁郑梦准。现代重工集团是造船业的领头羊，也是全球最大的造船公司。现代重工集团不但为韩国海军与海岸警卫队制造舰艇，也向欧美国家销售大量军用舰艇。可以说，现代重工集团为峨山研究院提供了充足的资金支持。峨山政策研究院的研究人员与政、商、学界之间的流动性非常频繁。这种跨界的频繁互动，既为峨山政策研究院

---

[1] 参见《韩国开发研究院》，载《东北亚论坛》1993年第2期。
[2] 北京安邦信息，《智库看衰韩国2015年经济形势》，文章引自：http://www.invest.com.cn/NewsDetailNew.aspx? class=oi&id=10405。

构筑了强大的人脉网络,同时也形塑了研究院独树一帜的思想影响力。峨山政策研究院现有工作人员共84名,其中博士14名,研究员18名,组织机构上包括峨山政策研究院和峨山书院。

(二) 研究特点与主要成就

峨山政策研究院成立至今一直以研究的独立性和公益性著称,并注重与世界各国智库的全方位合作。与其建立学术合作关系的智库,既有欧美顶尖智库、中国的政府研究机构,也有民间智库察哈尔学会等。与此同时,峨山政策研究院十分重视来韩访问的学者,在为其提供学术研究资金的同时,积极组织各种学术论坛,促进思想交流,例如韩青海论坛、峨山中国论坛、峨山华盛顿论坛、峨山核问题论坛等。①

💡 **【延伸阅读:无党派研究院的作为】**

峨山政策研究院是韩国最年轻的无党派智库之一。峨山政策研究院作为非政府、非企业类智库,不代表个别财团的私利。这种无党派的独立立场保证了其在研究上的客观和真实。该研究院的目标:独立的外交政策研究、维护东北亚地区稳定等。②

1. 人才培养机制

优秀的管理团队以及畅通的上升途径,是峨山政策研究院研究队伍稳定性的根基和保障。峨山政策研究院的新晋年轻学者在进入研究院参与工作之初,首先要完成为期六个月的人文学培训,随后前往美国、中国完成进修课程。目前在华盛顿的进修学者有27人,北京有3人。③ 每年,峨山政策研究院组织筹办青海论坛、中国论坛、峨山华盛顿论坛、峨山核问题论坛,邀请处在上升期的优秀青年学者参与。峨山政策研究院的咸在凤院长表示,"峨山政策研究院更看中的是青年学者的未来,因为他们在未来将成为影响政策的关键力量"。

---

① 参见黄日涵《中国智库可以向韩国同行学习什么》,人民网,检索时间:2016/2/18,文章引自:http://world.people.com.cn/n/2014/1029/c1002-25930690.html。
② 参见张尼《韩国峨山政策研究院为国家优化对外政策出谋划策》,载《中国社会科学报》2013年8月7日第A03版。
③ 参见黄日涵《中国智库可以向韩国同行学习什么》,人民网,检索时间:2016/2/18,文章引自:http://world.people.com.cn/n/2014/1029/c1002-25930690.html。

2. 研究领域及数据收集

峨山政策研究院的研究范围十分广泛，涵盖能源、安全、国际法、国际政治、现代科技等多个领域。院内设有民意分析中心，该中心注重运用社会统计调查方法，针对政府政策及话题展开民意测验。

二、韩国科学技术信息研究院（Korea Institute of Science and Technology Information, KISTI）

韩国科学技术信息研究院的前身是成立于1962年的韩国科学技术情报中心（KORSTIC），1962—1982年，KORSTIC对基于数据库的信息服务启动及信息处理系统进行了尝试，为韩国科学与技术信息库的建设打下了坚实的基础。

（一）发展历史

韩国科学技术情报中心在1982—1990年间组建了科技信息分发中心及工业化信息中心。1990年后，先后成立了韩国产业技术信息研究所和韩国研究与发展信息中心。2000年，韩国产业技术信息研究所和韩国研究与发展信息中心正式合并，并于2001年正式命名为韩国科学技术信息研究院。

（二）人员、组织和机构

韩国科学技术信息研究院的研究架构大致可理解为科技信息的知识输入（传播）—信息分析—增值产品的输出这样的架构。从科研架构的实际设置情况来看，韩国科学技术信息研究院基本建立了从"信息中心—部门与研究组"这种较为稳定的科研网络体系。韩国科学技术信息研究院下设八大信息中心，分别为信息服务中心、国家科技信息服务中心、信息与软件研究中心、技术商业化信息中心、信息分析中心、中小企业商业知识支持中心、超级计算中心、先进韩国研究环境开放网络中心。其中，信息服务中心下设三个部门，即海外信息部、国内信息组以及韩国国家数字科技图书馆服务部；国家科技信息服务中心下设一个部门和两个管理组，即系统研发开发部、研发消息集成组及部门项目管理组；信息与软件研究中心下设一个部门和一个研究组，即软件研究部和科学数据研究组；技术商业化信息中心下设两个部门，即工业信息分析部和技术商业化信息部；信息分析中心下设一个部门和一个分析组，即技术信息分析部和技术机会分析组；中小企业商业知识支持中心下设部门为韩国各地相应分支机构;超级计算中心下设三个部门、一个开发组及一个研究组,即应用支持部、计算机环境开发部、全球科学数据交换部、应用服务开发组、超级计算研究组;先进韩国研究环境开放网络中心下设两个部门和一个开发组,即科技安全部、先进韩国研究环境开放网络服务部和服务开发组。①

(三) 研究特点与主要成就

近年来,韩国科学技术信息研究院信息服务中心成功打造出韩国最大的科技信息入口——韩国国家数字科技图书馆平台,并协助运营韩国国家科技信息服务平台,在韩国国家科技信息服务平台的基础上,建立起同 15 个政府机构及 16 个团体组织的实时信息链接,并成功为两大平台建立互通关系,进一步拓宽了科技信息收集、处理及共享的领域和空间。

1. 信息引进和输出机制健全

2000 年,韩国科学技术信息研究院出资搭建韩国电子特许网站倡议联盟平台,该研究院依托该平台成为韩国购买国外电子出版物的同一代办机构。② 该研究院利用 Wise Cat 的学术期刊列表和分析服务功能,对国外电子出版物进行择优,并通过 Wise Cat 平台与国内 468 家图书馆建立合作关系,免费收录期刊 55646 家。该研究院在致力于获取国内外科技信息资源的同时,还通过搭建 Korea Science 平台将国内的优秀科技期刊发布到海外,促进研究成果的传播与交流。③

2. 智力汇聚平台设想

在韩国科学技术部的投资委托下,韩国科学技术信息研究院构建起名为韩民族科技人员协作平台的技术人员智力聚集的虚拟平台。目前,加入韩民族科技人员协作平台的成员已超过 11 万,其中专家 334 人,普通会员 110 952 人,他们分布在全世界的 80 多个国家和地区中。研究领域主要分布

---

① 参见彭远红、颜帅《服务国家创新,打造先进科技信息发布平台——以韩国科学技术信息研究院(KISTI)为例》,载《科技与出版》2015 年第 1 期。
② 参见 Choi Hee-Yoon,《韩国科学技术情报院知识信息中心的功能与角色》,李颖译,载《数字图书馆论坛》2011 年第 3 期。
③ 参见彭远红、颜帅《服务国家创新,打造先进科技信息发布平台——以韩国科学技术信息研究院(KISTI)为例》,载《科技与出版》2015 年第 1 期。

在生命科学、电力/电子、机械、化学、化工等。韩国科学技术信息研究院会免费向韩民族科技人员协作平台的成员提供大量的科技信息,并采用向成员付费的形式,鼓励成员在其所在地为韩国收集有价值的科技信息、参与韩民族科技人员协作平台专题类深度研究报告撰写、参与评估未来先进技术的发展趋势、实施即时性网络问答、形成多种类型的研究产品。这种全球范围内智力汇聚平台的构建,无疑将会进一步提升韩国科学技术信息研究院获取、分析信息的广度和深度。

三、韩国东亚研究院(East Asia Institute,EAI)

韩国东亚研究院致力于研究国内外核心议题,提供政策建议,并通过国际会议、论坛、教育、出版等各种活动的开展实现理念传播。韩国东亚研究院的研究项目大多集中在外交与安全项目以及民主治理等方面。

(一)发展历史

韩国东亚研究院下设五个研究中心(中国研究中心、朝鲜研究中心、亚洲安全研究中心、舆情分析中心及日本研究中心)。不同的研究领域在具体的研究主题和战略上又各有划分。韩国东亚研究院所设立的五大研究中心分别代表了其所重视的同韩国外部环境相关的五大研究领域。

2009年美国麦克阿瑟基金会发起"亚洲安全倡议",韩国东亚研究院的亚洲安全研究中心成为"亚洲安全倡议"三大核心研究机构之一,并以东北亚安全挑战为主题开展调查研究。除此之外,韩国东亚研究院还积极参与"东北亚安全研究团队"(由高丽大学—民国际关系研究院、首尔大学社会科学学院以及中国的清华大学、上海交通大学、台湾政治大学,美国彼得森国际经济研究所六家研究机构构成),构建区域内部机构关系网,谋求机构间学者的交流与互动。韩国东亚研究院还创办基础发展前景论坛(Infra Vision Forum),参与者均为韩国国内主要高层人士,论坛主题为目前国家的安全问题。此外,韩国东亚研究院还创办了Smart Talk论坛,汇聚国内外著名学者,立志创建全球学术网络,促进各种跨国界的研究与合作。

(二)研究特点与主要成就

一般而言,韩国东亚研究院会预先组织专题小组,对重大国家课题及社会问题领先规划政策方案,对外发表权威观点。韩国东亚研究院研究团队由国内外相关领域知名学者及政策专家组成,研究成果上的要求是强调理论、政策与民意全面结合。同其他智库类似的是,韩国东亚研究院也注重其在国际社会中的角色建设,注重强化同美国及中国等海外智库的合作研究与人员交流,并承担着搭建东亚知识网络的责任和义务。[①]

以中国研究中心为例,其核心领域集中在"中国崛起"及"中国大国化对未来东亚及韩半岛局势的影响上"。而具体的研究主题可细分为:转型时代中国外交安全战略研究、中国软实力研究、中国外交决策过程研究以及中国民主化与政治体制转型前景研究等。此外,对于中国国内层面的国家目标与发展战略及中国对外关系层面的外交安全战略也是其研究的重点和未来探讨的主要方向。

第四节 总结和评议

韩国智库自20世纪60年代兴起,在经历了半个多世纪的发展后,开始趋于成熟。在诸多类型的智库中,政策型智库长期居于主导地位。而提供"公共产品"的独立民间智库亦在逐渐兴起。能源开采和经济问题研究型智库的科研能力呈现出逐年提高的势头。在研究会的管理与统筹下,各大研究机构内部发展规整,研究机构间的合作与交流井然有序。

对于中国智库发展而言,韩国智库这种有序发展模式具有诸多可借鉴之处:首先,要寻求智库组织管理的平衡。韩国智库的发展实践表明,官方、半官方并举的组织形态有助于激发智库发展的活力,并充分调动智力资源和信息渠道。企业型智库和依托大学资源组建的团队,亦是不可忽视的重要力量。韩国智库在统一的调配与管理方面的经验,有助于中国智库重视与思考有关智库竞争秩序及智库内部建设问题。其次,人才培养机制的健全。韩国智库在人才培养上有许多可供借鉴的策略,如峨山政策研究院对于优秀科研队伍的建设,除了在优秀青年学者的培养课程、晋升渠道上多加重视,还组织和搭建各种交流会,如青海论坛、中国论坛、峨山华盛

[①] 参见 EAI, Retrieved January 3, 2015, from http://www.eai.or.kr/china/index.asp。

顿论坛、峨山核问题论坛等,进一步培养青年学者重视成果分享、交流讨论的优良品质,这对于智库队伍建设意义重大。① 除此之外,韩国智库对于智力汇聚平台构建的设想,打造全球华人科技协作平台,实现智慧资源的有效增值对于中国智库发展也具有切实可行的意义和价值。

尽管秩序构成了韩国智库最为质朴的特征,但秩序背后往往也暗含诸多问题。例如各类国策研究所关于效率和公正的协调问题,《朝鲜日报》就曾公开批评国家研究院"不称职",披露由政府提供经费的14家经济领域的研究机关在国内外学术刊物上发表论文与发达国家同类智库相比明显落后,研究人员有吃大锅饭、混日子的心理。除此之外,韩国智库最本质的问题在于缺乏多样化、相互竞争的政策竞争体系。因此,政府、政党、利益集团、非政府组织等政策开发主体有必要从开发竞争性政策的角度出发,研究地区、政治趋向、代沟、贫富差距等韩国社会的代表性矛盾。②

---

① 参见詹小洪《韩国大财团不惜成本做智库》,载《瞭望东方周刊》2012年9月3日。
② 参见 DennyCrane 的博客,Retrieved Month 22, 2015, from http://blog.sina.com.cn/s/blog_606234d90102eauh.html。

第四章 印度智库

印度作为南亚次大陆的最大国家和金砖五国之一,其政治、经济、文化、军事等方面的发展一直受到世界各国关注。印度智库长期关注专业领域中的具体问题,例如国际政治、软件开发、军备发展、能源保护等,部分智库在国际同行中享有声誉。但另一方面,印度智库也普遍存在发展不均衡、交流不充分的问题。本章将对印度智库作简要介绍。

第一节 全面迅速:印度智库的发展历程

印度智库的发展历程较长,发展势头也十分强劲。据《2017年全球智库报告》数据,印度共有293个智库,数量上排名第四,仅次于美国、中国、英国。从印度实现民族独立开始,各种类型的智库应运而生,这也奠定了印度智库专业化特征形成的基础。

一、智库发展起源

现代印度是一个联邦制的国家,实行民主议会制,但实际运行的政治体制又包括了一个错综复杂的体系:地方主义、宗教、种姓、阶级和政党(国大党、印度人民党)等各种制度与势力均盘踞其中。在经济上,印度于20世纪90年代开始了市场化改革,现如今它已经发展成为一个结构多元的发展中国家,同时也是金砖国家之一。

早在1947年印度独立时,印度智库就已开始发展。最早的印度智库包括1948年成立的印度数据统计研究所和1956年成立的印度国家应用经济研究委员会,这些最先成立的智库为印度国民经济的发展提供政策咨询和政策规划服务。在经过60多年的发展后，印度逐渐形成涵盖社会、政治、经济、文化、外交、科技、国防安全等多个研究领域的智库体系。

二、印度智库的主要发展阶段

印度智库发展至今已有60余年。最早成立的智库主要服务于经济建设议题，这是由于当时印度刚刚独立，急需一系列实际的发展策略和数据，为以后的长期发展提供政策支持。这一时期的智库吸引了很多经济学家的加入，并发展出许多经济模型。之后，受到国际关系的影响，一批专门研究印度与他国关系（包括中国）的专业智库开始出现。

印度智库在完善自身发展的同时，协助印度政府制定政策，处理专业领域问题，并在全球范围内产生了重要影响，这些专业化的智库是印度发展不可或缺的智慧来源。①

■ 第二节 立足本土：印度智库的生存现状

印度智库在总数上是非常可观的，从具体研究领域来看，印度智库对本土发展问题非常偏爱。②

一、官民共存：多类型智库共同发展

总体而言，印度智库可以分为以下几类：

一是官办型智库，即"官方智库"。例如印度数据统计研究所、印度国家应用经济研究委员会、国防研究和分析研究所等。20世纪80年代初，在经济全球化、第三次信息化浪潮兴起的国际背景下，印度政府也在推动本国经济融入全球化浪潮，在这一阶段，印度经济发展研究所、国际经济关系研究院以及信息系统研究所等政策研究中心等专业智库为协助政府的政策制定和推行，作出了重要贡献。除了中央直接设立的智库之外，下属的政府部门也建立了不少专业性智库，比如印度科学与工业研究理事会、印度农业研究理事会、印度社科理事会等。

二是独立型智库，即"民间智库"。民间智库强调不受政府、利益团体的

---

① 参见胡新龙、林火清《外国智库咋研究中国》，载《中国国防报》2010年9月21日。
② 参见毛晓晓《印度智库：学术自由与独立立场》，载《浙江社会科学》2010年第43期。

制约，在研究上保持独立性。这些智库往往以非营利性形象出现，带有公益性质。其中知名智库包括印度政策研究中心、印度公民社会中心等，这些智库为印度的社会发展作出了重要贡献。

三是大学附属型智库，即"高校智库"。这些智库相对而言并不首先聚焦于对策研究，而是更注重学术研究和理论研究的开展。这些智库多关注专门议题，典型代表如尼赫鲁大学的印度国际关系学院、社会科学学院社会体系研究中心等机构。

四是由大企业设立的智库。如塔塔财团设立的塔塔能源研究所等，因为资金来源的原因，这些智库主要为企业提供服务。除此之外，此类智库也会关注一些公益议题，这显示出印度企业的社会责任感，也是值得我国企业学习的。[1]

二、侧重明显：印度智库的主要研究兴趣

就地理位置而言，印度智库尤其是顶级智库主要分布在政治经济中心，比如首都新德里等地。

在研究议题上，印度智库最关心的领域是全球性政治、经济和安全问题、有关国际和地区机制的斗争以及大国间的政策共识问题，以及新兴大国的崛起及可能引起的安全问题等。值得一提的是，印度智库对中国以及南亚地区表现出很强的研究兴趣。[2]

第三节 术业有专攻：印度智库的运行特征

诚如前文一再强调的，印度智库最大的特征就是专业性，各种智库可谓"术业有专攻"。正是因为这种专业化倾向，印度的智库组织规模一般比较小，但是可以在专业领域做到精细化，具体到其研究成果上，围绕专门问题开展研究的倾向十分明显。

一、运行机制：高度专业性

印度智库的运行机制，主要包括以下三方面：资金来源、智库人员和智

---

[1] 参见李国强《印度智库钱从哪里来，如何影响政府决策》，载《东方早报》2014年1月21日。
[2] 参见胡新龙、林火清《外国智库咋研究中国》，载《中国国防报》2010年9月21日。

库管理。

1. 资金来源

印度智库的资金来源总体来说有两种,一种是政府拨款,另一种是类似于大学承担课题带来的项目资金。在20世纪80年代,向印度智库投入资金的主要是印度社科理事会、大学拨款委员会、政府机构以及计划委员会这样的官方性质机构。但是到了20世纪90年代初,不少私营公司、企业成立基金会开始关注科学研究或公众福祉,并为此投入资金,甚至越来越多的智库主要依赖于企业支持。

第三种获得资金的方式是国际力量的资助。这与不少南亚国家智库相似,世界银行、亚洲开发银行、欧盟以及其他跨国机构都是这些国家的智库的主要资金来源。

2. 智库人员

印度智库的研究人员主要有以下来源:首先是来自高等院校的具有优秀学术研究水平的博士研究生,这些人才为印度智库严谨的学术作风提供了保证;其次是具有实践经验的研究人才,他们在从事智库工作之前曾有长期的专业领域工作经验,对特定问题有着深入的接触,他们的加入有利于将过于理论化的研究转化为可以适应于实践的政策方针;第三类是退休的公务人员,这些公务人员在政策制定和实施环节经验丰富,并且在政府部门掌握人脉,利于智库和政府达成良性交流。还有一些人是所谓的"外脑",也就是外借的人才,这些人来自印度以外的国家或地区,多是智库的访问学者,并在访问期间对印度智库作出贡献,可谓是一种互利双赢的方式。总而言之,印度智库在吸纳人才方面是比较开放的,并且非常注意理论与实践的结合,也倾向于吸引复合型人才。

3. 智库管理

印度智库通常都会有一个理事会,其任务就是在人员管理以及项目开展方面为智库保驾护航。实际上,这些理事会就相当于智库的行政层,进行智库的日常运作的维护。这些理事会通常由各界人士组成,比如前政府官员、律师等。

印度智库在课题管理上也十分严格,这体现了印度智库在整体运作程序上的专业性。在操作层面上,印度智库有着一整套规则,保证了印度智库在与资金提供者的合作中可以保持比较积极的态度,并促进双方能够进行长期稳定的合作。①

二、主要特点:关注重点领域

印度智库的研究领域是非常集中的,不仅在研究课题的选择上如此,在目标区域的选择上亦然。印度国防与分析研究所东亚研究室负责人斯里·杜塔曾指出,全球性政治、经济和安全问题,新兴大国的崛起以及可能引起的安全问题,有关国际和地区机制的斗争以及大国间的政策共识问题,这三个方面是印度智库在当下国际、国内环境中最为关注的。②

印度智库有以下六个特点:

一是印度智库在组织规模上比较小。印度有很多智库,其中不乏在专业领域享有国际声誉的研究机构。但是即使是这些智库,其规模、人员构成上也非常有限。比如致力于政策研究和指导舆论的印度政策研究中心,虽然已经算作是印度比较大且具有影响力的智库了,但是这个智库只有16名常务研究员、30名副研究员。需要注意的是,印度智库规模之所以比较小,并不是刻意而为,而是印度智库资金方面的短缺使其难以进行进一步的扩张。

二是印度智库与政党的联系较弱。印度智库多坚持非政党化的独立立场,这意味着这些智库会刻意保持着与政党的距离,以避免智库沦为某一政党的政治工具。

三是印度智库大多注重对发展问题的研究。很多印度顶级智库都是非营利性的,首要研究目的是为了谋求印度社会的福祉,这些智库在环境、人口、资源等与可持续发展相关的领域有着深入的研究,并且研究重点主要立足于本土。

四是印度智库尤其关注南亚和中国。不少智库非常关注中印关系,特别是边界问题。另外在近些年来,印度智库对中国的研究也有了更多的领域划分,比如对中国政策、经济、社会的研究等。

---

① 参见李国强《印度智库钱从哪里来,如何影响政府决策》,载《东方早报》2014年1月21日。
② 参见胡美函《揭开国际智库的盖头》,载《中国县域经济报》2009年7月9日。

五是印度智库具有的特殊结构——顾问委员会。它往往是印度官方智库的组成部分。这种形式适用于学者以个人身份向政府提出建议,在发生重大事件或是形势发生了重大变化时,顾问委员会就会发挥作用,由政府请求、智库牵头,将学者组成顾问委员会,对相关的情况进行及时评估、作出对策。在这种情况下,印度智库可以比较容易地获取政府的各种文件,从而为智库开展研究提供便利。

六是印度智库获得的国际资助日渐增多。虽然这些资助帮助印度智库获得了发展资金,也证明了印度智库取得的成就,但是对于智库与印度政府的关系而言却有负面影响。这些资助主要存在于民间智库中,因而会让政府对这些智库的立场产生怀疑,甚至影响其研究成果得不到政府的有效反馈。①

第四节 印度智库名片

印度有不少顶级智库,这些智库对于印度的军事、政治、经济决策都起到了举足轻重的作用,在专业领域都有着很强的实力。在这里对其中一些代表性的智库作简要介绍。

一、印度国防研究与分析所(Institute for Defense studies and Analyses, IDSA)

印度国防研究与分析所成立于1965年,旨在为印度国家安全和国际安全问题提供专业评估和政策建议,同时促进相关知识在公众中普及。目前,该机构在全球智库排名中(含美国)位列第46,是印度排名最好的智库。

该智库是印度第一个独立于政府和高校之外的智库,主要研究领域包括国家安全、外交政策和外交战略等,在军备控制、核武器选择、邻国政策、国内安全、大国关系、海上安全、防务开支和军工、太空研究、能源安全和反

---

① 参见李国强《印度智库钱从哪里来,如何影响政府决策》,载《东方早报》2014年1月21日。

恐等领域,都有很多杰出的成就。①

该智库还成立了"非洲问题研究组",表现出对非洲区域的高度关注,曾发表言论认为印度在非洲比中国更有优势,其实这从另一个侧面反映出其对中国的关注,在多个领域的发展问题上,中国都被视作印度的强劲对手。

二、印度国际经济关系研究委员会(Indian Council for Research on International Economic Relations,ICRIER)

印度国际经济关系研究委员会成立于1981年,这是一个非营利性组织。其主要的研究领域是国际经济关系,该智库致力于在经济领域为政府提供政策支持,以期使印度能够更好地融入全球经济大环境中。

三、塔塔能源研究所(The Energy and Resources Institute,TERI)

塔塔能源研究所成立于1974年,这是一个专门研究能源问题的组织。其主要研究领域一是有关能源可能面临的枯竭情况,二是有关能源使用可能带来的环境污染问题。这也是一个公益性质的非营利组织。

四、印度政策研究中心(Centre for Policy Research,CPR)

1973年,印度政策研究中心成立,这是一个独立的、无党派立场的研究机构,同时也是印度社会科学理事会认可的27个国家级社会科学研究机构之一。

它的宗旨是为重大的学术和政策问题提供智力支持和创造性的解决方案。最大优势是集合了多种学科的研究思路,并拥有一大批实践经验丰富的研究人员。政策研究中心在制定政策和指导舆论方面拥有相当巨大的影响力。

五、印度国家科学技术和开发研究所(National Institute of Science, Technology and Development Studies,NISTADS)

1974年,印度科技研究中心成立,隶属于印度政府科学和工业研究理事会。1981年,该中心正式更名为国家科学技术和开发研究所,1982年该所与印度的管理研究中心(一个专门研究软科学的智库)合并。至此,该所成

---

① 参见宋琤《世界风云变幻 智库出谋划策 10国专家齐聚上海国际智库论坛》,载《公关世界》2007年第8期。

为全印度唯一一个国家级的软科学研究智库。

该智库在自然科学和社会科学领域拥有大量专家人才。故此，这个研究所在多个领域都开展研究，在国内外均取得了较高的声誉。

该智库在经费上依赖于印度科学和工业研究理事会。其他政府部门在有研究需求的时候也会向其提供资金以开展专项研究。近年来，由于其优良的声誉以及高水平的研究能力，智库也获得了来自联合国等国际组织的资助。

该智库在中国问题研究上也颇有建树，其中，V. P. Kharbanda 就是一名专门研究中国问题的专家，虽然年纪轻轻，但是已经硕果累累，并出版专著《中国的科学、技术和经济发展》。[1]

第五节 总结与评议

印度智库之所以可以获得成功，与其专业化、精细化的发展战略是分不开的。但是这种发展战略也会带来一些问题，比如造成对另一些特定研究领域的长期忽视。另外，印度智库也比较缺乏与外界的合作联系。

一、成功经验：集中精力研究重点领域

印度智库为印度的经济、政治、军事等的发展提供了很多助益，大致来说，印度智库有以下成功经验：

首先，印度智库对于各种专家人才予以积极接纳。

印度智库对各种人才尤其是具有专业经验的人才非常看重。例如军方智库国防研究与分析所，这个智库的主要研究人员包括了现役和退役军人，甚至有一些将领参与其中，他们都是拥有一定的军队生活经验甚至是实战经验的人才，并且对于军事理论、相关技术也非常娴熟。从这个例证来看，印度智库对于人才的接纳带有很强的实用性目的。

当然，除了前文提到的实用性的人才招募目标，印度智库也非常注重人才的学术科研水平。印度的智库人才渠道主要有两种，一种是文职研究人

---

[1] 参见崔冠杰《印度国家科技政策的摇篮——国家科学技术和开发研究所》，载《中国软科学》1990年第1期。

员,另一种是部委公务员。其中,文职研究人员大多数来自印度最好的社科院校——尼赫鲁大学。同时,为了避免智库内全是研究型人才,另一个人才招募渠道——部委公务员招募起到了很大作用。这些公务人员已经在基层积累了很多实际工作经验,因而能够与科研人才互补短板。另外,智库内还有大量级别比较高的文官,他们为印度智库从实践出发解决国内、国际问题提供了很好的智力资源。

印度智库招贤的另一个特点是不回避外国专家。印度智库十分欢迎其他国家的研究者,他们可以作为访问学者进入这些印度智库工作。当然,前提是这些外国专家需要对印度智库作出一些实质性的研究贡献,比如提交论文、做学术报告等。

其次,智库研究的重点非常明确,主次分明。

从前文列举的印度顶尖智库可以看出,通常一个智库会对特定领域进行深入的研究,比如一些智库重点关注经济问题,一些智库重点关注军事安全问题等。这意味着印度的智库,总是在某些方面可以成为顶级专家。这就比什么都研究、一遇到热点就转移研究方向的运作策略更稳定可靠。

而印度智库最为关注的区域是中国、南亚等与印度关系密切的近邻。不少印度智库内都有专门负责这些区域的研究小组,定期汇报相关研究成果,这些研究人员对于所研究的国家十分了解,甚至精通这些国家的语言。印度智库对其他国家重点研究的欧美发达国家并不很感兴趣,对这些国家的研究出奇得少,这与我国智库形成了鲜明对比。我国固然也有研究近邻国家的科研人员,但是我国智库的对外研究重点还是诸如美国、欧盟这样的发达国家。这种在区域研究上的侧重确实使得印度智库在相应的研究领域更具权威,当然这也与印度现实的国际环境息息有关。

最后,在智库营销方面,印度智库非常注意营造国际影响力。

在具体的营销策略上,印度智库会把一些可公开成果进行出版发行,比如国防研究与分析所主办的《战略分析》就是国际关系领域中非常有影响力的刊物。除了传统的出版发行工作,印度智库还注意维护与媒体的关系,特别是注重在社交网络上的宣传工作,这些智库都会在诸如 Facebook、Twitter 等网络社交平台上与广大网民进行互动,与各界学者进行交流。这些方式都可以帮助印度智库获得更多的社会关注,并提升自己的国际和国内影响力。

最后,印度智库也十分注意对人才的继续培养,智库内部会定期对研究人员进行培训,邀请其他国家和地区的专业人才去印度智库进行讲座、讲课等,以此来拓展研究人员的视野。①

二、反思:研究偏重与发展走向的调和

虽然印度智库十分重视对中国问题的研究,但是从印度现行的对华政策上来看,其智库对中国的了解还并不透彻,反过来,中国在印度问题的相关研究上也存在同样的不足。因此,两国智库仍应当加强交流,相互借鉴、共同进步。

在看到印度智库的优点的同时,也要看到印度智库还存在很多问题。首先,印度智库缺乏严密的运行机制,并且印度智库之间往往存在恶性竞争,很难实现智库间良性、有效的合作。其次,印度智库专门化程度高,在重点研究的领域比较深入,这也就意味着在其他一些领域的研究就比较薄弱,比如国际人权、拉美经济等等。最后,印度智库在专家数量上并不占有优势,即使是在某些专业和专长的领域内,专家数量也比较少。

一些印度学者也对此进行了反思。印度学者马瑞那·苏曼认为以下原因造成印度智库的总体水平不高:首先,印度智库对于问题的解决缺少长远思维,对于政策的规划不太能够把握全局;其次,在智库和政府的关系上,印度智库的沟通能力有待提高。从政府角度来说,各职能部门实际上并不喜欢看到智库对政府的批评。而从智库角度来说,政府的很多信息、决策都是保密的,智库很难接触到这些第一手资料,所以在进行相关研究的时候可谓困难重重。这些现实问题都不利于智库的发展,尤其是与政府的关系好坏,往往影响着智库的研究成果是否能及时被政府采纳。②

---

① 参见崔冠杰《印度国家科技政策的摇篮——国家科学技术和开发研究所》,载《中国软科学》1990年第1期。
② 参见胡新龙、林火清《外国智库咋研究中国》,载《中国国防报》2010年9月21日。

第五章 东南亚智库

东南亚地区的智库从 20 世纪 60 年代开始兴起,经过近半个世纪的发展,智库的数量和影响力均有明显的提升。该地区的顶级智库大多分布在新加坡、印度尼西亚、马来西亚等国家。《2017 年全球智库报告》显示,在全球顶级智库排名(不含美国)中,新加坡国际事务研究院(Singapore Institute of International Affairs,SIIA)位列第 47 名,印度尼西亚的战略与国际问题研究中心(Centre for Strategic and International Studies,CSIS)位列第 64 名,新加坡的东南亚研究院(Institute of Southeast Asian Studies,ISEAS)和国防与战略研究院(Institute of Defence and Strategic Studies,IDSS)分别位列第 66 名和第 92 名。

第一节 "地区"为先:东南亚智库概况

东南亚在中国古代被称为"南洋",现泛指亚洲东南部广大的半岛和群岛区域,"东南亚"作为一个"地区"概念被认可,则要追溯至第二次世界大战期间。在《2017 年全球智库报告》的东南亚和太平洋地区顶级智库排名中,印度尼西亚的战略与国际问题研究中心位列第 5,新加坡国防与战略研究院位列第 1。除此之外,入围该排名前 50 名的东南亚地区智库还包括马来西亚的公共政策研究中心(位列第 4)、新加坡的国际事务研究院(位列第 11)、马来西亚的战略与国际事务研究所(位列第 9),以及新加坡的东南亚研究院、新加坡的东亚研究院、马来西亚的东盟和东亚的经济研究院、泰国发展研究所、菲律宾战略与国际问题研究院、菲律宾战略与发展研究所、柬埔寨合作与和平研究所、越南世界经济与政治研究所、新加坡的亚洲竞争力研究所、新加坡政治风险评估集团、泰国安全与国际问题研究院、印度尼西亚国家能力研究院、菲律宾发展研究所、文莱政策和战略研究所、越南外交学院、越南经济研究所、柬埔寨经济研究所、新加坡的亚洲和全球化研究所。

由此可见,东南亚智库在各国呈现出散点分布的特征,各国都有基于本国国情而创建的智库机构,下面将对其基本特点进行介绍。

第二节 联合与离散:东南亚智库的运行机制

东南亚智库一个比较突出的特点体现在区域内国家的智库联合上。就其合作主要方式而言,智库合作会发展出不同层次的国际会议,这其中的典型代表是与东盟有关的区域联合型智库的发展和壮大。区域的联合与共谋虽被看作是东南亚地区智库发展的常态及最优选择,但这种区域内国家间的合作同时也要求其中成员具有一定的实力和独立性。

近年来,东南亚地区各个国家对自身智库的发展进行了大量尝试,从而形成了东南亚地区各大智库独特的运行机制和组织特点。首先,东南亚智库往往由政府牵头。以在东南亚智库发展中居于领先地位的新加坡国际问题研究型智库为例,在政府牵头倡议设立后,智库主要依托新加坡国立大学等高等学府的优良资源,强调对学术资源和研究成果的整合,并且在研究内容和研究领域上分工得当,注重多方面、立体化的良性互动,这种政府部署和运作灵活的机构运行方式构成了东南亚智库运行机制的第一个主要特征。其次,东南亚智库运行是人性化和公开化的,例如马来西亚的各大智库,其机构的主要活动形式为协商会议,而协商会议的参与者不仅仅有智库研究员,还包括市民社会成员、政府官员和企业领导等。在政策议题、研究成果的传播上,智库重视同媒体的良性互动和协同合作,实现政策公共性的合理转化。除此之外,重视同东南亚周边国家的合作交流,是东南亚智库运行的第三大主要特征,其中与中国智库的合作发展方式尤为典型,例如以"新东亚地区合作、次区域合作"为主题的"中国——东盟智库战略对话·

2009"国际性智库会议等。① 总之,离散基础上的联动发展,联合框架下的离散运行,东南亚智库这种独特的运行机制,为其区域内智库的多样性发展注入了活力,从而有助于打破亚洲区域内各大智库间的对话壁垒,打造出全新的智库交流发展模式和传播路径。

第三节　东南亚智库名片

本章节重点介绍的智库包括被称作"新加坡最古老的智囊团"的新加坡国际事务研究所,对马来西亚政府政策规划或政策制定具有重要作用的亚洲战略与领导研究所,以地区研究为推进重点的学者社区——新加坡东南亚研究院,东南亚国家联盟及东盟各国智库组成的学术研究机构——东盟战略与国际问题研究所,致力于国内政策导向研究和国际问题研究的非盈利机构——印度尼西亚战略和国际事务研究中心,南洋理工大学自主研究院——拉惹勒南国际关系学院,马来西亚首个非盈利研究机构——战略和国际事务研究所,以及泰国发展研究院、菲律宾战略与发展研究所、柬埔寨合作与和平研究所等。

一、新加坡国际事务研究院(Singapore Institute of International Affairs,SIIA)

新加坡国际事务研究所的研究领域主要集中在地区及国际事务问题等方面。其宗旨是在对国际事务进行研究的基础上,为政策制定和公众教育提供可资借鉴的经验,从而推动新加坡社会的深层国际化和全球化。

（一）发展历史

新加坡国际事务研究所成立于1961年,是新加坡最古老的智囊团。它是一个独立的组织,资金来自基金会、会员会费和企业的赞助,除此之外,还接收来自新加坡政府的不定期的资助。②

---

① 参见韦朝晖、张磊《第七届中国——东盟智库战略对话论坛暨首届中国—新加坡经济走廊智库峰会会议综述》,载《东南亚纵横》2014年第10期。
② 参见 Singapore Institute of International Affairs, Retrieved Month 20, 2015, from http://www.siiaonline.org.

（二）人员、组织和机构

该组织的大部分工作由委员会（选举产生）和部分顾问负责。新加坡国际事务研究所的创始人有学者，也有一些兼职人员。有资料显示，20世纪80年代到90年代初，该学院的主持者不仅是当时的国会成员，而且曾帮助组建东盟机构——战略与国际研究网络（ASEAN-ISIS）。2005年，新加坡原总统S.R.内森成为新加坡国际事务研究所的第一个名誉会员。

（三）研究特点与主要成就

新加坡国际事务研究所的研究重点集中于东盟内部成员国的相关议题上，包括成员国之间的分歧与发展差异问题，以及东盟国际地位及地缘政治和区域安全相关议题。除此之外，地区环境污染、资源利用问题也是新加坡国际事务研究所关注的重要领域。自2013年以来，新加坡国际事务研究所组建专家组就雾霾污染的形成因素及解决方案进行广泛的研讨。目前，新加坡国际事务研究所已启动与世界资源研究所（WRI）的对话，希望能在更大背景下寻求治理雾霾的方案。[1]

【延伸阅读：维持调查和思想的独立性】

新加坡国际事务研究所始终坚持公开、公正原则，强调独立调查与深入分析，鼓励学者间的交流与讨论。新加坡国际事务研究所自成立以来，经过50多年发展，目前已与来自不同高校、研究所的近50位学者建立了交流合作关系，在国际政治领域相关议题的研讨上颇有贡献。同时，该机构能够维持调查和思想的独立性与其资金来源的可靠性具有莫大关联，新加坡国际事务研究所的资助方之一为其合作企业，这有力保障了新加坡国际事务研究所结构上的高效化。[2]

新加坡国际事务研究所现有研究人员（包括工作人员）30人左右，主要学术活动有：（1）东盟与亚洲论坛（AAF），每年召开，规模数百人，参与者包括专家、各界领导、企业家、政府官员和学界人士。其目的是在东盟和亚洲范围内探讨形成商务共同体过程中的相关问题，以及相联系的东

---

[1] 参见赵琪《让政策落地是智库最终目标》，载《中国社会科学报》2014年4月9日A03版。
[2] 参见赵琪《新加坡国际事务研究所让政策落地是智库最终目标》，载《中国社会科学报》2014年第A03版。

盟和亚洲地区的政治、经济、政策等问题。(2)年度会员聚会,即闭门会议,用以自由交流与密切相互关系。(3)全球见解,半年一次的系列国际讲演平台。(4)闭门对话。参与者多为政府官员、企业领导、学者专家,就相关国际问题进行深入研讨。一般为12人聚餐的形式。(5)系列研讨会。①

二、亚洲战略与领导研究所(Asian Strategy and Leadership Institute,ASLI)

亚洲战略与领导研究所创办的宗旨是通过会议、出版物、商务委员会、政策研究和CEO领导班子等组成部分,提升机构的竞争力、领导力和战略能力。② 亚洲战略与领导研究所在影响马来西亚政府政策规划和政策制定上发挥了重要作用。

(一)发展历史

亚洲战略与领导研究所创建于1993年。其主要活动形式包括圆桌会议、论坛和一般会议,这些活动的受众大多为政府官员、外交人士、商界精英、社会组织和媒体工作人员。亚洲战略与领导研究所每年组织的会议约为35到40场,众多会议不仅促成了跨界人士的交流与讨论,会议举办过程中实现的资金流动更是其机构资金的主要来源。

(二)研究特点与主要成就

在马来西亚,亚洲战略与领导研究所不只是企业和政府之间沟通的桥梁,在国家立法的起草工作中,它也在发挥重要的作用。除此之外,该智库还为在马来西亚投资的来自外交及国际商务领域的领导人提供了诸多咨询建议。总而言之,亚洲战略与领导研究所对于完善国家治理和加强国家凝聚力方面作出了突出贡献。

三、东南亚研究院(Institute of Southeast Asian Studies,ISEAS)

新加坡东南亚研究院为区域性研究机构,主要开展针对东南亚国家的社会政治、安全和经济发展趋势以及与地缘政治和经济环境相关问题的研

---

① 参见新加坡国际事务研究所网站.2016.2.21.文章引自:http://www.siiaonline.org/page/Home。
② 参见林丽玲、黄颖欣《马来西亚智库的运行机制》,载《开放导报》2014年第4期。

究。该研究院旨在通过研究和交流构建起一个以地区研究为推进重点的学者社区。

(一) 发展历史

新加坡东南亚研究院成立于1968年。2015年8月12日新加坡教育部部长王瑞杰(Heng Swee Keat)正式宣布东南亚研究所更名为"尤索夫伊萨克东南亚研究所"(ISEAS-YusofIshak Institute),以纪念新加坡开国总统YusofIshak先生为新加坡所作出的贡献。① 其现任所长为TanChin Tiong,副所长为Ooi Keep Beng。

(二) 研究特点与主要成就

目前,新加坡尤索夫伊萨克东南亚研究所的研究方向如下表所示②:

表 3.5.1　新加坡尤索夫伊萨克东南亚研究所的研究方向

研究领域	主要内容
区域经济研究	APEC所面临的问题与挑战、东盟策略性工业的竞争力、外资及跨国公司在东南亚地区之整合与合作等
区域战略与政治研究	东南亚及亚太的安全与防御问题、东南亚政府研究,以及经济快速成长与急速民主化的研究等
区域社会与文化研究	战争与社会转型、东盟区域内劳工移动的社会冲击等

因该研究所为新加坡政府设在国立大学的专业研究所,因此具有很高的独立性,自成体系。其对东南亚的研究具有极强的系统性,并与东南亚各国智库均保有较为密切的联系。主要出版刊物有:《东盟经济公报》(ASEAN Economic Bulletin)、《当代东南亚》(Contemporary Southeast Asia)、《东南亚经济》(Journal of Southeast Asian Economies)、《旅居》(Sojourn)及《东南亚事务》(Southeast Asian Affairs)和《地区瞭望》(Regional Outlook)。③

---

① 参见 Ministry of Education, Singapore, "Renaming the Institute Of Southeast Asian Studies(ISEAS) to the ISEAS-YusofIshak Institute", July 14, 2015, http://www.moe.gov.sg/media/press/2015/07/renaming-the-institute-of-southeast-asian-to-the-iseas-yusof-ishak-institute.php。
② 参见韩峰《新加坡智库的现状、特点与经验》,载《东南亚研究》2015年第6期。
③ 参见新加坡国立大学尤索夫伊萨克东南亚研究所网站,文章引自:http://www.iseas.edu.sg/。

【延伸阅读:有效的资金管理制度】

新加坡东南亚研究所最大的特点就是资金管理制度的清晰化、研究主体的独立性、国际合作项目制度以及研究服务范围的拓展和深化。

1. 职权划分

ISEAS虽然由政府教育部资助组建,但实际上,其研究方向及研究项目均由研究所管理层决定,这也就在根本上保证了研究所自身的独立性。机构职权划分如下:所长由政府任命,理事会由来自学术界、政府公共部门、高校以及其他私营部门、民间组织团体的成员构成,并实际掌管研究所行政、财务等管理权,每届任期三年。[1]

2. 资金管理

ISEAS成立之初,便制订了《1968年新加坡东南亚研究所条例》,该条例对研究所的财务管理作出了详细规定,并公开发表财会年度报告,要求研究所每年向理事会汇报财政收入、资金投入、折价资产等情况。[2] 研究所的资金来源除了依靠政府及捐赠之外,还有一些来自合作的国际机构(地区项目研究)。值得一提的是,研究所内部也形成了资金循环的良性机制。[3]

3. 地区性合作研究

近年来,ISEAS开展了多项跨境合作研究项目,关注重点集中于地区性比较研究,例如,2003年ISEAS同印尼国际战略研究中心倡议召开题为"东盟经济共同体设想"的研讨会,并提交了东盟经济共同体的概念报告。[4] 对地区性合作研究的重视进一步提升了该研究所应对地区性问题的能力和水平,这对于未来东南亚地区的相关议题研究的开拓而言,意义重大。

---

[1] 参见张尼《智库案例研究:新加坡东南亚研究所专访》,载《中国社会科学报》2016年2月24日。
[2] 参见潘一宁《新加坡东南亚研究所办所特点》,载《当代亚太》1998年第7期。
[3] 参见张尼《智库案例研究:新加坡东南亚研究所专访》,载《中国社会科学报》2016年2月24日。
[4] 参见中华人民共和国驻印度尼西亚共和国大使馆经济商务参赞处《东盟民间智库探讨东盟经济共同体设想》,文章引自:http://id.mofcom.gov.cn/article/sqfb/200305/20030500094652.shtml。

四、东盟战略与国际问题研究所(Association of South East Asian Nations Institute of Strategic and International Studies, ASEAN ISIS)

东南亚国家联盟是政府间、区域性、一般性的国家组织。东盟战略与国际问题研究所创办于20世纪80年代中后期,是在东盟注册登记的非盈利性非官方的联合会,由东盟各国智库组成。

（一）发展历史

1983年5月的第二届美国东盟会议(U.S-ASEAN Conference)上,来自印尼战略与国际问题研究中心(CSIS)的学者尤素夫·瓦南迪(Jusuf Wanandi)首次提出创办一个覆盖全东盟的安全政策研究智库,以整合区域内研究机构的学术资源和研究能力,该建议得到了与会学者的积极支持。1984年9月3日,在印尼巴厘岛召开第一届东盟研究机构会议(First ASEAN Institutes Meeting)。会上,CSIS正式提议成立一个讨论东盟地区安全问题研究的智库网络。此后,东盟各国智库成立了一个非正式的研究机构,并通过该机构举办了一系列学术会议,逐渐在东盟内部形成了一个非正式的智库网络。该机构通过召开学术会议扩大社会影响力,通过交流思想促进研究机构科研水平的提高,从而增进各个研究机构之间的相互联系,逐渐形成了东盟战略与国际问题研究所的雏形。1988年6月27日,第四届东盟地区研究机构年会在新加坡召开,会上东盟地区的五个智库联合签署章程,决定正式发起成立东盟战略与国际问题研究所,并向东盟秘书处申请注册,宣告了该研究所正式成立。[①]

（二）研究特点与主要成就

在20世纪90年代初,东盟战略与国际问题研究所召开了一系列以地区安全问题为主题的会议讨论。1991到1995年,东盟战略与国际问题研究所共向东盟组织提交了六份备忘录,涉及议题包括亚太政治安全对话、东盟的制度建设、东盟经济合作、环境与人权问题、东盟的安全和反恐问题、柬埔寨重建问题、东盟建立信任措施等,《创新的时代:供东盟第四届首脑会议考虑

---

① 参见沈鑫、冯青云《东盟第二轨道外交智库——东盟战略与国际问题研究所的缘起、成就与挑战》,载《东南亚纵横》2011年第5期。

的建议》备忘录是其中的代表成果之一。①

东盟战略与国际问题研究所的对话机制主要分为两类：一类是多边对话机制，主要包括：美国—东盟对话会议（1981）、东盟—日本对话会议（1987）、东盟—中国对话会议（1988）、美国—日本—东盟对话会议（1990）、东盟—韩国论坛（1995）等。第二类是东盟战略与国际问题研究所发起和主办的东盟以及亚太地区第二轨道外交机制，该机制涉及主体包括了亚太区域的主要大国和经济体，讨论的议题相对广泛，例如后东南亚金融危机时代，有关各国经济及人权等非传统安全领域，其中最为称道的是亚太圆桌会议（APR）、东盟战略与国际问题研究所人权研讨会（AICOHR）和东盟人民议会（APA）。②

五、战略与国际问题研究中心（Center for Strategic and International Studies，CSIS）

作为致力于国内政策导向研究和国际问题研究的非盈利机构，印度尼西亚的战略和国际事务研究中心开展的工作集中于对政策导向的研究、对话和公共讨论，以促进政策的制定。研究领域涵盖经济学、政治学、社会变革以及国际关系等。

（一）发展历史

印度尼西亚战略和国际事务研究中心成立于1971年。自20世纪80年代以来，战略和国际事务研究中心不断地为包括东盟研究院战略与国际研究、太平洋经济合作理事会和亚太安全合作理事会在内的多边区域机构建设提供政策支持。致力于推进亚太地区的合作与共赢。目前，战略和国际事务研究中心的发展走向是加强与不同国家研究机构的合作与交流。③

（二）研究特点与主要成就

该研究中心注重通过系列活动来加强公共教育，包括研讨会项目、演讲和会议等。中心图书馆被认为是印度尼西亚最好的资源中心之一。主要出

---

① 参见喻常森《亚太地区合作的理论与实践》，中国社会科学出版社2004年版，第148—149页。
② 参见沈鑫、冯青云《东盟第二轨道外交智库——东盟战略与国际问题研究所的缘起、成就与挑战》，载《东南亚纵横》2011年第5期。
③ 参见Center for Strategic and International Studies，Retrieved Month 20，2015，from http://www.csis.or.id/。

版物有英语期刊《印度尼西亚季刊》等。①

六、拉惹勒南国际关系学院(the S. Rajaratnam School of International Studies，NTU)

拉惹勒南国际关系学院成立于 2007 年 1 月,是南洋理工大学自主创办的研究院,集中培养从事外交与安全事务以及政策研究的顶尖人才,为来自全世界的研究生提供国际关系专业教育,并且就新加坡和本区域所面对的传统与非传统安全挑战进行基础性和政策性的研究工作。

(一) 发展历史

该研究院以新加坡首任外交部长、已故拉惹勒南先生的名字命名,来纪念他在外交事务上的杰出贡献。其前身为 1996 年成立的国防与战略研究院(Institute of Defence and Strategic Studies，IDSS)。② 国防与战略研究所是拉惹勒南国际关系学院的基础,也是新加坡最重要的科研和政策研究的智库,现任所长是新加坡东盟原秘书长王景荣(Ong Keng Yong)。③ 自成立以来,作为安全问题的重要研究机构,拉惹勒南国际关系学院始终为新加坡国家利益服务,并成为在亚洲地区战略和国际事务领域的核心研究机构。④

(二) 组织构成

该研究所设有五个研究部门——国防与战略研究院、国家卓越安全中心、政治暴力与恐怖主义研究国际中心、非传统安全研究中心以及淡马锡基金会贸易与谈判研究中心。

七、马来西亚的战略与国际事务研究所(ISIS)

战略和国际事务研究所(ISIS)成立于 1983 年,是马来西亚首个智库,也是最重要的智库之一。作为一家自主经营的非盈利机构,该研究所专注于客观和独立的政策研究。该研究所是东亚智库网络(NEAT)的成员,也是亚太安全合作委员会(CSCAP)的成员。马来西亚 ISIS 的五大研究领域是⑤:

---

① 参见东南亚研究网,Retrieved Month 20, 2015, from http://sea.cass.cn。
② 参见 RSIS, Retrieved Month 22, 2015, from http://www.rsis.edu.sg/。
③ 参见新加坡南洋理工大学拉惹勒南国际关系学院国防与战略研究所网站,文章引自:http://www.rsis.edu.sg/research/idss/。
④ 参见上海情报服务平台,Retrieved Month 22, 2015, from http://www.istis.sh.cn。
⑤ 参见东南亚研究网,Retrieved Month 20, 2015, from http://sea.cass.cn。

国防、安全和外交事务,国内和国际经济事务,国家建设,技术、创新、环境和可持续发展,国际理解和合作等。

八、泰国发展研究所(TDRI)

泰国发展研究所成立于1984年,是一家私人非盈利性质的公共政策研究所。该研究所向各公共部门提供技术分析(不仅仅局限于经济领域),为部门政策制定提供专业支持。该研究所的中心目标包括:从事政策研究,加强公共政策研究领域内个人和机构之间的合作与交流。①

九、菲律宾战略与发展研究所(ISDS)

菲律宾战略与发展研究所是一家独立的非盈利性政策研究机构。除了从事研究,菲律宾战略与发展研究所还与菲律宾国内外的培训机构合作组织各种培训活动。该研究所成立于1991年4月,ISDS的核心研究包括:②战略和安全研究、国际事务研究、国家发展和地方治理、人权和人类安全项目。

十、柬埔寨合作与和平研究所(CICP)

柬埔寨合作与和平研究所是一家中立、无党派立场的研究机构,成立于1994年。该研究所致力于促成政府官员、国内和国际组织、学者和私人机构之间在和平、民主、公民社会、安全、外交政策、冲突解决、经济和国家发展等议题上的国内和区域对话。目前柬埔寨合作与和平研究院主席是原副总理兼外交部长诺罗敦·西里武亲王。③

第四节　总结与评议

东南亚地区智库主要集中在马来西亚、新加坡、泰国、柬埔寨等国家,整个地区的智库发展目前处于探索阶段。东南亚地区智库发展具有很强的地域优势,区域协同发展构成了该地区智库合作交流的主要模式。从智库性质来看,该地区大多是政府主导型智库,所涉及的研究方向以国内事务和东南亚地区与周边国家在政治、经济等领域的合作及交流为主。东南亚地区智库与中国

---

① 东南亚研究网,Retrieved Month 20,2015,from http://sea.cass.cn。
② 东南亚研究网,Retrieved Month 20,2015,from http://sea.cass.cn。
③ 东南亚研究网,Retrieved Month 20,2015,from http://sea.cass.cn。

各大智库的联系和对话日渐频繁,例如"中国—东盟智库战略对话""中国—南亚智库论坛""中国—南亚智库论坛"等,在涉及中国同东南亚地区双方关系、经济、社会、文化发展诸多方面问题进行合作研究,这些区域间的对话促进了各国智库之间的交流,为各国间政治、经济问题的共同应对提供了基础。

总体而言,该地区的智库特色可归纳如下:

1. 国内政治事务是智库研究的主要内容

马来西亚的智库是此类智库的典型代表。智库尤其是政治党派旗下智库的增多,可以说是马来西亚政治日益复杂化的结果。在马来西亚,为新闻记者提供信息是智库的主要职责之一。此外,它们时常组织有政府机关、民间组织、企业部门、学术精英参与的研讨会、圆桌会议。游走于政府决策者和媒体之间的智库机构,在相关政策制定、专业信息提供方面发挥了不可替代的作用。①

2. 注重同周边国家智库的合作和交流

东南亚地区智库充分利用地缘优势,重视同中国、日本等国家的交流与合作。例如:东盟智库网络主办(其他主办单位有中国社会科学院国际研究学部、广西社会科学院、广西博览局)召开的"中国—东盟智库战略对话·2009"国际性智库会议,与会代表大多为来自文莱、柬埔寨、印尼、老挝、马来西亚、菲律宾、新加坡、泰国、越南等东南亚国家的专家和学者。会议共有四个议程(包括应对金融危机、经济调整与新战略、新东亚地区合作倡议、加强中国—东盟战略伙伴合作、次区域合作的作用)和一个专题议程(泛北部湾区域合作)。②

较之于中国、日本等地,该地区的智库建设依然存在诸多问题:民间智库稀少,智库制度建设不够完善,人才资源不足,智库研究方向过于狭隘,拘泥于区域等。因此,在可预见的未来,东南亚地区智库如何实现发展突围,在研究视野上如何拓展创新,是该地区各国智库在寻求进一步发展过程中必须要正视的桎梏和挑战。

---

① 参见张宇燕、何帆、张斌《全球智库观点(NO.1)影响全球经济决策的声音》,社会科学文献出版社2013年版,第462页。
② 参见韦朝晖、张磊《第七届中国—东盟智库战略对话论坛暨首届中国—新加坡经济走廊智库峰会会议综述》,载《东南亚纵横》2014年第10期。

大洋洲篇

后起之秀　精于专业

大洋洲,是世界最小的大洲,在亚洲和南极洲之间,位于太平洋西南部和南部的赤道南北广大海域中。西邻印度洋,东临太平洋,并与南北美洲遥遥相对。大洋洲狭义的范围是指东部的波利尼西亚、中部的密克罗尼西亚和西部的美拉尼西亚三大岛群。

大洋洲的智库发展整体较为平缓,其中澳大利亚智库一直是大洋洲智库的中坚力量,一枝独秀,在大洋洲乃至全世界都有巨大的影响力。近几年由于澳大利亚智库发展迅速,大洋洲智库的发展正在开启一个新的时代。从2015年的资料看,大洋洲智库的整体数量有了大幅度提升,翻了一倍,其中澳大利亚贡献了全部的增长数量。从智库所作的贡献和资质排名上看,澳大利亚的老牌智库研究成果产出和排名较为稳定。此外,在东南亚和太平洋地区的顶级智库排名中,大洋洲的智库位居前列,在南亚和太平洋地区的区域研究课题的水准上保持着全球领先水平。

第一章 大洋洲智库概述

美国《外交政策季刊》发布的一份研究报告显示,全球有七大区域和十三个地区政策话语中心,亚洲及大洋洲智库的话语中心城市是澳大利亚悉尼、马来西亚吉隆坡和日本东京。大洋洲的智库总数比亚洲要少,但澳大利亚作为大洋洲的智库领导者,依旧是亚洲及大洋洲智库的话语中心,它的地位十分重要。

第一节 大洋洲智库的发展历程

大洋洲的智库发展史较欧美其他发达国家和地区短暂,整个大洋洲只有六个国家拥有智库,其中澳大利亚是智库数量最多也是发展最好的国家。例如,大洋洲较早成立的智库、世界首批教育智库之一——澳大利亚教育研究中心成立于1930年,它不仅是教育政策研究的重要机构,也是独立于政府之外的非营利性教育科研机构。澳大利亚教育研究中心以教育科研服务决策为导向,以位于国内外的数个研究分院(澳洲、沙特、印尼)为基地,向全国和世界其他地区提供一流的教育决策服务。[①]

1972年(惠特拉姆政府时期)是当时的澳大利亚决策咨询体系发展的重要时期。在这之前,咨询机构在政府的决策中起的作用还十分有限,但是由于惠特拉姆政府十分重视政策咨询,政府的大量决策都基于公共调查,并广泛征求政府外部的意见后方才制定,智库在此时期得以充分发展,并在其后

---

① 参见曾天山《澳新两国国家教育智库及其服务政府决策研究——澳大利亚、新西兰教育科研考察报告》,载《比较教育研究》2013年第8期。

得到了政府的大力扶持。① 如本身属于政府部门的生产力委员会,所有经费均来自政府财政拨款,一些社会智库的发起基金也主要来自联邦政府、州政府或者大型企业。还有一些智库,如澳大利亚国际事务研究所、独立研究中心等主要依靠私人捐款资助,并包括来自个人、公司、慈善机构以及机构刊物的订阅费和图书销售收入等。

第二节 大洋洲智库的发展现况

从 2016 年世界各大洲智库分布比例上来看,北美和欧洲地区智库占据了智库的半壁江山,分别以占全球智库总数的 25.2% 与 26.2% 排在前两位;亚洲(20.1%)与南美(12.5%)虽紧随其后,但与欧美相比,呈现出明显的数量差距。非洲、中东以及大洋洲的智库则相对较少。随着澳大利亚的崛起,大洋洲智库数量增长了一倍多,据统计,大洋洲在 2013 年、2014 年、2015 年的智库数量分别为 38 个、39 个、96 个,占全球智库总数比例从 0.59% 迅速上升至 1.4%,2016 年回落至 0.8%,降至 55 个智库。在《2017 年全球智库报告》中,澳大利亚智库为 39 个,是在大洋洲智库数量最多的国家。

第三节 澳大利亚智库

澳大利亚智库除了数量增长外,智库的类型也在逐渐多样化。保罗·T. 哈特把澳大利亚的智库分为了四类:学术性质、政府性质、合约性质和政策宣导性质。下表并未囊括澳大利亚所有的智库,只是举例和说明部分智库类型,从而对其分类特色加以说明。②

---

① 参见曾天山《澳新两国国家教育智库及其服务政府决策研究——澳大利亚、新西兰教育科研考察报告》,载《比较教育研究》2013 年第 8 期。
② 参见 Hart, P. & Vromen, A., "A New Era For Think Tanks In Public Policy International Trends, Australian Realities", *Australian Journal of Public Administration*, 2008, pp. 135–148。

表 4.1.1 澳大利亚智库类型

名称	成立年份	政策研究领域以及对政策辩论的贡献
学术性智库		
澳大利亚经济发展委员会	1960 年	经济发展与政策
洛伊国际政策研究所	2003 年	外交政策与区域
交通与物流研究院(设立于悉尼大学)	1995 年	交通政策
美国研究中心(设立于悉尼大学)	2006 年	对外政策与对美关系
妇女健康重点研究中心(设立于墨尔本大学)	1988 年	妇女健康政策
原住民经济政策研究中心(设立于澳国立大学)	1990 年	原住民政策
政府智库		
澳大利亚农业和资源经济学研究院	1987 年	商品与天然资源
澳大利亚犯罪学研究所	1973 年	犯罪学研究
澳大利亚战略政策研究所	2002 年	国防与战略政策
澳大利亚卫生与福利研究所	1987 年	健康与福利统计
澳大利亚家庭研究学会	1980 年	家庭与社会
人权与平等机会委员会	1981 年	人权
澳大利亚生产力委员会	1998 年	经济与社会政策
合约研究型智库		
乔治国际健康研究所	1999 年	国际卫生政策与计划
国家药物和酒精研究中心	1986 年	药物及酒精危害最小化
社会政策研究中心	1980 年	社会政策
工作研究中心(原澳大利亚产业关系研究与培训中心)	1989 年	工作与劳资关系政策
澳大利亚教育研究中心	1930 年	教育研究与政策
政策宣导类智库		
独立研究中心(CIS)	1976 年	公共政策与自由企业
公共事务研究所(IPA)	1943 年	自由市场公共政策
悉尼学院	1989 年	公共政策

续 表

名称	成立年份	政策研究领域以及对政策辩论的贡献
政策宣导类智库		
澳大利亚研究所	1994年	环境保护社会政策
气候研究所	2005年	气候变化与环境保护
佩吉研究中心(澳大利亚国家党)	2002年	农村和全国性政党政策
孟席斯研究中心(澳大利亚自由党)	1994年	竞争与有限政府
奇夫利研究中心(澳大利亚工党)	2000年	公共政策与进步思想

资料来源：A New Era for Think Tanks in Public Policy? International Trends, Australian Realities, Paul't Hart, p.140

资料显示，三个与政党相关的澳大利亚智库预算均很少，研究成果及论文也极为有限，有时只雇用一至两名工作人员。从此可看出，在为有关政党提供政策思想方面，它们只是力量非常弱小的参与者，和西欧或智库行业高度发达的美国比起来尤为明显。美国拥有诸如"兰德"和"布鲁金斯"这样庞大规模的咨询机构，智库形成了大而全的体系。相比之下，澳大利亚智库从经费到人员都很有限，其中实力最强的政府型智库"生产力委员会"的年度总预算(2013)大约3700万澳元；位于墨尔本的格拉坦研究所属于较大的社会智库，同年支出为450万澳元，职员仅有30名。① 又如孟席斯研究中心和奇夫利研究中心，自2003年以来，孟席斯研究中心就没有产出任何研究出版物；从2004年开始，奇夫利研究中心也一直处于休眠状态。相反，一家与工会有关联的智库——伊瓦特基金会，主要依靠志愿者的资助维持运转，虽然只有少量的资金，但它的网络影响力却更大。

如今，澳大利亚的新一代智库正在蓬勃兴起。一些小型智库逐步发展起来，它们依靠互联网传播科研成果，往往由高调的发言人、学术研究人员和评论员组成。②

---

① 参见段炳德《澳大利亚智库发展经验及启示》，国务院发展研究中心，2014年12月。
② 参见Hart, P. & Vromen, A., "A New Era For Think Tanks In Public Policy International Trends, Australian Realities", Australian Journal of Public Administration, 2008, pp.135-148。

第二章　大洋洲智库名片

目前,有关大洋洲顶级智库的资料并不多,下面列举并介绍洛伊国际政策研究所、独立研究中心、澳大利亚战略政策研究所等六大智库,它们是大洋洲智库中的佼佼者。

一、洛伊国际政策研究所(Lowy Institute for International Policy,LIIP)

洛伊国际政策研究所是一个无党派属性的独立国际政策智库,位于澳大利亚悉尼市,长期提供高质量的研究报告以及关于国际趋势走向的独到观点。该智库下设八个项目组,分别关涉澳大利亚同整个世界、东亚、20国集团研究中心、全球问题、国家安全、美拉尼西亚、民意测验、国际经济和西亚的关系。此外,它还有四个课题研究组:麦克阿瑟基金会亚洲安全课题、核武器政策中心、印度观察和中国论坛。它不仅发表研究人员在各个项目下进行的一系列研究和文章,还定期接收访问学者的研究成果。同时,研究所还会经常组织国际性的对话和学术讨论会,邀请资深学者、专家、政府官员等讲课,并对他们进行采访。

表 4.2.1　2017 年洛伊国际政策研究所排名情况

项目	排名
全球顶级智库(非美国)	57
全球顶级智库(美国和非美国)	61
东南亚和太平洋地区的顶级智库	6
外交政策和国际事务领域的顶级智库	68
国际发展顶级智库	86

续表

项目	排名
科学和技术领域的顶级智库	42
最佳社会网络使用智库	34
拥有最佳外部关系/公众参与项目的智库	44
最善于使用互联网的智库	57
最善用媒体的智库(印刷或电子)	47
公共政策最具影响力智库	43
具有突出政策公共项目导向智库	32
最独立的智库	59

（一）历史发展

该机构由法兰克·洛伊创立于2003年4月，主要从事政策研究。Frank Lowy AC 是该机构现任董事会主席。他曾担任全球市值最高的零售物业集团——韦斯特菲尔德(westfield)首席执行官超过50年，也是一家独立的学术研究机构——国家安全研究机构(INSS)的主席。该机构的研究重点是澳大利亚的社会舆论，以及本国发展中所涉及的国际政治、策略和经济议题。所有与研究相关的分析报告、座谈会、会议及其他活动，主要用于辅助澳大利亚社会、工商界及外交部去进一步认识国际形势。洛伊研究所主办的演讲大多邀请国内、国际知名人物参与，并对关键性的全球问题进行讨论，旨在深化对澳大利亚国际政策的相关认识，让澳大利亚在国际舞台上拥有更大的发言权。

（二）核心领域

洛伊研究所拥有较为明确的研究项目和出版物，以独立视角分析澳大利亚的外交政策。该研究机构经常在非正式的、利于激发公众讨论的环境下举办国内和国际会议，促发相关领导人和政策顾问就国内外问题进行讨论。

洛伊在线是全球前30家最善于利用互联网和社交媒体的智库之一，它开通了一个名为"解释者"(The Interpreter)的博客。这个博客允许大家发

表500字以内的时事评论,评论博客文章或展开在线辩论。为确保文章质量,每篇文章的发表都经过编辑的严格审核。

研究所与国际领先的智库和基金会有着密切的合作关系,从而支持该机构提出及时的政策建议。此外,该研究所不断扩大的科研网络也有助于传播亚太地区对全球问题的不同观点。

(三)资金来源

作为一个独立智库,该研究所的资金来源是多元化的。机构的运作主要依靠来自澳大利亚的一些国际公司、基金会和国际政府机构的捐赠。例如国际慈善基金约翰·D.凯瑟琳,美国的麦克阿瑟基金会,以及澳大利亚政府的拨款、门票销售和个人的慈善捐赠等。

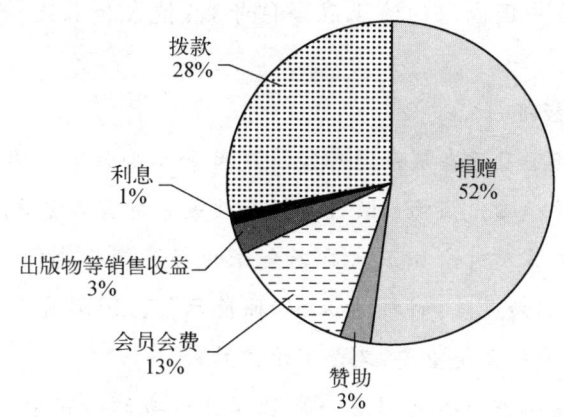

图4.1.4 洛伊研究所在2012/2013年度的资金来源
资料来源:http://www.lowyinstitute.org/about/funding

【延伸阅读:洛伊研究所的具体项目】

- 全球议题

全球议题项目调查的主旨在于研究全球政治趋势和澳大利亚利益的交汇点,尤其是在美国外交政策、全球移民和多边制度等方面。此外,这个项目还发表了有特别贡献的论文,内容涵盖了针对散居在国外的居民、领事馆对海外澳洲人供给援助以及针对澳洲庇护寻求者政策等方面。

发表的文章及讨论如下:《澳大利亚和气候变化会议:在桌子上还是

在菜单上》、《亚洲的中间势力：现实主义的局限性》、《瑞士公投对澳大利亚移民指标的教训》。

- 国际安全

国际安全项目着眼于全球战略动态以及安全风险，重点关注在亚洲印度洋和太平洋地区的问题。研究领域横跨战略竞争、亚洲冲突风险、中国和印度之间安全问题、核部队控制、澳大利亚国防政策等。这个项目吸引了全球专家的关注，另外来自麦克阿瑟基金会多元化的资金支持和提倡无核威胁的思想，使得洛伊研究所的地位在大洋洲举足轻重。同时，研究所还召开了国际政策对话并发表了很多有影响力的报告。

发表的文章及讨论如下：《核潜艇在亚洲——太平洋地区：稳定还是威胁？》、《美国在中国南海的海上混合信号》、《搜索和求救——被冉冉升起的政治形象》。

- 国际经济

国际经济项目旨在解释国际经济发展和影响政策。国际经济项目对洛伊研究所的核心出版物如政策简报和政策分析有着贡献。

发表的文章及讨论如下：《美国全球的经济领导地位：回应一个崛起的中国》、《新的新风险：科技泡沫和"独角尸"》、《国际货币基金组织对人民币的决定：为什么是重要，又是不乐意的》。

洛伊研究所作为澳大利亚一家独立且权威的研究中心，它的研究成果受到澳大利亚各界的重视和关注。近几年出产的高质量研究报告也被世界各国的很多机构研究学习。此外，它的研究项目除了涉及国际经济、国际安全以外，还对亚洲太平洋地区的问题有着独特的见解分析，为澳洲国内以及国外深入了解这一地区的问题提供了重要参考。

二、独立研究中心（Centre for Independent Studies, CIS）

自1976年以来，独立研究中心已取得许多有价值的科研成果并且切实影响了公共政策。该机构的总体研究议程是由执行董事、咨询研究人员和独立研究中心学术咨询委员会共同制定的。作为一个独立的智囊团，该机构不接受任何外来的研究请求。

表 4.2.2 独立研究中心排名情况

项目	排名
全球顶级智库(美国和非美国)	104
东南亚和太平洋地区的顶级智库	10
国际经济政策领域的顶级智库	33
最值得关注的智库	52
最独立的智库	37

(一)历史发展

独立研究中心是由一位叫格雷格·林赛的年轻教师于 1976 年创立的,他对古典自由主义思想有着浓厚的兴趣,而当时的澳大利亚充斥着对社会和政治的不满情绪。1976 年 4 月,他写信给伍伦贡大学的一位哲学教授拉克伦·奇普曼,请求形成一个中心组织以"促进自由学习"。同年 10 月,奇普曼发表了一篇名为"自由、正义和市场中心"的就职研讨报告,独立研究中心正式启动。

独立研究中心名字中的字母"C"代表中心的意思。确实,它成为了一个给意见领袖、媒体、学者以及政策制定者传播思想的话语中心。1976 年以来,独立研究中心在气候变化主张上扮演着一个重要的角色,并形成了非凡的人力资本网络,拥有专业内部团队,外部志愿者和许多来自学术界、商界以及各行各业的贡献者们。

独立研究中心的第一个董事会由内维尔·肯纳德来、莫里斯·纽曼和罗斯格拉汉姆·泰勒组成,之后约翰·博奈森加入,并担任第一位董事会的主席。之后董事会不断发展,吸纳了许多著名企业和社区会员。

(二)研究特点与主要成就

独立研究中心的研究项目包括经济政策、社会政策、政府管理政策、对外政策、宗教与公民社会等。

独立研究中心每年都会召开各种专题讲座、研讨会和大型集中会议。由于机构活动十分活跃,独立研究中心涉及非常广阔的研究领域,影响着澳大利亚甚至是全世界的相关话语议题。在长期研讨中,独立研究中心希望营造出一个自由和开放的研究环境。下面是该研究中心的四项主要活动：

（1）每年的约翰博奈森讲座会引介国际上最前沿的学术观点。

（2）阿克顿讲座对宗教的自由以及社会问题的探讨作出了很大贡献。

（3）独立研究中心讲座动员公众对其研究议题和政策问题进行讨论。

（4）评议会只对被邀请的嘉宾开放，是澳大利亚级别较高的智库活动。

此外，在周末，研究中心常常会预先设计好一个讨论的主题，再邀请澳大利亚和新西兰青年学者和大学生进行头脑风暴，以进行知识普及，并加强实践方面的能力。此外，在一些大型会议上，研究中心的专家通过研究舆论来促进澳大利亚未来政策的形成。

每个季度独立研究所都会出版一些研究成果在书店公开销售。成果包含专著研究，以及一些讲座和研讨会的发言汇总，还有一些学术论文。在公共政策问题方面，该研究所会及时给出一些时下问题分析的简报，自1985年以来已被外界广泛认可，对公共政策制定有着重要的参考价值。

（三）资金来源

独立研究中心是完全由私人捐款资助的，这些资金来自个人、公司、慈善机构以及一些出版物的订阅费和图书销售利润。该中心坚持在政治上无党派立场，并且研究内容不由资助者规定。因此，该机构不接受政府的资助，也不接受来自任何政党或集团的资金。

（四）核心任务

独立研究中心的使命是生产、传播和弘扬理性，以事实为基础进行实践研究，并支持"个人自由与责任、自由企业、有限政府与法治"的理念。通过公共政策研究，该研究中心鼓励知名学者、政客、媒体与公众进行辩论，使其思想成果在客观上推动澳大利亚的繁荣发展。

三、澳大利亚战略政策研究所（Australia strategic policy institute，ASPI）

澳大利亚战略政策研究所是一个独立的、无党派立场的智库，它为澳大利亚战略和防务领导人提供建议，使其能够作出更好的决策。澳大利亚战略政策研究所在战略政策制定方面是澳大利亚最权威和最被广泛认可的机构之一。

表 4.2.3 澳大利亚战略政策研究的排名情况

项目	排名
国防和国家安全顶级智库	11
外交政策和国际事务顶级智库	34
最佳社会网络使用智库	47

（一）核心领域

澳大利亚战略政策研究所的目标是通过其具有创新理念并广泛传播的网站、出版物、博客等，拓宽公众对澳大利亚即将面临的战略选择的认识。该研究所通过学术研究、公开对话以及对于公共话题的讨论，不断培养战略专家。澳大利亚战略政策研究所就澳大利亚在战略决策方面面临的选择问题提供建议，这反映出其核心价值：创意、改革、品质、卓越与独立。

（二）资金来源

澳大利亚战略政策研究所由澳大利亚政府于 2001 年建立，收入主要来自国防部的资金赞助、任务委托、会员计划、出版物的销售、广告和活动注册费等。

（三）主要成员

Ken Gillespie：研究所主席，前澳大利亚陆军总司令。Ken 在政府、国防以及商业领域拥有深厚的关系网络，目前主要研究公共问题，并为政府和公司提供咨询服务。

Peter Jennings：执行理事。Peter 曾在国防部担任高级官员，他的研究兴趣主要包括国防政策、风险管理、政府决策制定等。Peter 因其卓越贡献，于 2013 年被授予"公共服务奖"。

Isaac Kfir：理事。Isaac 曾在东京国立大学担任国际关系方面的副教授，他曾在"国际反恐机构""跨学科研究中心"等机构担任高级研究员。

四、澳大利亚国际事务研究所（Australian institute for international affairs，AIIA）

澳大利亚国际事务研究所成立于 1924 年，并于 1933 年设立了一个联邦机构。它是一个独立的非营利组织,协助澳大利亚政府及民众了解和研究国际事务,并提供了讨论和辩论的平台。该研究所会定期安排一系列讲座、研讨、工作坊、会议和其他学术活动,并赞助一些研究成果出版。

表 4.2.4 澳大利亚国际事务研究所排名情况

项目	排名
全球顶级智库(非美国)	54
全球顶级智库(美国和非美国)	54
东南亚和太平洋地区的顶级智库	2
国防和国家安全领域的顶级智库	52
外交政策和国际事务领域的顶级智库	58
国际发展顶级智库	92
国际经济政策领域的顶级智库	26
拥有最佳外部关系/公众参与项目的智库	52
最独立的智库	13

(一)核心领域

澳大利亚国际事务研究所提供充分的传播信息、自由表达观点的机会,通过收集、整理、分析学术专家对于国际事务的观点,澳大利亚国际事务研究所成为了一个展示和收集意见的平台。通过国家办公室和一些分支机构,澳大利亚国际事务研究所践行维护国家利益和解决国际事务问题的使命,它的研究范围涵盖政治学、经济学和国际法等诸多领域。此外,该智库还十分重视对公众尤其是青少年在国际问题方面的教育培养。他们在全国范围内通过学校项目、招聘会、实习项目等机会,为公众提供思考国际问题的观点和视角。

(二)组织机构

澳大利亚国际事务研究所的组织结构十分严密,由许多独立的分支机构组成,这些分支机构分别位于澳大利亚的七个州及地区,并在堪培拉建有全国总办公室。此外,该研究所与国际事务皇家研究所、英国查塔姆研究所等兄弟机构以及世界各地志同道合的科研组织都具有较为密切的合作关系。

（三）资金来源

它的资金主要来自成员的捐款资助、政府补助、个人及企业的免税捐款。

（四）主要成员

Hon Kim Beazley：研究所主席。Beazley 曾在 1980—2007 年担任联邦议会议员，在 1996—2001 和 2005—2006 年期间，他还分别担任过澳大利亚劳工党和反对党的领袖。2010—2016 年，他被委任为澳大利亚驻美大使，离职后接任澳大利亚国际事务研究所主席。

Zara Kimpton：研究所副主席。Zara 早在 1997 年就加入了澳大利亚国际事务研究所，于 2010 年被委任为研究所副主席。她曾参与了研究所赴非洲、俄罗斯、越南、中国等国家的考察，并领导了赴印度尼西亚和南非的考察活动。因其在国际关系领域作出的突出贡献，Zara 被授予了"澳大利亚荣誉勋章"。

Nick Bisley：澳大利亚国际事务研究所杂志主编。Nick 在拉特帕大学社会科学院担任国际关系方面的教授。他的研究与教学领域主要是亚太关系、全球化和大国外交。

五、新西兰经济研究所（New Zealand Institute of Economic Research，NZIER）

新西兰经济研究所成立于 1958 年，总部位于惠灵顿，并在奥克兰设有办事处，其经济学家团队经常与来自新西兰和世界各地的客户合作。新西兰经济研究所的主要工作是对经济问题进行独立客观的分析，它鼓励对影响新西兰社会的经济问题进行辩论。NZIER 提供会员服务，包括定期预测和专家咨询，其权威性和独立性受到社会高度认可。

（一）主要研究领域

50 多年来，新西兰经济研究所通过提供独立的专业知识帮助客户分析市场、开展监管，以及追踪社会发展趋势，从而使他们能够作出明智的战略决策。其主要研究领域包含艺术和媒体，健康、教育和社会政策，政策评估，经济表现，环境和自然资源管理，基础设施和运输等。

（二）主要成员

Laurence Kubiak：Laurence 自 2014 年以来一直担任 NZIER 的首席执行官。在 NZIER 之前，劳伦斯的职业生涯已涉及 ICT、电信、航空、基础设施和能源等行业，并已在战略规划、经济发展、法规制定、智库运营、业务发展等领域担任重要职务。他曾多次在公共和私营部门与客户合作，并就商业战略的形成和执行、公共政策法规等方面提出了重要建议。

John Ballingall：John 自 2008 年起担任 NZIER 的副行政总裁。他于 2001 年在 NZIER 开始职业生涯，2005 至 2008 年在 MFAT 工作。John 的主要工作是针对贸易、区域经济一体化、电力、农业、基础设施以及旅游和运输等领域的监管和政策问题，向客户提供咨询。John 还为约 30 个中央和地方政府机构提供咨询服务，以提高其决策质量。

Derek Gill：主要经济学家兼公共利益负责人。近年来，Derek 在维多利亚大学政策研究所的工作的基础上，出版了一系列与公共政策和管理问题有关的研究成果。Derek 的工作经历涵盖了公共和私人部门，曾担任过作为服务提供机构的总经理、外交官和政策顾问，以及许多志愿组织的长期董事会主席和财务主管。

六、新西兰公共政策智库（New Zealand Initiative，NZI）

新西兰公共政策智库成立于 2012 年，其创立目标是帮助新西兰创造一个充分竞争、充满活力的经济体，协助创建一个自由、繁荣、公平、有凝聚力的社会。作为新西兰顶级智库，其与政治界的决策者、商界、媒体、学者还有广大公众都拥有紧密的合作。新西兰公共政策智库的研究人员对政策问题进行独立研究，涉及领域十分广泛，从教育到经济政策，从贫穷到住房，从地方政府到移民问题等都有涉及。

（一）主要活动

新西兰公共政策智库会举办各类活动促进辩论、传播思想，并与智库的支持者保持紧密联系。活动形式包括公共论坛、会议和公共辩论等。除此之外，新西兰公共政策智库还会组织与中学、大学和年轻专业人员的外联活动，以吸纳青年力量，增进智库活力。

新西兰公共政策智库经常举办的活动有以下三种：

（1）公共论坛：该计划策划举办与国际知名演讲嘉宾的大型公开活动。这些活动是在非正式场合讨论观点和激发新的研究视角的绝佳机会。

（2）下一代辩论：该活动邀请知名在校大学生，对重要的公共政策决策进行辩论，活动在奥克兰和惠灵顿举行。该活动由Friedlander基金会赞助。

（3）仅限会员的内部活动。

（二）主要研究领域

自2012年成立以来，新西兰公共政策智库一直在对新西兰人最为关注的领域进行研究，包括政府政治、教育、地方政府和社会政策等。

（1）政府政治：研究重点是议会意愿如何与社会互动，现行立法是否与目的相匹配，以及某些政策设置是否可以改善。

（2）教育：目前的研究主要分析了学校应采取什么样的制度设置来改变学校体制和运作机制的问题。它主要关注以下几个领域：学校教学质量、学校的分区和资金的分配，以及制定一系列针对教师的教学和行政管理政策，讨论绩效管理、绩效薪酬和学校绩效统计等。

（3）地方政府：该智库研究地方政府在新西兰和海外所扮演的角色，主要关心如何辅助地方政府良性运作，探索什么样的激励机制能够使议会的利益与整个国家的利益相一致等具体的策略性问题。

（4）社会政策：研究主要集中于福利改革创新、解决贫困的措施，以及讨论特定税收项目的合理性等社会经济问题。

第三章 总结与评议

总体上看,澳大利亚智库走在大洋洲智库建设最前沿,代表大洋洲智库建设的最高水平。澳大利亚智库虽然相对欧美国家来说总数仍然较少,但是它正处于高速发展期,其智库呈多元化发展,包括学术智库、政府智库、合约智库和政策宣导智库等类型。澳大利亚的智库规模较小,因此没有像美国那样已整合成为一个强大的政策咨询行业。目前,澳大利亚比较著名的智库多是一些新型智库,但是其在各领域的影响力不容忽视。总体而言,澳大利亚智库在智库影响力和排名方面都较高,但相关的研究资料较少,可见其受关注程度仍然不足。从 2015 年的资料来看,大洋洲智库的整体数量有了大幅度提升,翻了一倍,其中澳大利亚贡献了全部的增长数量。从智库的贡献和排名上看,澳大利亚的老牌智库研究成果的产出和排名较为稳定。此外,在东南亚和太平洋地区的顶级智库排名中,大洋洲的智库包揽了第一、第二的位置,在对南亚和太平洋地区的研究方面保持着全球领先水平。

大洋洲智库的发展经验值得其他智库引以为鉴,例如,加强智库产品的知识产权意识;强化智库研究和咨询的独立性,防止"近政府"优势演变成为丧失独立性的劣势,努力发出客观公正的声音;开拓能够影响思想、战略、政策等不同层面的咨询能力。

非洲及中东篇

异军突起　潜力巨大

非洲大陆面积约占世界陆地总面积的20.2%,位居全球第二,共分布着五十多个国家和地区,总人口超过10亿。本篇将非洲大陆以撒哈拉沙漠为界,分为两个区域:沙漠以南为"撒哈拉以南的非洲",以北则是"中东和北非"。中东是指地中海东部与南部区域,从地中海东部到波斯湾的大片地区;北非习惯上指的是撒哈拉沙漠以北广大区域,通常包括苏丹、埃及、利比亚、突尼斯、阿尔及利亚、摩洛哥、毛里塔尼亚等国。由于这两个区域的自然环境、社会文化条件、历史、宗教信仰和民族等方面的相似性,所以将两者的智库情况放在一起进行介绍。长期以来,贫富不均和持续动乱严重影响着非洲诸国政治经贸以及科教文卫事业的发展,并造成了区域间极大的不平衡。这一背景让非洲智库的发展呈现出以下特点:

第一,非洲智库整体水平与欧美发达国家相比存在较大差距。从数量上看,截至2017年,非洲及中东地区智库数量仅占全球总数的14.6%;从质量来看,由非洲智库发布的研究内容,国际影响力仍相对较小。

第二,非洲智库的发展,与智库所在区域的基本状况密切相关。一方面,由贫穷和战乱引发的区域性问题,往往是非洲智库关注的焦点;另一方面,部分地区持续动荡的外部环境,严重影响了智库的运行和发展。

第三,非洲智库发展的区域间不平衡非常显著。撒哈拉以南的非洲,由于相对更为贫穷,智库发展起步晚,质量良莠不齐;中东和北非则因为独特的战略地位,丰富的资源,显著的宗教信仰等要素,发展起较为良好的智库资源。

第一章 撒哈拉以南的非洲智库

撒哈拉以南的非洲，又称亚撒哈拉地区、下撒哈拉、漠南非洲或"黑非洲"。这片区域由 48 个非洲国家组成（包括岛屿），分为西非、东非、中非与南部非洲四个子区域。一直以来，这里都是非洲大陆上最贫穷、最动荡的区域，在政治、社会、文化、环境、食物、医疗、教育等领域存在诸多亟待解决的难题。

该地区的智库发展水平与自身政治、经济、文化状况关联密切。自上世纪 60 年代开始，非洲各国相继走上独立发展的道路，智库的建设逐步提上各国议程，到上世纪 90 年代，本地区的智库在数量和质量上都有了飞跃式的提升。但即使如此，智库的发展仍然受到周边环境的较大影响，不同年份中智库的数量（运作状况）会出现明显波动。

■ 第一节 撒哈拉以南非洲智库的发展概况

撒哈拉以南非洲智库的成长壮大伴随其民族国家的独立热潮逐步展开，随着一定时间内该地区政治经济形势趋于平稳，智库也进入了相对良好的发展时期，涌现出一批水准较高的研究成果。但与此同时必须正视的是，本地区智库同世界智库建设的平均水平还存在一定的差距，智库总量、社会影响力、科研状况等方面仍具有较大的提升空间。虽然该地区智库建设一直处于不断发展进步的态势之下，但是同世界智库建设的平均水平还存在一定的差距，无论是智库数量、发挥的作用、政策建议，还是举办的会议方面都仍有很大成长和提升的空间。

总体而言,该地区智库发展的特点为:总量较少,地区间分布失衡;非营利、非政府组织占多数,部分受西方意识形态主导;研究议题大多立足于本地实际。

一、智库规模

宾夕法尼亚大学公布的《2017年全球智库报告》显示,在全球智库中,撒哈拉以南的非洲共建有664个智库,占全世界智库总数的8.5%。就智库总量而言,撒哈拉以南的非洲在世界范围内处于较低水平。

与此同时,本地区的智库数量在近年来波动显著。由2007—2017年间的《全球智库报告》数据可知,2008年以来,本地区的智库数量一直在持续增长,至2013年这一数量已接近全球总量的9%。但是,这一数据到2014年开始出现大幅下降,总量占比从近9%下跌到8.5%,肯尼亚、埃塞俄比亚、马里、乌干达等国的数量甚至缩减了一半以上。到2015年,各国智库数量才重新恢复增长。

表5.1.1 撒哈拉以南非洲智库数量统计[①]

年份	2008[②]	2009	2010	2011	2012	2013	2014	2015	2016
数量	424	503	548	550	554	612	467	615	664
占全球的比重	8%	8%	8%	8.4%	8.4%	8.97%	7.06%	9%	8.5%
肯尼亚	42	56/	53/20	53/20	53/21	57/17	23/	53/22	57/
南非	78	84/12	85/12	85/12	86/12	88/12	87/12	86/13	92/12
尼日利亚	38	45/	46/	46/	46/	51/25	46/24	48/	52/

数据来源:2008—2017年《全球智库报告》

如图表所示,2014年是本地区智库发展的低谷期,总数由612个下降至467个,到2016年,这一数量方回升至664个。在本地区诸国中,南非、肯尼亚和尼日利亚三国智库数量相对较多,在《全球智库报告》"基于智库

[①] 自2008年起,美国宾夕法尼亚大学公布的《全球智库报告》将撒哈拉以南的非洲同北非分开,将北非同中东放在一起进行统计。另外,该报告中2008年的全球智库数量排名为前十名,之后都是前25名。
[②] 本表格选取了撒哈拉以南的非洲智库数量一直较多的三个国家:南非、肯尼亚和尼日利亚。其中"/"前的数字为当年该国的智库数量,"/"后的数字为当年该国在智库数量排名中的名次,后面没有数字则代表没有获得排名。

数量的国家和地区排名(前25位)"中,本地区有一个国家入选:南非以92个位于第12名。除此之外,加纳、乌干达、津巴布韦、埃塞俄比亚、喀麦隆等国也拥有一定数量的智库群,较之本地区其他国家,在数量上呈现出明显差异。

整体来看,撒哈拉以南的非洲智库数量较少,在全球范围内占比较低;同时智库基本集中在南非、肯尼亚、尼日利亚等几个国家,呈现明显的地区差异。

表5.1.2 撒哈拉以南的非洲智库数量

国家	智库数量
南非	92
肯尼亚	57
尼日利亚	52
加纳	40
乌干达	32
津巴布韦	28
埃塞俄比亚	26
喀麦隆	22
塞内加尔	22
布基纳法索	21
坦桑尼亚	18
纳米比亚	16
马拉维	\(未统计)
贝宁	18

资料来源:《2017年全球智库报告》

二、发展历程

撒哈拉以南非洲的智库建设和发展最早可以追溯到于1934年在南非成

立的南非国际事务研究所(South African Institute of International Affairs)①。但是早期非洲智库发展速度慢、资金少、问题多,并且主要只集中在经济基础和政治环境比较好的国家,如南非、埃及、尼日利亚、肯尼亚和埃塞俄比亚等。

从时间序列上看,撒哈拉以南的非洲智库集中出现在20世纪90年代之后(表5.1.3),成立时间大多比较晚。主要原因在于许多非洲国家的民族解放运动在第二次世界大战之后才陆续开展,实现独立至今也不过半个多世纪。较早的一批智库普遍成立于20世纪60年代,如南非非洲研究所(1960)、尼日利亚国际问题研究所(1961)、非洲经济发展和计划所(1962)等。此外,另一波发展高潮在20世纪90年代,主要源于部分国家的多党制度稳定下来后,民间智库得以有了更宽松的发展空间。

表5.1.3 撒哈拉以南非洲主要智库概况

机构②	成立时间	国家
南非国际事务研究所	1934	南非
南非安全研究所	1991	南非
非洲经济研究联盟	1988	肯尼亚
IMANI政策和教育研究中心	2004	加纳
非洲社会科学发展理事会	1973	塞内加尔
发展和事业中心	1995	南非
非洲建设性解决争端中心	1992	南非
南非非洲研究所	1960	南非
冲突解决中心	1968	南非
博茨瓦纳发展政策研究所	1995	博兹瓦纳
肯尼亚公共政策分析研究所	1997	肯尼亚
加纳民主发展中心	1998	加纳
食品、农业、自然资源政策分析网	1997	南非
埃塞俄比亚发展研究所	1999	埃塞俄比亚
扶贫研究	1994	坦桑尼亚

① 目前,该智库仍然是撒哈拉以南非洲智库中的佼佼者。
② 机构依据美国宾夕法尼亚大学公布的《2015年全球智库报告》选择,限于篇幅未能穷尽。

续表

机构	成立时间	国家
经济事务研究所	1989	加纳
全球对话研究所	1995	南非

数据来源：2013—2016年《全球智库报告》及各智库官方网站。

三、地区差异

美国宾夕法尼亚大学公布的2008—2017年《全球智库报告》显示，在数量和研究水平上，撒哈拉以南不同非洲国家的智库之间存在较大的差异（表5.1.4）。总体来看，南非、尼日利亚、加纳、肯尼亚四国在撒哈拉以南非洲诸国的智库建设中处于领先地位，该四国智库数量占撒哈拉以南非洲智库总量的36.2%，知名智库数量也远超其他国家。它们普遍创立时间早，研究活动丰富，并且在国际上拥有较高的声望。尤为一提的是，南非作为非洲唯一的发达国家，在政治经济、科教文卫等方面的发展都较为充分。因此，南非所拥有的智库不仅数量最多，其影响力也最突出，在非洲经济一体化进程中发挥的作用也最大。[1]

同时，在撒哈拉以南非洲区域也存在智库数量不多、整体质量却较高的国家。如塞内加尔仅拥有22个智库，但是其知名智库"非洲社会科学发展理事会"在历年《全球智库报告》的"撒哈拉以南的非洲顶级智库排名"[2]中一直位居前列[3]。博兹瓦纳虽然仅有13个智库（2016年），但是智库"博兹瓦纳发展政策研究所"同样在该项排名中名列前茅[4]。

但是从整体来看，智库的发展水平仍然同各国政治、经济、开放程度等因素息息相关。相对来说，经济实力较强的国家，其智库建设更加完善，而经济发展相对落后的国家，其智库建设进程也相对缓慢。

---

[1] 参见王佩亨、李国强等《海外智库：世界主要国家智库考察报告》，中国财政经济出版社2014年版，第285页。
[2] 2010年前该项排名的名称为"南非（包括撒哈拉以南的非洲）顶级智库排名"，2010年后改为"撒哈拉以南的非洲顶级智库排名"。该项排名的总数在2011年前为25个，2011年为30个，2012年和2013年都为50个，2014年为65个，2015年为91个，2016年为90个。
[3] 2008年第5，2009年第2，2010年第9，2011年第4，2012年第9，2013年第5，2014年第4，2015年第3，2016年第4。
[4] 2010年第12，2012年第10，2013年第10，2014年第5，2015年第4，2016年第1。

表 5.1.4 撒哈拉以南的非洲各国智库概况①

国家	2013年总量	2013年前排名50的智库总数	2013年前排名10的智库总数	2014年总量	2014年前排名50的智库总数	2014年前排名10的智库总数	2015年总量	2015年前排名50的智库总数	2015年前排名10的智库总数	2016年总量	2016年前排名50的智库总数	2016年前排名10的智库总数
南非	88	11	6	87	10	5	86	10	5	92	11	3
肯尼亚	57	8	1	23	7	1	53	7	1	57	7	2
加纳	38	8	1	37	9	2	37	8	2	40	6	2
塞内加尔	19	1	1	16	2	1	16	2	1	22	2	1
博茨瓦纳	13	1	1	9	1	0	13	1	0	13	1	1
埃塞俄比亚	25	3	0	13	4	0	25	3	0	26	4	0
乌干达	29	3	0	11	3	0	28	3	0	32	3	0
坦桑尼亚	16	2	0	4	2	0	15	2	0	18	3	0
尼日利亚	51	6	0	46	5	0	48	6	0	52	5	0
科特迪瓦	17	1	0	12	1	0	12	1	0	19	1	0
纳米比亚	17	1	0	11	1	0	15	1	0	16	1	0
贝宁	15	1	0	10	1	0	15	1	0	18	1	0
布基纳法索	18	2	0	14	2	0	16	1	0	21	3	0
马里	19	1	0	9	1	0	12	1	0	14	1	0
津巴布韦	31	1	0	24	0	0	26	0	0	28	0	0
佛得角	2	0	0	2	1	0	2	1	0	3	0	0

数据来源：2013—2017年《全球智库报告》。

① 该项表格中国家的选取依据是以2013—2017年《全球智库报告》中"撒哈拉以南非洲的顶级智库"中录入的各个国家排名为基准。

四、主要研究领域

本地区智库的研究领域涉及所在区域的政治经济，科教文卫等方方面面，具体包括公共政策、国际事务、经济、和平与安全、民主、资源、生态、犯罪、儿童与健康、妇女、教育等议题。这些研究领域同撒哈拉以南非洲所面临的发展问题是息息相关的。

从具体智库的研究重心而言，有的立足于本国，重视本国政府和社会发展过程中的在地经验，如埃塞俄比亚发展研究所；有的立足区域，着重提升非洲大陆上各国之间的交流与合作、推动区域一体化进程，如非洲社会科学发展理事会；有的立足国际，试图加强国际事务的分析和研究能力，为参与国际事务提供建议，如南非国际事务研究所；有的注重同政府的合作，为政府政策决策提供理论和研究支撑，如肯尼亚公共政策分析研究所；有的注重公益，以全人类权益的保障为出发点，如食品、农业、自然资源政策分析网等。

相对而言，本区域智库在政策研究方面水平较高，成果数量较多。但是在提供咨询式的研究方面，如工程咨询、农业咨询、企业发展咨询研究等着力不足。随着非洲逐渐成为世界经济增长的新引擎这一关键趋势，本地区智库应该逐步关注到咨询式服务的重要性，以更好地助力区域发展进程。

此外，撒哈拉以南非洲的大多数智库会在进行研究活动的同时开展培训工作，为非洲智库和非洲政治、经济、社会进一步的发展提供人才资源。

▌第二节 运行机制和特点

撒哈拉以南的非洲地区是目前世界上较贫穷的地区之一，独特的地理位置、历史渊源、气候环境、政治经济形势等使该地区的智库建设存在着鲜明特征：虽然智库类型种类繁多，但是非营利、非政府组织居多；科研成果多样，门类详尽；同西方国家接触较多，多受到其捐助和帮助；往往着眼于区域发展，而不局限于本国。

一、非营利、非政府组织多

撒哈拉以南的非洲智库类型多元,既有一部分官方智库,直接为政府提供政策咨询服务,如位于坦桑尼亚的达累斯萨拉姆大学(University of Dares Salaam,UDSM)[①]、位于埃塞俄比亚发展研究所(Ethiopia Development Research Institute,EDRI)[②];同时存在大量的民间智库,具备较强的公益性,如非洲社会科学发展理事会(Council for the Development of Social Science Research in Africa,CODESRIA)、南非安全研究所(Institute for Security Studies,ISS)、非洲经济研究联盟(African Economic Research Consortium,AERC);还有一些半官方的智库,与政府保持密切的联系,以政府为主要服务对象,如肯尼亚公共政策分析研究所(Kenya Institute for Public Policy Research and Analysis,KIPPRA)。

区域内大部分智库属于非营利、非政府的独立组织,目的是提供政策研究并影响公共事务而非牟利,但智库运行资金主要来源于政府、企业、基金会和个人的捐赠。此外,还有一小部分资金是政府部门、大型企业委托项目的合同经费,组织会议、提供培训与咨询等获得的经营性收入,以及政府以委托课题形式进行的拨款。

值得注意的是,本地区相当一批智库主要接受西方国家政府或组织的资助,如非洲社会科学发展理事会的核心捐助者包括了丹麦外交部,荷兰外交部、福特基金会、挪威国际发展机构等组织。还有一些智库实质上是欧美知名智库在非的分支机构,如索罗斯基金会、洛克菲勒基金会等,都在本地区设立了研究中心。这批智库的研究人员大多拥有西方教育背景,与西方科研交流相对更为频繁,由于资金支持的来源状况,许多科研活动的主旨也会因此出现诉求倾斜,在一定程度上影响了本地区智库科研活动的独立性。

二、注重多学科融合,成果丰富

撒哈拉以南非洲智库的主要科研活动包括学术会议、日常会议与调查研究。科研结果主要以发行出版物和电子出版物、学术研讨会等形式对外

---

① 在《2014年全球智库报告》全球"最佳政府附属型智库"排名中位于第28。
② 在《2017年全球智库报告》全球"最佳政府附属型智库"排名中位于第15。

界公布。

发行出版物是智库公开传播科研成果的最主要途径。撒哈拉以南非洲智库发布的出版物主要有：政策简报、研究报告、不定期文章、行政评论、新闻简报和电子期刊、书籍、杂志、年鉴等众多类型。

此外，智库经常举办一些活动，如国际问题研讨会、智库年会、报告会、培训班和讲座等，以加强同不同行业、不同地域专家的联系，重视从多学科视角出发，使用综合的多学科研究方法解决实际问题。

三、立足本国实际，视野开阔

本地区智库的发展历史虽然普遍不长，但却有着越来越广阔的发展前景。一方面，立足本国问题的智库，大多关注国内政治、经济、社会等领域在发展中遇到的诸多问题，并积极为各国政府决策提供参考。如尼日利亚国际问题研究所和肯尼亚外交学院分别隶属于尼日利亚和肯尼亚外交部，专门研究外交与国际问题，为本国国家政府的外交决策提供政策建议。

另一方面，在全球性问题日益成为人类共同面临的严峻挑战之时，撒哈拉以南非洲智库也在积极拓宽自身视野，从非洲大陆的整体视角出发，致力于推动撒哈拉以南非洲地区间合作和区域一体化进程。如南非国际事务研究所（SAIIA）的主要目标，就是致力于协助建设一个有效管理、和平、经济持续发展和国际化的非洲，努力成为研究非洲及与非洲相关的国际问题的最优秀的智库。

除此之外，一些智库通过不断引入国际资源，加强国际合作，提高智库研究成果的质量，提升智库的国际影响。非洲智库跨国研究、国际协同活动日益增多，科研项目的国际化倾向突出。有的智库还开始尝试到海外设立分支机构，构建面向全球的研究网络，以真正起到增进交流、形成网络、助推公共外交的作用。①

四、重视网络传播推广

研究成果的传播和推广对于智库影响决策、发挥咨询作用有着重要的

---

① 参见王珩《非洲智库影响力提升》，载《中国社会科学报》2015年2月11日。

意义。为发布和推广智库研究成果，智库充分借助了出版物和电子媒体的力量。

根据美国宾夕法尼亚大学公布的 2014 年《全球智库报告》可以看出，本地区智库网络化特征日趋明显。位于南非的南非非洲建设性解决争端中心（ACCORD）、南非国际事务研究所（SAIIA），位于加纳的 IMANI 政策和教育研究中心，位于肯尼亚的肯尼亚公共政策分析研究所（KIPPRA）被列入"善用社交网络的最佳智库"排行榜之中；在"最善用互联网的智库"排名中，位于肯尼亚的非洲技术政策研究网（ATPS）、位于埃塞俄比亚的非洲东南部社会科学研究机构（OSSREA）、位于塞内加尔的非洲社会科学发展理事会（CODESRIA）三所智库位列其中。该地区智库通过一系列网络建设，在官方网站定期发布政策简报、研究报告和新闻推广。同时还广泛运用 Twitter、Facebook 等社交媒体，将研究成果向外界推广。

综合而言，非洲智库的网络化路径一般有如下几种：一是加强网站建设，及时通过网络公布及宣传最新学术思想、观点、研究成果和政策主张。二是利用网络视频开展研讨会加强与外界的交流互动。三是通过网络进行民意调查、发动相关政策讨论，为智库研究提供新的思想源泉。四是建立网络化研究平台和数据库，借助网络塑造公共舆论和政治议程，进而影响政府政策。①

第三节　撒哈拉以南非洲智库名片

虽然本地区的智库总量并不多，仅占全球总数的 9% 左右，但是在这一地区却仍然存在多个世界知名并发挥着重要作用的智库。这些智库包括位于肯尼亚的肯尼亚公共政策分析研究所（KIPPRA），位于加纳的 IMANI 政策和教育研究中心，位于塞内加尔的非洲社会科学发展理事会（CODESRIA），位于博兹瓦纳的博兹瓦纳发展政策研究所（BIDPA），位于南非的南非国际事务研究所（SAIIA）等。

---

① 参见王珩《非洲智库影响力提升》，载《中国社会科学报》2015 年 2 月 11 日。

纵观该地区顶级智库的发展过程可以看出,由南非顶级智库"一统天下"的局面在如今已不复存在,就目前而言,肯尼亚、博兹瓦纳、塞内加尔、加纳等国的知名智库也逐渐崛起,共同为撒哈拉以南非洲地区的建设和发展发挥自身的独特影响。

一、肯尼亚公共政策分析研究所(Kenya Institute for Public Policy Research and Analysis,KIPPRA)

肯尼亚公共政策分析研究所总部位于肯尼亚。根据《全球智库报告》中的评价,KIPPRA 被列为撒哈拉以南的非洲顶级智库排名第 1 名。[①] 作为一个自治的公共机构,该研究所于 1997 年 5 月正式成立,于 1999 年 6 月开始正式运行。

表 5.1.5　肯尼亚公共政策分析研究所

项目	排名
撒哈拉以南的非洲顶级智库	5
全球顶级智库排名	132
国内经济政策领域的顶级智库	50
举办最佳会议的智库	52
善用社交网络的最佳智库	63
拥有最佳对外关系/公众参与项目的智库	55
对公共政策最具影响力的智库	39
拥有最优秀政策导向型公共项目的智库	54

资料来源:《2017 年全球智库报告》

(一)历史背景

肯尼亚公共政策分析研究所于 1999 年开始正式运行,2007 年 1 月,肯尼亚总统亲自签署肯尼亚公共政策分析研究所法案,同年 2 月 1 号开始正式施行。因此,该研究所是一所建立在国会法案基础下的智库机构。

在发展过程中,该研究所形成了以"重诺、优越、专业、团结、真诚"为核

---

① 该研究所于 2010 年才进入该排行,位于第 25 名;2011 年被排至第 14 名;2012 年位于第 14 名;2013 年排至第 15 名;2014 年迅速提升至第 1 名;2015 年仍然保持第 1 名的位置;2016 年降至第 5 名。

心价值的智库文化。

（二）宗旨目标

肯尼亚公共政策分析研究所以成为公共政策分析研究领域的领先机构和卓越的国际中心为目标。该研究所的宗旨是通过进行客观的科研能力建设，向肯尼亚政府和其他利益相关者提供优质的公共政策建议，并以此来促进国家实现发展目标。智库主要通过以下方式来达成这一宗旨：

（1）巩固和加强政策研究和建议方面的质量和相关性。

（2）加强研究所的科研能力建设。

（3）加强肯尼亚公共政策分析研究所与外界的战略沟通。

（4）维持、加强和拓展研究所的合作伙伴和社会关系。

（5）提升员工的福利、生产力，实现员工全面的发展。

（6）提升研究所的可持续性。

（三）机构性质

肯尼亚公共政策分析研究所宣称自己是一所独立的智库，但实际上具有明显的半官方色彩。该研究所的董事长虽然是非政府人员，但由肯尼亚总统指派，董事会成员中也包括政府官员，智库大部分研究成果直接为本国政府提供服务。

（四）主要工作

肯尼亚公共政策分析研究所日常担负的主要工作包括以下：

（1）针对公共政策问题进行客观公正的分析研究，向政策制定者提供建议。

（2）向政府机构和其他利益相关者提供公共政策领域的咨询和技术服务。

（3）收集和分析公共政策相关的数据，通过研讨会、会议、研究论文、政策简报、新闻报道以及《肯尼亚经济报告》广泛传播自己的研究成果。

（4）开发和维护公共政策和相关问题的研究资源和数据库，并向政府、私营部门和学术机构提供相关信息。

（5）为政府和私营企业的客户提供公共政策的分析和研究。

（6）提升政府和私营企业管理者的能力。

（7）构建和鼓励政府、私营部门与其他民间社会之间的对话。

（五）组织机构

肯尼亚公共政策分析研究所的管理工作由13个成员（包括执行董事）组成的董事会执行。其中包括3名常任秘书长，2人代表特殊利益集团，7人代表肯尼亚的业务部门、高校和科研院所和1名董事长。其中董事长是由总统直接任命的，一般都是非政府成员。董事会运行以下委员会：金融委员会、审计委员会、计划委员会等。

执行董事是董事会秘书，向董事会负责。执行董事负责管理研究所的日常事务和贸易，并要确保工作方案的编制和实施。

此外，肯尼亚公共政策分析研究所还设有七个研究部门，其研究领域分别是：宏观经济学、生产与社会、基础设施和经济服务、私营部发展策划、贸易、外交政策和管理。这些研究部门通过计划协调办公室协调合作。各研究部门的负责人协助执行董事落实研究所的各项活动。

目前，肯尼亚公共政策分析研究所全体工作人员共64人，John Omiti 为现任执行董事。

二、IMANI 政策和教育研究中心（IMANI Center for Policy and Education）

IMANI 政策和教育研究中心总部位于加纳首都阿克拉。根据《2015年全球智库报告》，该研究中心位列撒哈拉以南的非洲顶级智库排名中的第2名。研究中心通过对许多问题进行客观中立的分析和评价，以及多种学科方向技术的运用，对加纳的政策制定及推行发挥着持续且重要的影响。高效的沟通技巧、与热心公益的媒体和民间社团合作的能力，使该研究中心得以努力在加纳本国、非洲和全球范围内探索公民参与政府治理的可能性。

表 5.1.6　IMANI 政策和教育研究中心

项目	排名
撒哈拉以南的非洲顶级智库	3
全球顶级智库排名（非美国）	72
全球顶级智库排名（美国和非美国）	111

续 表

项目	排名
国内经济政策领域的顶级智库	59
拥有最佳关系网络的智库	68
善用社交网络的最佳智库	51
提出最具有创新性政策意见的智库	28
最值得关注的智库	17
对公共政策最具影响力的智库	36
年度经营预算少于500万美元的顶级智库	8

资料来源：《2017年全球智库报告》

（一）历史背景

IMANI政策和教育研究中心成立于2004年，由现任董事长兼首席执行官Franklin Cudjoe主持创建。该研究中心主张用自由经济政策改进国家经济现状，2008年因被评为"最具革新性和活力的非洲智库"而获得阿特拉斯经济研究基金会的资助。2006年因在推动民主社会制度基础方面的卓越贡献而获得两项约翰·邓普顿基金会奖。

自从在2008年《全球智库报告》中被评为本地区智库第6位以来，该研究中心一直保持在该项排名的前列。

该研究中心同非洲50多家媒体建立起密切的关系。除提供高质量的研究之外，还形成了强大的媒体影响力，尤其会通过发行量大的报纸、网络、电视和广播节目等同民众建立联系。

（二）机构研究资金来源

该研究中心的研究资金主要来源于个人和基金会的捐助。

（三）宗旨目标

IMANI政策和教育研究中心以推进自由经济政策在金融、政府管理和公民社会等方面的影响为目标，通过媒体见面会、出版、研究和研讨会等多种方式，在加纳公共教育和政策领域方面发挥着自身的影响力。

该研究中心的宗旨是成为非洲最具影响力的智库，通过严谨的研究、分析和宣传，促进非洲的和平与繁荣，并致力于推广涉及企业、政府和民间社会利益的自由经济政策。

为实现该宗旨，IMANI政策和教育研究中心关注到推广政府政策可能产生的一系列影响，致力于向公众传达"物有所值"、"理性选择"、"公共抉择"、"既得利益"等理念，努力实现智库研究与公众声音间的沟通对话。

（四）指导原则

IMANI政策和教育研究中心认为，自由的社会机构是实现个人赋权、相互尊重和发展的最好方法，同时也是消除贫困、改进人类健康和保护环境的最优途径。

该研究中心提倡为众多公共政策问题提供专业严谨的研究和全面广泛的推广。通过作者的学术诚意、严谨的调研过程、专业的同行评审等方式来确保研究质量。为保证学术研究的独立性，该研究中心的研究活动和宣传是分开的。

（五）组织机构

该研究中心主要由董事会、执行办公室和各个管理部门组成，现任董事长兼首席执行官为Franklin Cudjoe。

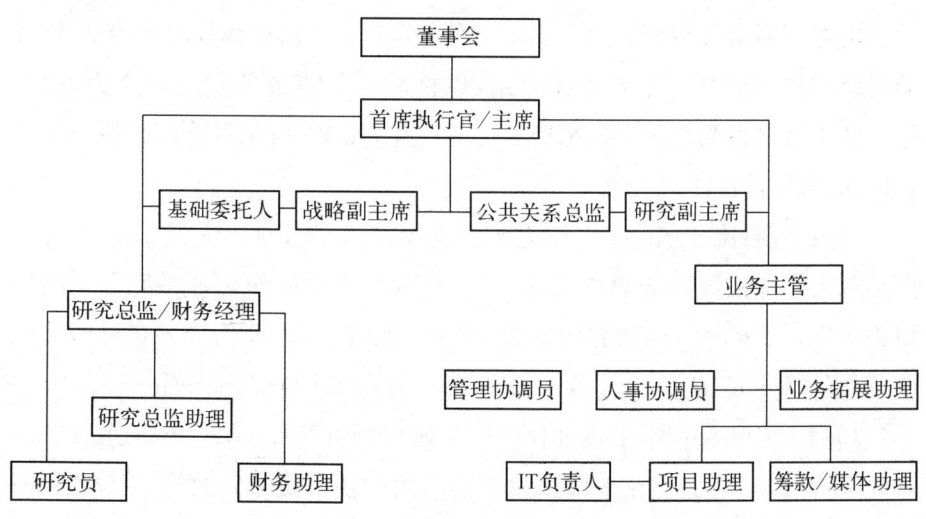

图 5.1.3　IMANI 机构组织

资料来源：http://imanighana.com/the-people/

（六）研究领域

IMANI政策和教育研究中心的研究领域广泛，涉及国防安全，发展、经济与金融、教育、能源与环境、全球治理、政策决策、科学技术以及社会与健康九个方面。其中经济与金融、教育、能源与环境、政策决策以及社会与健康是其关注的核心问题。

此外,该中心重视使用多种媒体渠道开展宣传,不仅定期发布新闻、研究报告和书籍,同时也利用电视影像作品发布研究成果,加强同公众的联系。

三、南非国际事务研究所(South African Institute of International Affairs,SAIIA)

南非国际事务研究所位于南非,成立于1934年。根据美国宾夕法尼亚大学最新发布的《2015年全球智库报告》,该研究所在其中被列为撒哈拉以南的非洲顶级智库的第6名。自被2009年《全球智库报告》列为撒哈拉以南的非洲智库中的第1位后,SAIIA曾连续四次蝉联该位置。至2013年,SAIIA拥有17名全职研究员、42名委托研究员、15名实习生和访问学者,还在世界范围内拥有92个合作组织。

(一)历史背景

南非国际事务研究所成立于1934年,它最早是由开普敦的政治家、学者和报纸编辑组成的一个跨党派小组,以推动国际事务的相关研究为目标。第一任主席是詹姆斯·卡拉瑟斯·比蒂先生,R. W. 威尔科克斯教授和参议员F. S. 马兰是首任副主席。

二战之前,南非国际事务研究所一直没有固定的办公场所,其活动也主要是致力于加强同外部的联系,往往在全球性会议中作为唯一代表非洲的机构出席。1945年,该研究所发表了第一篇论文——罗伯特·布里斯托先生所作的 *The Real India*:*A human problem of world importance*。

1944至1954年期间,南非国际事务研究所由Western Cape迁往Highveld,后于1960年迁至南非金山大学校园内的扬·史末资故居。1969年该研究所第一次举办了研讨会,主题为"美国在区域范围内的外交政策",而在1970年6月举办的主题为"人口爆炸性增长对国际关系的影响"的会议则是该研究所举办的第一个大型会议。

1994年,南非国际事务研究所伴随南非政局的变化实现了自身的转型,

《南非国际事务》杂志也在1993年首次出版。1996—2005年间，在Greg Mills博士的领导下，南非国际事务研究所在其国际关系研究领域取得一定成果，并成为国际众多优秀智囊团们的首选合作伙伴之一。2009年在庆祝该所成立75周年时，举办了一系列的会议、高端论坛和社会活动，进一步增强了其国际影响力。

（二）科研资金来源

机构研究资金大部分来源于国际政府、多边组织和私人基金会的资助，一些核心机构的资金来源于本地企业、外交部门和机构内部成员的支持。主要资助者包括：德国阿登纳基金会、丹麦王国外交部和瑞典国际发展合作署。此外，研究所还拥有大量的独立项目资助者。

（三）机构性质

南非国际事务研究所是一个独立的、非政府性质的智库，不以盈利为目的。作为一个公益组织，其目的在于提升人们对于国际性事务重要性的认知。该机构不仅仅致力于研究活动，也注重激发公众舆论的形成。

（四）宗旨目标

南非国际事务研究所致力于建设一个有效管理、和平、经济持续发展和国际化的非洲，努力成为针对非洲问题和涉及非洲的国际问题的最优秀智库。在不断变化的全球局势中，针对重要的非洲发展问题，保障政策的制定，推动各方均衡对话和协商。

（五）研究领域

南非国际事务研究所将自己的研究议程分为五个核心议题，分别是外交政策、有效管理、资源利用、区域一体化和全球经济治理。

(1) 外交政策(Foreign Policy)

通过深入理解国内稳定、人类安全和泛太平洋地区国家外交政策之间的关系，使非洲外交政策能够被更好地发展和延续下去，以保障区域和平、安全和发展。通过进行高层次的分析工作，以可行的方式协助政策的制定出台。

(2) 有效管理(Good Governance)

改进非洲同行审议机制(African Peer Review Mechanism, APRM)，促使其功能最大化，并不断提升非洲国家有效治理的能力。

(3) 资源利用(Resource Governance)

保护珍稀资源,实现资源的可持续开发与使用。

(4) 区域一体化(Regional Integration)

通过经济、外交等手段进一步推动非洲区域一体化、贸易、投资和经济的发展进程。

(5) 全球经济治理(Global Economic Governance)

提升非洲在全球经济治理时的"话语权"。

(六) 研究成果

南非国际事务研究所的研究成果非常丰富,主要可分为政策简报、研究报告、学术文章、书籍、杂志、新闻简报、电子期刊和年鉴。

(1) 年鉴

《南非国际事务年鉴》于1996年首次出版,目前已经被广泛认可为探讨南非国际关系的重要平台。它是撒哈拉以南的非洲在该类出版物中唯一的年鉴,致力于为外交政策分析家、决策者、学者、商界人士和媒体提供全面和独家的统计及分析信息。

(2) 杂志

《南非国际事务》杂志自1993年开始出版,内容十分丰富,涉及主题广泛,主要议题包括大陆和全球治理、多边主义和政治经济一体化、完善非洲民主和政治党派体系、人权保障、国际交易和投资、自然资源和环境保护等。该杂志一年出版四期,编委会成员共18位。

(3) 政策简报

南非国际事务研究所为政府或企业量身订制政策简报。简报主要针对政策制定者遇到的现实问题,提供专业分析和政策建议。

(4) 研究报告

研究报告通常是实地调研和深度分析的文本,具有较明显的现实观照,比如非洲商业系列报告、贸易政策系列报告、南方议会系列报告等。

(5) 不定期文章

南非国际事务研究所针对特定问题发布不定期分析文章,这些研究并不是全部与政策相关,往往针对特定议题和突发议题。

（6）书籍

南非国际事务研究所出版的书籍主题非常广泛，涉及各个领域，包括区域一体化、中非关系、教育、安全、犯罪、贸易谈判、和平等方面。

四、非洲社会科学发展理事会（Council for the Development of Social Science Research in Africa，CODESRIA）

非洲社会科学发展理事会创建于1973年，总部位于塞内加尔的首都达喀尔。《2015年全球智库报告》将该研究中心评为撒哈拉以南的非洲顶级智库中的第3名。作为一个独立的泛非洲科研组织，它不仅是非洲社会研究机构的先驱者之一，同时也代表着非洲大陆上非政府组织在社会科学研究领域中的较高水平。

（一）历史背景

非洲社会科学发展理事会成立于1973年，成功举行过13届全体成员大会（每三年一届），是塞内加尔的老牌顶级智库。

（二）机构研究资金来源

非洲社会科学发展理事会的研究资金主要来源于塞内加尔国内以及国际政府和组织的资助，大概可以分为三类：核心捐助者、合作项目捐赠者和特定项目的捐助者。

核心捐助者指的是向理事会提供核心资金的一批捐助者。这些捐助者名单会在每三年一次的员工大会上提出并进行详细讨论。非洲社会科学发展理事会之所以能够拥有这些核心捐助者，是因为它长年保持透明的资金政策和管理程序，与捐助者保持常态对话，并及时记录和报告资金使用状况。这些核心捐助者主要有：非洲能力建设基金、丹麦外交部、荷兰外交部、福特基金会、塞内加尔共和国政府、挪威国际发展机构、瑞典国际开发署等。

合作项目捐赠者往往是一些大型财团或社会组织。非洲社会科学发展理事会同这些组织签署了共同发展的合同，共同出资开展研究。目前主要有：纽约卡耐基公司、国际发展研究中心、荷兰克劳斯王子文化发展基金会、洛克菲勒基金会等。

同具有特定目标或计划的捐助者合作开展的研究项目大多是非洲社会科学发展理事会与捐助者共同感兴趣的研究领域，研究持续的时间长短不一,但平均而言,通常不超过 18 个月。目前主要有:联合国儿童基金会(UNICEF)、联合国妇女发展基金会(UNIFEM)、联合国开发计划署(UNDP)、国际计划组织等。

(三) 机构目标

(1) 在非洲使用和推广全面的、多学科的方法来进行学术研究和知识生产。

(2) 促进和捍卫独立思考的原则以及研究人员生产和传播知识时的学术自由。

(3) 帮助和支持非洲学者研究成果的出版和传播。

(4) 通过积极与其他科研机构进行互动,与其学者网络建立联系,促进非洲的大学、研究机构和其他培训机构之间的合作与协作等方式,加强非洲知识生产的制度基础。

(5) 推进非洲学术界关于代际、性别等议题的学术对话,以提高学者使用不同视角进行研究的意识和能力。

(6) 促进本土研究者与其他国家和地区的研究者之间的交流对话和国际交往。

(四) 机构组织

非洲社会科学发展理事会主要由四部分组成,分别为全体成员大会、执行委员会、科学委员会和执行秘书处。

全体成员大会被非洲社会科学发展理事会的总章程规定为理事会的最高决策机构。该大会每三年召开一次,大会期间的讨论结果构成了非洲社会科学发展理事会未来发展议程的核心。全体成员大会会选举董事长、副董事长以及执行委员会的成员,并批准由执行委员会提议的科学委员会的成员。

执行委员会由 10 名成员组成(包括执行秘书长),是非洲社会科学发展理事会的第二最高决策者。该委员会的成员是由全体成员大会选举产生的,能够代表非洲大陆的五个地区(南非、中非、东非、西非、北非)。执行委员会每年进行 2—3 次的会谈,审查理事会的预算、工作计划和活动,同时还负责国际工作人员的招聘工作。

科学委员会由12位成员组成,成员由执行委员会委派,包括执行秘书长。其成员选择要充分考虑到性别、代际、语言区域、学科性和非洲的社会科学界的多样性等因素。科学委员会每年至少进行一次会谈,并负责推进全体成员大会形成的决策。

执行秘书处位于塞内加尔首都达喀尔,主要负责实施具体方案和承办活动,以实现由非洲社会科学发展理事会全体成员大会确定的战略规划。

(五)研究成果

非洲社会科学发展理事会的研究成果丰富,主要集中在科研、培训、出版物和会议四个方面。

(1)科研

自1973年成立伊始,非洲社会科学发展理事会发起并完成了多项科研项目,重点领域包括性别研究、儿童与健康研究、经济研究、学术自由研究和非洲人权研究等。

(2)培训

对学者和研究生进行知识培训,并向科研人群提供奖学金和助学金。

(3)出版物

理事会的主要公开出版物包括杂志、图书和专题论文(集)。

非洲社会科学发展理事会共创办《非洲发展》、《非洲社会学评论》、《非洲国际事务杂志》、《身份、文化与政治》、《非洲高等教育杂志》等11种杂志。部分杂志以双语形式刊发,并鼓励非洲学者在多学科视野下思考非洲本土的社会发展问题。

非洲社会科学发展理事会还出版了数量众多的图书,主要分为新千禧年的非洲系列、性别系列、非洲未来系列等。

专题论文的发表可以激发讨论、争辩和进一步的深入研究,非洲社会科学发展理事会发表大量的专题论文并就研究问题进行讨论和探讨,既有助于进一步深化研究,也为研究的公开传播和应用提供了便利。

(4)会议

非洲社会科学发展理事会举办的学术会议,既面向本国、本地区,又面向全世界,以发展非洲社会科学和人类科学为己任,加强了非洲学者之间以及与政策制定者、国际学者之间的联系与交流。

第四节 总结与评议

撒哈拉以南的非洲长期以来都是非洲大陆乃至世界范围内最贫穷的区域，同时也是整个非洲大陆政治最动荡的区域。除了政治、军事争端频发，经济滞后外，该地区环境恶劣、食物短缺、医疗匮乏、教育落后等问题都在困扰着撒哈拉以南非洲的政府和人民。

恶劣的政治、军事、经济等环境在给该地区带来痛苦和贫困的同时，也为该地区逐渐创建、成型和不断发展着的智库发挥自身独特的作用提供着条件与机遇。以处理非洲地区争端为己任的本地智库在撒哈拉以南非洲诸国落地生根，积极发挥着其在处理非洲地区争端领域的调解作用，为该地区的和平与发展贡献着自己的力量，为解决该地区教育、环境、医疗、妇女等问题砥砺前行，以本国、本地区为舞台，联合国际力量共同推动该地区的建设和发展。

该地区的智库建设始于20世纪60年代时期的民族国家独立运动，在撒哈拉以南非洲各国逐渐走向了独立发展的道路的同时，智库建设也在各国相继起步。20世纪90年代之后，撒哈拉以南非洲智库纷纷建成，不仅在数量上出现了快速的增长，解决本国、本地区问题的科研能力也取得长足的进步，国际声望亦随之提升。从长远来看，撒哈拉以南的非洲智库建设和发展拥有十足的潜力。

与此同时，该地区智库建设存在着种种问题。首先，地区争端、经济水平滞后以及种种国家和地区间的问题依然是束缚智库发展的根源所在，不稳定的政治经济环境无法支撑起该地区智库的长线发展。其次，该地区智库虽然多数为非营利、非政府组织，但其中相当部分接受西方援助和支持，缺乏自主性，不利于开展独立研究，形成本土声音。再次，总量较少，分布不均。在广袤的撒哈拉以南的非洲地区，智库总量不足全球总数的10%，往往集中在南非、尼日利亚、肯尼亚、加纳等经济较发达的国家。这大大影响了本地区智库的协同发展之路。

第二章　中东和北非智库

中东是指地中海东部与南部区域，从地中海东部到波斯湾的大片地区；北非习惯上指的是撒哈拉沙漠以北广大区域，通常包括苏丹、埃及、利比亚、突尼斯、阿尔及利亚、摩洛哥、毛里塔尼亚等国。由于这两个区域的自然环境、社会文化条件、历史、宗教信仰和民族等方面的相似性，所以将两者的智库情况放在一起进行介绍。

独特的战略地位和丰富的石油资源使得中东和北非地区在国际地缘政治中处于重要地位。但也因此而长期遭到"大国干预"。与此同时，由于该地区的民族、宗教文化争端和国家间冲突，导致中东和北非地区争端不断，包括五次中东战争、两伊战争、伊拉克战争、叙利亚危机等，2010年底发端于突尼斯的动荡更是席卷了整个中东和北非地区。不稳定的区域环境一方面阻碍了中东和北非智库的发展，但同时也在一定程度上为该地区智库的建设和发挥作用提供了机遇。

第一节　中东和北非地区智库发展现状

自20世纪尤其是"二战"结束以来，伴随着世界各国政治现代化的不断推进，中东和北非地区的国家也日益卷入到这一发展进程之中。智库建设从以色列逐渐蔓延开来，中东和北非地区其他国家的智库虽不如以色列发达，但近年来进步明显。

中东和北非智库的主要发展特点包括总量较少、分布不均，发展进程受政治环境影响较大，存在较多国际化顶级智库的分支组织，机构设置相对完善,但同时也深受西方力量的影响和干预。

一、智库规模

中东和北非的智库总量较少,但是其数量一直在持续增长。

根据《2017年全球智库报告》统计,在全球智库中,中东和北非地区的智库为479个,占全世界智库总数的6.1%。就总量而言,中东和北非的智库在世界范围中处于较低的水平,仅比大洋洲地区的智库数量多(见表5.2.12)。

2008—2017年《全球智库报告》的统计结果显示,直至2016年,中东和北非地区的智库数量一直在持续增加,自2008年的218个(占全球智库总量的4%左右),慢慢增长至2016年的479个(占全球智库总量的6.1%)(见表5.2.1)。

2013年,本地区的智库建设取得了"突进式"的发展。智库总量从2012年的339个跃升至511个,占全球智库总量的比例也由5.1%增加至7.49%,并且在2014年,首次总量超过撒哈拉以南的非洲(467个)。在2013年,埃及智库增加了21个,第一次进入《全球智库报告》全球智库数量排名中;巴勒斯坦智库增加15个;伊拉克智库增加了14个;约旦智库增加了24个;突尼斯增加了21个;摩洛哥增加了19个。这种"突进式"的发展与中东北非地区政治局势的相对稳定是分不开的。

然而在2015年,该地区智库数量又出现了大幅度的缩减,智库总数从2014年的511个锐减为398个,智库数量占比也缩减了2个百分点,仅占全球智库总量的5.8%。其中埃及智库减少22个,巴勒斯坦减少16个,伊拉克减少11个,约旦减少19个,突尼斯减少20个,摩洛哥减少18个,黎巴嫩减少8个。与此同时,有一些国家智库没有受到总体缩减的影响,其中以伊朗最为突出,其智库数量不仅没有减少,反而增加了25个,从2014年的34个增加为59个。2016年,该地区智库数量有所回升,智库总数增至479个,占全球智库总量的6.1%。其中,埃及、巴勒斯坦、突尼斯等国家有小幅增长。

表 5.2.1 中东和北非历年智库统计

年份	2008①	2009	2010	2011	2012	2013	2014	2015	2016
数量	218	273	333	329	339	511	521	398	479
占全球的比重	4%	4%	5%	5%	5.1%	7.49%	7.87%	5.8%	6.10%
埃及	23/	29/	34/	34/	34/	55/19	57/17	35/	39/
以色列	48/	52/18	54/18	54/20	54/19	55/20	56/18	58/20	67/18
巴勒斯坦②	17/	19/	28/	28/	28/	43/	44/25	28/	34/

资料来源：2008—2017年《全球智库报告》

《2017年全球智库报告》"基于智库数量的国家和地区排名（前25名）"中，中东和北非地区仅有伊朗（64个）位列第18，以色列（67个）位列第20。而在2014年，该地区还有三个国家被列入该排名，分别是埃及（57个）位列第17，以色列（56个）位列第18，巴勒斯坦（44个）位列第25。

整体来看，中东和北非地区的智库总数较少，智库发展进程与区域稳定程度息息相关。

表 5.2.2 中东和北非地区各国智库数量历年统计

国家	智库数量					
	2011年	2012年	2013年	2014年	2015年	2016年
埃及	34	34	55	57	35	39
以色列	54	54	55	56	58	67
巴勒斯坦	28	28	43	44	28	34
伊拉克	29	29	43	42	31	30
约旦	16	16	40	40	21	26

① 自2008年起，该报告将撒哈拉以南的非洲与北非分开，将北非与中东一起进行统计。另外，2008年的全球智库数量排名为前十名，之后都是前二十五名。
② 本表格选取了中东和北非地区智库数量较多的三个国家：埃及、以色列和巴勒斯坦。其中"/"前的数字为当年该国的智库数量，"/"后的数字为当年该国在全球智库数量排名中的名次，后面没有数字则代表没有获得排名。

续 表

国家	智库数量					
	2011年	2012年	2013年	2014年	2015年	2016年
突尼斯	18	18	39	38	18	20
伊朗	32	33	34	34	59	64
摩洛哥	11	11	30	33	15	14
土耳其	27	27	29	31	32	46
也门	15	23	30	30	22	26
黎巴嫩	12	12	27	27	19	27
阿联酋	6	6	14	14	7	9
阿尔及利亚	9	9	12	12	9	8
塞浦路斯	6	6	6	11	6	6
科威特	11	11	11	11	14	15
卡塔尔	6	6	10	9	7	14
巴林	3	4	7	7	4	12
沙特阿拉伯王国	4	4	7	7	4	8
叙利亚	5	5	6	6	6	10
苏丹	4	5	5			
利比亚	1	1	4	4	2	2
阿曼	2	2	3	3	3	3

资料来源：2011—2017年《全球智库报告》

二、发展历程

中东和北非地区的智库建设最早可以追溯到1965年在以色列成立的哈利·斯·杜鲁门和平进步研究所（Harry S. Truman Institute for Advancement of Peace）。该研究所位于耶路撒冷的希伯来大学，是由美国第33任总统杜鲁门支持创建的。

中东和北非地区早期智库的创建主要集中在埃及和以色列，相对于该区域的其他国家而言,当时这两个国家较为稳定,社会文化氛围较好,国民素质较高,有助于推进智库建设和发展。

整体上看,该地区智库的大规模建设集中在 20 世纪 90 年代之后(见表 5.2.3)。伴随着整个世界各国政治现代化的推进,中东北非地区国家也日益卷入其中,为推进国家现代化建设,大量智库被创建,并逐渐发展壮大起来。

但是,由于中东和北非地区长期以来争端不断,不稳定的政局给该地区各国智库的发展带来了困难。该地区智库建设并没有出现持续的快速发展期,进展缓慢。尤其是 2010 至 2013 年间,中东和北非地区智库建设是受到政局动荡的冲击而停滞不前。

2010 年底,发端于突尼斯的动荡席卷了整个中东北非地区,突尼斯、埃及政府相继垮台,利比亚内战引来了法、英等国家的军事打击,也门接近内战边缘,约旦、沙特、伊朗等国都出现了不同程度的社会动荡,中东和北非地区陷入了 30 多年来罕见的政治不稳定时期,这种动荡一直持续到 2013 年,致使三年来该地区智库数量仅增加 6 个。直到 2013 年之后,中东和北非地区智库建设才出现跨越式发展。

表 5.2.3 中东北非地区主要智库概况

机构	成立时间	国家
卡耐基中东研究中心	2006	黎巴嫩
金字塔政治和战略研究中心	1968	埃及
布鲁金斯·多哈中心	2008	卡塔尔
经济和外交政策研究中心		土耳其
国家安全研究所	1977	以色列
半岛研究中心	2006	卡塔尔
土耳其经济和社会研究基金会	1994	土耳其
海湾研究中心	2000	沙特阿拉伯
贝京萨达特战略研究中心	1993	以色列

续 表

机构	成立时间	国家
约旦大学战略研究中心	1984	约旦
自由思想联盟	1992	土耳其
埃及经济研究中心	2001	埃及
开罗战略研究区域中心	2012	埃及
兰德-卡塔尔政策研究所	2003	卡塔尔
哈利·斯·杜鲁门和平进步研究所	1965	以色列
信息与决策支持中心	1985	埃及
欧洲稳定倡议	1999	土耳其
阿拉伯妇女培训和研究的中心	1993	埃及
经济研究论坛	1993	埃及
阿联酋战略研究中心	1994	阿联酋

资料来源：2013—2015年《全球智库报告》，各智库官方网站

三、地区差异

根据《2017年全球智库报告》，在智库数量和研究水平方面，该地区不同国家存在显著差异（见表5.2.4）。除了极少数国家外，该地区各国几乎都建立了具有智库性质的研究机构，[1]但是将近一半的国家智库数量不足10个。

两极分化也突出表现在部分国家智库水准较高。如卡塔尔，虽然该国仅有14个智库（2016年），但是却有3个智库位列2016年"中东北非顶级智库排名"前50之列，其半岛研究中心和布鲁金斯·多哈中心在该项排名中分别列于第5和第6。另外，黎巴嫩虽然只有27个智库，但是其知名智库卡耐基中东研究中心在历年《全球智库报告》的"中东北非顶级智库排名"中长期位居前列[2]（见表5.2.4）。

---

[1] 参见杨阳《形形色色的"中东智库"》，载《社会观察》2006年第2期。
[2] 2009年第1，2010年第1，2011年第1，2012年第1，2013年第4，2014年第1，2015年第1，2016年第3。

表 5.2.4 中东北非地区各国智库概况

国家[①]	2013年总智库量	2013年排名前50的智库总数	2013年排名前10的智库总数	2014年总智库量	2014年排名前50的智库总数	2014年排名前10的智库总数[②]	2015年总智库量	2015年排名前50的智库总数	2015年排名前10的智库总数	2016年总智库量	2016年排名前50的智库总数	2016年排名前10的智库总数
黎巴嫩	27	3	1	27	3	1	19	2	1	27	2	1
埃及	55	9	1	57	9	1	35	9	1	39	8	1
卡塔尔	10	3	2	9	3	2	7	3	2	14	3	2
土耳其	29	5	2	31	5	2	32	5	3	46	5	1
以色列	55	11	2	56	12	2	58	11	2	67	10	2
沙特阿拉伯	7	1	1	7	1	1	4	1	1	8	2	0
约旦	40	3	1	40	3	1	21	3	1	26	3	1
摩洛哥	30	2	0	33	4	0	15	4	0	14	5	0
阿联酋	14	4	0	14	3	0	7	3	0	9	3	0
巴勒斯坦	43	1	0	44	1	0	28	1	0	34	1	0
科威特	11	3	0	11	3	0	14	3	0	15	0	0
突尼斯	39	1	0	38	1	0	18	1	0	20	1	0
伊朗	34	1	0	34	1	0	59	1	0	64	0	0
也门	30	1	0	30	1	0	22	0	0	26	0	0
巴林	7	1	0	7	0	0	4	0	0	12	0	0
利比亚	4	0	0	4	0	0	2	1	0	2	1	0

资料来源：2013—2017年《全球智库报告》、各智库官方网站

① 该表格对国家的选取灵感以 2013—2017年《全球智库报告》中"中东和北非"中录入的各个国家排名为基准进行的。
② "排名"指的是灵感车度《全球年度智库报告》中的"中东和北非的顶级智库排名"。

从表中可看出，巴勒斯坦、伊朗、伊拉克、突尼斯、也门等国智库总量虽相对较多，但整体实力有限。例如伊朗智库总量虽较为可观，但是没有一家进入"中东北非顶级智库排名"前50之列；伊拉克虽然拥有30个智库，但是却从未有智库进入过"中东北非顶级智库排名"前50之列。

整体来看，政治相对稳定的国家智库建设更加完善，而政治动荡的国家的智库建设也相对较迟滞。值得注意的是，虽然政治动荡在一定程度上影响了地区中东和北非地区智库的建设进程，但是这种环境也为进行政策分析的智库提供了大显身手的机会，如以色列智库就在动荡的政治环境中对政府政策制定发挥着巨大作用。

第二节 智库类型

中东和北非地区地理位置独特，民族、文化和传统也迥异于世界其他地区，种种原因导致在该地区建设并发展起来的智库数量众多且种类繁杂。既有立足本国力量建立起来的智库，也有国际性的智库在该地区建设的分部；既有官方智库，也存在大量的民间智库。不同类型的智库分别代表了介入该地区的不同力量。国家、区域和国际上多种力量相互交织，构成了当下中东和北非地区智库建设发展的大背景。

一、按照研究地域划分

主要可以分为本土智库、区域智库和国际智库三类。

本土智库指的是由智库所在国创建，研究领域主要集中于本国政治、经济、文化、社会发展等议题，为本国的政策制定提供智力支撑。这类智库在中东和北非地区数量最多，如位于土耳其的经济和外交政策研究中心（Centre for Economics and Foreign Policy Studies，EDAM）、位于以色列的国家安全研究所（Institute National Security Studies，INSS）等。

区域智库指的是研究重点以区域问题为主。如位于埃及的阿拉伯妇女培训和研究中心（Center of Arab Women for Training and Research）。有些区域智库不仅有一个事务中心，还在其他国家存在分支部门，如位于土耳其的欧洲稳定计划（European Stability Initiative），除土耳其的伊斯坦布尔外，还在德国的柏林、比利时的布鲁塞尔设有分支部门。

国际智库一般指的是由数个国家政府联合组建的综合性智库机构,立足于国际问题,具备国际视野。该类智库多是国际知名智库在中东和北非地区建立的分部。如卡耐基中东研究中心(Carnegie Middle East Center)是世界顶级智库卡耐基国际和平基金会的重要组成部分,布鲁金斯·多哈中心(Brookings Doha Center)是布鲁金斯学会的重要组成部分。

二、按照与政府的关系划分

可以分为官方智库、半官方智库和民间智库三类。

官方智库指的是由政府创立或隶属于政府部门,直接为政府提供政策咨询服务的研究机构。官方智库所需经费全部或大部分由政府拨款,带有明显的官方色彩。如位于埃及开罗的信息与决策支持中心是埃及内阁智库,为政府决策的制定提供智力支持。

半官方智库虽然不隶属于政府,但是与政府保持密切的联系,以政府为主要服务对象,对政府的决策有较大的影响力。半官方智库属于非营利机构,其资金来源主要是基金会、企业和个人的捐助,政府委托项目合同经费以及出版物的销售利润等,还有少量的政府拨款。半官方智库在中东和北非地区数量最多。如由半岛电视新闻网于2006年创办的半岛研究中心(Al Jazeera Centre for Studies)与卡塔尔政府关系密切,该中心的研究人员经常就国际重大突发事件与政府人员进行专题讨论并研究对策。

民间智库指处于政府系统(党政系统)之外的专门从事政策研究和提供决策咨询服务的组织机构,其运作经费不是直接来自财政拨款,而是来自项目和课题委托以及社会捐赠、企业资助、境外基金资助等。[①] 如位于埃及的阿拉伯妇女培训和研究中心,该中心在众多热心的阿拉伯人捐赠下于1993年成立,致力于在本国、本地区和国际机构以及各国政府间推进有关妇女地位的学术研究和实地考察。但是,类似这样具有较强公益性的民间智库在中东北非地区的数量并不多。

---

① 参见金家厚《民间智库发展:现状、逻辑与机制》,载《行政论坛》2014年第2期。

第三节　中东和北非智库名片

中东和北非地区智库建设的历史较长,存在着一批世界知名智库。这些智库包括位于黎巴嫩的卡耐基中东研究中心、位于埃及的金字塔报政治和战略研究中心、位于卡塔尔的布鲁金斯·多哈中心、位于以色列的国家安全研究所、位于约旦的战略研究中心等。

这些知名智库主要集中在政治经济形势相对稳定的国家。与此同时,由于战略位置的重要性,国际力量在该地区的知名智库建设发展中发挥了较为重要的作用。

一、卡耐基中东研究中心(Carnegie Middle East Center,CMEC)

卡耐基中东研究中心总部位于黎巴嫩的贝鲁特,成立于2006年。《2015年全球智库报告》显示,该研究中心被列为中东和北非顶级智库排名中的第1名。该中心是一个独立的政策研究机构,同时也是世界顶级智库卡耐基国际和平基金会的一个组成部分。

表5.2.5　卡耐基中东研究中心

项目	排名
中东和北非顶级智库	3
全球顶级智库排名(非美国)	13
全球顶级智库排名(美国和非美国)	22
最佳管理能力的智库	41
创造最佳新理念的智库	22
善用社交网络的最佳智库	26

资料来源:《2017年全球智库报告》

(一)历史背景

卡耐基国际和平基金会成立于1910年,是美国国际关系领域历史最悠久的智库。该基金会于2006年展开建设世界上第一个全球化智库的计划,从此该基金会逐渐从一个国家智库转变为独立应对全球化世界挑战的国际化机构。目前,该基金会在世界范围内拥有五个政策研究中心,分别位于俄罗斯、中国、欧洲、中东和美国。卡耐基中东研究中心就是其位于中东的研究中心。

(二)宗旨目标

卡耐基中东研究中心致力于塑造区域理解的新思路,提供全新的视野和观点,并以此影响政策制定者和主要的赞助者。

(三)机构性质

卡耐基中东研究中心虽然位于黎巴嫩,但是作为卡耐基国际和平基金会的分支,它是独立于黎巴嫩政府的政策研究中心。该中心对中东和北非地区的政治、社会经济和安全问题进行深入的分析,并同卡耐基国际和平基金会的另外四个研究中心展开了广泛合作。

(四)机构组织

卡耐基中东研究中心包括顾问团、高级研究员、暂住学者和访问学者。

顾问团向该中心提供建议和支持,由黎巴嫩和国际范围内在政策、商业、专家和中东国家的公民社会部门领域的杰出人才组成,目前共计12人。

高级研究员有3人,其中 Lina Khatib 是该研究中心的现任负责人,此外还有 Yezid Sayigh 和 Maha Yahya。临时学者5人、访问学者8人。

(五)研究领域

该研究中心的研究领域主要为政府安全、教育改革、中东政治(阿拉伯国家政治、伊朗政治和土耳其政治)和经济建设四大领域。同时面向埃及、海湾国家、黎凡特地区、马格里布地区和非阿拉伯国家(伊朗、以色列、土耳其)五个区域展开研究。

(六)研究成果

卡耐基中东研究中心拥有国际化的视野、丰富的人才资源、雄厚的经济和技术实力。以卡耐基国际和平基金会作为依托,该研究中心在中东和北非地区开展广泛且深入的调查研究,积极对该地区的政治决策、经济和社会发展建言献策,受到国际上的广泛认可。《2015年全球智库报告》显示,自2009至2015年,卡耐基中东研究中心连续七年在"中东和北非智库排名"中位列第1,是该地区当之无愧的顶级智库。

该研究中心的具体研究成果主要通过举办会议和出版物公开。研究中心针对中东和北非地区面临的问题展开深入的考察和探讨,并且举办了一系列与之相关的会议,如2016年4月5日召开的"当前叙利亚政治、军事、社会和经济动态",3月4日举办的"突尼斯民主的未来",2月11日举办的"也门:五年革命,一年战争"等。此外,该研究中心出版物丰富,包括书籍、年鉴、论文、专栏、政策简报、评论文章等。其中,书籍包括《土耳其核能开发的未来》、《真主党现象:政治与沟通》、《走上街头:阿拉伯世界激进的变革》、《创世纪:杜鲁门、美国犹太人和阿拉伯—以色列冲突的起因》等。

二、金字塔报政治和战略研究中心(Al-Ahram Center for Political and Strategic Studies,ACPSS)

金字塔报政治和战略研究中心,又称阿赫拉姆政治和战略研究中心,总部位于埃及开罗,成立于1968年。该中心是埃及最有影响的《金字塔报》报业集团旗下的一个相对独立的研究中心,不仅是埃及的权威智库,也是阿拉伯世界的权威智库。根据《2015年全球智库报告》,该研究中心被列为中东和北非顶级智库排名中的第2名。

表5.2.6　金字塔报政治和战略研究中心

项目	排名
中东和北非顶级智库	4
全球顶级智库排名(非美国)	71
全球顶级智库排名(美国和非美国)	57
国防与国家安全领域的顶级智库	26
外交政策和国际事务领域的顶级智库	26

资料来源:《2017年全球智库报告》

(一)历史背景

金字塔报政治和战略研究中心是一个相对独立的研究中心,成立于1968年,隶属于金字塔报业集团,联合国原秘书长布特罗斯·加利曾担任中心主席。

该中心成立之后,伴随时代的进步而不断进步更新。1972年以后扩大了研究范围,开始注重从国际化的视野出发看待和研究阿拉伯世界所面临的种种问题,聚焦于本地区的发展以及阿拉伯国家和国际体系之间的互动趋势。

(二)机构特点

该中心专门从事重大国际问题和阿以争端的研究工作,为国家的战略决策提供意见和依据,地位相当于兰德公司之于美国,是埃及甚至阿拉伯世界首屈一指的智库。

中心研究人员多具有博士学位,来自世界各国,学术素养与专业素质很高。在编专业研究人员不多,但聘请的编外研究人员几乎囊括了埃及所有的知识精英,许多国际知名的学者也应邀参与中心的研究工作,其研究成果因此备受世界关注。中心的研究刊物被世界各国的政府机关与研究机构订阅,还出版了许多具有国际影响的论著。

研究人员既是学者,也是《金字塔报》的重要撰稿人,为报纸提供及时的新闻背景材料、研究性文章与深度的国际评论。这些研究人员及其文章提升了《金字塔报》的发行量,并成为《金字塔报》无形的品牌资源,为报社创造了独特的国际价值。①

(三)机构性质

虽然该研究中心隶属于金字塔报业集团,但是它拥有相对独立的地位,能够自主进行研究。同时,作为金字塔报业集团的组成部分,在信息的接近性、研究成果的传播能力等方面拥有较大优势。此外,该中心与埃及外交部关系密切,每当有国际重大突发事件发生时,外交部都会邀请中心的研究人员共同讨论并研究对策。

综合而言,金字塔报政治和战略研究中心是一个具有较高声望、独立的民间智库,兼具公益性和盈利性。

(四)研究领域

该中心对阿拉伯国家和国际体系之间的互动模式、政治和战略问题高度关注,并研究埃及社会的政治、经济、军事和社会问题,兼顾以色列、伊朗

---

① 参见赵鸿燕、李金慧《埃及〈金字塔报〉的国际传播经验》,载《中国记者》2012年第2期。

和中东地区相关议题。

（五）研究成果

该研究中心出版了许多有国际影响的论著,研究成果、出版的研究刊物被世界各国政府机关、研究机构购买订阅,是该中心重要的经济来源之一。代表性出版物有 *Egyptian Affairs*（季刊）和 *Strategic Papers*（月刊）。

三、布鲁金斯·多哈中心（Brookings Doha Center,BDC）

布鲁金斯·多哈中心位于卡塔尔首都多哈,成立于2008年。根据《2015年全球智库报告》,该研究中心位列中东和北非顶级智库排名中的第3名。该中心是位于华盛顿特区的布鲁金斯学会的一个海外中心,是布鲁金斯基金在中东和北非地区的主要资助对象。该中心也借此进一步对中东和北非地区开展了高质量的政策分析和研究。

（一）历史背景

2008年2月7日,时任卡塔尔首相兼外交大臣的 H. E. Sheikh Hamad bin Jassim bin Jabr Al-Thani 正式宣告了布鲁金斯·多哈中心成立。该中心在宾夕法尼亚大学公布的2010年《全球智库报告》中位列中东和北非顶级智库第4名[1],并在随后的排名中一直名列前茅。

在成立以来的数年间,该中心培养了来自十多个不同国家的近20位访问学者,针对该地区的相关政策问题发布近百个不同的事件报告,基于泛中东地区的社会经济和地缘政治问题（包括同美国关系）出版了30多份政策简报和论文。

（二）机构性质

该中心虽然是布鲁金斯学会的一个海外中心,但同卡塔尔政府关系十分密切。它是由卡塔尔政府资助成立的,同时卡塔尔政府也是其最大的捐助者。

（三）机构组织

该中心设有国际顾问委员会对其进行指导。委员会共有14位成员,卡塔尔原首相兼外交大臣 H. E. Sheikh Hamad bin Jassim bin Jabr Al-Thani 和布鲁金斯学会主席 Strobe Talbott 共同担任布鲁金斯·多哈中心国际顾问委员会

---

[1] 1年位列该项排名中的第9,2012年位列第8,2013年位列第2,2014年位列第3,2015年位列第3。

的会长一职，Salman Shaikh 担任该中心的主任。

（四）核心领域

该中心立足本土研究，协调和促进区域与国际政策讨论，在政府、企业、民间团体、媒体和学术界都发挥着关键作用。具体体现在以下四个领域：

（1）中东地区的国际关系，既强调区域内的关系，又重视同美国和亚洲地区之间的关系。

（2）冲突和冲突后的过渡，包括安全、和平进程与重建。

（3）中东国家的经济和财政战略，包括地缘政治和能源经济。

（4）治理和机构改革，包括民主化和国家—市民间的关系。

（五）研究成果

自成立之后，该中心召集了来自十多个不同国家的优秀学者开展一系列学术活动，包括高级别圆桌会议、及时的政策讨论以及每年举行的布鲁金斯·多哈能源论坛，还发表了一系列有影响的政策简报和分析性论文。

（1）为高水平的公共活动、论坛、研讨会以及私人对话提供了一流的场所，包括专门的研讨会和圆桌会议、系列演讲等。

（2）通过对本地区面临主要挑战的战略性思考发起政策探讨，具体包括布鲁金斯·多哈能源论坛、叙利亚问题对话倡议、中心和斯坦福大学合作的关于阿拉伯世界变化的课题等。

（3）出版物为阿拉伯文和英语双语刊物，试图构建真正的双语智库。其中包括分析论文、政策简报、活动和会议记录。

四、经济和外交政策研究中心（Center for Economics and Foreign Policy Studies，EDAM）

经济和外交政策研究中心位于土耳其伊斯坦布尔，它是一个独立智库，其主要目的是帮助土耳其对内和对外政策的制定，提升土耳其在新兴全球秩序中的地位。

（一）主要任务

该中心是位于伊斯坦布尔的一个独立智库，汇集了来自土耳其社会学术界、民间社会、媒体和商业在内的多个领域的成员。这样多样性的结构使得经济和外交政策研究中心创造了一个多产有效的平台，不同的观点和想法可以相互交流。

该中心依靠项目基金以及各类捐款补助，从而保持观点的独立性。此外，中心在共享资金的原则基础上承担与民间社会国际组织合作的计划和研究。

（二）机构组织

经济和外交政策研究中心的执行和监事委员会的成员来自学界、企业界、民间社会和媒体，由委员会成员监督研究项目开展进程，以确保中心的学术研究成果的质量。

（三）研究队伍

经济和外交政策研究中心的成员只有很少一部分是终身研究者，有时会根据接受的项目选择土耳其或者他国的研究者临时组建团队。

（四）研究领域

经济和外交政策研究中心的主要研究领域有：土耳其外交和安全政策、土耳其与欧盟的关系、国际经济和全球化管理、能源和气候变化政策、经济全球化等。

（五）研究成果

目前，研究成果包括《土耳其在维谢格拉德国家的公众形象》、《避免离婚：一个虚拟的欧盟成员国土耳其》、《布鲁塞尔是在土耳其大选中的失败者吗？》、《土耳其的核电计划和核燃料循环方案》、《转换成核能量的土耳其模式》、《土耳其地区竞争力指数》、《全球化，可选择的现代性，和土耳其的政治经济》、《历史会重演吗？土耳其当前的趋势和发展前景的评价》、《土耳其公众舆论偏袒埃及总统选举的认识》、《叙利亚难民反对在土耳其的反应装置》、《土耳其公民的威胁感知能力》等。

五、总结与评议

中东和北非地区地处独特且重要的国际战略位置，拥有丰富的石油资源，受到世界的广泛关注。同时，由于该地区民族、宗教文化争端和地区国家间激烈的冲突，导致中东和北非地区争端与战争不断，被人们比喻为"火药桶"。

争端和冲突不断的动荡环境一方面阻碍了中东和北非智库的发展，同时也在一定程度上为该地区智库的建设和发挥作用提供了发挥作用的环境和机遇。

该地区的智库是在"二战"之后逐渐创立和不断演化的,智库的整体发展既表现出不均衡性,又在某些方面体现出锐意进取的生机。首先,该地区的顶级智库往往发端于经济、文化较发达的国家,如以色列、埃及等,并且主要也集中在这些国家。其次,国际性智库通过开设分支机构的方式渗透当地,这些国际化智库虽然增强了所在国家的智库科研水平,但是并未在实际上增强本土智库的能力,没有真正实现智库建设的本土化,可以想见,这将是本地区未来智库建设的主要发力方向。

参考文献

■ **专著**

总述篇

[1] 于今. 中国智库发展报告[M]. 北京:红旗出版社,2012.

[2] 于今. 中国智库发展报告(2012)智库产业的体系构建[M]. 北京:红旗出版社,2013.

[3] 王耀辉,苗绿. 大国智库[M]. 北京:人民出版社,2014.

[4] 李建军,崔树义. 世界各国智库研究[M]. 北京:人民出版社,2010.

[5] 袁鹏,傅梦孜. 美国思想库及其对华倾向[M]. 北京:时事出版社,2003.

[6] 王佩亨,李国强. 海外智库——世界主要国家智库考察报告[M]. 北京:中国财政经济出版社,2014.

[7] 李建军,崔树义. 世界各国智库研究[M]. 北京:人民出版社,2010.

美洲篇

[1] 陶文钊. 美国思想库与冷战后美国对华政策[M]. 北京:中国社会科学出版社,2014.

[2] 王佩亨. 海外智库——世界主要国家智库考察报告[M]. 北京:中国财政经济出版社,2014.

[3] 中国社会科学院拉丁美洲研究所. 全球拉美研究智库概览[M]. 北京:当代世界出版社,2012.

[4] 张宇燕. 全球智库观点(一)[M]. 北京：社会科学出版社，2013.

[5] 王莉丽. 旋转门：美国思想库研究[M]. 北京：国家行政学院出版社，2010.

[6] 中国现代国际关系研究所. 冷战后的美国和世界[M]. 北京：时事出版社，1991.

[7] 诸鸣. 美欧智库比较研究[M]. 北京：中国社会科学出版社，2013.

[8] [美]安德鲁·里奇. 公共政策和专家治策的政治学[M]. 潘羽辉译. 上海：上海社会科学院出版社，2010.

欧洲篇

[1] 褚鸣. 美欧智库比较研究[M]. 北京：中国社会科学出版社，2013.

[2] 李建军，崔树义. 世界各国智库研究[M]. 北京：人民出版社，2010.

[3] 王佩亨，李国强等. 海外智库——世界主要国家智库考察报告[M]. 北京：中国财政经济出版社，2014.

亚洲篇

[1] 李建军，崔树义. 世界各国智库研究[M]. 北京：人民出版社，2010.

[2] 喻常森. 亚太地区合作的理论与实践[M]. 北京：中国社会科学出版社，2004.

[3] 张宇燕，何帆，张斌. 全球智库观点（NO.1） 影响全球经济决策的声音[M]. 北京：社会科学文献出版社，2013.

大洋洲与非洲篇

[1] 王佩亨，李国强等. 海外智库：世界主要国家智库考察报告[M]. 北京：中国财政经济出版社，2014.

中文期刊

总述篇

[1] 徐晓虎，陈圻. 智库发展历程及前景展望[J]. 中国科技论坛，2012,(7).

[2] 张新霞. 英国思想库及其功能分析[D]. 石家庄：河北师范大

学,2011.

[3] 曹益民.世界主要国家公共决策咨询的做法和经验[J].中国软科学,2000,(10).

[4] 王军,李双进.英国的思想库及其政治功能[J].当代世界社会主义问题,2003,(1).

[5] 承婧.政府的外脑:美国思想库取得成功的制度性分析[J].社科纵横,2007,(22).

[6] [德]克勒纳·帕瑞克.智库概念界定和评价排名:亟待探求的命题[J].中国行政管理,2014,(5).

[7] 欧阳向英.俄罗斯主要智库及其发展情况[J].对外传播,2010,(5).

[8] 薛澜,朱旭峰."中国思想库":涵义,分类与研究展望[J].科学研究,2006,(24).

[9] 张新霞.英国思想库在公共政策形成过程中的作用[J].石家庄学院学报,2009,(11).

[10] 王莉丽.美国思想库发展历程及面临挑战[J].红旗文稿,2009,(14).

[11] 吴寄南.浅析智库在日本外交决策中的作用[J].日本学刊,2008,(3).

[12] 李冠瑶.智囊团——企业家的左膀右臂[J].山西财经学院学报,1995,(1).

[13] 侯经川,赵蓉英,邱均平.全球思想库发展综述[J].预测,2004,(22).

[14] 徐晓虎,陈圻.地方智库运行机制研究——基于地市级智库的实证研究[J].南京大学学报:哲学、人文科学、社会科学,2012,(5).

[15] 刘宁.智库的历史演进,基本特征及走向[J].重庆社会科学,2012,(3).

[16] 刘助仁.国际智库的现状及发展趋势[J].组织人事学研究,2007,(7).

[17] 张新霞,梁瑞英.英国思想库的传统,特点和类型[J].前沿,

2010,(4).

[18] 刘健.近年来费边社的发展状况探析[J].社会主义研究,2014,(3).

[19] 王贵忠.关于满铁调查部[J].历史教学,1984,(7).

[20] 杨子竞.从满铁调查部到野村综合研究所——日本脑库的演变[J].情报资料工作,1995,(4).

[21] 沈惠珠.HWWA——汉堡经济研究所简介[J].国际问题研究,1995,(4).

[22] 吕耀坤.联邦德国汉堡经济研究所简介[J].欧洲研究,1985,(3).

[23] 朱玲.闻名遐迩的基尔世界经济研究所[J].欧洲研究,1985,(1).

[24] 陈广猛.美国思想库的发展和演变[J].贵州师范大学学报:社会科学版,2006,(1).

[25] 邓岩.中国智库的类型研究[J].天水行政学院学报,2011,(5).

[26] 郭琳.美国智库及其影响力研究[D].太原:山西大学硕士论文,2011.

[27] 贺莉丹.揭开世界顶尖智库的面纱[J].领导文萃,2009,(1).

[28] 韩未名.全球背景的官方智库特点、效用与发展前瞻[J].重庆社会科学,2013,(9).

[29] 金芳.当前国际智库的发展趋势及研究动向[J].社会观察,2008,(2).

[30] 金家厚.民间智库发展:现状、逻辑与机制[J].行政论坛,2014,(1).

[31] 兰杰.论美国民间智库的运行机制及对我国的借鉴意义[D].长沙:湖南师范大学,2013.

[32] 沈开举,余艳敏.美国智库发展现状与评价[J].人民论坛,2014,(5).

[33] 穆占劳.美国思想库与美中关系研究[D].北京:中央党校,2004.

[34] 余章宝.作为非政府组织的美国智库与公共政策[J].厦门大学学报:哲学社会科学版,2007,(3).

[35] 王志章.日本智库发展经验及其对我国打造高端新型智库的启示

[J].思想战线,2014,(2).

[36] 杨尊伟,刘宝存.美国智库的类型、运行机制和基本特征[J].中国高校科技,2014,(7).

[37] 朱玲.基尔世界经济研究所学术研究的特点[J].福建论坛:社科教育版,1985,(5).

美洲篇

[1] 李雯.加拿大和美国智库的比较分析[J].天津市社会主义学院学报,2014,(3).

[2] 许宝健.加拿大智库的特点及启示[J].西部大开发,2015,(Z1).

[3] 徐世澄.巴西主要智库概览[J].秘书工作,2015,(4).

[4] 谢文泽.巴西瓦加斯基金会研究、培训、教育"全面开花"[J].中国社会科学报,2016,(2).

[5] 张文宗.美国保守派思想库崛起的原因探析[J].历史教学:高校版,2007,(6).

[6] 任晓.第五种权力——美国思想库的成长,功能与运作机制[J].美国问题研究,2001,(23).

欧洲篇

[1] 戴慧.英国智库考察报告[J].中国发展观察,2014,(1).

[2] 应强.法国智库:再铸法兰西影响力[J].瞭望新闻周刊,2010,(38).

[3] 臧术美.法国主要国际关系研究机构[J].国际资料信息,2011,(5).

[4] 叶小梁.俄罗斯科学院[J].东欧中亚研究,1995,(1).

[5] 周立斌,宋兆杰.俄罗斯科学院今昔[J].科技管理研究,2010,(16).

[6] 欧阳向英.俄罗斯主要智库及其发展情况[J].对外传播,2010,(5).

[7] 胡梅兴.莫斯科卡内基中心[J].国际资料信息,2003,(5).

[8] 张健荣.纵谈俄罗斯智库[J].社会观察,2006,(8).

[9] 多丽丝·菲舍尔.智库的独立性与资金支持——以德国为例[J].开放导报,2014,(4).

[10] 孙芳芳.汉堡世界经济档案馆(The HWWA)——德国访学录之二[J].浙江档案,2000,(5).

[11] 王智勇.德国的思想库[J].国际经济评论,2005,(2).

[12] 李铁军.俄罗斯智库的发展历程和现状[J].学习时报,2013,(2).

[13] 樊鹏.公共投资主导的德国智库[J].中国社会科学报,2012,(3).

[14] 郭建宏.重视科研机构评价——德国莱布尼茨学会的经验及启示[J].中国社会科学报,2014,(8).

亚洲篇

[1] 刘少东.智库建设的日本经验[J].人民论坛,2013,(36).

[2] 程永明.日本智库的发展现状、特点及其启示[J].东北亚学刊,2015,(2).

[3] 刁榴,张青松.日本智库的发展现状及问题[J].国外社会科学,2013,(3).

[4] 何异凡,韩一靖.走进日本贸易振兴机构[J].国际市场,2008,(10).

[5] 吕招治.日本国际问题研究所简介[J].国际问题研究,1993,(4).

[6] 邢珝.日本亚洲经济研究所简介[J].国际问题研究,1994,(2).

[7] 于铁军.通过民间渠道发展对美关系——日本国际交流中心(JCIE)的做法及其对我国的启示[J].国际政治研究,2002,(2).

[8] 张勇.通过民间渠道发展对美关系——日本国际交流中心(JCIE)的做法及其对我国的启示[J].外交评论,2015,(6).

[9] 郑友德.日本的大型思想库——综合研究开发机构(NIRA)[J].科学管理研究,1986,(6).

[10] 朱猛.日本智库的运作机制——以日本国际问题研究所为例[D].北京:外交学院,2015.

[11] Choi Hee-Yoon.韩国科学技术情报院知识信息中心的功能与角色[J].数字图书馆论坛,2011,(3).

[12] 崔志鹰.韩国对外经济政策研究院[J].当代韩国,1996,(1).

[13] 李国强,陈波.韩国智库考察报告[J].中国发展观察,2013,(12).

[14] 金承男.韩国开发研究院[J].东北亚论坛,1993,(2).

[15] 彭远红,颜帅.服务国家创新,打造先进科技信息发布平台——以韩国科学技术信息研究院(KISTI)为例[J].科技与出版 Science-Technology

& Publication,2015,(1).

[16] 张世和,金冬梅.韩国大宇经济研究所[J].经济纵横,1995,(4).

[17] 赵筱媛.韩国科技信息研究院科技信息服务机制的特点及经验[J].数字图书馆论坛,2009,(12).

[18] 韩峰.新加坡智库的现状、特点与经验[J].东南亚研究,2015,(6).

[19] 黄耀东.把握机遇,应对危机,强化合作——"中国—东盟智库战略对话"综述[J].经济与社会发展,2009,(11).

[20] 农立夫,罗梅,马金案.凝聚智慧,增进共识,推动合作——中国—东盟智库战略对话论坛？2012会议综述[J].东南亚纵横,2012,(10).

[21] 潘一宁.新加坡东南亚研究所办所特点[J].当代亚太,1998,(7).

[22] 沈鑫,冯清云.东盟第二轨道外交智库——东盟战略与国际问题研究所的缘起、成就与挑战[J].东南亚纵横,2011,(5).

[23] 孙喜勤.2014中国—南亚智库论坛会议综述[J].东南亚南亚研究,2014,(2).

[24] 孙喜勤,代丽.周边环境与孟中印缅经济走廊建设——第二届"中国—南亚智库论坛"高端访谈[J].东南亚南亚研究,2014,(3).

[25] 韦朝晖,张磊.第七届中国——东盟智库战略对话论坛暨首届中国——新加坡经济走廊智库峰会会议综述[J].东南亚纵横,2014,(10).

[26] 范磊.《东盟宪章》与东盟共同体建设[D].济南:山东大学,2010.

[27] 李巍.峨山政策研究院——韩国思想之矛[J].学习时报,2012,(12).

大洋洲与非洲篇

[1] 段炳德.澳大利亚智库发展经验及启示[R].北京:国务院发展研究中心,2014.

[2] 金家厚.民间智库发展:现状、逻辑与机制[J].行政论坛,2014,(1).

[3] 王建堂.大洋洲国家人口地理初探[J].河南大学学报,1986,(3).

[4] 王珩.非洲智库影响力提升[J].中国社会科学报,2015,(2).

[5] 许共城.欧美智库比较及对中国智库发展的启示[J].经济社会体制比较,2010,(2).

[6] 杨阳.形形色色的"中东智库"[J].社会观察,2006,(8).

［7］赵鸿燕,李金慧.埃及《金字塔报》的国际传播经验［J］.中国记者,2012,(2).

［8］张忠祥.非洲智库方兴未艾［J］.中国社会科学报,2012.

［9］曾天山.澳新两国国家教育智库及其服务政府决策研究——澳大利亚、新西兰教育科研考察报告［J］.比较教育研究,2013,(8).

外文文献

McGann,J. G. 2008—2017 Global Go To Think Tank Inclex Report,TTCSP［R］. Philadelphia:University of Pennsylvania,2008—2018.

总述篇

［1］Denham, A. British Think-tanks and the Climate of Opinion［J］. Routledge,2005.

［2］Abelson, D. E. American think-tanks and their role in US foreign policy［M］. Macmillan Press,1996.

［3］Rich, A. Think tanks, public policy, and the politics of expertise［M］. Cambridge University Press,2005.

［4］Stone, D. & Denham, A. (eds.). Think tank traditions:policy research and the politics of ideas［M］. Manchester University Press,2004.

［5］Abelson, D. E. Do think tanks matter?:Assessing the impact of public policy institutes［M］. Mcgill Queen S University Press,2009.

［6］Domhoff, G. W. The power elite and the state:How policy is made in America［J］. Transaction Publishers,1990.

［7］Medvetz, T. Think tanks as an emergent field［J］. Social Science Research Council,2008.

［8］Smith, J. A. Idea brokers:Think tanks and the rise of the new policy elite［J］. Simon and Schuster,1993.

［9］McGann, J. G. Academics to ideologues:A brief history of the public policy research industry［J］. Political Science & Politics,1992.

[10] Ahmad, M. US think tanks and the politics of expertise: role, value and impact[J]. The Political Quarterly, 2008,(4):529-555.

[11] Dickson, Paul. Think tanks[J]. International Encyclopedia of the Social & Behavioral Sciences, 1971.

[12] Weaver, R. K. Political Science & Politics[J]. International Encyclopedia of the Social & Behavioral Sciences, 1989,(22).

[13] Weaver, R. K. (ed.). Think tanks and civil societies: Catalysts for ideas and action[J]. Transaction publishers, 2002.

[14] McGann, J. G. Think Tanks and Policy Advice in the US[J], Foreign Policy Research Institution, 2005.

[15] Goodman, J. C. What is a think tank[J]. National Centre for Policy Analysis, 2005.

[16] Stella Ladi. Think Tanks in Bertrand Badie, Dirk Berg—schlosser and leonardo Morlino[J]. International Encyclopedia of Political Science, Thousand Oasks: Sage, 2011.

[17] McGann, J. G. Globalization and the Growth of Think Tanks[J], Unpublished paper, 2001.

美洲篇

[1] Abelson, D. E. Policy analysis in Canada: The state of the art[M]. University of Toronto Press, 2007.

[2] McGann, J. G. & Johnson, E. C. Comparative think tanks, politics and public policy[J]. Northampton: Edward Elgar, 2005.

[3] Richard Cockett. Thinking the unthinkable: think-tanks and the economic counter-revolution[M]. 1931-1983: Fontana Press, 1995.

[4] Abelson, D. E., & Carberry, C. M. Following suit or falling behind? A comparative analysis of think tanks in Canada and the United States[J]. Canadian Journal of Political Science, 1998,(3).

[5] Antonio Regalado. Brazilian science: riding a gusher[J]. Science, Washington: American Association for the Advancement of Science, 2010.

[6] McLevey, J. Think Tanks, Funding, and the Politics of Policy Knowledge in Canada[J]. Canadian Review of Sociology, 2015, 51(1).

[7] Moloughney, B., Frank, J., & Di Ruggiero, E. Revamp Canada's public health system—and do it quickly: think-tank[J]. Canadian Medical Association Journal, 2003, 169(4).

[8] Abelson, D. E. American think-tanks and their role in US foreign policy[M]. London: Macmillan, 1996.

[9] Dickson. Think tanks[M]. New York: Atheneum, 1971.

[10] Smith, J. A. Idea brokers: Think tanks and the rise of the new policy elite[M]. New York: Simon and Schuster, 1993.

[11] Abelson, D. E. From policy research to political advocacy: The changing role of think tanks in American politics[J]. Canadian Review of American Studies, 1995.

[12] McGann, J. G. Academics to ideologues: A brief history of the public policy research industry[J]. Political Science & Politics, 1992.

[13] Rich, A. The politics of expertise in Congress and the news media[J]. Social Science Quarterly, 2001.

[14] Weaver, R. K. The changing world of think tanks[J]. Political Science & Politics, 1989.

欧洲篇

[1] Diane Stone & Andrew Denham. Think tank traditions: Policy research and the politics of ideas[M]. Manchester: Manchester University Press, 2004.

[2] Williams, Andrew. why don't the French do Think Tank?: France faces up the Anglo-Saxon superpowers[J]. Review of International Studies, 2008, 34(1).

[3] Thunert, M. W. Think Tank in German[J]. Society, 2004, (41): 66-69.

[4] Thunert, M. W. The Development and Significance of Think

Tanks in Germany[J]. German Policy Studies, 2006, (3): 185-221.

亚洲篇

[1] 公益財団法人日本国際問題研究所. 平成 25 年度事業報告及び附属明細書

大洋洲与非洲篇

[1] Diane Stone, Andrew Denham. Think tank traditions: Policy research and the politics of ideas[M]. Manchester: Manchester University Press, 2004.

[2] Williams, Andrew. why don't the French do Think Tank?: France faces up the Anglo-Saxon superpowers[J]. Review of International Studies, 2008, 34(1).

[3] Thunert, M. W. Think Tank in German[J]. Society, 2004, (41): 66-69.

[4] Thunert, M. W. The Development and Significance of Think Tanks in Germany[J]. German Policy Studies, 2006, (3): 185-221.

[5] Hart P., Vromen A. A New Era For Think Tanks In Public Policy International Trends, Australian Realities[M]. Australian Journal of Public Administration, 2008.

报刊、网络

总述篇

[1] 冯钺. 智库交流不是多了，而是少了. http://opinion.china.com.cn/opinion_85_103185.html.

[2] 朱旭峰、贾杨. 英国智库能否超越政党依附属性. http://www.qstheory.cn/gj/gjsdfx/201301/t20130104_203158.html.

美洲篇

[1] 许宝健. 把研究报告拍成电影纪录片——加拿大智库考察记（八）[N]. 中国经济时报, 2014-11-19.

[2] 许宝健. 国际视野体现在参与全球治理[N]. 中国经济时报，2014-09-24.

[3] 许宝健. 政府智库更着眼于中长期研究——加拿大智库考察记[N]. 中国经济时报，2014-10-13.

[4] 杨国庆. 加拿大智库及其运作[N]. 学习时报，2014-04-07(A6).

[5] Taylor Owen & Robert Muggah，Better Think Tanks，Better Foreign Policy. https://www.opencanada.org/features/better-think-tanks-better-foreign-policy/.

[6] Brookings，Brookings Statement on New York Times Article Examining Foreign Government Funding of U.S. Think Tanks. http://www.brookings.edu/about/media-relations/news-release.

[7] Peter W. S. Washington's Think Tanks：Factories to Call Our Own. http://www.brookings.edu/research/articles/2010/08/13-think-tanks-singer.

[8] Brookings，2014 Annual Report. http://www.brookings.edu/~/media/About/Content/anualreport/2014annualreport.pdfn.

[9] USIP. The United States Institute of Peace：America's Commitment to Peace. http://www.usip.org/congress/index.html.

[10] James B. Steinberg & John Shaw. Think Tank Expert Trying to Shape Changing World. http://www.brookings.edu/research/interviews/2004/01/01forceandlegitimacy-steinberg.

欧洲篇

[1] 朱旭，贾杨. 英国智库能否超越政党依附属性[N]. 学习时报，2012-12-31.

[2] 中国社会科学院. 波兰国际事务研究所简介. http://ies.cass.cn/Article/gnwxsjg/gwxsjg/201108/4114.asp

[3] Konrad-Adenauer-Stiftung. 关于我们，中国办公室. http://www.kas.de/china/zh/about/

[4] 北京大学国家人才发展中心. 国家智库. http://www.zhaopinok.

com/html/2014/zkgk_0318/243.html

[5] 德国司法部.联邦德国基本法中文翻译. http://www.recht-harmonisch.de/GG-chinesisch.pdf.第八A章第91b条.

[6] About CEPS | The Centre for European Policy Studies. http://www.ceps.eu/content/about-ceps

[7] About Us，Konrad-Adenauer-Stiftung. http://www.kas.de/wf/en/71.3628/

[8] Leibniz Gemeinschaft：About us/ Organisation（2013）. http://www.leibniz-gemeinschaft.de/en/about-us/organisation/

[9] PAIiIZ|新闻|Inwestycj w Polsce.波兰信息与外国投资局. http://www.paiz.gov.pl/nowosci/?id_news=5339

[10] The Foreign Policy Network | Deutsche Gesellschaft für Auswärtige Politik e. V. https://dgap.org/en/think-tank/about-us

亚洲篇

[1] 林丽玲,黄颖欣.马来西亚智库的运行机制[N].开放导报,2014-03-31.

[2] 张尼.智库案例研究:新加坡东南亚研究所专访[N].中国社会科学报,2015-01-31.

[3] 赵琪.新加坡国际事务研究所:让政策落地是智库最终目标[N].中国社会科学报,2014-04-09.

[4] 川村雄介,薛军.访亚洲开发银行研究所所长河合正弘先生:通过保护环境、建立社会安全网和维护稳定实现国民幸福[N].中国社会科学报,2011-01-01.

[5] 王晓博.日本综合研究开发机构[N].中国社会科学报,2014-08-06.

[6] 张尼.韩国峨山政策研究院为国家优化对外政策出谋划策[N].中国社会科学报,2013-08-07.

[7] 科技中国. http://www.techcn.com.cn/index.php?doc-view-117390.html

［8］人民网．http：//world．people．com．cn/n/2015/0401/c1002－26785157．html．2015－04－01．

［9］原野城治．世界のシンクタンクは爆発的成長、日本は縮小：日本国際問題研究所は世界13位に評価．http：//www．nippon．com/ja/features/h00099/

［10］中山俊宏．日本の外交．安全保障シンクタンクを活性化させるためには．http：//www．nippon．com/ja/currents/d00049/

［11］総合研究開発機構：『シンクタンク情報2014』の調査結果の概要．http：//www．nira．or．jp/pdf/tt2014_gaiyo．pdf．2014－03．

［12］北京安邦信息．智库看衰韩国2015年经济形势．http：//www．invest．com．cn/NewsDetailNew．aspx？class＝oi&id＝10405

［13］贡光禹．中国百科网．http：//www．chinabaike．com/article/baike/1001/2008/200805111463387．html

［14］黄日涵．中国智库可以向韩国同行学习什么．人民网．http：//world．people．com．cn/n/2014/1029/c1002－25930690．html

［15］东盟博览网．http：//blog．sina．com．cn

［16］东南亚研究网．http：//sea．cass．cn

［17］南海中心"5·20"学术论坛：设海洋强国实现民族复兴．http：//nanhai．nju．edu．cn/show．asp？id＝345．

［18］上海情报服务平台．http：//www．istis．sh．cn

附：全球知名智库网址

美洲篇

[1] 巴西关系研究中心 http://www.cebri.org.br

[2] 巴西历史地理学会 http://www.ihgb.org.br/

[3] 巴西应用经济研究所 http://www.ipea.gov.br

[4] 弗雷泽研究所 www.fraserinstitute.org/

[5] 国际治理创新研究中心 www.cigionline.org/

[6] 热图利奥·瓦加斯基金会 http://www.fgv.br

[7] 圣保罗大学国际关系研究所 http://www.iri.usp.br/

[8] 谈判研究中心 http://www.caeni.com.br

[9] 布鲁金斯学会 http://www.brookings.edu/

[10] 卡内基国际和平基金会 http://carnegieendowment.org/

[11] 战略和国际研究中心 http://csis.org/

[12] 外交关系协会 http://www.cfr.org/

[13] 威尔逊国际中心 http://www.wilsoncenter.org/

[14] 兰德公司 http://www.rand.org/

[15] 皮尤研究中心 http://www.pewresearch.org/

[16] 凯托研究所 http://www.cato.org/

[17] 传统基金会 www.heritage.org

[18] 美国进步研究中心 https://www.americanprogress.org/

欧洲篇

[1] 查塔姆学会 https://www.chathamhouse.org

[2] 国际战略研究所 http://www.iiss.org

[3] 国际特赦组织 https://www.amnesty.org

[4] 经济政策研究中心 http:// www.cepr.org

[5] 欧洲对外关系委员会 http://www.ecfr.eu

[6] 伦敦经济学院国际事务与外交战略研究中心 http://www.lse.ac.uk/IDEAS/Home.aspx

[7] 皇家联合军种国防研究所 https://rusi.org

[8] 人权观察 https://www.hrw.org

[9] 海外发展研究所 http://www.odi.org

[10] 亚当·斯密研究所 http://www.adamsmith.org

[11] 法国国际和战略关系研究所 http://www.iris-france.org

[12] 法国国际关系研究所 http://www.ifri.org

[13] 欧盟安全研究所 http://www.iss.europa.eu

[14] 卡耐基莫斯科中心 http://carnegie.ru/?lang=en

[15] 俄罗斯科学院 http://www.ras.ru

[16] 莫斯科国立国际关系学院 http://mgimo.ru

[17] 国际政治研究院 http://www.ispionline.it/en/institute

[18] 国际事务研究院 http://www.iai.it/it

[19] 布鲁诺·里奥尼研究所 http://www.brunoleoni.it

[20] 欧洲—地中海气候变化研究中心 http://www.cmcc.it

[21] 埃里·恩里克·马泰基金会 http://www.feem.it

[22] 透明国际 http://www.transparency.org

[23] 德国外交政策协会 https://dgap.org/de

[24] 康拉德·阿登纳基金会 http://www.kas.de

[25] 波兰国际事务研究所 http://www.pism.pl/pl#1

[26] 波兰社会与经济研究中心 http://www.case-research.eu

[27] 波兰亚洲研究中心 http://www.polska-azja.pl

附：全球知名智库网址

363

[28] 欧洲政策研究中心 https://www.ceps.eu

[29] 布鲁塞尔欧洲和全球经济实验室 www.bruegel.org

[30] 国际危机组织 http://www.crisisgroup.org/

[31] 欧洲对外关系委员会 www.ecfr.eu

亚洲篇

[1] 日本国际事务研究所（JIIA）. http://www2.jiia.or.jp/en/index.php

[2] 日本国际交流中心. http://www.jcie.or.jp/jcie/

[3] 亚洲发展银行研究所（ADBI）. http://www.adbi.org/

[4] EAI. http://www.eai.or.kr/china/index.asp

[5] Center for Strategic and International Studies. http://www.csis.or.id/

[6] Ministry of Education. Singapore. "Renaming the Institute Of Southeast Asian Studies(ISEAS) to the ISEAS-YusofIshak Institute".

[7] http://www.moe.gov.sg/media/press/2015/07/renaming-the-institute-of-southeast-asian-to-the-iseas-yusof-ishak-institute.php

[8] RSIS. http://www.rsis.edu.sg/

[9] Singapore Institute of International Affairs. http://www.siiaonline.org

[10] 新加坡国际事务研究所 http://www.siiaonline.org/page/Home

[11] 新加坡国立大学尤索夫伊萨克东南亚研究所 http://www.iseas.edu.sg/

[12] 新加坡南洋理工大学拉惹勒南国际关系学院国防与战略研究所 http://www.rsis.edu.sg/research/idss/

大洋洲与非洲篇

[1] Al-Ahram Center for Political and Strategic Studies. http://www.acpss.org

[2] African Center for the Constructive Resolution of Disputes（ACCORD）. http://www.accord.org.za/

[3] Al Jazeera Centre for Studies. http://studies.aljazeera.net/en/

[4] African Economic Research Consortium. http://aercafrica.org/

[5] Australian Institute for International Affairs(AIIA). http://www.internationalaffairs.org.au/

[6] Africa Institute of South Africa. http://www.ai.org.za/

[7] Australia Strategic Policy Institute(ASPI): https://www.aspi.org.au/

[8] Brookings Doha Center: http://www.brookings.edu/about/centers/doha/

[9] Botswana Institute for Development Policy Analysis(BIDPA). http://www.bidpa.bw/

[10] Begin Sadat Center for Strategic Studies: http://besacenter.org/

[11] Center of Arab Women for Training and Research. http://www.cawtar.org/

[12] Centre for Democratic Development. http://www.cddghana.org/

[13] Centre for Conflict Resolution. http://www.ccr.org.za/

[14] Council for Development of Social Science Research in Africa (CODESRIA)./

[15] Center for Development and Enterprise. http://www.cde.int/

[16] Center for Economics and Policy Studies(EDAM). http://www.edam.org.tr/en/

[17] Centre for Independent Studies(CIS). http://www.cis.org.au/

[18] Carnegie Middle East Center: http://carnegie-mec.org

[19] Centre for Strategic Studies(CSS). http://www.victoria.ac.nz/hppi/centres/strategic-studies

[20] Center for Strategic Studies. http://www.jcss.org/DefaultAr.aspx

[21] Emirates Center for Strategic Studies and Research. http://www.ecssr.ac.ae/ECSSR/appmanager/portal/ecssr?_nfpb=true&_nfls

=false&._pageLabel=HomePageECSSR&lang=en

[22] Egyptian Center for Economic Studies. http://www.erf.org.eg/cms.php?id=home_page

[23] Ethiopian Development Research Institute (EDRI). http://www.edri-eth.org/

[24] European Stability Initiative. http://www.esiweb.org/

[25] Food, Agriculture and Natural Resources Policy Analysis Network(FANRPAN). http://www.fanrpan.org/

[26] Gulf Research Center(GRC). http://www.grc.net/

[27] Harry S. Truman Institute for Advancement of Peace. http://truman.huji.ac.il/

[28] Information and Decision Support Center(IDSC). http://www.idsc.gov.eg/

[29] IMANI Center for Policy and Education. http://imanighana.com/

[30] Institute for Economic Affairs(IEA). http://ieagh.org/

[31] Institute for Global Dialogue. http://www.igd.org.za/

[32] Institute for National Security Studies(INSS). http://www.inss.org.il/

[33] Institute for Security Studies(ISS). http://www.issafrica.org/

[34] Kenya Institute for Public Policy Research and Analysis(KIPPRA). http://www.kippra.org/

[35] Lowy Institute for International Policy. http://www.lowyinstitute.org

[36] RAND-Qatar Policy Institute. http://www.rand.org/international/qatar.html

[37] Research on Poverty Alleviation(REPOA). http://repoa.info/

[38] South African Institute of International Affairs(SAIIA). http://www.saiia.org.za/

[39] Turkish Economic and Social Studies Foundation(TESEV). http://www.tesev.org.tr/

[40] The Regional Center for Strategic Studies in Cairo(RCSS). http://www.rcssmideast.org/

[41] University of Dar es Salaam. https://udsm.ac.tz/

后 记

本书意在提供一部对世界智库发展进行系统总结和分析的"全球智库地图概览",作为决策者、学术人及智库研究者的案头参考书。

编写团队以五大洲为分野,纵向分析不同国家智库类型,横向比较各类智库经营管理模式,在囊括全球顶级智库的研究数据的同时,还增加了目前国内研究较为稀缺的俄罗斯智库、欧盟智库、第三世界国家的智库以及非洲大洋洲的智库分析。其中,在欧美智库建设先进经验之外,一些新兴发展中国家智库建设对于我国智库建设而言,具有独特的借鉴意义与参考价值。此外,本书还首次引入了与中国智库发展初创期较为形似的东南亚地区智库案例。

"毫厘之差,或致弊于寰海;晷刻之误,或遗患于历年",《全球智库指南》力求资料严谨翔实,对每一个智库数据信息的采集和归类均力求精细,每一项分析和总结都体现了编写组的吸纳与创新。

在近三年的编写过程中,编写组付出了艰辛的努力。在本书即将付梓之际,感谢陈依晴、蔡玉婷、贾爽、李薇、王一、尹凤云、晏雪菲、周畅、朱贺、张媛、臧家成等13位编写成员的不辞辛苦,感谢何瑛、张琪、张义涛、郑峰山、代黎明、范德兰、王梦颖、王璟、魏安、张雅静、李姝慧、彭步云、杨石华等细致入微的校稿,尤其是要感谢张书溥和张弘莉两位副主编的杰出工作。我还要感谢江苏人民出版社编辑戴亦梁、陈颖对于本书出版编辑所给予的协助和支持。

本书是智库研究中的一点探索,书中内容如有错谬,恳请读者予以指正。

杜骏飞
2018 年 3 月 1 日

凤凰文库·智库系列

已出图书
《经营智库:成熟组织的实务指南》　　[美]雷蒙德·J.斯特鲁伊克 著　　李刚 等译　　陆扬 校
《日本经济:演进与超越》　　[日]谷内满 著　　杨林生 王婷 译
《新加坡发展的经验与教训》　　[新加坡]严崇涛 著
《灾难2.0:新媒体与现代应急管理》　　[美]丹尼斯·S.米勒提 著
《双重国籍问题与海外侨胞权益保护》　　李安山 等著
《儿童保护:美国经验及其启示》　　杨敏 著
《刑法最新立法争议问题研究》　　赵秉志 袁彬 著
《国企改革十大难题》　　江苏省国资委课题组 编著
《智库是怎样炼成的?——国家智库国际化案例研究》　　柯银斌 吕晓莉 主编
《破解国企领导人双重身份决策难题》　　葛晓健 著
《创新力场:江苏创新生态系统的提升之道》　　丁荣余 等著
《全球智库指南》　　杜骏飞 主编

待出图书
《韩国经济:60年腾飞之路》　　[韩]司空一 高永善 主编
《德意志联邦共和国:一个成功的例子》　　[德]乌拉福利德·魏塞尔 著
《共同现代化》　　柯银斌 著
《西藏社会稳定与中国国家安全》　　宋德星 著
《县域治理实践智慧》　　尹卫东 著
《军事胁迫之道》　　[荷兰]罗布·德·维克 著
《为影响力而战:俄罗斯在中亚》　　[俄]阿列克赛·马拉申科 著
《大贯通:从一带一路到世界大陆桥》　　[美]黑尔佳·策普-拉鲁什 威廉·琼斯 主编
《亚投行:世界经济新格局》　　[美]黑尔佳·策普-拉鲁什 威廉·琼斯 主编
《中东的宗教与政治》　　[美]罗伯特·D.李 著
《中国智库研究》　　杜骏飞 主编
《中国智库管理指南》　　李刚 编著